Nach einer wahren Geschichte

„BERUFEN"

von

MARLENA FIOL

UND

ED O'CONNOR

Das Buch erschien im Jahr 2021 in englischer Sprache unter dem Titel „CALLED". Es wurde im Jahr 2024 von Thomas und Sylvia Wiens ins Deutsche übersetzt, und von Annegret Horsch lektoriert und Korrektur gelesen.

Für zwei außergewöhnliche Pioniere, Clara und John Schmidt, deren lebenslange, selbstlose Leidenschaft für das Wohlergehen anderer diese Welt zu einem besseren Ort für uns alle gemacht hat.

Bibliografische Information der Deutschen Nationalbibliothek: Die Deutsche Nationalbibliothek verzeichnet diese Publikation in der Deutschen Nationalbibliografie; detaillierte bibliografische Daten sind im Internet über http://dnb.dnb.de abrufbar. Alle Rechte vorbehalten.

Buchcover von Monkey C Media

Satz: Rudolf Dück Sawatzky

Verlag: BoD · Books on Demand GmbH, Überseering 33, 22297 Hamburg, bod@bod.de
Druck: Libri Plureos GmbH, Friedensallee 273, 22763 Hamburg

ISBN: 978-3-7693-7820-7

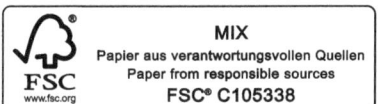

LOB zur englischen Ausgabe „CALLED"

„Als Biografie und Geschichte der komplexen politischen Machenschaften Südamerikas dieser Zeit ist Fiols und O'Connors Erzählung über die außergewöhnlichen Leistungen von John und Clara voller fesselnder Details." – Kirkus Review

„CALLED ist eine Jahrzehnte umspannende Geschichte voller Emotionen. Die Prosa ist erfrischend zart und ehrlich." – BookLife

„Ich bin beeindruckt, wie genau dieses Buch die Art und Weise identifiziert und beschreibt, wie ein Plautdietscha-Mennonit fühlt, denkt und Dinge tut. Dies ist ein Geschichtsbuch, das als faszinierende Abenteuergeschichte geschrieben ist. Es geht um wahre Liebe und um die ganze Wahrheit und wie einfach und gleichzeitig kompliziert beides sein kann." ---Siegfried Elmer Ratzlaff Voth, Fernheim Colony, Chaco, Paraguay

"CALLED erzählt die erstaunliche Geschichte von Dr. John und seiner Frau, der mennonitischen Krankenschwester Clara Schmidt, und ihrem starken Willen, ihrer Entschlossenheit und ihrem Glauben, Gottes Ruf zu folgen und den Unterversorgten zu helfen, insbesondere der Leprakrankengemeinschaft in der Wildnis Paraguays. Der historische Inhalt dieses Buches ist reich an Details und wichtigen Hintergrundinformationen, die ich wertvoll und aufschlussreich fand. Die Entwicklung von Clara ist so schön, zunächst eine schüchterne, bescheidene mennonitische Krankenschwester, die sich zu einer starken, leidenschaftlichen Ehefrau, Mutter, Freundin und Gemeindeaktivistin entwickelt. Clara und John sind Helden, aber sie hatten immer das Gefühl, nur gehorsame Diener Gottes zu sein. Ich fand diese Geschichte wirklich erstaunlich und aufschlussreich. Ich war angenehm überrascht von dieser Lektüre – ich hätte nie erwartet, dass diese Seiten so viel Tiefe und wichtigen historischen Inhalt bieten würden!" -Donna Dreeszen, Pädagogin, NetGalley-Rezensentin

„CALLED ist ein Buch, das es wert ist, gelesen zu werden. Es handelt von dem frisch gebackenen mennonitischen Arzt John Schmidt und seiner Frau Clara, die sich der Herausforderung stellten, Leprakranke in Paraguay zu behandeln, einem oft vergessenen Land voller Intrigen. Als sie gebeten wurden, diese gewaltige Aufgabe zu übernehmen, bestand die herkömmliche Vorgehensweise darin, den Opfern dieser gefürchteten Krankheit in einer isolierten Kolonie Palliativpflege zukommen zu lassen. Es gab keine bekannte Heilung. Dr. Schmidt entschied sich stattdessen, eine neue und humanere Behandlung zu entwickeln, die auf häuslicher Pflege im Kreise der Familie basierte. Bevor er Zeit hatte, die Vorzüge dieser Innovation zu beweisen, stieß er auf so starken Widerstand nordamerikanischer Sponsoren, dass diese drohten, seine Arbeit einzustellen. Am Ende wurde das revolutionäre Modell von John und Clara zum Standard für die Leprabehandlung auf der ganzen Welt." -Edgar Stoesz, ehemaliger stellvertretender Exekutivsekretär des Mennonite Central Committee und ehemaliger Vorsitzender der American Leprosy Missions

"Dieses Buch wird Sie in Bewegung halten! Von Kansas nach Paraguay, vom Zweiten Weltkrieg bis in die Gegenwart, von Gewissheiten zu Unsicherheiten und von alten Vorstellungen über "Leprakolonien" zu den aufgeklärtesten medizinischen und sozialen Praktiken bei der Behandlung von Lepra. Während Sie sich bewegen, werden Sie auch darüber nachdenken: Kann Liebe mit Schlägen in der Kindheit, mit platonischer Leidenschaft, mit Vorurteilen, mit sturen Egos koexistieren? Wie viel Liebe wird für die Erfüllung unmöglicher Träume geopfert? Und wie findet die Liebe immer einen Weg nach Hause?" Shirley Showalter, PhD, ehemalige Professorin und Präsidentin des Goshen College; ehemalige

Stiftungsgeschäftsführerin des Fetzer Institute; und Autorin von Blush: A Mennonite Girl Meets a Glittering World

„Als Sohn von John Schmidt, einem Pazifisten, der entschlossen war, diese Welt zu einem besseren Ort zu machen, finde ich, dass CALLED eine ehrliche Darstellung dessen ist, wer er wirklich war. Ich war fasziniert von dem farbenfrohen Faden, der die Berufung einer argentinischen Zeitgenossin darstellt, die versucht, ihre Welt mit Zwang und Gewalt zu verändern. Sowohl das Leben meines Vaters als auch die argentinische Geschichte sind erstaunlich gut recherchiert und genau. Es gibt viele berührende Anekdoten, die die menschliche Seite eines harten, geradlinigen Kreuzritters zeigen. Dieses Zeugnis wird noch viele Generationen lang an meine Kinder und deren Kinder weitergegeben werden, damit wir uns unseres Erbes bewusst bleiben." – Dr. Wesley Schmidt, Sohn von John und Clara und medizinischer Direktor von Km. 81 1975-1978

"Meine Frau Anni und ich kannten Dr. John und Clara Schmidt gut und betrachteten sie als Vorbilder für unsere eigene Missionsarbeit. In diesem Buch präsentieren Marlena und Ed eine ungeschminkte und genaue Darstellung der Arbeit und des Lebens von John und Clara. Es ist eine Geschichte darüber, wie ihre gemeinsame Leidenschaft dazu beitrug, viele Hindernisse und Missverständnisse zu überwinden, was letztendlich zu außergewöhnlichen Ergebnissen in der Lepra- und Sozialarbeit führte, während sie gleichzeitig ihre eigene Intimität vertieften." -Dr. Franz Duerksen, plastischer Chirurg und medizinischer Direktor von Km. 81 1971-1975 und 1978-1985

"Dokta Schmidt' war in meiner Familie, die in der Fernheim-Kolonie im Chaco von Paraguay lebte, ein bekannter Name. Meine Mutter gehörte zur ersten Gruppe von Krankenpflegeschülerinnen, die John und Clara 1943 ausbildeten. Und als junges Paar gingen meine Eltern für ein Jahr

Freiwilligendienst in das neu gegründete Leprakrankenhaus nach Km. 81. Jahrzehnte später entschieden sich die Schmidts, ihre letzten Jahre bei den alten Leuten der Fernheim-Kolonie zu verbringen und unter den Menschen begraben zu werden, denen sie einst dienten. John und Clara wären die letzten gewesen, die den Heiligenstatus beansprucht hätten, und doch waren sie für Tausende ein Leuchtfeuer des Lichts und der Hoffnung." -Gundolf Niebuhr, Archivar, Fernheim Colony, Chaco, Paraguay

„CALLED ist eine fantastische, mitreißende Geschichte, die einen markanten Kontrast zu den intimen Memoiren desselben Autors, Nothing Bad Between Us, bildet. Ich freue mich so sehr, die Geschichte dieser unglaublichen Menschen durch ihr Leben und ihre Zeiten aus so unterschiedlichen Perspektiven zu verfolgen. Was für eine Reise! Was für ein Lesevergnügen." -Terri Griffith, PhD, Keith Beedie Chair in Innovation and Entrepreneurship, Beedie School of Business, Simon Fraser University

„CALLED ist eine Geschichte darüber, wie ein tiefer und beständiger Glaube einen wahren Visionär inspiriert und aufrechterhält. Doch diese inspirierende Geschichte nimmt eine Wendung, wenn wir sie zusammen mit Marlenas früherem Buch, Nothing Bad Between Us, lesen. Zusammen erinnern sie uns daran, dass wir alle sterblich sind, egal wie heilig, visionär und transformativ wir auch sein mögen. Tun Sie sich selbst einen Gefallen und lesen Sie beide Bücher. Sie werden Ihnen helfen, die selbstbewusste Demut zu entwickeln, die es braucht, um gut zu leben – sowohl mit als auch für andere." -James Walsh, PhD, ehemaliger Präsident der Academy of Management und Professor an der Ross School of Business der University of Michigan

„CALLED ist eine umfassende historische Sage, die die heroische Arbeit zweier medizinischer Pioniere in Paraguay, Südamerika, darstellt. Nachdem ich die Leprastation besucht habe, die sie bei Km. 81 errichteten, und auf der Trans-Chaco-Straße gefahren bin, kann ich das bleibende Vermächtnis von John und Clara Schmidt bezeugen. Doch hinter den glorreichen Triumphen enthüllt das Buch drei unterschätzte Lektionen. Erstens, während die Boulevardpresse „eine Berufung haben" glorifizieren mag, erfordern wahre Berufungen tiefe Opfer nicht nur derjenigen, die die Berufung haben, sondern auch derjenigen, die mit ihnen leben müssen. Zweitens sind dramatische Veränderungen oft mit Unvernunft verbunden, und selbst erfolgreiche Veränderungen werden einem nicht unbedingt Freunde einbringen. Drittens liegt eine transformative Kraft darin, die Menschenwürde anderer zu fördern. Obwohl sich dieses Buch auf Leprakranke bezieht, könnte diese Lektion in unseren polarisierten Zeiten leicht auf jeden angewendet werden, den wir als „anders" betrachten. Ich empfehle das Buch jedem, der die Welt zu einem besseren Ort machen möchte, oder auch diejenigen, die es tun, besser verstehen und unterstützen möchte." -Michael G. Pratt, PhD, O'Connor Family Professor, Carroll School of Management, Boston College

"CALLED ist eine gut recherchierte und gut erzählte Geschichte von zwei ganz gewöhnlichen Menschen, die Außerordentliches vollbracht haben. Wir lernen John und Clara Schmidt in ihrer ganzen Menschlichkeit kennen, mit ihren Stärken und Schwächen. Dr. Schmidt hätte das weltweite Verständnis davon akzeptieren können, wie Leprapatienten behandelt werden, aber sein Herz und sein Verstand sagten ihm, dass es einen besseren Weg gab, der eher seinem mennonitischen Verständnis davon entsprach, wie Menschen behandelt werden sollten. Unter großen Opfern brachten Dr. John und Clara Schmidt eine Gruppe unterschiedlicher Menschen zusammen, um ein revolutionäres Pflegesystem zu etablieren, nicht für Aussätzige, sondern für Menschen mit einer Krankheit namens Lepra. Das Geniale an ihrem Ansatz war, dass sie Menschen sahen, nicht Krankheiten; sie suchten nach Wegen, Liebe und Akzeptanz in das Leben von Menschen zu bringen, die von der gesamten Gesellschaft abgelehnt wurden. Das ist eine sehr interessante

Lektüre!" -M. Albert Durksen, Pastor im Ruhestand, Mennonite Church Canada

"Trotz überwältigender Widrigkeiten, aber bewaffnet mit einer Vision und Opferbereitschaft, förderten John und Clara Schmidt den Fortschritt der mennonitischen Kolonien im Chaco, boten bedingungslose medizinische Versorgung für viele Bedürftige und schufen ein neues Modell für den Umgang mit Leprapatienten, das die Behandlung von Lepra weltweit revolutionierte. Ihr Vermächtnis bleibt in drei Regionen Paraguays bestehen, wo sie Siedlungen gründeten und Krankenhäuser errichteten. Und im Laufe der Geschichte entsteht ein wunderschönes Bild ihrer starken und beständigen Liebe zueinander. CALLED ist ein äußerst spannendes Buch! Ich fühlte mich von Anfang bis Ende durch die Geschichte mitgerissen. Ich empfehle das Buch als wunderbare Option für Ihre Weihnachtsgeschenkliste!" -Anna Beth Birky, Newton, Kansas

"Dr. John Schmidt war ein Mann von Integrität — eigensinnig und entschlossen, und die Beziehungen zu den Menschen, die ihm nahestanden, waren manchmal angespannt und schwierig. Seine Frau Clara war stark, loyal, von Selbstzweifeln geplagt und gleichzeitig voller Mitgefühl und Liebe für andere. Gemeinsam revolutionierten sie die bestehenden Praktiken zur Behandlung von Lepra und bauten die Vorurteile und Ängste im Zusammenhang mit der Krankheit ab. Und das alles, während sie mit schwierigen Lebensbedingungen in Paraguay zu kämpfen hatten, sich Sorgen um die weitere Finanzierung machten, ständig mit den Führern der mennonitischen Kolonie verhandelten und eine große Familie großzogen. Die Bewältigung dieser Komplikationen und Unsicherheiten macht die Geschichte von John und Clara sehr lesenswert." -Lori Wise, U.S. Records and Library, Mennonite Central Committee

"Ich hatte das Glück, einer der ersten Leser dieses Buches über das Leben von John und Clara Schmidt zu sein. Es fängt das Wesen zweier selbstloser, aber sehr menschlicher Personen ein, die etwas bewirkt haben. Wenn Sie sich wie ich zu historischen Geschichten hingezogen fühlen, sollten Sie sich dieses fesselnde Werk nicht entgehen lassen. Rudyard Kipling sagte: "Würde Geschichte in Form von Geschichten gelehrt, würde sie nie vergessen werden. Eine literarische Betrachtung der menschlichen Erfahrung der Vergangenheit lädt die Leser in einen echten, lebendigen historischen Moment ein, sodass die Erfahrung von Leben und Momenten, die in Zeit und Raum weit entfernt sind, zu ihrer eigenen wird." Er könnte sich auf dieses Buch bezogen haben. Holen Sie es sich, lehnen Sie sich zurück und reisen Sie in eine andere Zeit und einen anderen Raum." -Thomas M. Stamm, Lebanon, Pennsylvania

AUCH ERSCHIENEN VON MARLENA FIOL, PhD

Nothing Bad Between Us: Die Tochter eines mennonitischen Missionars findet Heilung in ihrer Gebrochenheit

AUCH ERSCHIENEN VON MARLENA FIOL, PhD und ED O'CONNOR, PhD

Separately Together

Reclaiming Your Future

Creating Readiness for Change

Working Together While Maintaining Distinctiveness

Genehmigungsanfragen zur englischen Version sind an marlena.fiol@gmail.com zu richten.

Genehmigungsanfragen zur deutschen Version sind an sylvia.wiens91@gmail.com zu richten. Buchcover von Monkey C Media. In Englisch bearbeitet von Tom Jenks, Lektorat von Stephanie Thompson. In Deutsch übersetzt von Thomas und Sylvia Wiens, Korrekturlese von Annegret Horsch und Doris Klassen. Karte von BMR Williams

Deutsche Erstausgabe. Englische Version: ISBN: 978-1-7375314-0-1 (Taschenbuch) und ISBN: 978-1-7375314-1-8 (eBook). Kontrollnummer der Library of Congress: 2021915243

ANMERKUNG DER AUTOREN

Dies ist die wahre Geschichte von Dr. John und Clara Schmidt, Mennoniten aus Kansas, die ihr Leben der medizinischen Pionierarbeit in Paraguay, Südamerika, widmeten. Das Buch entstand aus dem Wunsch heraus, die Kräfte zum Leben zu erwecken, die sie von einem riskanten Dienstabenteuer zum nächsten trieben, und ihre außergewöhnlichen Beiträge bekannt zu machen, darunter das Revolutionieren der Art und Weise, wie Lepra heute weltweit behandelt wird. Die Beschreibung der Orte, Ereignisse und Charaktere im Buch basiert auf 740 Quellen, darunter veröffentlichte Bücher, Tagebucheinträge, Zeitschriften, Briefe und Interviews mit Menschen, die die Schmidts kannten. Die Verweise auf diese Quellenmaterialien sowie Fotos und andere Originaldokumente finden Sie auf CalledASaga.com, einer interaktiven Seite, auf der Sie Ihre eigenen Überlegungen und/oder Erfahrungen in Bezug auf die Schmidts und ihre Arbeit mitteilen können. Beim Erzählen der Geschichte von John und Clara haben wir mehrere Charaktere zu einer einzigen Rolle zusammengefasst und uns ein gewisses Maß an Erfindung und Interpretation erlaubt, um die in der Geschichte spielenden Konflikte zu beleuchten. Aus Datenschutzgründen haben wir mehreren Charakteren fiktive Namen gegeben.

BOLIVIA

BRAZIL

CHACO

FERNHEIM
COLONY

MENNO
COLONY

⑦
⑤

⑥

①

PARAGUAY

LEGEND

TRES
PALMAS

②
③
④

1. Concepción
2. Asunción
3. Km. 81
4. Sapucai
5. Rio Paraguay
6. Trans-Chaco Hwy
7. Puerto Casado

N
W E
S

ARGENTINA

Unbeirrbare Zielverfolgung

1941-1943

„Unmöglich? Das Wort ist ein Hindernis für den Fortschritt!"
– Robert H. Schuller

Erstes Kapitel

Kurz nach Mitternacht am 7. Juni 1941 ging John Schmidt im Hafen von New York an Bord der *SS Argentina*. Zwei Jahre nach Beginn des Zweiten Weltkriegs hatten die Deutschen weite Teile Westeuropas eingenommen und waren tief in die Sowjetunion eingedrungen. Wegen der Bedrohung durch deutsche U-Boote und weil die USA noch neutral waren, waren auf dem Rumpf der *SS Argentina* zwei amerikanische Flaggen aufgemalt. Die *SS Argentina* war hell erleuchtet, ein strahlendes Schiff, das 273 Passagiere beförderte, 195 in der Ersten Klasse, der Rest unten im Schiff.

Das Deck des Schiffes bebte unter Johns Füßen. Er stellte seine abgenutzte Armeetasche ab und lehnte sich an die Reling, während das Schiff an Bedloe's Island vorbei glitt. Sein Kiefer verkrampfte sich, als er auf das aufgewühlte schwarze Wasser starrte und versuchte, die aufgeregten Stimmen der Leute um ihn herum auszublenden. John krallte sich mit beiden Händen am Geländer fest. Es war wirklich passiert. Erst vor drei Wochen hatte er sein Medizinstudium in Baltimore beendet, ohne konkrete Pläne. Und jetzt war er hier, auf dem Weg nach Rio de Janeiro, Brasilien, einer Zwischenstation auf dem Weg nach Paraguay, wo er als Pionierarzt arbeiten sollte.

Ein fast voller Mond warf ein sanftes Licht auf die grüne Patina der Freiheitsstatue. Doch John starrte über die Statue hinweg, über den Hafen hinweg ins Unbekannte. Er richtete seinen schlaksigen Körper auf und hielt sein Gesicht in den Wind. Machte er das Richtige? Würden die Mennoniten in Paraguay ihn als einen der ihren akzeptieren oder ihn als Eindringling betrachten? Die Sprache würde nicht das Problem sein. John war mit *Plattdeutsch* aufgewachsen, dem Dialekt der Mennoniten. Aber darüber hinaus war er sich nicht sicher, ob sie trotz ihres gemeinsamen Erbes viel gemeinsam haben würden. Johns Familie waren deutsche Mennoniten, die Ende des 19. Jahrhunderts aus Russland nach Kansas ausgewandert waren. 1931, fast fünf Jahrzehnte später, ließen sich Mennoniten derselben russischen Abstammung im Gran Chaco im Westen Paraguays nieder, der riesigen, fast unbewohnbaren Wüste, die John bald sein Zuhause nennen sollte.

Die letzten Wochen waren hektisch gewesen, er hatte seine Entlassung aus der Armee erhalten, und würde nun als Kriegsdienstverweigerer einen alternativen Dienst leisten wozu er dann die Papiere für die Reise nach Paraguay besorgen musste. Er hatte kaum Zeit gehabt, über den bevorstehenden Einsatz nachzudenken. Ein kalter Schauer lief ihm über den Rücken. Natürlich tat er das Richtige. Es war Gottes Wille.

*

Ein Geräusch in der Nähe der Treppe zum Mittelschiff unterbrach Johns Gedanken. Er wandte sich vom Geländer ab und sah eine große Frau aus der Menge treten, deren elegante Gestalt in fast absurdem Kontrast zu den beiden korpulenten Männern stand, die hinter ihr her eilten. Fasziniert beobachtete John, wie sie nicht weit entfernt an ihm vorbeiging. Ihre grünen Augen hielten seine für einen Moment fest, als sie mit den beiden Männern vorbeiging. Johns Blick folgte ihr und er vergaß für einen Moment seine Gedanken. Hübsche Mädchen waren ihm schon immer aufgefallen. In der Sekundarschule hatte er ein paar Freundinnen gehabt, aber er musste sich unter Kontrolle halten, vor allem, weil er sein Studium finanzieren musste. Sein Motto lautete: "Karriere oder Heirat, aber nicht beides". Jetzt, im Alter von dreißig Jahren und mit abgeschlossenem Medizinstudium, war John von seinem selbst auferlegten Gelübde befreit. Aber für die Ehe hatte er nur Augen für das richtige christliche Mädchen.

Er starrte weiter in die Dunkelheit. Die sich brechenden Wellen lösten eine ungewohnte Unruhe in ihm aus. Etwas, das er nicht benennen konnte. "Bist du bereit dafür, John?" Ein Mann, ganz in schwarz gekleidet und mit einer dicken, schwarz umrandeten Brille, erschien neben ihm. Als Leiter des Mennonite Central Committee (MCC), der Hilfsorganisation, die

Johns Arbeit in Paraguay in Auftrag gegeben hatte, begleitete Orie Miller den jungen Arzt auf seiner Reise in den Süden.

John war erschrocken. Hatte Orie sein inneres Chaos bemerkt?" Bereit wofür?"

"Für die Mission, auf der du bist", sagte Orie.

"Natürlich bin ich bereit", antwortete John mit knapper Stimme. Er hätte sich entscheiden können, irgendwo in der Nähe von Baltimore zu praktizieren, aber es war an der Zeit, dass er nicht mehr unter Frauen war, die ihre Lippen bemalten, und Männern, die in Sünde lebten. Er musste zu seinem Volk zurückkehren.

"Möge Gott uns beschützen." Orie drehte sich um und ging die Treppe zu ihrer Kabine hinunter.

Das Schiff neigte sich, als es in ungeschützte Gewässer segelte.

Plötzlich stieg eine Welle der Übelkeit in Johns Magen auf, und er folgte seinem Reisebegleiter die Treppe hinunter.

Orie faltete gerade Hemden zusammen und legte sie ordentlich auf Regale an der Wand ihrer winzigen Kabine. "Du warst in den Siedlungen im paraguayischen Chaco", sagte John und setzte sich auf die Kante des harten unteren Stockbetts. "Ich merke, wie wenig ich über diese Leute weiß."

Orie verdrehte die Augen und schob die Brille weiter auf die Nase. "Ich ..."John sah sich in der Kabine um, als suchte er nach den richtigen Worten.

Ories Augen verengten sich. "Wenn das alles zu viel und zu früh ist, können wir ja einfach zu den Siedlungen fahren und dann ..."

John fuchtelte mit beiden Händen vor seinem Gesicht herum. "Nein. Nein. Natürlich ist es nicht zu viel ..." Die Hände hastig vor den Mund gepresst, eilte er den Flur entlang zum Waschraum.

*

Die nächsten zwei Tage blieb John im Bett und stand alle paar Stunden auf, um sich zu übergeben. Wenn Orie ihm ab und zu Brühe oder ein Stück

Toast brachte, bedankte sich John und drehte dann schweigend den Kopf zur Wand. Er war sich sicher, dass Orie einige seiner Fragen über das, was ihn in Paraguay erwartete, beantworten konnte. Aber er wusste nicht, wie er fragen sollte, ohne schwach oder ängstlich zu klingen.

Das war ganz sicher nicht der Fall. Als kleiner Junge auf einer Farm in Kansas, wo seine Eltern sich mühsam um den Lebensunterhalt für ihre elf Kinder bemühten, hatte John gelernt, dass es Zeitverschwendung war, in Ängsten oder Zweifeln zu schwelgen. Die regelmäßigen Schläge seines Vaters und das Motto seiner Mutter "Tu einfach, was getan werden muss" hatten ihn gut gelehrt. Er wusste genau, was zu tun war.

Am dritten Abend, als es ihm besser ging, wagte sich John hinaus, um das Schiff zu erkunden. An Bord dieses großen Passagierschiffes schienen die Möglichkeiten, das Leben in perfekter Leichtigkeit zu genießen, grenzenlos zu sein, selbst in der Touristenklasse. Es war wie in einer schwimmenden Stadt.

Er schlenderte um einen Swimmingpool herum und blickte auf ein Verandacafé der ersten Klasse, in dem Kellner jeden Wunsch der Gäste erfüllten. Es gab sogar einen Dorothy Gray Schönheitssalon und einen Laden, in dem man persönliche Gegenstände, Souvenirs und Schiffsandenken kaufen konnte.

John blieb vor einer Tür stehen, an der ein Schild mit der Aufschrift *"Nur Erste Klasse"* hing. Durch die Glastür blickte er in eine Welt, wie er sie noch nie gesehen hatte. Menschen schlenderten durch die breiten, hohen Gänge, rauchten und unterhielten sich. Verschnörkelte Kronleuchter, verziert mit feinen Porzellanrosen, streckten ihre kunstvollen Bronzearme bis zur Decke aus. So viel Überfluss. Würden die Menschen nur das gebrauchen, was sie wirklich brauchten, könnte die Armut auf der Welt ein Ende haben.

Auf dem Oberdeck hinter dem Ballsaal wurde der Tennisplatz zwischen den beiden Schornsteinen des Schiffes in ein Freiluftkino verwandelt.

An diesem Abend wurde der kürzlich von Columbia Pictures veröffentlichte *Kurzfilm "All the World's a Stooge"* mit den Three Stooges in den Hauptrollen gezeigt. Es handelte sich um eine Komödie über einen wohlhabenden Mann, dessen exzentrische Frau einen Flüchtling adoptieren will, was damals in der High Society in Mode war. Ihr Mann, der dagegen ist, ersinnt eine gemeine List, um seine Frau von ihrer philanthropischen Idee abzubringen: Er gibt drei ungeschickte Fensterputzer (die Three Stooges) als Flüchtlingskinder aus.

Die Täuschung geht schief. Gerade als der Ehemann die Stooges mit einer Axt verfolgt, steht John auf und marschiert demonstrativ die Treppe hinunter.

"Völlig unmoralisch", murmelte er leise. Das Schicksal der Flüchtlinge sollte kein Stoff für Hollywood sein.

"Wie bitte?" Eine tiefe Stimme drang aus dem Schatten der Treppe.

John blieb stehen. Eine Frau lehnte an der Wand und zündete sich eine Zigarette an. Als sie einatmete, zeigte der Schein die vollen roten Lippen, an die er sich noch vom ersten Tag der Reise erinnerte.

"Sie sagten?" Sie zog die perfekt geformten Augenbrauen hoch.

"Miss ...?" John nahm den Hut ab.

"Brighton. Anastasia Brighton", sagte sie und reichte ihm die Hand zum Handschlag.

"Sehr erfreut", murmelte er. "John Schmidt."

Ihre Lippen öffneten sich zu so etwas wie einem Lächeln. "Freut mich, Sie kennenzulernen."

"Entschuldigen Sie mich." Immer noch mit dem Hut in der Hand eilte John die Treppe hinunter zu seiner Kabine. Er lag auf seinem harten Bettgestell und fragte sich, wer sie war, immer noch den Zigarettenrauch und die durchdringenden grünen Augen der Frau vor Augen.

*

In den frühen Morgenstunden des 11. Juni legte die *SS Argentina* in Barbados an. Mehrere imposante alte Festungen umgaben den Hafen dieses tropischen Paradieses. John stand an der Reling und beobachtete eine große Gruppe von Schwimmern, deren schwarze Körper in der aufgehenden Sonne glänzten und die sich auf das Schiff zubewegten. Er drehte sich zu seinem Begleiter um. "Sie haben diese Fahrt schon einmal gemacht. Was wollen diese Leute?"

"Sie hoffen auf Geldspenden", sagte Orie.

"Ich habe gelesen, dass die Sklaverei hier etwa dreißig Jahre früher als in den USA abgeschafft wurde", sagte John. "Und vor der Befreiung führten die Briten ein vierjähriges Ausbildungsprogramm ein." Seine Stirn runzelte sich. "Es scheint ein kluger Ansatz zu sein, sie für die Arbeit auszubilden. Warum arbeiten sie jetzt nicht, sondern betteln um Almosen?"

Unter Johns Mennoniten in Kansas hatte schon immer eine altmodische Arbeitsethik geherrscht. Seine Familie war da keine Ausnahme. John konnte noch immer den stechenden Schmerz des Ledergürtels seines Vaters auf seinem Gesäß spüren, wenn er während der erwarteten zwölfstündigen Arbeit mit dem Pferdegespann etwas nachließ. Seine erste Erinnerung an die Peitsche stammt aus dem Alter von sieben Jahren, als sein Vater ihn mitten am Tag beim Maulbeerpflücken erwischte. Faulheit galt als Schande.

"Mein lieber John, wir wissen nicht immer, was in einem anderen Menschen vorgeht", sagte Orie.

John presste die Lippen zu einem dünnen Strich zusammen.

*

John überflog den überfüllten Speisesaal, den sich die Passagiere der Touristenklasse mit denen der Ersten Klasse teilten. Er bemerkte, dass Anastasia Brighton gewöhnlich mit ihren beiden Begleitern an einem Ecktisch saß und in ein lebhaftes Gespräch vertieft war. Sie wedelte viel mit den Händen, wenn sie sprach. Heute Abend saß sie allein und trank. Ihre langen Beine hatte sie lässig vor sich ausgestreckt. Ihr Blick traf seinen und sie bedeutete ihm, zu ihr zu kommen.

21

"Miss Anastasia", sagte er, den Hut an die Brust gedrückt.

"Oh, bitte nennen Sie mich Ana. So haben mich alle in Yale genannt", lachte sie.

"Yale?" John setzte sich ihr gegenüber. Ana erklärte ihm, dass sie Argentinierin sei und nach ihrem Jurastudium in Montevideo, Uruguay, in Yale ein Post-Doktorat gemacht habe. Sie sei mit zwei anderen Anwälten auf dem Weg zurück nach Argentinien.

"Und Sie, Dr. Schmidt? Ihr Name klingt *deutsch*", sagte sie besorgt. "Woher kommen Sie und warum wollen Sie nach Paraguay?"

"Woher wissen Sie, dass ich nach Paraguay fahre?"

"Ich habe nach Ihnen gefragt." Sie nippte langsam an ihrem Getränk und wartete auf seine Antwort.

"Meine Familie sind russische Mennoniten", begann John. Dass er im ländlichen Kansas aufgewachsen war, war für sein Selbstverständnis weit weniger wichtig als Mennonit zu sein.

"Ich habe von *Mennoniten* gehört, die in Kolonien in Uruguay leben, aber ich weiß nicht viel über sie", sagte Ana. "Ich würde gerne mehr hören. Aber das erklärt nicht, warum Sie nach Paraguay gehen."

John erklärte, dass seine Vorfahren, die in den 1870er Jahren aus Russland geflohen waren, zu derselben Gruppe gehörten, die später in den paraguayischen Chaco einwanderte. "Sehen Sie, Fräulein Ana, ich werde ein Arzt für mein Volk in Paraguay sein."

"Für *Ihr* Volk?" Ana runzelte die Stirn. "Was ist mit den Indigenen im Chaco, die Ihre Leute verdrängt haben? Werden Sie auch für sie ein Arzt sein?"

Johns Blick traf ihren. "Ich werde Gottes Werk tun, wo immer Gott mich ruft."

"*Gottes Werk*? Was macht es zu Gottes Werk?" Ana zog die Augenbrauen hoch.

Warum klangen ihre Fragen so herausfordernd? Unter Johns Mennoniten hatte noch nie jemand gefragt, was es bedeutete, Gottes

Werk zu tun. Nachdem er einen Moment darüber nachgedacht hatte, erklärte er, dass jede Arbeit, die mit Gottes Willen übereinstimme, Gottes Werk sei. Das führte Ana zu der Frage, ob Gottes Werk religiös sein müsse.

John schwieg einen Moment. "Warum fragen Sie?"

"Mein Vater war Brite und zog 1913 nach Buenos Aires, wo er meine Mutter kennenlernte und heiratete. Durch ihn bin ich anglikanisch erzogen worden. Heute bin ich vielleicht ein Agnostiker, aber natürlich ein anglikanischer Agnostiker. Ich versuche, die Welt objektiv zu betrachten." Sie deutete mit einem schlanken Finger auf ihn. "Es scheint, dass Ihre Art von Menschen behauptet, ihr Glaube sei der richtige Glaube und ihre Arbeit Gottes Werk, oft ohne jeden Beweis. Haben Sie jemals innegehalten und gefragt, warum?"

John war selten herausgefordert worden, seinen Glauben an Gott oder Gottes Werk in Frage zu stellen. Sicher, er war mit Ungläubigen zur Schule gegangen. Aber er hatte keine Zeit gehabt, den belanglosen Gesprächen seiner Mitschüler viel Aufmerksamkeit zu schenken. Um sein Medizinstudium an der Universität von Kansas zu finanzieren, hatte er seinen Kommilitonen im Speisesaal Essen serviert und Kohle geschippt, um ihre Heizungen am Laufen zu halten. Und während seiner Facharztausbildung in Baltimore konzentrierten er und seine Zimmergenossen sich auf ihre anstrengende medizinische Routine. Sein Glaube war selbstverständlich.

Schließlich sagte er: "Ich weiß nur, dass die Bibel uns sagt: *Was ihr für einen meiner geringsten Brüder und Schwestern getan habt, das habt ihr mir getan. Seinem Herrn dienen. Das war wichtig.*

Ana schüttelte langsam den Kopf. "Ich habe noch nie jemanden wie Sie getroffen, Dr. John."

Er wollte, dass sie verstand. Also erzählte er ihr die Geschichten, die seine Großmutter Lena so oft erzählt hatte, wie sie und sein Großvater Jakob der Verfolgung in Russland entkommen waren. "Wenn meine Großeltern nicht in die USA gekommen wären, wäre ich glücklich, ein

Junge zu sein, der in Paraguay barfuß hinter einem Pflug herläuft. Für mich ist das eine Möglichkeit, den Mennoniten in Paraguay zu helfen, als Dank an Gott, dass mir das Leid in Russland erspart geblieben ist".

Der Speisesaal war leer. Die Kellner räumten gemächlich die Tische ab und wischten den Boden.

John griff nach seiner Uhr. "Es tut mir leid, Miss Ana. Es ist schon sehr spät ..."

Sie winkte mit der Hand, den Kopf zur Seite geneigt, die Augen blitzten. "Es war mir ein Vergnügen."

Auf dem Rückweg zu seiner Kabine dachte John darüber nach, wie seltsam es war, dass er sich in der Gegenwart dieser heidnischen Frau so entspannt fühlte. Als würde er sie schon lange kennen. Er zog seine Nachtkleidung an, legte sich auf das schmale Bett und blieb wach liegen. In Gedanken ging er die Gespräche des Abends noch einmal durch. Das Gespräch mit Ana hatte in jeder Faser seines Wesens die Vorfreude auf das bevorstehende Abenteuer geweckt.

*

In den nächsten Tagen trafen sich John und Ana regelmäßig im Speisesaal. Er erfuhr, dass sie im wohlhabenden Stadtteil Palermo im Norden von Buenos Aires aufgewachsen war, mit Kindermädchen und einem Nachhilfelehrer, der ihr Englisch beibrachte. "Sie haben vor mir Englisch gelernt", sagt John mit einem schiefen Lächeln.

"Ich habe viel gelernt, als ich noch sehr jung war", sagte Ana und runzelte die Stirn.

Sie beschrieb die hohen Erwartungen, die ihre Eltern an sie stellten, von perfekten Schulnoten bis hin zu gesellschaftlichen Umgangsformen in der gehobenen Gesellschaft. "Ich konnte ihren Erwartungen nie gerecht werden. Sie seufzte. "Aber genug davon. Sie sprachen kein Englisch?"

"Meine Leute sprechen hauptsächlich Plautdietsch, das ist eine Dialektmischung aus Niederländisch, Deutsch und Russisch. Wir waren sehr arm. Mein Vater war kein guter Bauer und kam nie aus den Schulden heraus." Er hebt das Kinn. "Aber er war immer großzügig zu denen, die in Not waren. Egal, wie wenig wir hatten."

"Sie scheinen fast stolz auf die Armut Ihrer Familie zu sein", sagte Ana.

Er wusste nicht, was er antworten sollte, und sagte: "Sie haben noch nicht gesagt, was Sie in Argentinien machen wollen, Fräulein Ana."

Ana rutschte an den Rand ihres Sitzes. "Ein Brief, den ich kürzlich von meinem Vater in Buenos Aires erhalten habe, deutet darauf hin, dass Naziaktivisten Südamerika mit deutscher Propaganda überschwemmen. Ich kehre mit zwei anderen Juristen von der Yale University in mein geliebtes Argentinien zurück, um dem Trend zur Unterstützung der Nazis entgegenzuwirken. Wie Sie, Dr. John, bin ich auf einer wichtigen Mission. Nur ist meine Mission nicht Gottes Werk.

"Jede Arbeit, die anderen Menschen und dem Wohl der Menschheit dient, ist Gottes Werk." Kamen diese Worte wirklich aus seinem Mund? Aber sie mussten wahr sein. Wenn die Arbeit den Wunsch widerspiegelte, Gutes in der Welt zu tun und nützlich zu sein, dann musste sie Gottes Werk sein.

Ana sagte nichts.

"Und wie wollen Sie gegen die Nazis vorgehen?", fragte John.

"Mit Gewalt. Gewalt kann man nur mit gleicher oder größerer List bekämpfen", antwortete sie.

"Ich fürchte, ich bin ganz anderer Meinung", sagte John. "Die Anwendung von Gewalt erzeugt nur noch mehr Gewalt." Als pazifistischer Mennonit habe er die moralische Pflicht, sich nicht an der physischen Zerstörung anderer zu beteiligen.

Das Ziel eines wahren Christen sollte es sein, die Welt in Richtung Gewaltlosigkeit zu beeinflussen.

Ana winkte ab, um seine Argumente zurückzuweisen. "Leider kann ich Ihnen nicht genau sagen, wie wir den Nationalsozialismus in Argentinien bekämpfen wollen. Es genügt zu sagen, dass Gewaltlosigkeit nicht unser moralischer Kompass sein wird".

John beugte sich vor. Argentinien war ein Nest der Intrigen. Was hatte diese ungestüme Frau damit zu tun? John erkannte ihre Leidenschaft und ihr Engagement. Sie war seiner eigenen so ähnlich.

"Ich wünsche Ihnen viel Erfolg mit Ihren Mennoniten", sagte Ana. "Ich hoffe, von Ihnen zu hören."

Sie tauschten Adressen aus und versprachen, in Kontakt zu bleiben.

*

Am nächsten Morgen legte das Schiff in Rio an. Orie stand in der Tür ihrer Kabine, die Taschen in der Hand, und beobachtete seinen Reisebegleiter. Er bemerkte Johns breite Schultern, die unter dem zweireihigen schwarzen Anzug nach hinten gebeugt waren, und seinen weißen Hut, den er lässig zur Seite trug. Hätte Orie es nicht besser gewusst, hätte er annehmen können, dass John ein Draufgänger auf der Suche nach Abenteuern war. Aber er wusste, dass dies der einzige Anzug des jungen Arztes war. Und unter dem eleganten Hut verrieten Johns Augen eine fast beängstigende Intensität.

"John, ich muss dir etwas sagen. Bitte setz dich."

John stopfte seine Sachen in eine Tasche. "Was ist los?"

Orie schob sich die Brille in die Stirn. Wie viel sollte er John über den Ernst der Lage in der Mennonitenkolonie Fernheim im Chaco erzählen? Nach allem, was Orie gehört hatte, war Fernheim ein heißes Schlachtfeld zwischen einer Mehrheit, die dem Deutschen Nazi-Bund angehörte, und einer Minderheit, die sich ihnen widersetzte. Vor allem ein junger Lehrer verbreitete den Nazi-Eifer in der Kolonie. Mehr als 80 Prozent der Siedler seien seinem Bund beigetreten. Orie runzelte die Stirn. Wahrscheinlich sollte er sich selbst ein Bild von der Lage machen, bevor er John damit konfrontierte.

"Du solltest wachsam und vorsichtig sein", sagte Orie. "Du betrittst Pioniergebiet." Er versuchte, Johns durchdringendem Blick auszuweichen.

"Dessen bin ich mir bereits bewusst." John zerrte an den Riemen seiner Reisetasche.

Zweites Kapitel

Am Sonntag, den 15. Juni, erhielt Clara Regier zusammen mit ihren Klassenkameraden ihre Schwesternhaube (Haubenfest). Die Probezeit war vorbei. Clara liebte die Verantwortung, die die Arbeit auf der Krankenstation mit sich brachte. Die größte Befriedigung zog sie aus dem Kontakt mit den Patienten, ob es nun darum ging, ihre Bettpfannen zu leeren, ihre Wunden zu säubern oder mit ihnen zu beten. Clara wollte beschäftigt sein. Das war das Einzige, was sie von Franklin Pauls ablenkte, einem Studenten der Naturwissenschaften, den sie in ihrem letzten Jahr am Bethel College kennengelernt hatte. Nach dem Abitur begann sie eine Ausbildung zur Krankenschwester, während Franklin an einem schicken College in Lexington, Kentucky, Naturwissenschaften studierte. Er nannte es "Transy".

Franklin war gerade für den Sommer zurückgekehrt, und Clara konnte nicht aufhören, an ihn zu denken. Selbst als Dr. Herb Schmidt, einer der bekanntesten Chirurgen am Bethel Hospital, sie vor ein paar Wochen den erfahreneren Krankenschwestern vorgezogen hatte, um sie seinem jüngeren Bruder John vorzustellen, war sie mit ihren Gedanken ganz woanders gewesen. Sie hatte bereits einen Freund.

Aber mochte Franklin sie noch? Er nannte sie seine Freundin. Aber die ganze Zeit, fast zwei Jahre lang, hatte er nie von einer gemeinsamen Zukunft gesprochen. Was sollte ein Mädchen davon halten? In den Liebesromanen, die sie spät nachts im Schein der Taschenlampe las, kam so etwas nicht vor. Gelegentlich träumte sie noch vom Heiraten, aber es schien nicht in diese Richtung zu gehen.

Clara war sechsundzwanzig, die Älteste von vier Geschwistern. Sie hatte schon früh die Verantwortung für ihre jüngeren Geschwister übernommen, weil ihre Mutter "Nervenprobleme" hatte. Mehrere Jahre lang, während der Gymnasialzeit, blieb sie zu Hause. Irgendwie schaffte sie es, die Schule mit einer Art Fernunterricht abzuschließen, bei dem die

Unterlagen per Post geschickt wurden. Dann begann sie ihr Studium. Ihr strenger mennonitischer Vater kontrollierte jeden Schritt in Claras Leben und erlaubte ihr nicht, sich mit jungen Männern zu treffen. Er erlaubte ihr nicht einmal, bis spät in die Nacht in ihrem Zimmer zu bleiben und zu lernen. Mit 25 Jahren traf sie die mutige Entscheidung, ihr letztes Studienjahr auf dem Campus zu verbringen und in einem Büro der landwirtschaftlichen Kooperative zu arbeiten, um ihren Lebensunterhalt zu verdienen.

Nun, da Franklin zurückgekehrt war, musste Clara die Wahrheit über ihre Beziehung herausfinden. Sie saßen auf einer Bank auf dem Krankenhausgelände, nachdem sie sich am Bahnhof einen Eisbecher gegönnt hatten.

"Franklin, es war nicht wirklich fair von mir, ohne ein Wort der Erklärung in die Ausbildung zu gehen", begann sie. Als Franklin zögerte, wandte sie sich ab und errötete.

"Es ist besser so, Clara, denn ich brauche noch ein paar Jahre, bis ich weiß, was ich tue und wohin ich gehe", sagte er schließlich.

"Ich habe das Gefühl, dass du dich davor drückst, über unsere Zukunft zu sprechen", platzte sie lauter heraus, als sie wollte. Franklin nahm ihre Hände in seine.

"Ich werde eine Weile nicht in der Stadt sein. Aber wenn ich zurückkomme, lass uns reden. Vielleicht nach deinem Gottesdienst nächste Woche?"

Franklin gehörte einem anderen Zweig der Mennoniten an als Clara. Es war ihre Gewohnheit, dass Franklin sie nach dem Gottesdienst abholte und sie gemeinsam einen Sonntagsspaziergang unternahmen.

Clara atmete tief durch. Vielleicht würde sich endlich klären, wie es weitergehen sollte.

*

In der Nacht von Samstag auf Sonntag konnte Clara kaum einschlafen. Franklin hatte so ehrlich und ernst geguckt, als er gesagt hatte, er wolle reden. Vielleicht würde er morgen, wenn sie sich wiedersehen würden, das Auto in der Nähe ihres Lieblingsweidenbaums anhalten, oder vielleicht würde er sie bitten, zu ihr nach Hause zu kommen, um mit ihrem Vater zu sprechen.

Als sie aufwachte, waren ihre Freude und ihre Erwartung verschwunden. Warum hatte sie das gesagt? Warum hatte sie ihn in die Enge getrieben? Es war nicht ihre Aufgabe, die Führung zu übernehmen. Sie sollte sich auch nicht sorgen oder ärgern. Der Herr würde sie schon führen, das Richtige zu tun. Aber trotzdem...

Sorgfältig rollte sie ihr Haar auf und suchte ein Kleid aus, von dem sie wusste, dass es Franklin gefiel.

Als sie nach dem Gottesdienst die Kirche verließ, sah sie Franklin an seinem Auto lehnen. Sie neigte den Kopf, um die Röte in ihrem Gesicht zu verbergen.

"Lass uns spazieren gehen", sagte er. Schweigend gingen sie. Clara warf ihm ab und zu einen Blick zu, aber er schaute geradeaus. Plötzlich blieb er stehen und drehte sich zu ihr um. Clara sah auf und lächelte, dann wandte sie den Blick ab.

"Clara, es wird einfach nicht funktionieren, wenn wir aus verschiedenen Glaubensrichtungen kommen. Was würden wir machen, wenn wir Kinder hätten? Welchem Glauben würden sie folgen? Ich habe dich schon einmal darum gebeten. Bitte lass dich noch einmal taufen, in meiner Gemeinde."

Clara zuckte zurück, ihre Schultern hoben sich. Angesichts der Erziehung, die sie und Franklin genossen hatten, war das eine große Hürde. Sie war mit siebzehn Jahren in einem Zweig der Mennoniten getauft worden, der als General Conference Church (GC) bekannt war. Franklin war in der Mennonite Brothers Church (MB) getauft worden. Die MB und die GC stimmten in allen wesentlichen mennonitischen Lehren überein, aber sie unterschieden sich in ihren Ansichten über die wahre Art der Taufe für bekehrte Gläubige. Die MB glaubten, dass die Taufe durch

Untertauchen die einzige Form sei, die Tod, Grablegung und Auferstehung Christi angemessen symbolisiere. Im Gegensatz dazu waren die GC der Ansicht, dass die Besprengung die angemessene Form der Taufe sei. Da jede dieser mennonitischen Gruppen die Gültigkeit der Tauf-Form der anderen als authentisches Zeichen des christlichen Glaubens ablehnte, konnte das junge Paar keine einfache Kompromisslösung finden.

"Franklin, das haben wir doch schon durchgemacht." Claras Augen brannten.

Franklin drehte sich um und führte sie zu seinem Auto. Schweigend fuhren sie zum Schwesternwohnheim. Clara dachte an ihre Taufe. Sie war so ernst gewesen, dass sie fast den ganzen Tag geweint hatte. Die Taufe war für sie ein sehr ernster Ausdruck dafür gewesen, dass sie ihr Leben für Jesus geben wollte. Sie konnte es nicht zurücknehmen und sich wieder taufen lassen.

Als sie im Wohnheim ankamen, rannte Clara in ihr Zimmer, warf sich aufs Bett und vergrub ihr Gesicht im Kissen.

*

In Rio de Janeiro bestiegen Orie und John eine zweimotorige Flugmaschine der Panair do Brasil, die sie über weite Bergketten und Regenwälder in das kleine Binnenland Paraguay brachte. Die Maschine landete an einem kalten, regnerischen Nachmittag in Asunción. Am Fuße der Flugzeugtreppe blieb John einen Moment stehen und atmete die rauchige, stickige Luft ein. Er zieht seinen Hut herunter und betritt das Terminalgebäude.

Eine Gruppe schweigsamer Beamter in abgetragenen Uniformen nahm die Fingerabdrücke von Orie und John. Wurden sie als potenzielle Kriminelle gebrandmarkt? Die paraguayische Regierung unter dem pro-faschistischen General Morínigo unterstützte die Nazis offen. Eine weit verbreitete Propaganda verfestigte die Ansicht, die deutsche Wehrmacht sei überlegen und die wahren Bedrohungen für die westliche Hemisphäre seien nicht die Achsenmächte, sondern die westlichen Imperialisten.

immer nur für kurze Zeit geblieben seien. Einige seien als unfähige Betrüger entlarvt worden.

"Der letzte hatte nicht einmal das zweite Jahr der Veterinärschule abgeschlossen, bevor er kam und sich als unser Arzt ausgab", sagte sie. "Du musst also verstehen, dass der allgemeine Gesundheitszustand und unsere Erwartungen hier ziemlich niedrig sind."

John beschloss, seine Sprechstunden auf drei Mal pro Woche zu beschränken, wobei er den Dienstag, Donnerstag und Samstag für besondere Aufgaben wie Operationen und allgemeine Gesundheitsuntersuchungen reservierte. Er behandelte seine Patienten bis zum Sonnenuntergang. Abends, nachdem er eine Kleinigkeit gegessen hatte, saß er im Schein der Lampe an seinem kleinen Holztisch und schrieb Patientenakten auf Karteikarten, die er in Asunción gekauft hatte.

Ab und zu kam Schwester Maria vorbei und brachte ihm eine Tasse Tee. Meistens verbrachte John viele Stunden allein, um seine Fälle zu studieren und die Krankengeschichten aufzuschreiben.

Eines Abends, nach stundenlanger Arbeit, lehnte sich John zurück und starrte in die flackernde Flamme der Lampe. Er dachte an die mennonitische Krankenschwester, die ihm sein älterer Bruder Herb kurz vor seiner Abreise nach Paraguay vorgestellt hatte. Clara Regier. Sie war die Art von Partnerin, die hier von großem Nutzen sein könnte. Aber sie wirkte schüchtern und ein wenig nervös. Es war lächerlich zu glauben, dass ein schüchternes Mädchen aus Kansas, wie sie, hierher kommen wollte. Oder vielleicht...?

Er schob den Stapel Karteikarten beiseite, tauchte die Feder in die Tintenflasche und schrieb:

Liebe Clara,

ich bin am 7. Juni um 1:15 Uhr in New York in See gestochen. Ich war etwas seekrank, aber nicht so sehr, dass ich den Bordservice, die Weite des Ozeans und die Gesellschaft nicht genossen hätte. Man kommt sich näher, wenn man zwölf Tage lang mit denselben Leuten zusammen ist.

John starrte in die Dunkelheit. Wie sollte er diesen Ort und diese Menschen jemandem beschreiben, den er kaum kannte? Er schreibt weiter. Über die Reise nach Rio, über die Menschen und die Landschaft Paraguays, über die Mennoniten im Chaco. Die schrecklichen politischen Spannungen ließ er unerwähnt. John beendete den Brief mit den Worten:

Obwohl ich dich noch nicht lange kenne, haben wir gemeinsame Freunde. Das Bethel College hat mich immer interessiert, deshalb würde ich mich über Neuigkeiten freuen. Lass von dir hören.

*

Neben Geburtshilfe, Notfällen, Erkältungen und Magenbeschwerden behandelte John Patienten mit ernährungsbedingten Krankheiten (hauptsächlich Mundabszesse aufgrund von Vitaminmangel), chronischer Malaria und Typhus. Das Wasser war die Ursache für häufigen Durchfall, den die Siedler als "Buschkrankheit" bezeichneten. Die häufigste Krankheit war Trachom, eine Augenkrankheit, die die Einwanderer aus Russland mitgebracht hatten. Mehr als die Hälfte der untersuchten Personen benötigte eine Trachom-Behandlung. Außerdem führte eine weit verbreitete Hakenwurminfektion zu schwerer Blutarmut. Und Eisen gab es nicht zu verschreiben.

"Ich gehe zum Dorfschmied", sagte John zu seiner Krankenschwester. Auf der Farm in Kansas hatte sein Vater Eisen erhitzt, um landwirtschaftliche Geräte herzustellen. Wenn er den Schmied dazu bringen könnte, das Eisen zu erhitzen, dachte er, könnte er das glühende Metall mit einem Mörser und einem Stößel zu einem einnehmbaren Pulver zermahlen. Schwester Maria sah ihn auf eine Weise an, die John verwirrte, aber er hatte keine Zeit, herauszufinden, was das bedeutete.

John hatte Innere Medizin studiert und daher nur eine minimale chirurgische Ausbildung. Da einer seiner Koffer, der separat von Rio verschickt worden war, noch nicht angekommen war, hatte er nicht einmal seine medizinischen Bücher, um sich über die Verfahren zu informieren, die die Siedler benötigten, von denen er einige noch nie gesehen hatte. Er hatte auch nur die notwendigen Instrumente, die in seinem ersten Koffer verstaut waren. Vom Reisebüro erfuhr er, dass sich der Koffer in Montevideo befand und es noch vier Monate dauern würde, bis er eintraf. Aber die Kranken brauchten jetzt seine Hilfe, also würde er unter den gegebenen Umständen sein Bestes geben.

Er stellte eine Liste zusammen, was zu tun sei. "Wir müssen ein Operationsteam zusammenstellen", sagte er zu seiner Krankenschwester. "Für die Infusionen werden wir destilliertes Wasser aus gesammeltem Regenwasser herstellen. Sie werden mich unterstützen, Schwester Maria, aber ich brauche einen Anästhesisten."

Die Schwester starrte ihn an, wie sie es jetzt öfter tat. "Wir haben niemanden mit einer solchen Ausbildung."

"Ich brauche nur jemanden, der bereit ist zu lernen", sagte John.

"Nun, ich habe einen Cousin, Horst, der Lehrer in Schönbrunn ist. Wir haben als Kinder immer Doktor gespielt und..." Ihre Stimme wurde leise und sie schaute verlegen zu Boden. "Er wollte immer Arzt werden."

"Bitte bring mich zu ihm", sagte John.

Sie kamen in Schönbrunn an und klatschten vor der Tür, wie es üblich war, anstatt anzuklopfen. Horst öffnete die Tür und wich zurück, als er den Arzt erblickte.

"Wot ess dit?", murmelte er und starrte seine Cousine an.

"Ich will dir beibringen, wie man Leben rettet", sagte John und streckte die Hand aus, um ihm die Hand zu schütteln. "Dürfen wir reinkommen?"

John war hartnäckig. Kurz darauf willigte Horst ein und begann, sich von dem Arzt ausbilden zu lassen. Nach Johns erster Hämorrhoidektomie blieb der Enddarm des Patienten wochenlang wund und blutete. Nacht für Nacht saß John im Dunkeln an seinem Tisch. War das normal? Musste die Operation wiederholt werden? Den Kopf in beide Hände gestützt, fragte sich John wie so oft, was sein ältester Bruder Herb wohl tun würde. Natürlich wüsste er, was zu tun wäre.

Drittes Kapitel

Im September kehrte Franklin Pauls an die Schule in Kentucky zurück. Er und Clara hatten ihre Meinungsverschiedenheiten noch nicht gelöst, aber sie waren sich einig, darüber zu beten. Clara dachte immer weniger an Franklin. Sie legte sogar ihre spätabendlichen Liebesromane weg.

Clara hatte mit der Ausbildung zur OP-Schwester begonnen und fand es berauschend. Sie durfte sowohl den Chirurgen als auch den Oberschwestern assistieren, um für eine sterile und kontrollierte Umgebung zu sorgen, die notwendigen Instrumente vorzubereiten und die erforderlichen Unterlagen auszufüllen. Manchmal durfte sie dem Chirurgen sogar während der Operation assistieren. Clara war sich sicher, ihre wahre Berufung gefunden zu haben. So würde sie ihrem Herrn dienen.

Im Oktober fegte ein Eissturm durch Zentralkansas und hinterließ umgestürzte Bäume, unpassierbare Straßen und Stromausfälle. Clara arbeitete länger als gewöhnlich im Operationssaal und kehrte erst nach Schließung der Cafeteria in ihr Zimmer zurück. Hungrig und kalt wickelte sie sich in eine Decke und nahm die Post, die jemand auf ihren Nachttisch gelegt hatte. Die Handschrift auf dem Umschlag kam ihr bekannt vor. Es musste eine Geburtstagskarte von Franklin sein. Sie legte sie beiseite.

Das andere war ein dünner Luftpostumschlag. Clara schnitt ihn auf. Sie starrte auf die krakelige Handschrift. Er stammte von Dr. Herbs Bruder, John, dem Mann, den sie kurz vor seiner Abreise nach Paraguay kennengelernt hatte. Er hatte den Brief vor mehr als drei Monaten geschrieben, im Juli. Er war lang und voller Neuigkeiten, hauptsächlich beschrieb er seine Reise in den Süden. Warum schrieb er ihr? War es möglich, dass er sich für sie interessierte? Nein, wahrscheinlich zog er sie nur auf. Um sicherzugehen, würde sie ihm einen freundlichen Brief schreiben und ihm ihre christliche Dankbarkeit für das ausdrücken, was er in diesem heidnischen Land tat.

Sie legte den Luftpostbrief beiseite und griff nach der Karte aus Kentucky. Clara hatte Franklin vor ein paar Wochen geschrieben, dass es wohl das Beste sei, die Sache zu beenden, da ihre Differenzen unüberbrückbar schienen. Vielleicht hatte ihr Brief ihn dazu gebracht, seine Meinung über ihre Taufe zu überdenken?

Sie öffnete die Karte und las den aufgedruckten Gruß:

Herzlichen Glückwunsch zum Geburtstag an eine wunderbare FREUNDIN.

Und unter der Botschaft auf der Karte, in Franklins krakeliger Handschrift:

Ich denke oft an dich und habe meine eigenen Ideen, was in einem Jahr passieren könnte, wenn...

Schnuckiputzi

Warum hat Franklin seinen Brief so unterschrieben? Er wollte liebevoll sein, aber es kam einfach nicht richtig an. Und was dachte er, was in einem Jahr passieren könnte, wenn...? Sie war seit mehr als zwei Jahren seine Freundin, und er gab immer noch keine Anzeichen, dass er einen endgültigen Schritt machen würde. War das mit der Taufe nur eine Ausrede? Sie starrte in die eisige, dunkle Nacht hinaus und murmelte leise den Bibelvers: *"Ich will dich unterweisen und dir den Weg zeigen, den du gehen sollst."*

*

Nach dem, was Orie John erzählt hatte, gab es in der Kolonie zwei klare Gruppierungen: Der *Völkische Bund* (Hitlers ethnonationalistische Gruppe) war die klare Mehrheitsgruppe und die *Wehrlose* Gruppe (anti-nationalsozialistische Pazifisten) bildeten die Minderheit.

John versuchte, sich aus der politischen Arena herauszuhalten, aber er hatte viele Patienten, die lautstarke Unterstützer des Bundes waren. Die wenigen, die sich dem Bund nicht anschlossen, suchten seine Hilfe. "Versprichst du mir, dass MCC sich um meine Familie kümmert, wenn wir hier zurückgelassen werden, wenn die Mehrheit nach dem Sieg der

Deutschen in ihre Heimat zurückkehrt", hatte so mancher Patient gesagt. Einige hatten Angst, ihre Ablehnung der Alliierten zu zeigen, und teilten es ihm indirekt mit. Ein Patient gab eine Stuhlprobe ab. Als John den Behälter öffnete, um sie zu untersuchen, fand er einen kleinen Zettel darin zusammengerollt, auf dem stand: *"Bitte hilf uns, wenn wir zurückgelassen werden."* John starrte auf den Zettel. Diese Menschen waren verzweifelt.

Eines Abends, einige Monate nach seiner Ankunft in der Kolonie, gab John schließlich dem Druck der Kolonisten nach und ging zu einer Versammlung des Bundes. Als er ankam, war die Versammlung bereits in vollem Gange, und er setzte sich unbemerkt in den hinteren Teil des Saals. An der Vorderseite des Saales hing ein großes Porträt des Führers, und in fetten Buchstaben war das nationalsozialistische Motto zu lesen: *Gemeinnutz vor Eigennutz.* Die Männer umringten das einzige Kurzwellenradio der Kolonie, eine Spende aus Deutschland. Jede deutsche Siegesmeldung wurde mit lautem Jubel begrüßt. Dann erhob sich ein Mann und wandte sich an den überfüllten Saal. John erkannte die dunklen Augen, die tief in den Höhlen lagen. Er sprach mit messianischem Enthusiasmus. "Dies ist eure Chance, dem Bund beizutreten. Achtzig Prozent unserer Kolonisten sind bereits beigetreten, darunter viele Prediger."

John spürte, wie sich seine Nackenmuskulatur verkrampfte, und krallte sich an der Stuhlkante fest, als sich die Menge vor ihm erhob und jubelte: "Ja, Herr Doktor Kliewer! *Heil Hitler!*" Ein junger Mann erhob sich und stellte sich neben Kliewer, seine muskulöse Brust herausgestreckt, die einen seltsamen Kontrast zu Kliewers zierlicher Gestalt bildete. Eine dunkelrote Narbe zog sich wie ein gedrehter Zopf von der linken Stirnseite des großen Mannes über seine Wange. John hatte von diesem Mann gehört, Konrad Wolf, Fritz Kliewers treuestem Gefolgsmann.

"Unser Bund wird nur noch zehn Tage warten", knurrte Wolf, während seine Narbe pulsierte. "Wer bis dahin nicht beigetreten ist, ist verloren. Wenn sich die Gelegenheit bietet, nach Europa zurückzukehren, werden diejenigen von euch, die sich uns nicht angeschlossen haben, hier im Chaco ihrem Schicksal überlassen und sterben."

John erstickte fast vor Wut, stand auf und verließ den Raum. Er hatte geglaubt, in den Chaco gekommen zu sein, um Menschen zu helfen, die dem Kommunismus entkommen waren, um ihren christlichen Glauben zu praktizieren.

Und jetzt zwangen sie ihre eigenen Leute, sich Hitlers Nazi-Regime anzuschließen. Genau das sei in Argentinien passiert, hatte Ana gesagt. Er würde ihr schreiben. Aber dann zögerte er. Diese heidnische Frau würde mit ziemlicher Sicherheit Gewalt anwenden, und das würde alles nur noch schlimmer machen. Johns Schritte beschleunigten sich. Als er seine Hütte erreicht, wartet ein Junge mit gebrochenem Arm mit seinen Eltern im Garten des Krankenhauses. Nazi-Sympathisanten, kein Zweifel. Warum kamen sie zu jeder Tages- und Nachtzeit, als wäre er kein Mensch? Und warum sollte er diesen Leuten helfen, diesen Liebhabern des Reiches? Der Junge bewegte den Arm und stöhnte. John riss sich zusammen. Es war schließlich nicht die Schuld des Jungen. Er nahm sich erneut vor, sich nicht in politische Angelegenheiten einzumischen. War das naiv angesichts des Interesses des MCC, den Nationalsozialismus zu bekämpfen und die Gewaltlosigkeit in der Kolonie zu fördern? Aber es gab keinen anderen Weg, seinen pazifistischen Überzeugungen treu zu bleiben.

Aber konnte er wirklich tatenlos zusehen, wie ein Mann wie Fritz Kliewer und seine Anhänger die Kolonie in zwei Gruppen spalteten - die deutsche und die antideutsche? Kliewers Gruppe nannte sich "Der Bund der *Mennoniten*" - Mennoniten des Bundes. Ein ironisches Lächeln umspielte Johns Lippen, als er den gebrochenen Arm des Jungen in die richtige Position brachte. Vielleicht sollte er eine Gruppe mit dem Namen "Mennoniten von Paraguay" gründen.

Nachdem er den Arm geschient hatte, schleppte sich John langsam nach Hause. Die Nacht war dunkel, nur ein kleiner Mond schien. Er war erst wenige Monate hier und fühlte sich schon erschöpft und einsam.

Seine Gedanken wanderten zu der jungen mennonitischen Krankenschwester in Kansas. Hatte sie seinen Brief bekommen?

John versuchte zu schlafen, aber er wälzte sich unter seinem Moskitonetz hin und her. Er könnte wirklich jemanden wie Fräulein Regier hier bei sich gebrauchen. Mit ihr könnte er darüber reden, was los war. Er musste einen Weg finden, mit diesen Leuten zu reden.

*

John stimmte mit dem Völkischen Bund darin überein, dass Deutschland in der Vergangenheit schwierige Zeiten durchgemacht hatte. Er glaubte auch, dass Deutschland, wenn es sich den Reichtum Russlands und Westeuropas aneignete, die größte Nation aller Zeiten werden würde. Aber wie konnten diese Menschen sich als Mennoniten betrachten und sich einer kriegführenden Regierung anschließen wollen? Ihre Vorfahren waren jahrhundertelang von Nation zu Nation geflohen, um einer solchen Zwangsmitgliedschaften zu entgehen.

John beschloss, mit Herrn Legiehn, dem *Oberschulzen* (Bürgermeister) der Kolonie Fernheim, zu sprechen. Er würde sicher etwas tun können, um zu helfen.

Am nächsten Tag geht er zum Oberschulzen. Legiehn, ein hagerer Mann mit markanter Stirn und einer runden Brille mit dunklem Gestell. Er ließ John eintreten und wies ihm einen der Holzstühle zu.

John begann ohne Umschweife. "Es ist absurd, dass eine Gruppe wie der Bund anderen sagt, dass sie das Recht verlieren, sich Deutsche zu nennen, wenn sie sich nicht den Nazis anschließen. Offensichtlich hat niemand eine andere Wahl, als hier in Paraguay zu bleiben. Der Hitlerismus ist ein tödliches Krebsgeschwür".

Legiehn saß ruhig da und blickte auf den Lehmboden. "Ich suche den öffentlichen Frieden", sagte er schließlich. "Ich werde tun, was ich kann, aber sie sind mächtiger als ich." Der Oberschulze räusperte sich und fuhr fort. "John, ich muss noch etwas mit dir besprechen. Du weißt vielleicht nicht, dass wir hier in der Kolonie eine *Ordnung* haben, die von jungen

Männern verlangt, vor ihrem 21. Geburtstag zu heiraten. Das ist unsere Art, illegales Verhalten unter unseren Jugendlichen zu verhindern. Du bist eine Ausnahme, und das ist einigen Leuten sehr unangenehm.

"Ich werde heiraten, wenn ich mich dafür entscheide", sagte John und wünschte, er wäre sich seiner Sache so sicher, wie er klang.

*

Es war Ende Oktober und es gab kein Entkommen vor der gnadenlosen Hitze des Chaco. Johns Gesicht war schweißüberströmt, sein Hemd klebte ihm am Rücken. Er wartete auf ein Pferd und eine Kutsche, die ihn in abgelegene Mennonitendörfer bringen sollten, um die Leute auf Trachom zu untersuchen. Fast drei Monate waren vergangen, seit er den Brief an Clara geschrieben hatte, und er hatte keine Antwort erhalten. Hatte sie den Brief nicht bekommen? Hatte sie sich entschieden, nicht zu antworten? Hatte er etwas Unangebrachtes geschrieben?

Fast ohne nachzudenken, griff er nach seinem Stift:

"Ich habe keine Antwort von dir erhalten, aber während ich darauf warte, in eines der Dörfer gebracht zu werden, dachte ich, ich könnte noch einen Brief schreiben.

Es gibt hier einen ziemlichen Kampf zwischen zwei Gruppen".

Er beschrieb die zunehmenden Spannungen in allen Einzelheiten, ohne zu wissen, wie Frau Regier das alles empfinden würde. Seine Schultern begannen sich zu entspannen, während er schrieb. Er beendete den Brief, als sein Pferd und die Kutsche vorfuhren:

"Ich habe vor einiger Zeit im Mennonitischen Boten gelesen, dass ein Regier-Mädchen geheiratet hat und dass ihre Cousine Clara Regier den Hochzeitsmarsch gespielt hat. Spielst du Klavier?"

*

Es waren nur noch wenige Wochen bis Weihnachten. Die Hitze war drückend, der hartnäckige Nordwind hatte Sandstaub in jede Pore seines Körpers getrieben, und Johns Stimmung war gedrückt. Er hatte gerade erfahren, dass Japan den USA den Krieg erklärt hatte. Überhaupt wusste er sehr wenig über den Krieg und fragte auch nicht danach. Er wollte kein Teil davon sein.

Er starrte auf den Notizblock, der vor ihm auf dem Tisch lag. Wie sollte er diese Leute endlich davon überzeugen, dass ihre vielen Beschwerden nicht auf die harten Bedingungen im Chaco zurückzuführen waren? Die jüngste Typhusepidemie war nicht auf die Umwelt, sondern auf mangelnde Hygiene zurückzuführen. Und der Nährstoffmangel war auf ihre stärkehaltige Ernährung zurückzuführen, nicht auf die klimatischen Bedingungen. Die Siedler erkannten nicht, wie glücklich sie sein konnten, hier zu leben. Sicher, das Klima war unangenehm, aber es hatte wenig mit ihren gesundheitlichen Problemen zu tun.

Durch das Fenster sah er Schwester Maria näherkommen, einen Stapel Briefe in der Hand.

"Die Post ist da, Herr Doktor", sagte sie, und ihr Blick verweilte wieder länger auf ihm, als ihm lieb war. Es machte ihn verlegen, aber er sagte nichts.

John hoffte, nicht zu eifrig zu wirken, als er nach dem Luftpostumschlag mit dem Absender Newton, Kansas, griff. Er wartete, bis die Krankenschwester gegangen war, dann riss er ihn auf. Ein Lächeln bildete sich auf seinem Gesicht, und er wurde vorübergehend in eine hellere Welt versetzt, als er Claras fröhliche Berichte über ihr Leben als Krankenschwester in Ausbildung las.

John schrieb sofort einen Brief an Clara zurück, obwohl er wusste, dass es mindestens drei Monate dauern würde, bis sie ihn erhalten würde. Er schrieb, dass sein Koffer endlich angekommen, aber so beschädigt sei, dass er die medizinischen Bücher kaum lesen könne. Die Bücher hatte er von seinen Ersparnissen gekauft, die er von seinem monatlichen Gehalt von 10 Dollar aufsparen konnte.

Es ist schwer, aber ich habe hier wichtige Arbeit zu tun."

*

Weihnachten 1941 brachte John wenig Freude. Es brachte Hitze, Staub und Patienten mit Bedürfnissen, die ihn oft überforderten. Am 28. Dezember, kurz nach dem Abendessen, wurde ein Patient mit einem geplatzten Blinddarm eingeliefert. John operierte sofort, die typische Anspannung stieg in seine Schultern. Er schüttelte den Kopf, als er sah, dass der Blinddarm gangränös war und sich die Infektion im ganzen Bauchraum ausgebreitet hatte.

Wider alle Erwartungen war die Operation ein Erfolg. Zum ersten Mal seit Monaten hatte John wieder Schwung in seinen Schritten, als er nach Hause ging. Trotz der brütenden Hitze, die auch nach Einbruch der Dunkelheit anhielt, begann John, die Melodie von Bing Crosbys "I've Got a Pocketful of Dreams" zu pfeifen. Er setzte sich an seinen wackeligen Tisch und griff nach seinem Stift. Im Schein der Petroleumlampe begann er zu schreiben:

"Liebste Clara. Ich habe eine besondere Absicht mit diesem Brief. Ich tue nicht gern unschuldig, wenn die Dinge offensichtlich sind." Besonders in meinem Alter von dreißig Jahren (ich beschwere mich nicht über das Älterwerden, verstehst du, denn man ist nie älter, als man sich fühlt) muss es für dich offensichtlich sein, welches Interesse ich an unserem Briefwechsel habe. Da wir so weit voneinander entfernt sind und nur wenig persönlichen Kontakt hatten, müssen wir aus Gerechtigkeit dir und mir gegenüber einige Entscheidungen für später aufheben.

John schrieb, dass er erwarte, den Chaco Ende Juli zu verlassen und dass sie dann genug Zeit haben würden, sich kennen zu lernen.

"Du siehst, ich brauche keine endgültige Antwort, sondern nur dein Verständnis. Wenn die Idee zu heiraten überhaupt nicht in deinen Plänen steht, dann sei so nett und sag es mir. Wenn du es vorziehst, die Frage nicht zu beantworten, steht es dir auch frei."

Er legte ein kleines Foto von sich bei.

*

Weihnachten 1941 in den USA war kein besonderes, an das sich jemand erinnern konnte. Das Land war gerade in den Krieg eingetreten, es war eine Zeit des Umbruchs und der Unsicherheit. Clara las, dass alle unverheirateten registrierten Krankenschwestern zwischen 21 und 40 Jahren aufgefordert wurden, sich beim Army and Navy Nurse Reserve Corps für den sofortigen aktiven Dienst zu melden. Sie betete, dass ihr mennonitischer Status als Kriegsdienstverweigerin sie vor dem Kriegsdienst bewahren würde. Gleichzeitig fühlte sie sich jedoch dazu hingezogen, auf eine Weise zu helfen, die mit ihren Überzeugungen in Einklang stand. Nachts betete sie neben ihrem Bett kniend, dass der Herr sie dorthin führen möge, wo er sie dienen lassen wollte.

Franklin Pauls kehrte aus Kentucky zurück, um die Weihnachtsfeiertage hier zu verbringen, und er schien immer noch zu glauben, dass sie sein Mädchen war. Clara beschloss, dass ihre Beziehung zu ihm lange genug gedauert hatte. Sie trafen sich drei Tage nach Weihnachten in der Cafeteria des Krankenhauses.

"Es tut mir leid, Franklin, aber du musst wissen, dass ich nie wieder eine Taufe in Betracht ziehen werde. Es ist vorbei." Clara wusste, dass sie eine Tür schloss, die sich nie wieder öffnen würde. Ihr Herz gehörte Gott, und sie war entschlossen, den Dienst zu tun, den Gott für sie vorgesehen hatte.

Trotz ihrer Hingabe an den göttlichen Dienst fühlte sich Clara in den letzten Tagen des Jahres 1941 niedergeschlagen. Der Blick auf das neue Jahr ließ Zweifel an der Richtung ihres Lebens aufkommen. Und Trauer um ihr Land, das nun offiziell in einen hässlichen Weltkrieg verwickelt war.

So nahm Clara am letzten Tag des Jahres Johns Brief ohne große Begeisterung entgegen. Sie bemerkte, dass er ihn bereits im Oktober geschrieben hatte. Gleichgültig begann sie zu lesen. Aber ihre Augen weiteten sich, als sie zu dem Teil über die Naziaktivitäten unter den Mennoniten in Paraguay kam. Es fiel ihr schwer zu glauben, dass

Menschen, die sich Mennoniten nannten, in solche Sünden verwickelt sein konnten.

Nach Johns ausführlicher Beschreibung der Konflikte im Chaco nahm der Brief eine unerwartete Wendung, als er schrieb, er habe von einer Clara Regier gelesen, die bei der Hochzeit ihrer Cousine Klavier gespielt habe. Was für eine seltsame und abrupte Art, sich auszudrücken. Und der Mann konnte nicht einmal fehlerfrei schreiben. Aber er schien ein gottesfürchtiger Mann zu sein, der eine schwere Zeit durchmachte. Vielleicht konnte sie ihm ein wenig Trost spenden. Sie würde zurückschreiben. Sie würde ihm von ihrer neu entdeckten Leidenschaft für die chirurgische Pflege erzählen und von ihrer erneuerten Hingabe, dem Herrn auf dem Weg zu dienen, den er sie führte.

*

In den folgenden Monaten stürzte sich Clara mit neuem Eifer in die Krankenpflege, endlich befreit von der Last der Sorge um Franklin und immer klarer in ihrer Lebensaufgabe. Im Januar und Februar wankte ihr Entschluss noch ein wenig, als sie auf der Entbindungsstation arbeiten sollte. Immerhin war sie siebenundzwanzig Jahre alt, und es war eine schmerzliche Erinnerung daran, was sie aufgab. Doch als die grauen Wintermonate vergingen und die leuchtenden Kornelkirschen- und Wildpflaumenbäume auf dem Krankenhausgelände zu blühen und ihre Farben zu zeigen begannen, fühlte sich Clara wieder wohl, wenn auch nicht glücklich.

An einem frühen Abend im April, als sie nach einer zehnstündigen Schicht erschöpft das Krankenhaus verließ, lief eine Mitschülerin auf sie zu und winkte mit einem Umschlag. "Der ist aus Paraguay."

Clara runzelte die Stirn. Seit fast vier Monaten hatte sie nichts mehr von Dr. John gehört. Und um ehrlich zu sein, es ging ihr gut. Ihr Leben war auch ohne diese Ablenkung voll genug.

Sie ging den Weg entlang und setzte sich auf eine Holzbank neben blaue Glockenblumen, die ihr zuzunicken schienen, als sie den Umschlag öffnete.

Ihr Blick fiel auf die kräftige Schrift:

"Ich habe eine besondere Absicht mit diesem Brief. Ich tue nicht gern unschuldig, wenn die Dinge offensichtlich sind."

Hitze breitete sich auf Claras Gesicht aus, und sie sah sich um, um sicher zu sein, dass sie niemand beobachtete. Schwer schluckend las sie die Worte noch einmal. Dieser bedeutende Arzt aus einem fernen Land machte ihr einen Heiratsantrag? Ein kleines Foto fiel aus dem Umschlag auf den Boden. Sie hob es auf und blickte in die intensiven Augen, die sie anstarrten. Sie ließ den Brief und das Foto in ihren Schoß fallen. Warum musste sie immer so verletzlich sein? Und für wen hielt dieser Mann sie eigentlich? Das Mädchen, das auf seine Flirts ansprang? Ohne ihn überhaupt zu kennen? Sie musste das beenden. Aber sie wusste nicht wie. Wenn sie ihm noch einen Brief schrieb, würde sie ihn nur ermutigen.

*

Eine Woche später hatte Clara immer noch keine Antwort auf die beunruhigende Frage, was sie wegen des verwirrenden Briefes tun sollte. Sie war der Altersstation zugeteilt und begleitete gerade einen Mann mit einer Gehhilfe über den Flur, als sie Dr. Herbs laute Stimme hörte. "Frau Regier. Ich muss Sie sprechen."

Clara spürte das vertraute Klopfen in ihrer Brust, als sie die Stimme des Arztes hörte. Am liebsten wäre sie hinter ihrem Patienten verschwunden. Doch bald stand der Arzt vor ihr. "Ich fliege nächste Woche nach Paraguay, um meinem Bruder bei Operationen zu helfen. Ich nehme an, Sie möchten einen Brief mit mir mitschicken. Haben Sie beide sich schon entschieden, den Bund fürs Leben zu schließen?"

Ihre Wangen brannten. Sie blickte von ihrem Patienten zu Dr. Herb und wieder zurück. "Entschuldigen Sie, Doktor, ich muss Mr. Snyder zurück in sein Zimmer bringen", sagte sie und führte ihren Patienten von Dr. Herb weg.

"Wenn Sie mit mir einen Brief mitschicken wollen, werfen Sie ihn bis Montag in meinen Briefkasten", sagte er.

Am Ende ihrer Schicht ließ Clara das Abendessen aus und ging direkt in ihr Zimmer, um den Brief zu schreiben, den sie jetzt schreiben musste. Die beiden Brüder steckten unter einer Decke, und das war zu viel. Doch als sie sich schließlich an den Schreibtisch setzte, ließ ein Teil ihrer Wut nach. Sie dachte an Johns Worte:

Ich brauche keine endgültige Antwort, nur dein Verständnis.

Vielleicht war er doch nicht nur ein aufdringlicher Typ, der in seine Schranken verwiesen werden musste. Schließlich war er ein gottesfürchtiger Missionsarzt. Als sie zu schreiben begann, drückte sich in ihren Worten eher das Bedürfnis aus, ihn besser kennen zu lernen, als der Ärger über seine Anmaßung.

Als Clara den Brief am nächsten Morgen in Dr. Herbs Briefkasten warf, fragte sie sich, ob sie das Richtige getan hatte. Hatte sie ihre Beziehung fortgesetzt, obwohl sie wusste, dass es für sie als Paar wahrscheinlich keine Zukunft gab? Außerdem war sie sich über Johns Absichten immer noch nicht sicher. Er schien genau wie Dr. Herb zu sein, laut und dominant. Machten die beiden sich über sie lustig? Nur weil sie Ärzte waren und sie nur eine Krankenschwester in Ausbildung, war das noch lange kein Grund, sie zu demütigen. In der Mittagspause ging Clara noch einmal zum Briefkasten, um den Brief wieder herauszuholen.

Er war verschwunden.

Viertes Kapitel

Die erste Hälfte des Jahres 1942 war für die Siedlungen im Chaco eine wirtschaftliche Katastrophe. Eine schreckliche Dürre, heftige Sandstürme und Hitzewellen von bis zu 49°C vernichteten den größten Teil der Ernte. Es gab kein Futter für die Pferde, die Kälber mussten mit den Kühen ins Gebüsch, das bedeutete, keine Milch für die Menschen. Kein Weizen für Mehl, kein Futter für die Hühner, also keine Eier. Am schlimmsten war, dass keine Früchte wuchsen, was zu einer Zunahme von Krankheiten durch Vitamin-C-Mangel, Taubheit und Kribbeln durch Vitamin-B-Mangel, Verstopfung, Gastritis und Kopfschmerzen führte.

Diese kritischen Bedingungen hätten die kriegführenden Gruppen einander näher bringen können, taten es aber nicht. Im Gegenteil, die politischen Spannungen nahmen zu. Die Entbehrungen und der blanke Hunger ließen die Anhänger Hitlers, vor allem die Jugend, noch eifriger werden. Als Nachrichten über die Massenmorde an Juden in Auschwitz eintrafen, taten die Mitglieder des Bundes dies leicht als falsche Propaganda der Opposition ab. Sogar der Oberschulze der Kolonie war nun ein offener Anhänger des Bundes.

John war sehr entmutigt. Er fragte sich, wie so oft in den letzten Monaten, was Fräulein Ana von all dem halten würde. Er fühlte sich zu beschämt, um ihr zu schreiben, beschämt für sein Volk, sogar beschämt für sich selbst, wie selbstgerecht er die Tugenden des mennonitischen Pazifismus in seinen Gesprächen mit ihr an Bord des Schiffes zur Schau gestellt hatte.

Trotz Johns Frustration über die Bund-Bewegung verstand er, wie sehr diese Menschen seine medizinischen Dienste brauchten. Im April schickte MCC auf Johns Bitte hin seinen Bruder Herb für einen Monat nach Paraguay, um Operationen durchzuführen, die Johns Fähigkeiten überstiegen.

Das Beste daran war, dass Herb Briefe aus den USA mitbrachte, darunter auch einen von Clara. Aber der Ton ihres Briefes war unverbindlich, sogar etwas distanziert, und sie schrieb, dass sie ihn erst besser kennenlernen müsse, bevor sie über intime Dinge schreiben könne.

Als John den Brief las, spürte er Herbs Blick auf sich.

"Was ist los?", fragte Herb.

"Es ist nichts", sagte John. Warum fühlte er sich in der Gegenwart seines Bruders immer so klein?

"Dieses, dein Fräulein Regier, war mir gegenüber in letzter Zeit ziemlich kühl", sagte Herb. "Habe ich etwas gesagt, dass sie verletzt hat?"

"Was hast du zu ihr gesagt?"

"Komm schon, John, du kennst mich doch. Manchmal bin ich direkter, als die Leute es ertragen können", sagte Herb grinsend.

John verließ das Zimmer und stapfte über das Krankenhausgelände. So war es also gekommen. Er musste das in Ordnung bringen. Er würde Clara schreiben und ihr versichern, dass er nicht wie sein Bruder war. Und er würde den Brief mit Herb zurückschicken, damit sie ihn schnell bekam.

*

Die Krankenpflegeschule des Bethel College wurde 1908 unter der Leitung von Schwester Frieda Kaufman gegründet, der Diakonissenmutter, die für das Krankenhaus verantwortlich war. Eine Diakonisse war eine Frau, die Christus und seiner Kirche diente, frei von allen anderen Verpflichtungen und Wünschen, um ihre Zeit und Kraft dem Dienst des Herrn an den leidenden Menschen zu widmen. Das Diakonissenprogramm begann mit dem erklärten Ziel, jungen Frauen einen neuen Weg christlichen Dienstes zu eröffnen.

Als Clara 1940 in die Krankenpflegeschule eintrat, umfasste ihre Ausbildung Unterricht in Krankenpflege, Bibelkunde, Geschichte der Diakonissenbewegung und praktischer Krankenpflege.

Die meisten ihrer Mitschülerinnen planten, nach ihrem Abschluss zu heiraten und eine Familie zu gründen. Angesichts Claras fortgeschrittenen

Alters und des offensichtlichen Mangels an Verehrern hatte die Diakonissenmutter etwas Anderes für sie im Sinn.

"Es ist klar, dass du gerne dienst, Clara. Und deine Hingabe an deine Patienten ist vorbildlich. Bitte überlege dir, Diakonisse zu werden", sagte Schwester Frieda, als sie nach einer Gebetsstunde am Samstagabend auf sie zukam.

"Ich habe mein Leben dem Dienst am Herrn geweiht", antwortete Clara. "Der Dienst als Diakonisse könnte genau der Weg sein, den ich gehen soll."

*

Einige Wochen später, Ende Mai, kehrte Dr. Herb aus Paraguay zurück. Die Verbindung nach Paraguay war zu einem beliebten Klatschthema unter den Krankenschwestern in Ausbildung geworden. Sie neckten Clara damit, dass Dr. Herb sie hervorhob, und sie bedrängten sie mit Fragen nach Neuigkeiten von Dr. John. Schwester Frieda, die immer mürrisch dreinschaute, runzelte noch mehr die Stirn, als sie die Gerüchte hörte.

Clara riss den Brief auf, den Dr. Herb mitgebracht hatte, und überflog den ersten Teil, hielt aber beim Lesen inne:

Ich finde, wir sind uns viel näher, als ich erwartet hatte, und ich glaube, du würdest das auch so sehen. Ich sage das, weil du Herb kennst und mich vielleicht nach ihm beurteilst. Obwohl Herb und ich viele Gemeinsamkeiten haben, sind wir in religiösen, politischen und grundlegenden Lebensfragen sehr verschieden.

Etwas an diesem seltsamen Mann begann sie zu faszinieren. Woher wusste er, dass sie sich Sorgen machte, dass er Dr. Herb ähnelte? Sie würde zumindest den Briefwechsel fortsetzen. Was konnte schon schief gehen? Sie würde nicht erwähnen, dass sie sich darauf vorbereitete, Diakonisse zu werden.

Clara schrieb an John und beschrieb ihr Zuhause auf einer Farm östlich von Newton, nur eine halbe Autostunde von Goessel entfernt, wo sie wusste, dass die Schmidt-Brüder aufgewachsen waren. Trotz der geografischen Nähe wusste sie, dass ihre Hintergründe Welten voneinander entfernt waren.

Sie stammte aus der wohlhabenden deutschen Mennonitengemeinde, die zur gleichen Zeit aus Preußen ausgewandert war wie Johns Sippe aus Russland. Die Plautdietschen Mennoniten aus Russland galten als weniger gebildet als ihre hochdeutschen Landsleute in Preußen. Aber er war Arzt. Das sprach für ihn. Und sie wusste, dass die Schmidts zur GC-Gemeinde gehörten.

Also wartete sie. Und wartete. Keine Antwort.

*

John hatte begonnen, darüber nachzudenken, dass Paraguay sein Lebensort sein könnte, besonders wenn die Alliierten den Krieg gewinnen würden. Clara hatte er sich als wesentlichen Teil dieses Bildes vorgestellt. Jetzt bezweifelte er, dass sie mit ihm hierher zurückkehren würde. Herb war vor zwei Monaten aus Paraguay in die Vereinigten Staaten zurückgekehrt. In seiner Ungeduld vergaß John, dass es mindestens drei Monate dauerte, bis Briefe ankamen, und wunderte sich, warum er noch nichts von Clara gehört hatte. Bisher hatte er ihr drei Briefe geschickt, in denen er um ihre Hand anhielt und sie fragte, ob sie bereit wäre, in Paraguay zu leben. Er musste es wissen. Also schrieb er einen weiteren Brief, datiert vom 26. Juli:

Seit zwei Monaten habe ich nichts mehr von dir gehört. Vielleicht fühlst du dich nicht in der Lage, durch all das durchzusehen, was ich dir geschrieben habe. Es ist nicht meine Art, Mädchen in die Irre zu führen. Ich bin kein Teenager mehr, und ich habe viele Mädchen kennen gelernt, aber ich bin nie dazu gekommen, einem Mädchen einen Heiratsantrag zu machen oder ihr auch nur annähernd das zu sagen, was ich dir gesagt habe. Daran siehst du, wie wichtig mir die Ehrlichkeit ist, die man bei allen Schritten beachten sollte.

*

In den folgenden Monaten vertiefte sich John noch mehr in seine Arbeit, um seine Angst, nichts von Clara zu hören, zu überwinden. MCC fand keinen Arzt, der ihn ersetzen konnte, und so verging die geplante Abreisezeit im Juli, ohne dass klar war, wann er gehen konnte.

Zusätzlich zu seiner medizinischen Tätigkeit rief John ein Landwirtschaftsprogramm ins Leben, das mit Pflanzen experimentierte, die den extremen klimatischen Bedingungen standhalten konnten. Außerdem überwachte er den Bau eines besseren Feldweges zwischen dem Bahnhof bei Kilometer 145 und der Kolonie. Eines Abends, am Ende eines langen Tages, an dem sie Bäume gefällt und ausgegraben hatten, sammelten John und seine Arbeitskollegen ihre Äxte, Spaten und andere Werkzeuge ein, um sie auf zwei Pferdewagen zu laden. John hatte es mit einem *Palo Santo*-Baum zu tun, einem der härtesten und schwersten Hölzer der Welt. Ein reißendes Geräusch durchbrach die Stille der Chaco-Dämmerung, als ein Palo Santo-Ast herabfiel, als wollte er ihn treffen. John warf seine Axt zu Boden und sprang zur Seite, aber es war zu spät. Der Ast traf ihn an der Stirn und warf ihn zu Boden. Als John langsam wieder zu sich kam, bewegte sich seine Hand zu der klaffenden Wunde auf der rechten Seite seiner Stirn. Zitternd rappelte er sich auf und nur mit Hilfe taumelte er zu einem der Wagen, kletterte hinauf und setzte sich. Er legte den Kopf in die Arme. Mit jedem Ruck wurde der stechende Schmerz stärker und Blut begann sich auf der Ladefläche des Wagens zu sammeln. Doch als er spürte, dass ihm eine wässrige Flüssigkeit aus den Ohren lief, packte ihn die Angst, denn er wusste, dass es sich um ein Blutgerinnsel im Gehirn oder einen Hirngewebevorfall handeln könnte.

Schließlich hielt der Wagen vor seinem Krankenhaus. John ging langsam, den Kopf in den Händen, und legte sich auf eines der Betten. Auf die Rufe der Männer hin kommt Schwester Maria. Sie beugte sich über ihn und zog sich dann mit zitternden Händen zurück. „Es lief Gehirnflüssigkeit aus", sagte John zu seiner Krankenschwester. "Ich glaube, es hat aufgehört. Du musst meinen Kopf zunähen." Sie begann die Wunde zu säubern und hielt dann inne. „Herr Doktor", rief sie, „ich... ich ..." Sie schüttelte den Kopf.

„Nun", sagte John. „Wenn du es nicht schaffst, muss ich es machen. Kannst du mir wenigstens einen Spiegel geben?" Zähneknirschend betupfte er die offene Stelle mit Jod. Er nahm die gebogene Nadel und fädelte sie mit ruhiger Hand ein. Stich für Stich verschloss er die schmerzende Wunde. Nachdem die Naht gemacht war, tupfte er die Stelle wieder mit Jod ab und klebte einen Verband darüber. Schwester Maria starrte ihn an, Tränen traten ihr in die Augen. Er winkte sie weg. "Ich muss mich ausruhen."

*

Clara dachte an John, während sie sich um ihre Patienten kümmerte und sich imaginäre Gespräche mit ihm ausdachte. Obwohl viele Monate vergangen waren, seit sie den letzten Brief von ihm erhalten hatte, den Dr. Herb aus Paraguay mitgebracht hatte, fühlte sich John wie eine tägliche Präsenz in ihrem Leben an.

Was würden Sie angesichts des Zustands dieses Patienten tun, Dr. John? Ja, das würde ich empfehlen.

Und sie dachte bis spät in die Nacht an ihn, wenn sie heimlich in die Fantasiewelt ihrer Liebesromane eintauchte, denen sie wieder einmal verfallen war. Sie hatte sich immer schuldig gefühlt wegen ihrer Vorliebe für diese Schundromane, in denen Männer und Frauen Händchen hielten und sich sogar küssten. Sie hatte es niemandem gestanden, dass sie diese Bücher las. Wenn sie sich nun auf den Seiten einen Mann vorstellte, der so aussah wie Johns kleines Schwarzweißfoto, überkam sie eine quälende Mischung aus Lust und Schuld. Manchmal zuckte ihr Körper sogar peinlich.

Als Clara schließlich Johns Brief erhielt (geschrieben am 26. Juli), war er für sie so real, als würde sie ihn schon lange kennen.

Es ist nicht meine Art, Mädchen in die Irre zu führen.... ...ich bin nie dazu gekommen, einem Mädchen einen Heiratsantrag zu machen oder ihr auch nur annähernd all das zu sagen, was ich dir gesagt habe.

Clara drückte den Brief an ihre Brust. Sie würde mit Schwester Frieda reden. Und sie würde John wissen lassen, was sie von einem Ehemann fürs Leben erwartete.

*

Ende Oktober war die Narbe auf Johns Stirn nur noch ein gezackter dunkler Strich. Endlich kam der lang ersehnte Brief von Clara.

Der Brief, den ich heute von dir erhalten habe, ist vom 26. Juli. Ich habe noch nicht wirklich ans Heiraten gedacht. Aber diesen indirekten Vorschlag werde ich sicher erwägen ... Ich muss Dir aber eine Vorstellung davon geben, was ich von einem Ehemann fürs Leben erwarte.

Er müsse ein gläubiger Christ sein, ein sauberes, lasterfreies Leben führen und missionarisch denken. Ein gemeinsamer Dienst in Paraguay sei nicht ausgeschlossen.

Am Ende des Briefes fand John die Worte, auf die er gewartet hatte.

Ich fühle mit dir, John, dass du jetzt zurückkommen solltest. Ich hoffe, dass dies nicht nur mein egoistischer Wunsch ist, sondern der Wille des Herrn.

John steckte den Brief in seine Tasche und ging spazieren. Es war ein warmer, sonniger Tag. Er wusste, dass er Paraguay verlassen musste, aber wollte dieses ungewöhnlich schöne Wetter ihn einladen, eines Tages zurückzukehren?

Außerhalb des Dorfes bog John vom Weg ab und kämpfte sich durch das dichte Unterholz, das er schon so oft durchstreift hatte. Er hatte versteinerte Muscheln im Sand gesehen, Überreste eines urzeitlichen Meeres, exotische Schmetterlinge und eine Fülle von Vögeln. Heute sah er Geier und Papageien, wilde Tauben und sogar einen kleinen Specht mit leuchtend rotem Kopf. Um ihn herum wirbelten Hunderte weißer Schmetterlinge wie Schneeflocken vor dem blauen Himmel. Über seinem Kopf flog ein Schwarm leuchtend grüner Papageien.

„Ich komme wieder", sagte er laut zu sich selbst und machte sich auf den Weg zurück ins Dorf, um mit den Vorbereitungen für seine Abreise zu beginnen.

*

Im Jahr 1942 war der Atlantik stark von deutschen U-Booten beherrscht, also nahm John einen Zug über den Kontinent, um auf dem Pazifik nach Norden zu segeln.

Am 7. November ging er an Bord des Frachtschiffs *Copiapó* und segelte entlang der Küste nach Norden, dann nach Osten durch den Panamakanal nach Havanna, Kuba und New Orleans. Seine Kabine in der Touristenklasse bot Platz für vier Männer und hatte nur ein Waschbecken in der Ecke der kleinen Kabine.

John verbrachte die Tage auf See damit, zu lesen, mit den Passagieren über den Krieg zu diskutieren oder einfach etwas zu tun, das ihn davon abhielt, in sich zu gehen. Unter all dem Trubel spürte er eine Angst, die er nicht benennen konnte und der er sich nicht nähern wollte.

Am zwölften Tag auf See, kurz vor der Ankunft in Panama, ließ sich John schwer auf seine Matratze fallen. Was würde passieren, wenn er nach Hause käme? Würde er zum Krieg eingezogen werden? Würde er Arbeit finden? Würde es mit Clara klappen? Würde er zurück nach Paraguay gehen? Würde Clara mit ihm kommen?

Fünftes Kapitel

Am 2. Dezember erhielt Clara ein Telegramm aus New Orleans, mit der Information, dass Johns Schiff im Hafen angelegt hatte. Er bat sie, ihn am Freitag, dem 4. Dezember, am Bahnhof in Kansas City zu treffen, wo sie einen Teil ihrer Ausbildung zur Krankenschwester im Mercy Hospital absolvierte.

Am Freitag organisierte Clara alles, um ihre Schicht früher zu beenden und eilte dann nach Hause, um sich fertig zu machen. An ihrem freien Tag, dem vergangenen Samstag, hatte sie sich ein neues Kleid genäht. Es war dunkelblau mit weißem Kragen und weißen Knöpfen vorne. Der Rock war A-Linie und reichte bis zu den Knien. Die Schultern hatte sie gepolstert, wie sie es in einer Zeitschrift gesehen hatte. Doch als sie das Kleid anzog und sich im Spiegel betrachtete, war sie sich nicht sicher, wie es wirken würde. Es wirkte irgendwie kastenförmig. Und dann waren da noch ihre Haare. Sie waren bei der Arbeit unter einer gestärkten Schwesternhaube festgesteckt gewesen, so dass sie jetzt flach und unansehnlich aussahen. Sie verbrachte fast eine Stunde damit, ihre Haare zu weichen Rollen aufzustecken, die dann ihr Gesicht umrahmten.

Der Bahnhof war nur 1,5 km vom Mercy Hospital entfernt, aber Clara hatte sich das Auto ihres Vorgesetzten geliehen, da ein Wintersturm aufzog und Johns Zug erst um 22 Uhr ankommen sollte. Sie erreichte den Bahnhof um 21:30 Uhr. Soldaten und Matrosen bahnten sich ihren Weg durch die Bahnhofshalle.

Clara saß auf einer Holzbank, umklammerte ihre Handtasche und beobachtete das Treiben um sie herum. Immer wieder griff sie in die Tasche und holte das kleine Foto von John heraus. Würde sie ihn erkennen? Würde er überhaupt wissen, wer sie war? Sie wurde kurzatmig und wusste nicht, ob es die Aufregung oder die Angst war. Clara sah wieder auf die Uhr. 23:03 Uhr. Der Zug hätte schon vor einer Stunde kommen sollen. Zum dritten Mal ging sie zur Toilette, nur um sich zu vergewissern, dass ihre Haare noch saßen. Sie starrte in den zerbrochenen Spiegel. Was, wenn ihr Aussehen ihm nicht gefiel? War ihr Kleid elegant genug? Ihre blauen Augen blickten sie an und funkelten vor Vorfreude - oder war es Angst? Sie strich sich über die Locken und sagte laut zu ihrem Bild: „Heute Abend ist es soweit. Er kommt endlich nach Hause." Clara ging zurück auf ihre Bank. Und wartete. Endlich fuhr ihr Zug in den Bahnhof ein. Sie starrte auf die Menschen, die ausstiegen und an ihr vorbeieilten. Sie bemühte sich, die Gesichter der Männer zu sehen, denn sie dachte, dass sie sich vielleicht ganz falsch an John erinnerte. Von all den Leuten, die an ihr vorbeigingen, sah keiner so aus wie auf dem kleinen Foto, das sie von ihm hatte.

Sie wollte gerade gehen, als ein dünner, unrasierter Landstreicher mit einem Holzstock, einem langen schwarzen Mantel, einem schwarzen Hut und zwei Jaguar-Fellen unter dem Arm auf sie zukam. Der Mann blieb vor ihr stehen. „Bist du Clara Regier?"

*

Was nun folgte, hatte sich keiner von beiden so vorgestellt.

John streckte den Arm aus, um sie zu umarmen, und murmelte eine Entschuldigung für sein Aussehen. Clara roch seinen Schweiß, erschauderte und zog sich zurück. Seine Hose im Gaucho-Stil war schmutzig. Unter seinem zerrissenen Mantel steckte sein zerknittertes Hemd. John murmelte: „Ich stehe seit Tagen in einem überfüllten Militärzug."

Sie standen sich unbeholfen gegenüber. Claras Augen waren zu Boden gerichtet. Wie konnte er derselbe Mann sein, der hingebungsvolle, anspruchsvolle Briefe schrieb? Jetzt wirkte er so gewöhnlich, ein schmutziger Reisender. Sie sah kurz auf und dann wieder hinunter.

John runzelte die Stirn. Er hatte nicht vor, um ihre Zuneigung zu betteln. Kühl sagte er: „Sollen wir gehen?"

John ging schnell zum Ausgang. Sie folgte ihm aus der Station und zeigte auf das Auto, das in der Pershing Road geparkt war.

Als John seine Tasche ins Auto lud, fragte Clara: „Du hattest eine lange Reise?" und kam sich sofort dumm vor, weil sie das Offensichtliche fragte. „Wo soll ich dich absetzen?"

John gab ihr eine Adresse.

„Du musst müde sein", murmelte sie.

"Das nehme ich an." John stieg in den Wagen und starrte geradeaus.

War er so unhöflich, weil er müde war? Clara versuchte zu verstehen, was los war. Sie hatte sich so darauf gefreut, ihn kennenzulernen. Den Mann ihrer Träume.

John sagte nichts, bis sie ihr Ziel erreicht hatten. Er stieg aus dem Auto. „Danke fürs Mitnehmen."

Sie wollte etwas sagen, um den Lauf der Dinge zu ändern, aber sie murmelte nur: „Gute Nacht." Zurück im Schlafzimmer warf sie sich aufs Bett und weinte.

*

Am nächsten Morgen meldete sich Clara im Krankenhaus krank und verbrachte den Tag im Bett. Während sie weinte, kniete sie neben ihrem Bett auf dem Boden. „Lieber Gott. Bitte hilf mir in dieser Stunde der Not. Ich fühle so viel Dunkelheit um mich herum und weiß nicht, was ich tun soll".

Am nächsten Tag erwachte sie mit hämmernden Kopfschmerzen, aber sie zwang sich aus dem Bett. Sie würde alles tun, um ins Krankenhaus zu ihren geliebten Patienten zurückzukehren. Das würde ihre Welt wieder in Ordnung bringen. Clara verbrachte den Tag damit, ihren Pflichten nachzugehen, als würde sie schlafwandeln. Die Arbeit trug wenig dazu bei, die Schwere in ihrer Brust zu lindern oder die Tränen zu unterdrücken, die ständig zu fließen schienen. Als sie abends in ihr Zimmer zurückkehrte, lag ein Brief auf dem Nachttisch. Clara hielt den Atem an, als sie die vertraute, krakelige Handschrift sah.

Ich bin so gegen 10 Uhr bei meinem Bruder Herb angekommen. Ich hoffe, du entschuldigst mich, dass ich so offen bin und schreibe. Ich habe das Gefühl, dass ich am Bahnhof einen großen Fehler gemacht habe.

Er entschuldigte sich noch dafür, dass er wie ein Penner aussah. Clara ließ den Brief auf ihren Schoß fallen. Der Raum drehte sich um sie herum. Sie schloss die Augen, um einen Ort der Ruhe zu finden, und las weiter.

Als ich dir aus Paraguay geschrieben habe, dass ich dich liebe, habe ich es wirklich so gemeint. Aber jetzt frage ich mich, ob ich nicht das bin, was du wolltest - und wenn das der Fall ist, liebe Clara, dann sag es mir bitte, und ich werde gehen.

Da war er. Auf Papier. Der Mann, in den sie sich verliebt hatte. Clara drückte das Blatt Papier an ihre Brust. Sie setzte sich sofort hin und begann zu schreiben:

Als wir uns trennten, tat es mir sehr leid, dass wir keine Gelegenheit mehr hatten, miteinander zu reden. Ich weiß, dass die Dinge nicht so gelaufen sind, wie du es dir gewünscht hast, und ich hatte das Gefühl, dass du enttäuscht warst. Wie gern hätte ich mit dir gesprochen! Ich bin sehr froh, dass du mir so nett geschrieben hast, und ich werde versuchen, dir genauso zu antworten.

Was sollte sie sagen? Sie schauderte, als sie sich daran erinnerte, wie er sie am Bahnhof angesprochen hatte. Er wirkte so vulgär. Sie wollte den Mann, der die Briefe geschrieben hatte. Clara kniff kurz die Augen zu, bevor sie weiterschrieb.

Erstens hat deine Anwesenheit bei unserem Treffen keinen Unterschied gemacht. Ich hoffe, ich kann tiefer blicken.

Zweitens war meine offensichtliche Zurückhaltung nicht so beabsichtigt, wie es den Anschein hatte. Nein, ich war nicht enttäuscht, nur hatte ich mir dich in meiner Vorstellung, die ich aus deinen Briefen entwickelt hatte, etwas anders vorgestellt.

Sollte sie ihm sagen, dass sie noch nie geküsst worden war? Dass das alles neu für sie war? Würde er sie für naiv halten? Sie musste ihm die

Wahrheit sagen und ihn um Verzeihung bitten, weil sie ihn enttäuscht hatte.

In den folgenden Wochen tauschten sie noch einige Briefe aus, ohne das missglückte Treffen zu erwähnen. Es war, als hätte ihr liebevolles Werben per Post nie aufgehört.

*

Claras Schicht im Mercy Hospital in Kansas City endete kurz vor Weihnachten, so dass sie die Feiertage zu Hause in Newton verbrachte. John war immer noch in Newton und wohnte bei seinem Bruder Herb. Sie verabredeten, am Sonntag, dem 27. Dezember, gemeinsam in die Kirche zu gehen. Sie trafen sich im Vorraum der First Mennonite Church. Clara bemerkte, wie schick John in seinem dunklen Anzug und dem schwarzen Hut aussah, aber sie fühlte sich sofort unbehaglich in seiner Gegenwart. Sie saßen in den Kirchenbänken mit mehr als dem gesellschaftlich angemessenen Abstand voneinander. Sie warf ihm einen Blick zu, doch er starrte vor sich hin. Warum war er so still? Er musste wohl auch nachdenken.

Der Prediger kündigte das Eröffnungslied *„Großer Gott, wir loben dich"* an. Sie standen auf und sangen mit. Als die Musik bei *„Wie du warst vor aller Zeit, so bleibst du in Ewigkeit"* zu einem Crescendo ansteigt, hörte Clara auf zu singen und schaute den Mann an ihrer Seite mit großen Augen an. Johns Kopf war zurückgeworfen, seine Augen geschlossen, und seine klangvolle Tenorstimme ertönte klar und wahr. In diesem Moment wusste sie, dass dies der Mann war, den sie für den Rest ihres Lebens lieben konnte.

An diesem Abend schrieb John in sein Tagebuch: *"Heute in der Kirche schaute ich Clara an und mir wurde klar, dass ich das habe, was ich für unmöglich hielt - ich habe das beste Mädchen der Welt - es gibt kein anderes, das in irgendeiner Weise so gut ist.*

*

Während seiner Zeit in Paraguay hatte John Papiere von der US-Einberufungskommission erhalten, die ihn als 4-E (LS) einstuften, einen Kriegsdienstverweigerer, der für begrenzte zivile Arbeiten von nationaler Bedeutung zur Verfügung steht. Vor einer Woche erhielt er jedoch einen Brief, in dem er als 1-A-O neu eingestuft wurde, d.h. als Kriegsdienstverweigerer aus Gewissensgründen, der für den Militärdienst in einer nicht kämpfenden Rolle zur Verfügung steht. Er schrieb sofort einen Brief, in dem er erklärte, dass er bereit sei, alles zu tun, was die Regierung von ihm verlange, dass er sich aber weigere, einer militärischen Organisation anzugehören. Es kam keine Antwort.

Die einzige Möglichkeit, mit dieser Situation umzugehen, bestand darin, zur örtlichen Einberufungsbehörde in McPherson zu fahren und sie über den Ernst der Lage zu informieren. Er würde lieber ins Gefängnis gehen, als in irgendeiner Weise für das Militär zu arbeiten.

Johns Fahrt nach McPherson wurde von einem Schneesturm begleitet, der die Felder bedeckte und in Böen über die Straße fegte. Er stand vor der Eingangstür des Regierungsgebäudes, noch bevor diese geöffnet wurde.

"Was willst du?" Ein junger Angestellter blickte von einem Stapel Papiere auf, als John das Eingangsportal betrat.

„Mein Name ist John Schmidt und ich bin hier, um mitzuteilen, dass ich den Wehrdienst verweigere", sagte John.

"Einen Moment, bitte." Der Angestellte drehte sich um und klingelte.

Ein uniformierter Offizier kam durch eine Seitentür herein. "Was ist das Problem?"

„Ich bin mehr als bereit, meinen Dienst und sogar mein Leben zu geben, um das Leid anderer zu lindern. Aber ich werde nicht eurer militärischen Organisation beitreten", sagte John und wünschte, er könnte die Autorität spüren, die in seiner Stimme lag.

Er nannte dem Offizier seine Personalien, damit er ihn in der Kartei finden konnte.

„Ich denke. Wir sind dir mit deinem Status als Kriegsdienstverweigerer schon genug entgegengekommen", sagte der Beamte, gab die Akte zurück und schloss die Schublade.

John trat einen Schritt auf ihn zu. „Steckt mich ins Gefängnis, wenn es sein muss, aber ich werde nicht in eurer Armee dienen."

„Das ist deine Entscheidung." Der Offizier richtete sich auf, drehte sich um und verließ den Raum. Im Gehen runzelte John die Stirn und fragte sich, wie er das Clara beibringen sollte.

*

Drei Tage später, am letzten Tag des Jahres, trafen sich John und Clara im Newton's Athletic Park zu einem Spaziergang. "Darf ich dich zum Mittagessen einladen, um das neue Jahr zu feiern?"

Clara schob ihre Hand unter Johns rechten Arm. "Liebend gern."

Es würde ein besonderes Jahr für sie werden.

Sie gingen am Wheat Memorial vorbei, einer drei Meter hohen Kalksteinstatue eines bärtigen mennonitischen Weizenbauern, der aufrecht steht und seinen Hut in der Hand hält, als würde er beten.

John blieb vor der Statue stehen und las laut die Inschrift vor:

„Zur Erinnerung an die Ankunft der Mennoniten aus Russland in Kansas im Jahr 1874 mit rotem Hartweizen aus der Türkei".

„Das habe ich noch nie gesehen", sagte er.

„Es wurde erst kürzlich von der Junior Chamber of Commerce aufgestellt", sagte Clara.

John nahm seinen Hut ab und stellte sich feierlich vor die Statue.

„Das waren meine Leute, Clara", sagte er. „Ohne sie würde ich wahrscheinlich in bitterer Armut im Chaco von Paraguay leben."

Clara sah verwirrt aus. Sie wusste, dass die russischen Mennoniten nach Kansas gekommen waren, aber sie wusste nichts über ihre Beziehung zu den Mennoniten in Paraguay. John erzählte ihr seine Lieblingsgeschichte über seine niederdeutschen Großeltern, die 1874 aus Russland geflohen und nach Kansas gekommen waren, nachdem

Alexander II. in Russland das Versprechen gebrochen hatte, sie vom Militärdienst zu befreien. Wären sie damals nicht geflohen, hätten sie wahrscheinlich zu den russischen Mennoniten gehört, die Jahrzehnte später, 1929, der Verfolgung im stalinistischen Russland endgültig entkamen und sich im paraguayischen Chaco niederließen. Oder, schlimmer noch, sie hätten zu denen gehört, die nach Sibirien deportiert wurden.

„Warum kam die zweite Gruppe nicht nach Nordamerika?", fragte Clara.

„Die amerikanischen Einwanderungsgesetze verboten damals die Einreise von Menschen mit Krankheiten. Viele hatten Trachom und andere Krankheiten. Paraguay war offenbar das einzige Land, das sie aufnahm." John stand immer noch da, den Hut in der Hand, und starrte fast ehrfürchtig auf die Statue. „Ich gehe gerne ins Gefängnis, um den Glauben meines Volkes zu verteidigen", murmelte er leise.

Clara trat einen Schritt zurück, um Johns ernste Miene und seinen leidenschaftlichen Gesichtsausdruck besser betrachten zu können. Sie war unter preußisch-hochdeutschen Mennoniten aufgewachsen, die etwa zur gleichen Zeit wie Johns Leute nach Kansas gekommen waren. Sie identifizierte sich mit ihrer Gruppe. Aber nicht so wie John. Ein so starkes Zusammengehörigkeitsgefühl hatte sie noch nie erlebt. John drehte sich zu ihr um und lächelte. "Wie wäre es mit Mittagessen?"

Sie gingen zu einem Café in der Nähe des Parks und setzten sich an einen Tisch in der Ecke. An den Lichtern und Wänden hing leuchtend roter und grüner Weihnachtsschmuck. Im Radio lief White Christmas" von Bing Crosby. Clara spürte Johns Hand auf ihrem Arm und wurde rot.

Sie bestellten Hamburger. Als das Essen kam, hielt Clara inne und wartete darauf, dass John sie im Gebet anleitete. Er schien es nicht zu bemerken, goss Ketchup auf seinen Burger und hob ihn an den Mund.

„Stimmt etwas nicht?", fragte John und kaute den ersten Bissen.

„Nein. Nein, natürlich nicht", antwortete sie schnell. Betet John nicht, bevor er isst?

*

Am darauffolgenden Mittwoch erhielt John einen weiteren Brief von der Behörde, der seine Einstufung als 1-A-O bestätigte und ihn aufforderte, sich am nächsten Tag bei der Behörde in McPherson zu melden.

Die Straßen waren mit schmutzigem Schnee bedeckt, und Johns Auto begann zu rutschen, als er auf die Route 56 nach McPherson abbog. Er betrat das Eingangsportal des Regierungsgebäudes. Noch bevor sich die Tür hinter ihm schloss, verlangte er nach einem Beamten.

„Stecken. Mich. Ins. Gefängnis. Sofort. Ich werde nicht in eurer Armee dienen." Johns übliches Stakkato war noch schneller als sonst.

In der offenen Seitentür stand derselbe Offizier, den er das letzte Mal gesehen hatte. Er ignorierte John und beugte sich zu dem Angestellten hinunter. „Ändert Schmidts Einstufung auf 4-E." Seine Lippen senkten sich, als er John ansah.

„Ich hoffe, die Einberufungskommission entscheidet, dass du in China gebraucht wirst", knurrte er. „Dort gehören Leute wie du hin."

John nahm seinen überarbeiteten Ausweis und ging zur Tür, wobei er sich ein Grinsen verkneifen konnte. Diese Leute hatten offensichtlich keine Ahnung, wo er die letzten zwei Jahre verbracht hatte.

*

Clara machte sich Sorgen wegen der Einberufung. John hatte ihr erzählt, dass New Mexico auf der Liste der Gebiete mit Ärztemangel stand und daher, nach seinem neuen Klassifizierungsentwurf, als Dienstort für einen Arzt in Frage käme. Sie war besorgter als John, als sie auf eine Antwort auf ihre Anfrage an die Universität von New Mexico warteten. Wenigstens war es nicht China.

Die Antwort kam schnell. Anfang Januar hatte John seine Sachen gepackt und war bereit, nach Albuquerque aufzubrechen.

Clara hielt Johns Arm fest, als sie durch die hohen Schneehaufen gingen, die sich rund um den Bahnhof von Newton aufgetürmt hatten. Sie zog ihren Schal fester um ihr Gesicht und blinzelte die Tränen weg.

„Die Stelle, die ich bekomme, ist wirklich sehr gut, und ich werde zu den Fakultätsmitgliedern gehören. Ist das nicht toll? Ich glaube, Albuquerque würde dir gefallen, wenn wir eines Tages dort leben würden, abgesehen davon, dass es keine Mennonitengemeinde ist. Es gibt viele Krankenhäuser, du könntest dort einen Job finden, wenn du im August deinen Abschluss machst."

Clara war erst etwas mehr als eine Woche mit John zusammen, aber sie wusste bereits, dass er ein Mann der wenigen Worte war. Sie vermutete, dass sein heutiges Geschwätz bedeutete, dass er genauso nervös war wie sie, sich so kurz nach ihrem ersten Treffen schon wieder zu trennen. Bevor John in den Zug stieg, küsste er Clara, und zum ersten Mal erwiderte sie den Kuss. Er war wild und ein wenig gefährlich.

Sechstes Kapitel

In den folgenden vier Monaten schrieben sich John und Clara wieder Briefe, nur, dass ihre Briefe diesmal nur ein paar Tage unterwegs waren und nicht mehrere Monate. Die beiden Liebenden schrieben sich jede Woche mehrere Briefe.

An einem warmen Frühlingstag Anfang April machte Clara eine Pause von ihren Visiten und schlenderte über das Krankenhausgelände. Sie ging den Weg entlang und setzte sich auf eine Holzbank. Vor fast genau einem Jahr hatte sie auf derselben Bank gesessen und sich überrumpelt und verletzt gefühlt, als sie Johns indirekten Antrag gelesen hatte. Seitdem war so viel passiert. Clara schloss die Augen und ließ die Sonne auf ihr Gesicht scheinen. Sie liebte John. Aber ihre Differenzen beunruhigten sie zunehmend. Als sie ihn vor einiger Zeit gefragt hatte, was er vom Beten vor dem Essen halte, hatte er geschrieben:

Ich wollte in der Öffentlichkeit nicht zu viel Aufsehen erregen. Du kannst sicher sein, dass ich, wenn ich einmal ein eigenes Haus habe, immer Manns genug sein werde, vor jeder Mahlzeit zu beten, egal wer an unserem Tisch sitzt.

Und heute erhielt sie die Antwort auf die Frage, die sie endlich gewagt hatte zu stellen, ob er ein lasterfreies Leben geführt habe.

Ich habe Dinge getan wie tanzen, trinken und rauchen.

Er fügte hinzu, dass er glaube, dass diese Laster nicht an sich sündhaft seien, sondern erst dann, wenn sie zur Gewohnheit würden. Aber trotzdem.

Clara vergrub das Gesicht in den Händen. John hatte all diese sündigen Dinge getan und sich nicht einmal schuldig gefühlt. Wie konnte das der Mann sein, den Gott für sie vorgesehen hatte? Und was konnte sie nun dagegen tun? Sie hatte ihn geküsst. Und sie hatte allen von ihm erzählt, sogar ihren Eltern. Was sollte sie tun?

*

Später am selben Tag kehrte John in sein gemietetes Zimmer zurück und sah einen hellblauen Luftpostumschlag auf seinem Nachttisch liegen. Er riss das dünne Papier auf. Anastasia. Der Brief war vom 14. Oktober und kam aus Paraguay. Ana entschuldigte sich zunächst, dass sie nicht früher geschrieben hatte, und erklärte, sie habe sich in den Hügeln nördlich von Buenos Aires versteckt.

Argentinien nahm im Krieg eine sogenannte neutrale Haltung ein, aber Castillos Machtbasis verfügte über ein starkes, sehr gut organisiertes pro-nationalsozialistisches Element. Die deutsche Botschaft manipulierte diese Unterstützung, indem sie ein nationalsozialistisches Manifest finanzierte und unterstützte, das angeblich von einer Million Argentiniern unterzeichnet und Castillo vorgelegt worden war.

Sie fuhr fort, die revolutionäre Gruppe, der sie angehörte, zu beschreiben, indem sie auf geheime und gefährliche Aktivitäten im Kampf gegen die Nazis anspielte, ohne genau zu sagen, was ihre Gruppe tat.

Und wie läuft es im Chaco, Dr. John? Läuft alles wie erwartet? Ich habe oft an deinen Mut gedacht und hoffe, dass es dir gut geht.

John runzelte die Stirn. Mut? Das Mutigste, was er jetzt grade tat, war Aspirin zu verteilen. Er musste etwas finden, das sich lohnte. Er hatte immer gedacht, dass er nach Paraguay zurückkehren würde. Vor einem Monat kontaktierte er Orie Miller von MCC und fragte, ob es Bedarf für seine Dienste gäbe. Orie sagte, sie hätten einen Dr. Gaede gefunden, der die medizinische Arbeit im Chaco übernehmen würde. Seit Johns Abreise im November war der Chaco ohne medizinische Versorgung geblieben. Aber erst diese Woche schrieb Orie, dass Dr. Gaede sich zurückgezogen habe. Sollte John über eine Rückkehr nachdenken? John hatte seine Zweifel gehabt, aber jetzt wusste er, was zu tun war. Er setzte sich hin, um Clara zu schreiben, dass ein Brief von jemandem namens Anastasia, die er auf dem Weg nach Südamerika getroffen hatte, ihn aus seiner verschwendeten Existenz in Albuquerque gerissen hatte. Er beschrieb Ana als jemanden:

... sie kämpft hart, um die Welt zu einem besseren Ort zu machen. Ich bin mit vielen ihrer Methoden nicht einverstanden, aber sie tut das, woran sie glaubt. Ich dagegen, was mache ich?

*

Ein paar Tage später, am Ende ihrer Schicht, saß Clara allein in ihrem Zimmer und las Johns Brief. Sie lässt ihn auf ihren Schoß fallen. Tanzen, trinken, rauchen und jetzt diese Anastasia? Wer war sie? Und was bedeutete sie John?

Clara las weiter:

Ich glaube, dass du und ich in Paraguay mehr erreichen können als irgendwo sonst auf der Welt. Es ist keine leichte Aufgabe. Ich kann mir vorstellen, dass die Sympathien für die Nazis so groß sind wie eh und je. Und medizinische Hilfe wird schwer zu bekommen sein. Aber wenigstens würden wir etwas Sinnvolles tun.

In dem Brief stand auch, dass er Orie zwei Bedingungen gestellt hatte, bevor er einer Reise nach Paraguay zustimmte. Die erste war, dass John eine Leistenbruchoperation brauchte. Die zweite Bedingung war, dass ein Zahnarzt mitkommen sollte. John sagte, es sei unerträglich, so viele Menschen ohne angemessene Zahnbehandlung zu sehen.

Wenn sie bis Juli oder August keinen anderen gefunden hätten, könnten wir mit den Vorbereitungen beginnen. Dann wären wir im September oder Oktober startklar, okay?

Clara starrte auf die Frage am Ende des Briefes. Das ging alles viel zu schnell. Das schwindelerregende Tempo war beängstigend. Aber sie spürte noch etwas anderes. War es Nervenkitzel?

Sie blickte auf die Lichtflut, die bei fast Vollmond durch ihr Fenster strömte. Sie sehnte sich nach John. Er war ein ehrlicher Mann, sonst hätte er nicht über seine Vergangenheit gesprochen. Er schien ein Mann zu sein, der nicht nach den Erwartungen anderer dachte und handelte, sondern nach seinem eigenen ausgeprägten Sinn für richtig und falsch. Er wäre sicher jemand, dem sie vertrauen und dem sie sich anvertrauen könnte. Clara schrieb:

Wir sind uns einig, wie wir die Dinge jetzt sehen, und das ist das Wichtigste. Seit ich in Kansas City war, ist mir klar geworden, was für ein behütetes Leben ich wirklich hatte. Wirklich, John, das sündige Verhalten, das ich dort gesehen habe, hat mich fast krank gemacht. Du hast das alles hinter dir und deine Ideale sind sehr hoch im Vergleich zu vielen anderen, die ich getroffen habe.

Hatte er es wirklich hinter sich? Er war ein frommer Mann, nicht wahr? Sie schauderte und beendete den Brief:

Ja, John, ich hoffe, wenn du eines Tages nach Paraguay zurückkehrst, wird es „wir" sein und nicht „du". Ich habe gerade über etwas nachgedacht. Wäre es nicht sinnvoll, dort eine Krankenpflegeschule zu gründen? Und die Leitung des Krankenhauses könnten wir gemeinsam übernehmen?

*

Clara hatte John ermutigt, um seine Entlassung von der Universität in Albuquerque zu bitten, weil er sich dort zunehmend nutzlos fühlte. Er schrieb, dass er bis zu ihrem Abschluss im August versuchen würde, bei Bedarf in Praxen in der Umgebung von Newton einzuspringen, wenn die Behörden es erlaubten.

An einem schönen Frühlingstag Ende April fuhr Clara zum Bahnhof von Newton, um John vom Zug abzuholen. Sie ging auf eine der Bänke im Freien zu, ihre Schritte fühlten sich so leicht an wie die Brise, die ihren Rock streifte. Ein junges Paar ging händchenhaltend an ihr vorbei. Clara sah ihnen nach, bis sie hinter einer Biegung verschwanden. Sie spürte einen dumpfen Schmerz in der Brust. Ein Bild von Anastasia schoss ihr durch den Kopf, wie immer, seit John über sie geschrieben hatte. Lange, schlanke Beine, glänzendes Haar, vielleicht sogar geschminkte Lippen. Sie schüttelte den Kopf, um das Bild zu vertreiben. Sie musste John vertrauen.

Clara ging auf die Gleise zu, als der Zug rumpelnd in den Bahnhof einfuhr. Fast sofort entdeckte sie John. Er schwang sich aus dem Zug und blickte auf den Bahnsteig. Dann sah er sie und hielt Blickkontakt, während er durch die Menge ging. Clara streckte beide Arme aus, und er drückte sie an seine Brust.

*

John konnte es kaum erwarten, endlich mit Claras Eltern zu Mittag zu essen. Er stand vom Tisch auf. „Vielen Dank, Frau Regier, für das Essen." Dann wandte er sich an Clara: „Willst du mit mir spazieren gehen?"

Sie gingen den Feldweg östlich des Hofes entlang. Immer wieder fummelte John an der kleinen Schachtel in seiner Tasche herum.

„Clara ..."

Bevor er fortfahren konnte, platzte Clara heraus: „Wer ist Anastasia und was bedeutet sie dir?"

John fing an zu lachen, aber als er Claras ernsten Gesichtsausdruck sah, hielt er inne, zog seine Hand aus der Tasche und nahm ihre beiden Hände in seine.

„Anastasia ist jemand, der mich beschämt, weil ich nicht das tue, was ich tun sollte, um den Bedürftigen zu helfen und die Welt zu einem besseren Ort zu machen." Als Clara nicht überzeugt schien, fügte er hinzu: „Sie ist keine von uns. Sie ist nicht einmal Christin.

Clara stand nur da und sagte nichts. Was musste er tun, um sie davon zu überzeugen, dass sie, Clara, die Einzige war, die er jemals lieben würde?

John zog die Schachtel aus der Tasche. „Bist du bereit, einen Diamanten für mich zu tragen?"

Claras Augen wurden groß. "Einen Diamanten?" John steckte ihr den Ring an den Finger und war zufrieden, dass er perfekt passte. „Gott wird unsere Verbindung segnen, und wir werden gemeinsam in seinem Dienst stehen", sagte er. „Wenn du mich willst."

„Das will ich", flüsterte sie.

*

An diesem Abend hatten sie ein informelles Verlobungsessen mit beiden Elternpaaren bei Clara. Das Gespräch drehte sich hauptsächlich um ihre Pläne, nach Paraguay zu reisen. Johns Eltern schienen nicht besonders besorgt zu sein. Claras Vater schwieg weitgehend, während ihre Mutter sich darüber beklagte, dass sie dann niemanden mehr hätte, der ihr im Krankheitsfall helfen könnte.

Nach dem Essen gingen Clara und John auf die Veranda. Es war eine warme Nacht und es wehte eine leichte Brise.

„Es tut mir leid, dass sich meine Mutter immer beschwert. Sie hat Nervenprobleme, seit ich klein war", sagte Clara. „Ich habe mich oft um die Familie gekümmert, wenn sie krank war." Als John nicht antwortete, fügte sie hinzu: „Ich fürchte, ich komme nicht aus einer sehr perfekten Familie."

„Clara, ich bezweifle, dass es so etwas wie eine perfekte Familie gibt. Mein Vater schlug mich regelmäßig, bis mein Hintern blutig war, wenn ich mich nicht anstrengte, auf der Farm mehr zu leisten. Sicher, ich hatte eine Strafe verdient. Aber meine Familie war keine glückliche Familie.

In diesem Moment kamen Johns Eltern heraus, bereit zu gehen.

„Gebt mir einen Moment", sagte John zu ihnen. Er drehte sich zu Clara um.

„Können wir zusammen unser Abendgebet sprechen, bevor ich gehe?"

Clara nickte, und sie gingen zusammen hinein und die Treppe hinauf in ihr Zimmer. Clara kniete sich neben ihr Bett. Als John stehen blieb, blickte sie auf.

„Ich spreche meine Gebete nicht auf eine bestimmte Art und Weise", sagte er. „Vor dem Bett zu knien ist eine neue Erfahrung für mich. Ich bin bereit dazu, aber ich möchte dem keine besondere Bedeutung beimessen. Für mich zählt die Aufrichtigkeit der Gedanken, die ich im Sitzen, Stehen oder Knien spüre". Clara war es nie in den Sinn gekommen, vor dem Schlafengehen anders als auf diese Weise zu beten.

*

Am nächsten Tag aßen sie bei Johns Bruder Herb und seiner Frau Mariam zu Mittag. Mariam war nett, wenn auch ein wenig hochnäsig. Ihr Haus war schöner als jedes andere, das Clara je gesehen hatte. Sie fühlte sich immer noch unbehaglich in der Nähe des forschen Chefchirurgen ihres Krankenhauses. Aber zum Glück war auch Johns Lieblingsbruder Raymond da, zehn Jahre jünger als er. Es war einfach, in der Nähe dieses ruhigeren, sanfteren Schmidt-Bruders zu sein, der seit seiner Kindheit durch Polio gelähmt war.

Irgendwann beim Mittagessen kam das Gespräch auf den Krieg. Herb erwähnte die „heldenhaften" Taten von Herman, einem ihrer Brüder, der als Pilot in der Luftwaffe diente. Raymond starrte auf seinen Teller.

„Er sollte sich schämen, und ich weiß, dass Raymond dem zustimmt", rief John und warf seine Serviette weg. Raymond sagte nichts, und Mariam rutschte auf ihrem Stuhl zurück. „In einem Krieg heldenhaft zu kämpfen ist nicht das, was wir Mennoniten tun. So sind wir nicht erzogen worden."

Am Tisch herrschte Stille. Mariam stand auf und begann, das Geschirr abzuräumen. John schob seinen Stuhl zurück und begleitete Clara zur Tür. Im Gehen starrte Clara auf ihren Schoß und sagte leise: „Du hättest nicht schreien müssen, John."

John schwieg eine Weile. „Es tut mir nicht leid, was ich gesagt habe. Aber ich wünschte, ich wäre nicht so laut gewesen. Ich muss mich darauf verlassen, dass du, Clara, mich beruhigst, wenn ich zu laut werde, denn das ist einfach nicht richtig. Dann sieht es nämlich so aus, als würde ich mit meinen Überzeugungen angeben wollen."

Clara wusste nicht, was sie sagen sollte, also sagte sie nichts.

*

Clara beendete ihre Ausbildung am 20. August zusammen mit neun anderen Krankenschwestern. Fünf Tage später heiratete sie John in der First Mennonite Church in Newton.

Am Abend des 24. August bereitete Clara im Keller der Kirche das Probeessen vor, als sie auf der Treppe ein Klappern hörte. Raymond, der am nächsten Tag Johns Trauzeuge sein sollte, humpelte auf seinen Krücken herbei.

„Die Arbeit, die du und John in Paraguay machen werdet ... nun, ich denke, sie ist wirklich wichtig. Ich möchte nur, dass du weißt, dass ich nach meinem Medizinstudium zu euch kommen möchte."

„Was für ein schönes Hochzeitsgeschenk, Raymond", sagte Clara und umarmte ihn.

FLITTERWOCHEN

1943-1946

"Die Liebe besteht nicht darin, einander anzuschauen, sondern darin, gemeinsam in dieselbe Richtung zu blicken."
- Antoine de Saint-Exupéry

Siebtes Kapitel

Am Tag nach ihrer Hochzeit fuhren Clara und John mit dem Zug nach New Orleans. Von dort flogen sie nach Buenos Aires und nahmen das Schiff nach Asunción. Sie wurden von George Klassen und seiner Frau begleitet. George war ein Zahnarzt, den MCC für die Arbeit im Chaco angeworben hatte. George war älter als John und viel amerikanisierter. Seine Frau Helen war keine Mennonitin, was Clara störte, aber John meinte, das sei unwichtig, solange George sich um die zahnärztliche Versorgung im Chaco kümmerte.

Fast überall, wo John und Clara auf ihrem Weg nach Paraguay vorbeikamen, hatten Soldaten und Seeleute Vorrang, so dass sie über zwei Monate brauchten, um Asunción zu erreichen. Das störte das Brautpaar nicht. Es gab viel übereinander zu entdecken.

„Ich habe das Buch mitgebracht, von dem ich dir erzählt habe und von dem ich dachte, wir könnten es zusammen lesen", sagte John, als sie sich ein paar Tage nach Beginn ihrer Reise auf das Schlafengehen vorbereiteten. Es heißt *"Sane Sex Life und Sane Sex Living."*

John begann laut vorzulesen.

Clara wurde rot. Sie war schüchtern, wenn es um ihren Körper ging, und sie war es nicht gewohnt, dass ihr neuer Mann so freimütig und offen über Sex sprach. Es schien einfach nicht christlich zu sein.

John las aus einem anderen Kapitel mit dem Titel *"Coitus Reservatus"* vor.

Clara zog sich verwirrt zurück. Wie allen guten Mennoniten war ihr beigebracht worden, sich niemals ausdrücklich zu ihrer Sexualität zu bekennen, geschweige denn darüber zu sprechen, zu lesen oder zu schreiben. Sex diente der Fortpflanzung, nicht dem Vergnügen. Sie kannte die Botschaft, die so oft von der Kanzel gepredigt wurde: „Unser Körper wird mit dem Fleisch identifiziert. Er ist die Hauptquelle der Versuchung und führt unweigerlich zur Sünde".

„Bitte habe Geduld mit mir. Ich bin mir bei all dem nicht so sicher wie du", murmelte sie und versuchte, seinem durchdringenden Blick auszuweichen.

John schlug abrupt das Buch zu und rollte sich auf die Seite des Bettes.

„John, bitte ..." Sie berührte seine Schulter.

„Wir werden es gemeinsam herausfinden", sagte er ungewohnt zärtlich.

*

Mitte Oktober kamen sie in Buenos Aires an. Dort warteten sie auf ein Schiff, das sie nach Asunción bringen sollte. Fast zwei Monate waren sie unterwegs.

Clara sah erschöpft aus, aber John erklärte seiner neuen Frau, dass das Schlimmste noch vor ihr liege.

Er hielt es für das Beste für sie, während der Reise nicht schwanger zu werden, um das Risiko einer Fehlgeburt zu vermeiden. Er hatte ihr vorgeschlagen, vor der Reise ein Verhütungsmittel zu nehmen, aber Clara hatte geantwortet, dass sie so etwas Gottloses niemals tun würde. John war verwirrt über Claras starke Überzeugungen bezüglich der Verwendung von Verhütungsmitteln. Er fand, dass sie für Verheiratete in Ordnung seien. Aber er stimmte zu, dass sie es schaffen könnten, wenn sie während ihrer fruchtbaren Zeit keinen Sex hätten.

In den letzten Tagen hatte er über die bevorstehende fruchtbare Zeit nachgedacht.

„Meinst du, wir könnten auf die Möglichkeit einer Schwangerschaft vorbereitet sein?", fragte er eines Abends, als sie sich zum Schlafengehen fertig machten.

Clara zog sich ein Flanellnachthemd über den Kopf. „Können wir es riskieren?"

Beim Abendgebet baten sie um Führung und Leitung. Wie so oft machte John den ersten Schritt. Es war so öde. Er hoffte, Clara würde ihn nicht für egoistisch und gefühllos halten. Er drehte sich zu seiner Frau um, und gemeinsam erforschten sie liebevoll und geduldig den Körper des anderen.

*

Am 30. Oktober, Claras 29. Geburtstag, fuhren sie mit dem Boot den Paraguay-Fluss hinauf. Riesige Mückenschwärme bedeckten ihre Gesichter, Arme, Beine und Knöchel. Clara trug einen Pyjama von John unter der Hose und stopfte eine Zeitung zwischen ihre beiden Paar Socken, aber die Mücken fanden trotzdem ihren Weg an ihre Beine.

Weiter ging es mit der Schmalspurbahn bis km. 145, dann mit dem Ochsenkarren durch die Menno-Kolonie, bis sie schließlich am 9. November in Filadelfia ankamen.

Zögernd betrat Clara die baufällige Hütte, das Dokta-Haus, das ihr erstes Zuhause werden sollte. Sie betrachtete den Lehmboden, die zwei Einzelbetten aus grob behauenem Bauholz mit Strohsäcken als Matratzen, einen Schrank und einen kleinen Tisch mit zwei Stühlen. An der Wand hing ein Blecheimer mit einem Nagel im Boden, der beim Hochschieben Wasser in eine darunter stehende Waschschüssel abgab.

Selbst auf der bescheidenen Farm ihres Vaters in Kansas hatte sie noch nie so etwas Primitives gesehen.

"Mein Rücken tut weh." Clara wischte sich den Schweiß von der Stirn. „Ich muss mich hinlegen.“

„Das geht nicht“, sagte John schroff und deutete auf die offene Tür. „Siehst du nicht, dass wir noch viel zu tun haben?“ Sie ging zur Tür und sah hinaus. Sie waren gerade angekommen, und da standen schon eine Reihe von Pferdewagen mit Patienten, die zum Arzt wollten. Da Schwester Maria zusammen mit John abgereist war, war das Krankenhaus geschlossen und die Kolonie während der neun Monate, die John weg war, ohne medizinische Versorgung gewesen.

„John, wir sind gerade mit dem Zug und dem Flugzeug gereist, dann mit dem Schiff, dann wieder mit dem Zug und dann mit dem Ochsenkarren. Ich weiß nicht einmal, welchen Monat wir haben. Ich

81

stinke. Ich bin erschöpft. Mein Rücken schmerzt. Und mir ist übel. Ich muss mich hinlegen." Schwerfällig ließ sie sich auf das Bett fallen und spürte, wie das grobe Stroh aus den Säcken quoll.

„Aber ich habe keine andere Krankenschwester", sagte er und zog sie aus dem Bett. *„Moak die wajch*!"

Während sie John aus dem Haus folgte, überlegte Clara, ob sie ihm hätte sagen sollen, dass ihre Periode ausgeblieben war. Sie sprach den Bibelvers aus dem Epheserbrief, den sie so gut kannte: *„Frauen, ordnet euch euren Männern unter wie dem Herrn."* Als sie die Menschen sah, die sich unter den Bäumen versammelt hatten und auf den Arzt warteten, erinnerte sie sich an die biblischen Geschichten von Jesus, als er von Dorf zu Dorf zog und die Kranken zu ihm gebracht wurden.

*

Einige Tage später klopfte es an der Tür. Clara erwachte aus tiefem Schlaf, stemmte sich aus dem Bett, griff nach ihrer Taschenlampe und stolperte zur Tür. Der Mond warf lange Schatten auf den Hof.

"Ja?" Clara hoffte, dass es sich nicht um einen ernsten medizinischen Fall handelte, denn John war in den südlichen Chaco geritten, um zu sehen, ob jemand in dieser abgelegenen Gegend ärztliche Hilfe brauchte.

Eine Frau stand vor seiner Tür und stützte ein kleines, gebrechliches Mädchen. „Frau Doktor, meine Nichte hat kein Insulin mehr. Wir brauchen deine Hilfe." Clara zog sich einen Bademantel an und führte sie in die Klinik. „Ich möchte, dass sich das Kind hier hinlegt. Wie alt ist es?"

„Das ist Neti Voth. Sie ist achtzehn. Sie hat Diabetes. Ich wollte ihr Insulin geben, aber wir haben keins mehr."

Neti begann zu zucken. „Versuchen bitte, sie zu beruhigen. Ich sehe nach, was wir haben." Clara durchsuchte die Schränke und fand nur ein paar Flaschen mit abgelaufenem Insulin. Sie spritzte das Serum und wartete. Neti fiel in einen Schockzustand.

„Bleib bitte hier bei ihr. Ich gehe zum Haus der Neufelds die Straße runter und werde von dort aus einen Funkspruch nach Asunción schicken." Clara band ihren Bademantel fester um sich und ging hinaus.

Nach dem Funkkontakt und einigen Telefonaten innerhalb der Stadt kam die Nachricht zurück, dass später am Tag ein kleines Flugzeug Insulin bringen würde. Da es keinen Platz für die Landung eines Flugzeugs gab, war geplant, Bettlaken auf dem Boden auszubreiten und das Insulin darauf fallen zu lassen.

Die Nachbarn breiteten die Laken an der vereinbarten Stelle auf dem Boden aus. Clara saß neben Neti. Um 10:00 Uhr glaubte sie, ein Flugzeug gehört zu haben, aber das musste Einbildung sein. Neti war inzwischen ohnmächtig geworden.

Clara hielt ihre schlaffe Hand und betete, dass sie durchhalten würde. Nach einigen weiteren Stunden hörte sie es. Das Flugzeug flog im Tiefflug über den verabredeten Ort und ein provisorischer Fallschirm mit den Medikamenten dran, schwebte sanft nach unten und landete in der Nähe der Lacken.

*

Im Laufe des nächsten Monats nahm die Arbeitsbelastung weiter zu, als die Menschen in der ganzen Region erfuhren, dass der Arzt zurückgekehrt war. John hatte Horst, einen Lehrer, der später Anästhesist wurde, überredet, zurückzukehren und bei Operationen zu helfen. Doch Clara war seine einzige Krankenschwester.

Eines Nachts, sie waren schon zu Bett gegangen, fuhr eine Kutsche vor dem Haus vor und sie hörten lautes Klopfen an der Tür.

„Herr Doktor." Die schrille Stimme eines Mannes durchbrach die Stille. „Meine Frau liegt im Sterben."

John zog sich an und ging zur Tür. „Komm, Clara." Clara lag noch immer auf dem durchgelegenen Bett, ihr Körper weigerte sich, das zu tun, was er tun sollte. Tränen traten unter ihren Augenlidern hervor und liefen langsam über ihre Wangen. Sie wischte sie weg und rappelte sich auf.

John hatte Horst alarmiert, und als Clara den Operationssaal erreichte, waren sie bereits dabei, der Frau die Kleider vom Leib zu schneiden und ihren Bauch zu waschen.

„Es ist ein Blinddarmdurchbruch", rief er. „Clara, komm her und hilf mir mit den Handschuhen. Hol die Instrumente und bring die Lampe näher. Horst, wir müssen sofort anfangen!"

Clara beeilte sich, aber mit jeder Bewegung wurde ihr übler.

„Nein, das nicht!" John warf die Instrumente, die sie ihm reichte, auf den harten Lehmboden und lief durch den Raum, um zu holen, was er brauchte. „Ich dachte, du wärst eine ausgebildete Krankenschwester", rief er.

Clara bemerkte, dass Horst wie immer den Blick senkte, wenn John sie anschrie.

*

Zwei Stunden später trugen die drei die Patientin in einen Nebenraum und legten sie auf eine Liege. Die Operation war erfolgreich verlaufen. Aber die Spannung zwischen John und Clara hatte sich in wütende Befehle von ihm und stille Zustimmung von ihr verwandelt.

Kaum hatte Horst das Zimmer verlassen, brach Clara in Tränen aus. „Ich kann auch nichts richtig machen. Und es ist so peinlich, wenn du mich vor anderen Leuten anschreist. Und ich bin so müde und ich..." Sie brach ab. Das war nicht der richtige Zeitpunkt, um es ihm zu sagen. John riss sich die OP-Handschuhe von den Händen.

„Wenigstens kannst du nicht nach Hause zu deiner Mutter laufen und heulen." Er presste die Lippen zusammen. Warum sagte er das? Er wollte nicht so herzlos klingen. Aber sie hätten diese Patientin beinahe verloren. Er ging aus dem Zimmer.

Den ganzen nächsten Tag saß Clara auf einem harten Stuhl neben dem Bett der Patientin und überprüfte stündlich ihre Vitalfunktionen.

Bedeuteten Johns Wutausbrüche, dass er in Anastasia verliebt war? Warum sonst war er so schroff und ungeduldig? Als sie an diesem Abend gemeinsam laut beteten, beendete Clara das Gebet mit:

„Und segne unser Baby, das uns bald zu einer richtigen Familie machen wird".

Ohne ihr "Amen" abzuwarten, flüsterte John: "Clara, wirklich?"

„Ich bin sicher", sagte Clara, nahm seine Hände und legte sie auf ihren Bauch.

John beugte sich vor und küsste sie sanft. „Du trägst mein Baby", murmelte er.

*

Immer wieder kamen Patienten, viele mussten stationär aufgenommen und operiert werden. Anfang Dezember, Clara war noch im ersten Drittel ihrer Schwangerschaft, wurde ihr klar, dass sie selbst mit einer Haushälterin, die zu Hause half, nicht mit all der Pflege Schritt halten konnte.

„Wir müssen eine Krankenpflegeschule gründen", sagte sie eines Morgens nach der Andacht zu John. „Es ist einfach zu viel. Ich kann nicht alles machen."

„Wir haben keine Bücher, deine Ausbildung zur Krankenschwester war auf Englisch, nicht auf Deutsch, und hier gibt es niemanden, der mehr als eine Grundschulausbildung hat", sagte John.

Clara starrte in ihre Kaffeetasse und fuhr fort, als hätte sie ihn nicht gehört. „Ich denke, wir sollten alle Fächer, die ich in meiner Ausbildung hatte, einbeziehen. Da wir keine Bücher haben, müssen wir sie einfach neu schreiben."

John hatte natürlich recht. Aber konnte sie das aufhalten? Sie musste einen Weg finden. Jeden Abend, bis spät in die Nacht, saß sie im schwachen Licht einer Petroleumlampe an ihrem kleinen Tisch und schrieb auf, woran sie sich von ihrem Studium zu Hause erinnerte. Clara las John ihre Notizen vor, bevor sie zu Bett gingen, obwohl er sie immer wieder daran erinnerte, dass es hoffnungslos sei, ihre Ausbildung in etwas zu übersetzen, das die Leute hier verstehen würden.

„In der ersten Unterrichtseinheit muss es um Pflegeverfahren gehen", schlug Clara eines Abends vor und begann, den Inhalt der Einheit auf dem Notizblock vor sich zu skizzieren.

„Sie müssen etwas über Sicherheitsvorkehrungen, Infektionskontrolle und Pflegefertigkeiten wie Baden, Anziehen, Füttern und Betten machen lernen. Wir sollten auch Schritte zur Überprüfung der Vitalfunktionen unterrichten."

„Willst du eine ganze Unterrichtseinheit damit verbringen, ihnen beizubringen, wie man ein Bett macht?", fragte John. „Ich kann nicht so lange warten, bis ich medizinische Unterstützung bekomme."

„Okay, dann fangen wir damit an, was sie wissen müssen, um dir zu helfen?"

Claras Stimme wurde zu einer Frage. Sie hatte gelernt, dass John normalerweise dabei war, wenn sie etwas zu seiner Idee machte.

Am Ende hatten sie den Inhalt für siebzehn Unterrichtseinheiten ausgearbeitet, die sie gemeinsam unterrichten würden.

*

Die ersten Freiwilligen, die an den Kursen teilnahmen, waren sieben Mädchen aus den armen mennonitischen Dörfern um Filadelfia. Clara hatte Bedenken, unter den gegebenen Umständen - raue Betten, Strohsackmatratzen, kein fließendes Wasser, keine Elektrizität und schmutzige Böden - die Prinzipien der Krankenpflege zu vermitteln. Doch dann fiel ihr ein, dass die Mädchen keine anderen Bedingungen kannten.

Drei der Mädchen konnten weder lesen noch schreiben. Die anderen hatten kaum die sechste Klasse abgeschlossen. Nur diejenigen, die vergleichsweise mehr Zeit in der Grundschule verbracht hatten, sprachen fließend Hochdeutsch. Die weniger Gebildeten sprachen meist Plautdietsch.

Eines der Mädchen, das sich freiwillig für die Ausbildung zur Krankenschwester gemeldet hatte, war Neti Voth. „Ich verdanke dir mein Leben. Ich möchte Krankenschwester werden, um anderen das Leben zu retten", sagte Neti. „Ich habe mir selbst das Lesen beigebracht. Ich kann das."

Mitte Dezember begannen sie mit dem Unterricht. An drei Abenden in der Woche, nachdem sie den ganzen Tag Patienten gesehen hatten, hielten sie jeweils einen Vortrag in ihrer Muttersprache, John auf Plautdietsch und Clara auf Hochdeutsch. Aber sie waren sich nie sicher, ob die Mädchen etwas verstanden.

Nach einer von Johns Vorlesungen über die menschliche Anatomie hockten er und Clara auf der Treppe vor ihrem Haus und aßen Wassermelonenschnitten. Sie machten eine kurze Pause, bevor sie an den Unterrichtsmaterialien für die nächste Woche arbeiteten. Die untergehende Sonne war ein heller Feuerball am Horizont.

Fliegen umschwirrten sie, angelockt vom süßen Saft, der von ihren Händen tropfte. Clara sah zu, wie John nach ihnen schlug.

„Ich erreiche diese Mädchen nicht. Sie sitzen nur da und sehen völlig benommen aus", sagte John und lehnte sich an die Lehmwand ihres Hauses. Clara starrte auf den Boden. Eine Krankenpflegeschule schien nicht zu funktionieren. Sie hätte gleich auf John hören sollen.

Aber dann kam ihr eine Idee. Sie ging die Straße hinunter zu dem Zimmer, in dem sich die Schwesternschülerinnen ein Einzelzimmer teilten. Clara klopfte an die Tür. Als Neti in der Tür erschien, sagte Clara: „Du bist genau die Person, mit der ich sprechen möchte. Lass uns einen Spaziergang machen".

Clara erklärte, wie wichtig es für die Mädchen sei, das zu lernen, was sie und John ihnen beibringen wollten. „Ich weiß, dass euch eine Vorlesung über menschliche Anatomie nicht wichtig erscheint, aber sie ist es."

„Das ist es nicht", sagte Neti leise. „Wir alle wissen, dass diese Themen wichtig sind. Es ist nur ..."

"Was?" Clara hielt inne und drehte sich zu dem Mädchen um.

„Es ist nur so, dass Dr. Schmidt ... na ja, wir haben Angst vor ihm. Er ist so schroff."

Clara lächelte. „Der Doktor wirkt manchmal schroff, aber er meint es gut. Er will, dass ihr lernt und gute Krankenschwestern werdet. Kannst du bitte mit den anderen Mädchen reden? Wirst du uns helfen, gemeinsam erfolgreich zu sein?"

Neti nickte. Sie gingen schweigend ein Stück weiter, dann sagte sie: „Was wäre, wenn wir tatsächlich anfangen würden, Patienten zu pflegen - natürlich unter Aufsicht - und auf diese Weise die Prinzipien lernen würden? Vielleicht würde es dann mehr Sinn für uns machen?"

*

John versuchte, sich aus den kontroversen Diskussionen in der Kolonie über die Gründung einer neuen Schule herauszuhalten. Aber der amerikanische Zahnarzt George Klassen besuchte sie regelmäßig und schien immer unruhiger zu werden. In einer stillen, schwülen Nacht Mitte Dezember besuchten Klassen und seine Frau John und Clara, um über die Ereignisse zu sprechen. Die vier saßen auf niedrigen Hockern unter einem Palo Santo Baum im Hof des Krankenhauses.

„Die Schule, die Fritz Kliewer und seine Frau Margarete zur Unterstützung des Hitlerbundes gegründet haben, verliert jetzt an Ansehen, da die militärischen Aussichten für Deutschland ungünstig sind", sagte der Zahnarzt. Dann schilderte er, wie viel Streit es unter den Leuten gab, vor allem wegen der Ernennung eines Schulleiters. Schließlich sah es so aus, als ob die meisten Kolonisten Fritz und Margarete nicht mehr als Lehrer ihrer Kinder akzeptieren würden. Die Leute hatten das Vertrauen in sie verloren, denn es schien, als würden sie erst wieder den mennonitischen Prinzipien folgen, als sich der Krieg gegen sie zu wenden begann.

Klassen seufzte: „Aber Oberschulze Legiehn kämpft immer noch darum, sie als Schulleiter zu behalten, aus Gründen, die ich nicht nennen kann. Und Konrad Wolf macht immer noch Ärger."

„Kliewer hat große Macht über den Oberschulzen", sagte John. Er erzählte von seinem Gespräch mit Legiehn im Jahr 1941, als John ihn gebeten hatte, Kliewers ständige Drohungen zu unterbinden, dass diejenigen, die sich dem Bund nicht anschließen würden, zurückbleiben würden, wenn die anderen nach Deutschland zurückkehrten. Legiehn hatte geantwortet, er werde tun, was er könne. Aber innerhalb weniger Tage waren Kliewer und seine Frau wieder voll im Geschäft, mit mehr Schülern und mehr Macht als je zuvor.

John trat gegen einen Erdklumpen. „Ich habe immer angenommen, dass es daran lag, dass Legiehn in Kliewer sein Ticket zurück nach Deutschland sah. Ich habe keine Ahnung, was Konrad Wolf vorhat, aber ich werde es herausfinden."

John beobachtete, wie Clara sich vom Hocker erhob. Er bemerkte die Fülle ihrer Brüste. Sie trug sein Kind. Wenn es ein Sohn wäre, würden sie ihn John nennen, so wie schon er nach seinem Vater John benannt worden war. Er streckte ihr die Hand entgegen, um ihr beim Aufstehen zu helfen.

Achtes Kapitel

Die Sonne war noch nicht aufgegangen, als Konrad Wolf, nach dem Melken der einzigen Kuh, langsam in seine Hütte zurückkehrte. Er blieb einen Moment in der Tür stehen und sah zu, wie seine Frau Angelika, die mit dem dritten Kind schwanger war, ihre blonden Zöpfe um den Kopf geschlungen hatte, und Blechteller auf den kleinen Tisch in der Ein-zimmer-hütte stellte. Sie hob die Ecken ihrer langen schwarzen Schürze und verscheuchte die Hühner, die im Dreck unter dem Tisch scharrten.

Er sah sich um, nahm die Lehmziegelwände wahr, den Holzofen in der Mitte und die mit Stroh gefüllte Matratze auf dem Boden in der Ecke, auf der er, Angelika und ihre beiden kleinen Kinder schliefen. Wie konnte alles so hoffnungslos geworden sein? Er besaß etwas Land und hatte versucht, Baumwolle und Erdnüsse anzubauen, aber im letzten Jahr hatten Schädlinge und Trockenheit seine Ernte vernichtet. Zum Glück hatte Fritz Kliewer ihm eine Klasse als Lehrer in der Schule gegeben, sonst hätte er um Essen für seine Familie betteln müssen. Konrad sah seine Frau beschämt an.

Wie so oft am frühen Morgen, bevor der Tag begann, erinnerte sich Konrad an sein wohlhabendes Elternhaus, in dem er in der Region Omsk in Russland geboren wurde. Sein Vater, Kornelius Wolf, war ein wohlhabender Gutsbesitzer.

Und obwohl seine Mutter neun Kinder zur Welt brachte, war sie immer eine Dame geblieben. Ihre Mägde erledigten die ganze Hausarbeit. Konrad schloss die Augen und erinnerte sich daran, wie sich die Seidenbluse seiner Mutter weich an seine Wange schmiegte.

Die nächste unvermeidliche Erinnerung war das Schreien der Mutter, als eines Nachts Banditen kamen und seinen Vater mitnahmen. Konrad war erst neun Jahre alt, aber er wusste, wer sie waren. Jeder wusste, dass die Kommunisten etwas gegen die wohlhabenden mennonitischen Siedler hatten. Als ältestes Kind half Konrad seiner Mutter und seinen

Geschwistern nur wenige Wochen später, heimlich aus ihrem Dorf zu fliehen, alles zurücklassend bis auf das Nötigste zum Überleben. Im Oktober 1929 schlossen sie sich Hunderten anderer mennonitischer Familien an, die in der Umgebung von Moskau kampierten und verzweifelt versuchten, dem Kommunismus zu entkommen und in ihr *Heimatland* Deutschland zurückzukehren.

Konrad erinnerte sich vage daran, wie sie schließlich im Bremerhaven ankamen, von dort ein Schiff nach Buenos Aires bestiegen und sich dann langsam und mit vielen Verzögerungen auf den Weg nach Paraguay machten. Er erinnerte sich an die Worte seiner Mutter, als ihr Wagen zum ersten Mal in das struppige Ödland namens Chaco rumpelte. "Konrad, *nü sand wi tüs* - jetzt sind wir zu Hause." Niemals. Nicht in dieser Wüste. In der Schule hatte er gelernt, dass es die Deutschen waren, die ihre Rettung vor den russischen Bolschewiken organisiert hatten. Es waren die Deutschen, die ihnen die sichere Überfahrt nach Paraguay ermöglicht hatten, und bald würden die Deutschen sie wieder willkommen heißen. Er war sich sicher, dass seine Angelika eines Tages, sehr bald, schöne Seidenblusen haben würde. Eines Tages würden ihre eingefallenen Wangen wieder prall und rosig sein. So wie damals, als er sie kennengelernt hatte, vor vier Jahren, als sie gerade sechzehn war.

Langsam ging Konrad zu dem Holzregal an der Wand und stellte den Eimer Milch neben einen Korb mit Eiern. Seine Schultern sanken, sein Kopf neigte sich.

„Wot ess?" fragte Angelika.

Konrad betastete die dicke Narbe, die sich über seine linke Gesichtshälfte zog. „Dr. Schmidt beschuldigt Kliewer, ein Unruhestifter zu sein. Er hält Deutschland für böse und beharrt darauf, dass wir dank der Hilfe von MCC in Nordamerika der Verfolgung in Russland entkommen sind. Und jetzt mischen er und sein MCC sich in unsere Angelegenheiten ein und versuchen, uns an der Rückkehr in unsere Heimat zu hindern."

Er hielt inne. Er durfte seine Frau nicht beunruhigen. Sie hatte schon dunkle Ringe unter den Augen. Und ihr Rücken war krumm, obwohl sie erst zwanzig war.

„Komm, Angelika, alles wird gut", sagte er und zog sie an sich.

Doch als Konrad später am Vormittag zur Schule ging, waren seine Gedanken wieder bei den nordamerikanischen Unruhestiftern. Zwar prangte in der Koloniehalle an unübersehbarer Stelle das nationalsozialistische Motto: „Gemeinnutz vor Eigennutz". Aber Schmidt schien nicht zu begreifen, dass dies in der Kolonie Kooperation bedeutete. Die einzige Überlebenschance in diesem Höllenloch war die Einheit.

Warum benutzten die Amerikaner weiterhin den Begriff „Nazismus", der inzwischen eindeutig befleckt war? Es war der hasserfüllte Begriff, mit dem sie Hitlers abscheulichste Verbrechen bezeichneten. Begriffe wie „deutsch", „Heimat" und „Vaterland" mit „Nationalsozialismus" in einen Topf zu werfen, war ein großes Missverständnis dessen, was diese Begriffe für sein Volk in der Kolonie bedeuteten. Die Amerikaner hatten keine Ahnung, wie verletzend eine solche Verwendung des Wortes „Nazismus" war. Sie würden es wahrscheinlich nie verstehen.

*

Zehn Tage vor Weihnachten beschloss John, an einem der Bunds Treffen teilzunehmen, um selbst zu sehen, was los war. Es war nach sieben Uhr abends, aber die drückende Hitze des Tages hatte noch nicht nachgelassen. Der Nordwind hatte einen heulenden Staubsturm erzeugt. John betrat den Versammlungssaal und sah sich um. Hitlers Porträt hing nicht mehr an der Wand, aber sonst hatte sich seit den Bundestreffen vor ein paar Jahren nicht viel verändert. Dieselben etwa dreißig Männer, aufgeteilt in zwei gegnerische Gruppen.

Zwei Männer saßen an einem Tisch vorne im Raum und hielten einen Vortrag über die Notwendigkeit, eine neue Schule und ein neues Leitungsteam für die Kolonie zu gründen. „Die Zeiten haben sich geändert und wir müssen uns mit ihnen ändern", sagten sie und standen auf.

John erkannte einen von ihnen als Jasch Neufeld, den jungen Mann, den Dr. Klassen zu seinem Zahnarzthelfer ausgebildet hatte. John erinnerte sich, dass Oberschulze Legiehn dagegen gewesen war, dass Jasch Assistent des amerikanischen Zahnarztes wurde.

Zuerst habe er nicht verstanden, warum, aber schließlich habe sich herausgestellt, dass Jasch bereits 1941 Legiehn und Kliewer offen widersprochen und sich geweigert habe, in den Bund einzutreten.

Legiehn hatte natürlich Angst, dass Jasch mit den Amerikanern in Kontakt kommen könnte.

Ein Mann trat in den Raum. Mehrere Männer, die vorne saßen, riefen: „Konrad *weiß, was wir brauchen*. Konrad. Konrad." John starrte auf die Narbe, die sich von der linken Stirn über die Wange des Mannes zog. Offensichtlich war Wolf nicht mehr nur ein Kliewer-Anhänger, wie er es noch vor ein paar Jahren gewesen war. Er übernahm jetzt die Kontrolle im Raum. Wolf stand aufrecht da und schlug mit der Faust in die Luft. Im Saal wurde es vollkommen still, als er die Opposition beschuldigte, hinter dem Rücken von Oberschulze Legiehn hinterhältige Pläne zu schmieden, und sie warnte, dass weiterer Verrat schwerwiegende Folgen haben würde.

„Fritz Kliewer ist der einzige Mensch in dieser Kolonie, der die richtige Ausbildung hat, um unsere Schule zu leiten", rief Wolf.

John erhob sich. „Fritz Kliewer ist ein Unruhestifter", sagte er.

Alle Augen richteten sich auf ihn im hinteren Teil des Raumes.

John fuhr fort. „Seit er 1939 mit der ganzen Nazi-Propaganda aus Deutschland zurückkam, hat er in dieser Kolonie nichts anderes getan, als Unruhe zu stiften. Dank der Hilfe von MCC in Nordamerika seid ihr alle der Verfolgung in Russland entkommen, und MCC wird die Unterstützung der Nazis nicht dulden. Es ist an der Zeit, entschieden dagegen vorzugehen."

John wandte sich um und verließ den Raum. Es hatte sich nicht viel geändert. Fritz und Margarete Kliewer kämpften immer noch um den Machterhalt, und sie hatten jetzt einen Sprecher, der in der Kolonie offenbar ziemlich einflussreich geworden war. Was erhoffte sich Wolf von den weiter eskalierenden Konflikten? John ging den staubigen Weg zu ihrer Hütte.

War er zu passiv gegenüber dieser ganzen hässlichen Nazi-Geschichte? Er dachte daran, was er Fräulein Ana an Bord des Schiffes gesagt hatte, wie sinnlos es sei, das Böse in der Welt mit Gewalt zu bekämpfen. Gab es einen Punkt, an dem Gewalt notwendig wurde? Er musste Orie Miller schreiben.

Als John nach Hause kam, begann er sofort mit dem Brief an MCC. Er schrieb, dass die Flammen der Nazis im Chaco immer noch loderten und dass Kliewer im Zentrum des Feuers stand.

„Ana hätte das schon längst getan", murmelte er leise, zu vertieft, um zu bemerken, dass Clara in der Nähe stand und ihn beobachtete.

*

Es war eine Woche vor Weihnachten. Clara hatte Heimweh und fühlte sich einsam. Und seit kurzem hatte sie wieder das Bild der langbeinigen Schönheit mit den geschminkten Lippen vor Augen, dass sie verfolgt hatte, bevor sie und John geheiratet hatten. Wer war diese Ana, deren Name immer dann auftauchte, wenn John am verzweifeltesten war?

Clara hatte niemanden, an den sie sich mit ihren Sorgen wenden konnte. Sie wusste, dass sie nicht mehr zu den alleinstehenden Mädchen gehörte. Außerdem gefiel ihr nicht, wie diese John anstarrten, wenn sie glaubten, sie sähe es nicht. Und unter den verheirateten Frauen in der Kolonie fühlte sie sich einfach nicht wohl. Sie hatte versucht, ihr Plautdietsch zu sprechen, aber dann machten sie sich über ihre Sprachfehler lustig. Schlimmer noch, sie schienen verbittert darüber zu sein, in dieser Wüste ihren Lebensunterhalt verdienen zu müssen. Auch Frau Legiehn, die Clara freundlicherweise einen Koffer voller Babykleidung geschenkt hatte, sprach kaum über etwas anderes als ihr hartes Leben. Es störte Clara, dass die Frauen - und übrigens auch ihre Männer - sich nur darauf zu konzentrieren schienen, in dieser fremden und feindlichen Umgebung zu überleben, und dass die meisten von ihnen wenig Interesse zeigten, die Botschaft Jesu zu den indigenen Stämmen zu bringen, die sie umgaben. Ihre Selbstbezogenheit war egoistisch und unchristlich.

Nachdem sie sich um eine Frau gekümmert hatte, deren Wehen noch nur leicht eingesetzt hatten, ging Clara allein über den Hof des Krankenhauses, den staubigen Weg entlang, der die Hauptstraße durch das Dorf Filadelfia war. Ein starker Nordwind wirbelte den Sand auf. Sie hielt den Kopf gesenkt und schützte ihre Augen mit beiden Händen. War das das Leben, dem sie sich am Tag ihrer Taufe geweiht hatte? Zumindest sollte sie eine Sonntagsschule eröffnen.

Clara kam von ihrem Spaziergang zurück und ging auf John zu, der wie immer am Tisch saß und sich Notizen machte. Sie bemühte sich, autoritär zu klingen. „Wir müssen mit der Sonntagsschule beginnen".

John sah auf und runzelte die Stirn. „Clara, wir haben keine Zeit dafür. Im Moment schaffen wir es nicht einmal, all unsere medizinischen Aufgaben zu erledigen. Wir machen nichts anderes. Punkt."

„Nichts an unserer Arbeit besteht darin, die Liebe Christi an die Menschen um uns herum weiterzugeben." Sie wischte sich die Tränen aus den Augen.

„Warum glaubst du immer, dass Weinen der richtige Weg ist, einen Streit zu gewinnen, Clara? Warum können wir nicht vernünftig darüber reden?" Johns Stimme klang hart.

Clara verließ die Hütte und eilte ins Krankenzimmer, um nach ihrer Patientin zu sehen. Warum verstand er nicht, wie wichtig es war, einen Weg zu finden, dem Herrn zu dienen? Oder war das seine Art, sie wegzustoßen?

*

John fühlte sich entmutigt. „Ich verstehe, dass du möchtest, dass wir das Material für den Pflegekurs anwendungsorientierter gestalten", sagte er. „Aber wie sollen wir die Qualität der Pflege überprüfen?"

Es war der Tag nach ihrem Streit über eine Sonntagsschule, den sie immer noch nicht beigelegt hatten. Am Abend zuvor hatte sich Clara während der Abendandacht dafür entschuldigt, dass sie so oft weinte, und sie hatten sich geküsst und versöhnt, wie sie zu sagen pflegte. John fühlte sich schrecklich, weil er so schroff zu Clara gewesen war. Das war einfach nicht christlich. Aber was sollte er tun, wenn sie wegen jeder Kleinigkeit weinte? Er hielt sich zurück. Warum fiel es ihm so schwer, ihr etwas Zärtlichkeit zu zeigen? Um ihr die Liebe zu zeigen, die er wirklich für sie empfand.

Nun saßen er und Clara wieder an ihrem kleinen Tisch, warfen einen großen Teil des Krankenpflegelehrplans, den sie ursprünglich geschrieben hatten, über Bord und versuchten, einen anderen Weg zu finden, den wichtigsten Stoff zu vermitteln.

Sie brauchten nicht lange zu warten, bis sich die Gelegenheit bot. Zwei Tage später, gegen Mitternacht, rollte ein Wagen ratternd in den Hof des Krankenhauses. John wachte auf, noch bevor es draußen klatschte. Er öffnete die Tür und da stand Fritz Kliewer, den Hut in der Hand, die Schultern hängend. „Es ist Margarete", flüsterte Kliewer heiser. „Sie hat seit Tagen hohes Fieber, muss sich übergeben und ist zu schwach, um allein zu stehen. Ich weiß nicht, was ich tun soll."

Sie trugen Kliewers Frau ins Krankenzimmer und legten sie auf den Untersuchungstisch.

„Lass uns nachsehen." Sagte John. Margaretes Brust war mit einem Ausschlag und rosafarbenen Flecken bedeckt.

„Typhus", murmelte John leise.

Kliewers kleine Gestalt schien noch weiter in die dunkle Ecke des Raumes zu schrumpfen. „Bitte rette meine Frau", flüsterte er. John erinnerte sich an die hasserfüllten Blicke von Kliewer und seinen Anhängern vor weniger als einer Woche, als er während ihres Treffens aufgestanden war, um den Nazi-Aktivismus anzuprangern. Er schüttelte den Kopf und sagte: „Wir werden sehen, was wir tun können".

Sie begannen mit der Behandlung mit Antibiotika, aber das Fieber blieb. Von Tag zu Tag wurde Margarete schwächer. Da Typhus eine sehr

96

ansteckende Krankheit ist, schien dies der perfekte Zeitpunkt, um die jungen Krankenschwestern in Ausbildung, die nichts über solche Dinge wussten, in Isolationstechniken zu unterweisen.

„Ich habe keine Zeit, sie über die Rolle pathogener Mikroben bei menschlichen Krankheiten zu unterrichten. Auch nicht über die Pathologie oder Immunologie von Krankheiten. Wir müssen sie nur auf die Mikroben aufmerksam machen, und zwar schnell", sagt John.

Eine Stunde nach Claras Vortrag rutschten die Mädchen unruhig auf ihren Stühlen hin und her. Sie sagten, sie hätten Typhusbakterien auf ihren Körpern krabbeln gespürt. Und als der Vortrag zu Ende war, standen sie am Waschbecken und schrubbten sich die Hände mit Desinfektionsmittel, bis sie wund waren. John meinte, sie würden die Grundlagen der Isolationstechnik nie vergessen.

Margarete Kliewer starb an Heiligabend. Fritz Kliewer saß an ihrem Bett und hielt die Hand seiner toten Frau. Als John anbot, mit ihm zu beten, wandte sich Kliewer von ihm ab und stand abrupt auf, um den Raum zu verlassen. Seine dunklen Augen waren nun noch tiefer in ihre Höhlen gesenkt.

*

Es war fast ein Zufall, dass Clara endlich die ersehnte Gelegenheit zum christlichen Dienst fand.

In der Woche zwischen Weihnachten und Neujahr erreichte das Krankenhaus die Nachricht, dass ein Baby des nahegelegenen *Lengua*-Stammes sehr krank sei. John war in den umliegenden Mennonitendörfern unterwegs, um Kinder zu impfen, also ging Clara allein den halben Kilometer zur Lengua-Siedlung und ignorierte die Warnungen der Kolonisten, dass diese Eingeborenen wehrlose weiße Frauen und Kinder gefangen genommen und ihre Skalpelle als Trophäen behalten hätten.

Laute Geräusche empfingen sie. Männer sangen, Frauen weinten, Kinder schrien und Hunde bellten. Drei Männer beugten sich über ein nacktes Kind und saugten an seiner Haut. Clara hatte diese braunhäutigen

Menschen schon oft gesehen, und fast jede Nacht hörten sie und John ihren Gesang - für die Geister, wie es hieß. Die Hauptbehandlungsmethode der Medizinmänner bestand darin, den bösen Geist aus dem Körper eines Kranken auszusaugen.

Clara begann mit leiser Stimme auf Hochdeutsch zu sprechen, wohl wissend, dass sie nichts verstanden. „Ihr wandelt in tiefer Finsternis. Und doch ist Christus auch für euch gestorben, damit ihr Frieden habt." Sie ging auf das Kind zu. Die Medizinmänner wichen langsam zurück. "Darf ich?" Sie legte dem Kind eine Hand auf die heiße Stirn. „Das Baby muss zum Doktor ..."

Sie erkannten das Wort Doktor, das dem plattdeutschen Dokta ähnlich klang. Eine junge Frau an der Spitze des Kreises schien zu verstehen. Sie sprach schnell in ihrer abgehackten Sprache und zeigte auf das Krankenhaus in Filadelfia. Die Frau trat vor, wickelte das Baby in ein großes Tuch und hielt es einen Moment lang fest, bevor sie es Clara reichte.

„Danke, Herr, dass du mich heute Abend zu diesen lieben Menschen geführt hast. Ich bin hier, um ihnen den Weg zu deiner Wahrheit zu zeigen".

Die junge Mutter ging mit Clara ins Krankenhaus. Als John zurückkam, behandelte er das Kind wegen einer Lungenentzündung. Nach und nach erholte es sich, und eine Woche später durfte es nach Hause. Die Mutter des Kindes nahm Claras Hände, legte sie an ihre Brust und senkte ihren Kopf. In diesem Moment wusste Clara, dass sie berufen war, diesen Menschen zu dienen. Um diesen Menschen zu zeigen, dass es der gute Gott ist, der für sie sorgt, sie beschützt und heilt.

Jeden Sonntag ging Clara, trotz Johns Protesten, in das Dorf der Lengua, um ihnen biblische Geschichten zu erzählen. Sie brachte jemanden mit, der ihr Deutsch ins Plautdietsch übersetzte. Endlich erfüllte sie das Versprechen, das sie Gott am Tag ihrer Taufe gegeben hatte.

*

Im Januar 1944 übergab US-Botschafter Frost dem paraguayischen Außenminister eine Liste von „in Paraguay lebenden deutschen Nazi-Sympathisanten, die dringend aus Paraguay ausgewiesen oder deportiert werden sollten". Fritz Kliewer war der vierte Name auf dieser Liste.

Wenige Monate nach Erscheinen der Liste reiste Oberschulze Legiehn nach Asunción mit dem Ziel, für die Kolonie Fernheim und ihre Kooperative eine verbindlichere Rechtsordnung zu schaffen. Während seiner Abwesenheit kursierten in der Kolonie Kopien eines anonymen Briefes, in dem Legiehn beschuldigt wurde, in Zusammenarbeit mit Kliewer in Fernheim eine Diktatur errichten zu wollen, die „dem Oberschulzen noch mehr Macht als Hitler" geben würde.

Clara hatte gehört, wie John über die jüngsten Unruhen murrte, aber sie versuchte, sich herauszuhalten. An einem späten Nachmittag, etwa eine Woche nach Erscheinen des Briefes, war sie in der Kooperative, um ein paar Lebensmittel einzukaufen, als sie Helen traf, die Frau des Zahnarztes Klassen. Clara hatte sich in der Nähe dieser Nichtmennonitin nie wohl gefühlt, aber sie versuchte, höflich zu sein, wann immer sie ihr begegneten.

Helen näherte sich Clara und flüsterte ihr ins Ohr: „Clara, George hat mir von dem jüngsten Aufstand unter den Koloniefführern erzählt. Haben du und John davon gehört?"

„Ich weiß nicht genau, was du meinst", sagte Clara, wandte sich von Helen ab und tippte auf eine Wassermelone, um ihren Reifegrad zu beurteilen. Helen kam wieder näher. „Sie halten viele Sondertreffen ab. Sie sind wütend auf uns Amerikaner und sind sich sicher, dass wir hinter dem Brief stecken. Einige glauben, George habe seinen Assistenten Jasch beauftragt, ihn zu schreiben und zu verteilen. Sie sind wütend, dass wir uns in ihre Angelegenheiten einmischen".

"Wir?", fragte Clara und zog die Augenbraue hoch. Sie wusste, dass John über die anhaltende Nazi-Neigung der Koloniefführung verärgert war und dass er darüber bei mehreren Bundestreffen gesprochen hatte. Er hatte sich deswegen auch an das MCC gewandt. Aber John würde nie jemanden mit einem so gemeinen Brief verraten.

„John sagt offen, was er denkt, aber er handelt nicht hinter dem Rücken anderer. Das ist einfach nicht seine Art", sagt sie. Sie fügte hinzu: „Es tut mir leid, Helen, ich muss wirklich zurück ins Krankenhaus. Es war schön, dich zu sehen."

*

Wenige Tage später, am Morgen des 11. März, trat Legiehn von seinem Amt als Oberschulze zurück und erklärte, er tue dies „unter dem Druck der Umstände".

John erhielt die Nachricht, war aber den ganzen Tag zu sehr mit Patienten beschäftigt, um sich um die Angelegenheit zu kümmern. Am Ende des Tages saß er an ihrem Tisch, den anonymen Brief und Legiehns Kündigung vor sich. Clara hatte die Schüsseln mit dem Abendessen abgeräumt, Reis mit warmer Milch. Sie goss heißes Wasser aus dem Kessel auf dem Holzofen in einen Eimer und begann mit dem Abwasch.

„Wer steckt dahinter? Ich gebe zu, dass es Legiehn an Führungsqualitäten mangelt, aber das ..." Er fuchtelte mit dem Brief herum. „Das wird die Konflikte, die schon längst bestehen, nur weiter anheizen."

Clara wandte sich von der Spüle ab und wischte sich die Hände mit ihrer Schürze ab. Sollte sie es John sagen? Würde er wütend werden?

„John, ich habe das Gerücht gehört, dass die Anführer der Kolonie glauben, wir Amerikaner seien darin verwickelt, aber ..."

„Warum hast du mir das nicht gesagt? Ich weiß, dass Kliewer mich seit Margaretes Tod meidet. Wahrscheinlich glaubt er, ich hätte seine Frau umgebracht. Und wahrscheinlich verdächtigt er mich auch, seinen Namen auf die Liste der Nazi-Sympathisanten gesetzt zu haben. Ich muss zu Kliewer, um die Sache zu klären."

„Das ist genau der Grund, warum ich es dir nicht sagen wollte", sagte Clara. „Ich habe Angst, John", fügte sie leise hinzu, während er in die Nacht hinausstürmte.

Neuntes Kapitel

Am 30. Mai 1934 stolzierte ein Mann in weißem Seidenanzug und leuchtend rosa Krawatte in den Saal des US-Senats und hielt eine feurige Rede, in der er Standard Oil für die Provokation des Chaco-Krieges anklagte, der 1932 zwischen Paraguay und Bolivien ausgebrochen war. Senator Huey Long, ein extravaganter und offener Linkspopulist, beendete seine Rede mit den Worten: „Die imperialistischen Prinzipien der Standard Oil Company sind mächtiger geworden als die feierlichen Verträge und Erklärungen der Regierung der Vereinigten Staaten". Long nannte Standard Oil einen „Förderer von Revolutionen in Zentralamerika, Südamerika und Mexiko", der die bolivianische Regierung „gekauft" und den Krieg begonnen habe, weil Paraguay nicht bereit gewesen sei, ihnen Ölkonzessionen zu gewähren.

Longs Rede machte ihn in Paraguay zum Helden, obwohl es kaum stichhaltige Beweise für die These gibt, dass die Ölkonzerne etwas mit dem Ausbruch des Krieges oder der Unterstützung der einen oder anderen Seite zu tun hatten. Tatsächlich ergibt die journalistische Berichterstattung über den Konflikt ein ganz anderes Bild.

Historiker sind sich einig, dass der Chaco-Krieg der blutigste militärische Konflikt war, der im 20. Jahrhundert in Südamerika zwischen zwei der ärmsten Binnenländer ausgetragen wurde.

Mehr als 80.000 Soldaten starben an Kugeln, Durst, Malaria und anderen Krankheiten, Tausende wurden verwundet oder gerieten in Gefangenschaft. Einig sind sich die Autoren auch darin, dass Öl ein Schlüsselfaktor für den Ausbruch des Krieges war. Bolivien wollte unbedingt seine Ölproduktion steigern, um den wachsenden städtischen Verbrauch und die Bergbauindustrie zu decken und gleichzeitig einen Absatzmarkt zu finden, um den Überschuss über den Paraguay-Fluss in den Atlantik zu exportieren. Die Chaco-Region war das Tor zum Fluss und galt als erdölreich.

Sowohl Bolivien als auch Paraguay betrachteten das weitgehend unbewohnte und karge Chaco-Territorium lange Zeit als ihr Eigentum. Als die paraguayische Regierung in den späten 1920er und frühen 1930er Jahren mennonitischen Einwanderern erlaubte, sich in der Region niederzulassen, stärkte dies Paraguays Anspruch auf die Region und löste 1932 eine militärische Reaktion Boliviens aus.

Die Mennoniten waren sich zunächst nicht bewusst, dass sie Spielball in der Rivalität der beiden Länder waren. Nach dem Ausbruch des Chaco-Krieges wurde ihr Engagement jedoch bewusst und bedeutsam. Zu Beginn des Krieges hatte Bolivien überwältigende Vorteile gegenüber Paraguay. Es war dreimal so bevölkert, verfügte über eine von einem deutschen General gut ausgebildete Armee und hatte durch Kredite amerikanischer Banken einen großen Waffenvorrat erhalten. Am Ende setzte sich Paraguay durch, vor allem weil seine Nachschubwege kürzer waren und mennonitische Agrarprodukte zur Unterstützung der militärischen Anstrengungen zur Verfügung standen. Besonders verbreitet war der Tauschhandel zwischen den Mennoniten und den unterernährten Soldaten. Letztere verkauften Militärwaffen gegen Wassermelonen, Bohnen, Erdnüsse und andere Produkte. Am Ende des Krieges besetzte Paraguay den größten Teil der umkämpften Zone. (Ironischerweise wurden in dem Teil des Chaco, der Paraguay zugesprochen worden war, erst 27 Jahre nach dem Krieg kommerzielle Öl- oder Gasvorkommen entdeckt).

Als der Krieg zu Ende war, ließen die Soldaten ihre kaputten Mausergewehre zurück, die sie „*Mosquetones*" nannten. Die Mennoniten in der Kolonie hatten die mechanischen Fähigkeiten, sie zu reparieren. Und in der Mondnacht des 11. März 1944 hatten sie die Motivation, sie gegeneinander einzusetzen.

*

Als John bei Kliewer ankam, war Klassen schon da. Die beiden Männer standen sich auf der Vordertreppe gegenüber und sahen John nicht kommen.

„Du und deine Nazi-Anhänger seid für dieses Chaos verantwortlich." Klassens Stimme war hart.

John kam näher und sah zwei Männer mit Schusswaffen zu beiden Seiten von Kliewer. Er hörte, wie Klassen fortfuhr.

„Entweder du verlässt die Kolonie Fernheim oder Dr. Schmidt und ich gehen. Ich habe Soldaten vom Militärposten auf Isla Poi zu unserem Schutz anfordern lassen."

Die beiden bewaffneten Männer hoben ihre Gewehre. Selbst im schwindenden Licht der Dämmerung konnte John die tiefrote Narbe auf Konrad Wolfs linker Gesichtshälfte erkennen.

"Was ist hier los?", rief John und stellte sich zwischen Klassen und Kliewer mit seinen Leibwächtern. „Das machen wir nicht mit, George. Und du musst die Soldaten abbestellen. So eine dumme Aktion macht uns nicht besser als die."

John drehte sich zu Kliewer um. „Du magst für den jüngsten Aufstand nicht verantwortlich sein, Fritz. Aber du hast schon lange für Unruhe gesorgt. Bring deine Männer dazu, die Waffen niederzulegen."

Niemand antwortete.

„Komm schon, George. Halt dich da raus", sagte John und wandte sich ab.

Ein paar Stunden später, als John und Clara am Eingang des Krankenhauses standen, marschierte eine kleine Gruppe von Männern durch die staubige Hauptstraße von Filadelfia.

„Sie sind bewaffnet, John", flüsterte Clara und zog sich in den Schatten zurück.

„Und sieh mal, wer die Bande anführt", murmelte John und starrte Wolf an.

„Sie sind auf dem Kriegspfad, um denjenigen zu bestrafen, der für den Brief verantwortlich ist, der zu Legiehns Rücktritt geführt hat. Lass uns nach Hause gehen, Clara. Wir halten uns da raus."

*

Später am Abend machte sich Clara für die Nacht fertig und legte sich auf eines der Betten. Da spürte sie es.

„John, unser Baby bewegt sich. Schnell. Komm her. Fühl es." John kniete neben dem Bett, die Hände auf ihrem vorstehenden Bauch. Als er die winzigen Tritte spürte, vergrub er sein Gesicht in ihrem Schoß und schlang seine Arme um sie.

Clara lächelte. Der Vollmond warf Licht auf das schmale Bett, als John und Clara sich mit glühender Zärtlichkeit umarmten. Ein heftiges Klopfen an den offenen Fensterrahmen unterbrach sie.

„Herr Doktor."

John erhob sich vom Bett. Durch das offene Fenster sah er im Mondlicht Jasch Neufeld, den Assistenten des Zahnarztes Klassen, mit blutverschmiertem Gesicht.

„Herr Dokta, der Teufel ist los!"

*

George Klassens Fäuste schlugen auf den kleinen Holztisch vor ihm. John blickte sich in dem überfüllten Versammlungsraum um. Über zweihundert Männer. Mehr als er je bei einer Kolonieversammlung gesehen hatte.

Klassen starrte Kliewer und Legiehn an, die in der ersten Reihe saßen.

„Ihr zwei hättet am Samstagabend nur einen Finger zu rühren brauchen, und die Bande wäre nach Hause gegangen. Das ist alles eure Schuld. Ihr nennt euch Mennoniten? Bedeutet euch unsere christlich-pazifistische Lebensweise denn gar nichts?" Er hielt inne. „Ich werde in dieser Kolonie keine Zahnbehandlungen mehr durchführen, bis die beiden weg sind und wieder Ordnung herrscht."

105

Es war Montagnachmittag. Gestern hatte John den größten Teil des Tages damit verbracht, die Wunden von einem Dutzend Männern zu nähen und zu verbinden, die zusammengeschlagen worden waren. Wenigstens war niemand getötet worden. John wandte seine Aufmerksamkeit wieder dem Raum zu. Klassen hatte offensichtlich den Überblick verloren. Gegen Johns Willen hatte er sogar das paraguayische Militär gerufen, um für Ordnung zu sorgen. Am frühen Abend war ein Lastwagen mit vier Soldaten vorgefahren, um nach dem Rechten zu sehen.

„Ich muss meine Frau beschützen", hatte Klassen gesagt, als John ihn zur Rede stellte.

Mehrere Gemeindeleiter hatten die Versammlung am Nachmittag einberufen. Sie begannen mit einer Erklärung, in der sie die Unruhen vom Samstagabend verurteilten. „Wir wollen keine Partei ergreifen", sagten sie, „lasst uns in Frieden weitermachen". Dann ging Klassen nach vorne in den Versammlungssaal und begann zu schreien. Im hinteren Teil des Saales herrschte Aufregung, als sich Konrad Wolf einen Weg durch die Menge nach vorne bahnte.

„Ausgerechnet *ihr* wollt mit uns über christlichen Pazifismus reden?" spottete er, als Klassen zu seinem Platz zurück ging.

„*Ihr* Amerikaner habt kein Recht, euch in unsere Angelegenheiten einzumischen. *Ihr* befehlt unserem Oberschulzen, die Kolonie zu verlassen? *Ihr* nennt uns Antipazifisten und befehlt der Armee, in unsere Mitte zu kommen?" Ein zustimmendes Grollen ging durch den Raum.

Bevor Wolf weitersprechen konnte, erhob sich John von seinem Stuhl und sagte von seinem Platz im hinteren Teil des Raumes:

„Beruhigen wir uns alle. Ich glaube nicht, dass Dr. Klassen sagen will, dass irgendjemand hier schuld ist. Ich glaube nicht, dass Fritz Kliewer oder Oberschulze Legiehn die unglücklichen Ereignisse vom Samstagabend geplant haben. Aber Fritz, deine Lehren haben eine Atmosphäre geschaffen, die Gewalt zulässt und fördert. Und das ist nicht unsere Art.

„Was weißt du schon von unserer Art, *Amerikona*?" Wolf spuckte das letzte Wort aus. Seine Narbe pulsierte tiefrot.

Gemeindeleiter Schellenberg stand auf und hob seinen rechten Arm. Er zitierte den Bibelvers: *„Der Herr wird für euch streiten, und ihr braucht nur zu schweigen.* Wir werden ein Schlichtungskomitee bilden, um diese Angelegenheit zu untersuchen. Jetzt lasst uns beten."

Die Versammlung wurde vertagt.

In dieser Nacht schrieb John einen langen Brief an Orie Miller im MCC, in dem er die Ereignisse der letzten zwei Tage ausführlich beschrieb. Er wies darauf hin, dass er die Einberufung des Militärs durch George Klassen ablehne. „Es macht uns genauso schlecht wie sie", schrieb er. Er beendete den Brief mit:

Ich bin ziemlich sicher, dass die paraguayische Regierung Kliewer gewaltsam entfernen wird, sollte er versuchen, in der Kolonie zu bleiben. Die jahrelange Förderung einer politischen Kultur der Nazis schuf psychologisch Raum für einen Gewaltausbruch zu einem Zeitpunkt, als die Kolonies-regierung zusammenbrach.

Clara schlief bereits, als John die Lampe löschte und sich aufs Bett fallen ließ. Aber er konnte nicht einschlafen. Wie tief kann man sinken? Gibt es keine Grenzen, wozu der Mensch fähig ist?

*

In der folgenden Woche beobachtete Clara, wie John immer verzweifelter wurde. Er kümmerte sich um seine Patienten und gab seine Pflegekurse. Aber es war, als hätte man ihm die Energie entzogen.

„John, bitte sprich mit mir", sagte sie eines Abends beim Abräumen des Abendessens. John saß zusammengesunken am Tisch. "Was ist los?"

Die Schlichtungskommission hatte ihre Erkenntnisse über die Ereignisse in der Nacht des 11. März noch nicht veröffentlicht. Legiehn und Kliewer hatten die Siedlung nicht verlassen. Äußerlich hatte sich nichts verändert. Aber in den Augen der Menschen herrschte eine gewisse Skepsis, vor allem gegenüber den Amerikanern. Clara bemerkte, dass selbst ihre Patienten, die ärztliche Hilfe suchten, sie misstrauisch beäugten.

Ein paar Tage später beschloss Clara schließlich, Frau Legiehn, die Frau des Oberschulzen, aufzusuchen, denn sie musste verstehen, was sich dahinter verbarg. Sie wartete, bis die schlimmste Hitze des Tages vorüber war. Ihre Schwangerschaft machte ihr zu schaffen, und die staubige Hitze der letzten Woche hatte sie erschöpft. Vorsichtig ging sie über den ausgefahrenen Feldweg zum Haus des Oberschulzen.

Frau Legiehn runzelte die Stirn, als sie Clara an der Tür stehen sah. Ungewöhnlich war, dass Clara ihr Anliegen ohne Begrüßung vortrug.

„Was ist denn los? Was ist passiert bei dem Treffen letzten Montag? Irgendetwas nagt an John und ich weiß nicht, was es ist. Ich mache mir Sorgen."

Frau Legiehn stand in der offenen Tür und schwieg. Schließlich murmelte sie zwischen zusammengepressten Lippen:

„Frau Schmidt, du kommst zu mir und glaubst, ich verrate meinen Mann? Geh nach Hause und lass uns in Ruhe."

Clara wich zurück. War das dieselbe Frau, die sie so freundlich empfangen hatte, als sie und John vor weniger als einem Jahr in den Chaco gekommen waren? Dieselbe Frau, die ihr einen Koffer voller Babykleidung geschenkt hatte? Was war passiert?

*

John weigerte sich, an der nächsten Kolonies-Versammlung teilzunehmen, bei der das Schlichtungskomitee seine Ergebnisse bekannt gab. Am nächsten Morgen las er Teile des Berichts:

Die Angreifer waren mit Knüppeln, Peitschen und Gewehren bewaffnet. Auf Antrag der Geschlagenen wurden den Angreifern für ein Jahr das Wahlrecht und alle Ämter entzogen. Angreifer, die noch nicht wahlberechtigt sind, werden zu einem Monat Zwangsarbeit für die Kolonie verurteilt.

Aus der Sicht der Kolonieleitung handelte es sich lediglich um eine Reihe zwischenmenschlicher Auseinandersetzungen. Damit war die Angelegenheit erledigt.

Einige Tage später, gegen Mittag des 21. März, verließ John das Krankenhaus nach einem anstrengenden Dienstagvormittag in der Klinik. Sein Kopf war gesenkt. Er war in Gedanken versunken. Er musste herausfinden, wie er mit dem anhaltenden Vitaminmangel umgehen sollte, der mit der langen Dürre einherging.

Er blickte auf, als ein Pferdewagen mit fünf Männern auf der Hauptstraße durch Filadelfia an ihm vorbeifuhr. Die beiden Männer vorn trugen paraguayische Militäruniformen. John runzelte die Stirn. Was war das jetzt? Einer der Männer hinten im Wagen hob einen Arm und schrie:

„Halt! Das ist Dr. Schmidt. Wir müssen mit ihm sprechen."

John erfuhr, dass es sich um eine paraguayische Militärdelegation handelte, die von drei Vertretern der US-Botschaft in Asunción begleitet wurde. Sie hatten einen Auslieferungsbefehl für Kliewer und Legiehn dabei.

„Was ist hier los? Auf wessen Befehl kommt ihr?", fragte John.

Die Männer schauten verwirrt. Einer der Botschaftsangehörigen sagte:

„Dr. George Klassen hat im Namen des US Mennonite Central Committee den Antrag gestellt, diese Männer aus der Kolonie zu entfernen. Sie sind sicher darüber informiert worden?"

Johns Augen wurden schmal. Auf unpazifistische Taten mit einer ebenso unpazifistischen militärischen Intervention zu reagieren, war keine christliche Lösung des Problems. Er stimmte zu, dass die beiden Naziaktivisten die Kolonie verlassen sollten. Das hatte er oft gesagt. Er wusste auch, dass eine militärische Intervention der falsche Weg war. Aber es war zu spät, als dass seine Meinung noch eine Rolle spielen konnte. Die Dinge waren außerhalb seiner Kontrolle. Er sagte nichts. Als die Delegation am nächsten Morgen abreiste und Kliewer und Legiehn keine Anstalten machten zu gehen, griff John nicht ein. Und als ein

Vertreter der US-Botschaft einen Monat später wiederkam und feststellte, dass die beiden Unruhestifter immer noch da waren, griff John wieder nicht ein. Die beiden Männer wurden vorgeladen und aufgefordert, spätestens am nächsten Tag den Ort zu verlassen. Kliewer und Legiehn verließen am 22. April 1944 die Kolonie Fernheim und flüchteten in den östlichen Teil Paraguays.

Zehntes Kapitel

In den folgenden Monaten verfiel die Kolonie Fernheim in einen trostlosen und deprimierenden Zustand. Die anhaltende Dürre dauerte bis in den frühen Winter und machte die ausgetrockneten Felder selbst für den historisch ertragreichen Baumwoll- und Erdnussanbau unbrauchbar. Kälber verendeten und Kühe verdursteten. Während die Frauen ihre Familien mit den Trockenrationen des vergangenen Winters über Wasser hielten, saßen die Männer vor ihren Häusern im Schatten und murrten über ihr unerträgliches Leben an diesem unbewohnbaren Ort.

Die Sekundarschule blieb geschlossen. Die Jugendlichen streiften durch die Nebenstraßen, prügelten sich untereinander und wurden beim Plündern von unbewachten Lebensmitteln erwischt. Fast alle Männer und Jungen trugen Schusswaffen - zu ihrem eigenen Schutz, wie sie sagten. Die neue Kolonieverwaltung war angesichts der hoffnungslosen Zustände und mangelnder Erfahrung wie gelähmt.

Krankheiten breiteten sich aus. Neue Fälle von Typhus und Malaria traten auf, und John befürchtete eine Diphtherie-Epidemie unter den Kindern.

Er und Clara begannen, alle Kinder zwischen sechs Monaten und einem Jahr gegen Diphtherie und alle Kinder zwischen einem und fünf Jahren gegen Typhus zu impfen. Ihre sieben Schwesternschülerinnen wechselten wöchentlich ihre Aufgaben: zwei in der Küche und in der Wäscherei, drei in der Tagespflege der Patienten und eine im Nachtdienst und in der Apotheke.

Es war nicht ungewöhnlich, dass täglich fünfzig bis hundert Patienten zur Behandlung ins Krankenhaus kamen. Ihre von Pferden, Maultieren oder Ochsen gezogenen Fuhrwerke reihten sich auf dem Feldweg vor dem Krankenhaus auf. Wenn sie an der Reihe waren, traten die Patienten mit gesenktem Kopf vor den Arzt. Nur selten schauten sie ihm in die Augen.

Und als John mit der Behandlung fertig war, gingen sie schnell und ohne ein Wort zu sagen.

Am Ende eines langen Tages, Anfang Juli, wischte sich John den Schweiß von der Stirn und ging über den Hof zu ihrer Hütte. Sein Kopf schmerzte, wie so oft in letzter Zeit. Hatte er sich eine Krankheit zugezogen? Wenn ja, welche? Er hatte niemanden, an den er sich wenden konnte, um Antworten zu bekommen.

Er hörte, wie ein Karren in den Hof rumpelte und einen Mann mit Symptomen einer akuten Blinddarmentzündung brachte.

„Clara, wir sind noch nicht fertig", rief er.

Claras Bauch war so dick geworden, dass sie kaum noch laufen konnte. Sie schleppte sich ins Krankenhaus, wo John bereits den Patienten vorbereitete. Als sie den Bauch öffneten, war er voller Eiter. Die Spitze des Blinddarms hing an einem geplatzten Abszess.

„Ich habe noch nie einen Blinddarm rückwärts entfernt", murmelte John, während er zuerst den Blinddarm abband und umdrehte und sich dann an die Spitze machte.

Als sich der Patient stabilisiert hatte, ging John nach draußen, um mit dem Mann zu sprechen, der ihn gebracht hatte. Der Mann saß mit seinem Hut in der Hand auf einer Holzbank.

„Der Patient wird eine Weile bleiben müssen, aber er wird es schaffen", sagte John.

Der Mann nickte knapp, stand auf und ging, den Blick auf den Boden gerichtet.

John kniff die Augen zusammen, um den brennenden Schmerz zu bekämpfen, der ihm durch die Stirn schoss. Seine Lippen verengten sich zu einem schmalen Strich. „Du", begann er. Doch der Mann ging bereits auf seinen Wagen zu. John hatte nicht die Kraft, ihm nachzurufen.

Er hatte die Gerüchte gehört. Die Menschen in der Kolonie brauchten ihn dringend als Arzt. Aber gleichzeitig beschuldigten sie ihn und den Zahnarzt Klassen, sich in ihre Angelegenheiten einzumischen und fremde

Regierungen zu beauftragen, ihre Angelegenheiten zu regeln. Er versuchte zu argumentieren, dass er nicht derjenige war, der das Militär oder die US-Botschaft gerufen hatte. Aber in ihren Augen war er das Gesicht von MCC, und MCC war der Feind. John ballte die Hände, als er nach Hause ging.

„Clara, warum sind wir überhaupt--" John hielt inne. Clara lag ausgestreckt auf dem Bett und stöhnte bei jeder Wehe.

Am nächsten Morgen kam ihr erster Sohn zur Welt.

„Gut gemacht, Clara", sagte John und legte ihr das Baby sanft auf die Brust.

„John Russell ist ein gesunder Junge."

„Nennen wir ihn Sonny", sagte Clara.

*

Ein 6-sitziges Mehrzweckflugzeug der Travel Air näherte sich langsam dem weit offenen Erdnussfeld etwas außerhalb von Filadelfia, im Dorf Schönwiese. Dunkle Staubwolken verdunkelten den Himmel, als es landete, über den Boden polterte und schlitternd zum Stehen kam. John schützte seine Augen vor dem aufwirbelnden Kiessand. Es war ein beeindruckender Anblick, das erste Flugzeug, das jemals im Chaco gelandet war. Orie Miller stieg aus. Dank der Freundlichkeit der US Air Mission in Paraguay war er direkt von Asunción nach Filadelfia geflogen, in weniger als drei Stunden für eine Reise, die normalerweise Wochen dauerte. Trotz des historischen Ereignisses waren nur John und Zahnarzt Klassen vor Ort, um das Flugzeug zu begrüßen. Sie waren nicht überrascht, dass niemand aus der Kolonie gekommen war, so verärgert waren sie über die Einmischung aus dem Norden.

Zwei Tage lang führte John Orie durch das Krankenhaus und die vielen anderen Bauprojekte, die er in den letzten drei Jahren geleitet hatte. Stolz zeigte er ihm die verbesserten hohen Krankenhausbetten, die Krankenhausböden aus Ziegeln statt aus Lehm, die besser ausgestattete Krankenpflegeschule, das verbesserte System für die Patientenakten mit zusätzlichen täglichen Fortschritts- und Medikamentennotizen und die neue Wäscherei. Er zeigte Orie sein Ablagesystem mit der Krankengeschichte und den körperlichen Untersuchungen jedes Patienten. Mehr als 3.700 Namen, einige Patienten mit mehr als zwanzig Besuchen, waren registriert. Es gab Gebäudeerweiterungen: ein großes Klinikgebäude von 24 m x 5,5 m, das ein größeres und verbessertes Büro, eine Apotheke, ein Labor und eine Zahnarztpraxis enthielt, und ein an das Schwesternwohnheim angebautes Gebäude, das als Speisesaal diente.

„All diese Verbesserungen wurden durch die großzügigen Spenden unserer Heimatgemeinden und insbesondere von MCC ermöglicht", sagte John, während er auf die Bestätigung von Orie wartete, wie gut er das Geld verwendet hatte.

John zeigte Orie auch die vielen Errungenschaften in der Landwirtschaft, im Straßenbau und in der Industrie, einschließlich der neuen Ausrüstung für die Öl- und Holzverarbeitung.

„Der Schwerpunkt dieser Kolonien muss auf der Viehzucht liegen", sagte John.

„Die Menschen hier glauben immer noch, sie seien Weizenbauern. Das wird hier nicht so funktionieren wie in Russland. Ich versuche, die Viehzüchter davon zu überzeugen, schlankere Rinder zu züchten, die der Hitze und Trockenheit hier im Chaco standhalten."

Orie schien beeindruckt von all diesen Fortschritten. Aber er sagte sehr wenig.

Schließlich bat Orie am dritten Tag seines Besuchs um eine Versammlung der Kolonie. Die Leute kamen, aber man spürte, dass sie lieber nicht da sein wollten. Die Männer saßen da, die Hüte in der Hand, und starrten auf den Boden. Orie stand vor dem Versammlungsraum.

„Ich weiß, dass ihr dem MCC wegen der jüngsten Ereignisse misstraut. Aber ihr müsst bedenken, dass all die medizinische und zahnmedizinische Versorgung, auf die ihr angewiesen seid, der Straßenbau, die landwirtschaftlichen Versuche und die technische Hilfe in so vielen anderen Bereichen euch allen zugute gekommen sind. Nichts davon wäre möglich gewesen ohne die Großzügigkeit eurer Nachbarn im Norden."

Die Männer wurden unruhig.

Orie fuhr fort.

„Eine ernste Sorge, die ich ansprechen möchte, ist die Tatsache, dass eure Jungen und Männer, einschließlich der Prediger, Handfeuerwaffen tragen. Ihr müsst den Widerspruch erkennen. Ihr bittet die paraguayische Regierung um ein Privileg, der Befreiung vom Militärdienst. Die Regierung wird euch das Privileg nicht verweigern, solange eure Taten dieser pazifistischen Überzeugung nicht widersprechen. Als Vertreter des MCC bin ich hier, um euch zu sagen, dass wir weiterhin von der paraguayischen Regierung keine *Privilegien* für euch fordern werden, es sei denn, eure Handlungen stehen in klarem Einklang mit dem Prinzip der Wehrlosigkeit aus religiöser Überzeugung".

Die Männer im Raum warfen sich finstere Blicke zu. John beobachtete sie von der Seite und stellte fest, dass sich nichts geändert hatte. MCC war nach wie vor der Feind.

Aber in den folgenden Monaten war es MCC, dass der Kolonie wieder auf die Beine half. Die Organisation gab der Ausbildung neuer Leiter und Lehrer höchste Priorität und wählte nur diejenigen aus, die eindeutig für das Christentum und gegen den Völkischen Bund Stellung bezogen.

*

Auch im folgenden Jahr unterrichteten John und Clara die Schwesternschülerinnen und kümmerten sich um die Kranken. Darüber hinaus verbrachte John viele Stunden in der Woche mit landwirtschaftlichen Projekten, Straßenbau und industrieller Entwicklung. Manchmal war er tagelang unterwegs, um in den Randgebieten der Chaco-Wüste, wo es gelegentlich Viehzüchter gab, die irgendwie ihren Lebensunterhalt verdienten, andere, dürreresistentere Feldfrüchte oder robustere Rinder zu testen. Wenn John weg war, hatte Clara Angst. Sie war nicht gern allein.

Ihre Zukunft war ungewiss. Nachdem Roosevelt am 12. April, Hitler am 28. April und Mussolini am 30. April gestorben waren, wurde am 12. Mai 1945 auf dem europäischen Kontinent der Frieden erklärt. Da der Krieg im Pazifik noch andauerte, schlug John vor, dass es vielleicht klug wäre, in die USA zurückzukehren, bevor alle Kriegsgefangenen heimkehrten.

Für Clara war das nicht der einzige Grund zu gehen. Immer wieder kamen Patienten, um sich behandeln zu lassen. Manche schienen es sogar zu schätzen. Aber meistens wurden sie und John wie Feinde behandelt.

Der letzte Schlag kam im Juni. Bereits im Dezember hatte Clara ihre Gemeinde in den USA gebeten, der Fernheimer Kolonie per Brief eine Mitgliedsbescheinigung zu schicken, mit der Absicht, der Fernheimer Gemeinde beizutreten ("Gemeinde-transfer").

Wenn sie Mitglieder der Gemeinde wären, würden sie sich vielleicht als Teil der Gesellschaft fühlen. Der Brief ihrer Gemeinde aus den USA wurde von der Gemeinde Fernheim ohne Angabe von Gründen abgelehnt. Welchen Sinn hatte es für sie, Teil einer Gesellschaft zu sein, die sie ablehnte?

*

Es war ein kühler Abend Ende Juni 1945, es nieselte leicht. Clara war früh zu Bett gegangen. Sie hatte das schmutzige Geschirr für ihr Dienstmädchen in der Spüle stehen lassen. Ihre Monatsblutung war seit zwei Wochen überfällig, und in den letzten Tagen hatte sie ein vertrautes Völlegefühl und Übelkeit verspürt. Sie seufzte und drehte sich auf die Seite. Sie und John hatten versucht, den Geschlechtsverkehr so zu planen, dass sie nicht schwanger wurde. Jetzt wäre es einfach zu viel.

Neben den Problemen in der Kolonie gab es auch Ärger zu Hause. Clara war sich nicht sicher, ob sie zu diesem Zeitpunkt ein weiteres Kind verkraften würde. Der kleine Sonny hatte gerade erst begonnen, selbstständig zu laufen. Aber auch sein Temperament und sein starker Wille entwickelten sich, und Johns Reaktionen auf die Wutanfälle des Kindes machten Clara Angst. Gestern saß Sonny in seinem Hochstuhl und

John wollte ihn überreden, noch einen Bissen Mandioka zu essen. "Komm schon." John steckte dem Kleinen den Löffel in den Mund. Sonny schnappte sich den Löffel und warf ihn durchs Zimmer. Clara erstarrte, als sie sah, wie John dem Kind auf den Arm schlug.

Sie wollte ihrem Mann keinen Vorwurf machen. Er litt unter der Feindseligkeit der Kolonisten und sogar unter der Abneigung seiner Schwesternschülerinnen. Aber da war noch etwas anderes. Clara hatte schon seit einiger Zeit Symptome bemerkt. John verlor an Gewicht und krümmte sich manchmal vor Schmerzen, wenn er glaubte, dass niemand zusah. Mehrmals war sie mitten in der Nacht aufgewacht, weil sie sein Würgen hörte. Sie hatte ihn gefragt und er hatte gesagt: *„Ach, dot ess nuscht - es ist nichts".*

Clara legte sich die Hände auf den Bauch. Es wäre jetzt einfach zu viel.

*

Drei Monate später, am Sonntag, dem 9. September, gingen Clara und John wie immer in die Kirche. John zog sie neben sich in den hinteren Teil der Kirche. So saßen sie nebeneinander, statt wie sonst getrennt: Frauen rechts, Männer links. Sie wusste nicht, warum. Sie wünschte, die Leute würden sie nicht anstarren, als wären sie Heiden. Sie warf einen Blick auf John und sah, dass sein Blick nach vorne gerichtet war. Langsam ging sie mit der Hand zu ihm und berührte seinen Ellbogen.

Da spürte sie das erste leichte Kribbeln in ihrem Bauch. Clara zwang sich zu einem Lächeln. Sie würden es überstehen.

An diesem Nachmittag hatte John wieder einen Migräneanfall, den dritten in nur einer Woche. Er lag zusammengerollt in Fötus Haltung auf dem Bett.

„Clara, häng Decken vor die Fenster. Das Licht ist unerträglich. Und kannst du das Kind zum Schweigen bringen?"

Clara lief herum und versuchte zu tun, was John verlangte. Was war mit ihrer Welt passiert? Was geschah mit John? Was würde sie tun, wenn er starb?

John unterbrach ihre Gedanken, als er plötzlich aufstand und zu einer Schüssel rannte, um sich zu übergeben. Sonny warf sich schreiend zu Boden. Clara stand in der Mitte ihrer Hütte und starrte auf den Lehmboden. Leise murmelte sie den Vers aus dem Buch Jesaja: *"Fürchte dich nicht, denn ich bin bei dir; erschrecke nicht, denn ich bin dein Gott."* Gott schien in diesem Moment weit weg zu sein.

*

Einige Wochen später, als er nach einem anstrengenden Tag im Krankenhaus nach Hause kam, nahm John Claras Arm. „Ich möchte mit dir über eine Idee sprechen, die ich habe." Er begann, im Zimmer auf und ab zu gehen. „Orie hat in seinem letzten Brief geschrieben, dass Lepra hier in Paraguay weit verbreitet ist, zwischen 6.000 und 10.000 Fälle. Wir haben versucht, einen Weg zu finden, wie diese mennonitischen Kolonien Paraguay dafür danken können, dass sie hier ansiedeln durften. Wie könnte man das besser tun als mit einem Projekt für die Leprakranken, die Bedürftigsten unter ihnen?"

„Was sagst du da, John? Wir wissen nichts über Lepra. Du hast noch nie einen Leprakranken gesehen", sagte Clara.

„Das will ich ändern."

Am frühen Morgen des 9. Oktober brach John auf, um Paraguays einzige Leprakolonie in Sapucai zu besuchen. Die Reise führte ihn von Asunción aus, dreieinhalb Stunden mit dem Zug und die letzten zwölf Kilometer zu Pferd zur Leprakolonie. Nachdem er durch einen dichten Wald geritten war, sah er eine Ansammlung gelber Gebäude. Alles sah sauber und ordentlich aus. Vielleicht waren die Zustände doch nicht so schlimm, wie man ihm erzählt hatte.

Er stellte sich einer Krankenschwester vor, die ihn herumführte. Bald stellte er fest, dass die Zustände viel schlimmer waren, als er es sich je hätte vorstellen können. Viele der Patienten waren blind, einige hatten so geschwollene Beine und Füße, dass der ganze Fuß am Ende des Beins kaum noch zu sehen war. Viele hatten Gesichtsverletzungen mit eitrigem

118

Ausfluss aus den Mundwinkeln. Die meisten hatten deformierte oder gar keine Finger. Das Schlimmste war die offensichtliche Unterversorgung dieser Menschen. Die Wohnräume waren schmutzig. Die Kranken lagen auf dem Lehmboden, inmitten ihrer Habseligkeiten, die sich in schmutzigen Haufen um sie herum türmten.

In der schmutzigen Küche wimmelte es von Fliegen, und übergroße Ratten huschten in dunkle Ecken, wenn man den Raum betrat. Mitten auf dem Küchenboden stapelten sich sperrige Säcke mit *Galletas* (kleine, harte Brötchen).

Als Johns Rundgang durch die Leprakolonie zu Ende war, hatte er einen Plan.

*

Als John aus Sapucai zurückkehrte, schien sich sein Gesundheitszustand zu verbessern, und seine Energie kehrte zurück. Er und Clara widmeten sich mehr denn je ihrer medizinischen Arbeit und dem Unterricht ihrer Krankenpflegeschüler. Im Dezember wollten sie die Schule abschließen, und bis dahin gab es noch viel zu tun. Nach langen Tagen mit Patienten und Schülern saß John jeden Abend bis spät in die Nacht an ihrem Tisch. Er machte sich Notizen über seine Pläne zur Behandlung von Leprakranken in Paraguay und schrieb lange Briefe an Orie Miller im MCC.

Das ist das Projekt, das wir brauchen, um den Mennoniten zu helfen, sich auf die Dankbarkeit für ihr Leben hier zu konzentrieren, anstatt sich nach ihrer verlorenen Heimat zu sehnen. Und es kann ein Ort für Jugendlichen Mennoniten sein, wo sie ihre Zeit ehrenamtlich verbringen können, damit sie lernen, anderen zu dienen und nicht so egozentrisch zu sein.

Orie reagierte begeistert und berichtete, dass er die American Leprosy Mission (ALM) in New York kontaktiert habe. Der Generalsekretär der ALM, Dr. Eugene Kellersberger, leitete über 25 Jahre die Lepraarbeit in Afrika und sagte zu, das geplante Projekt zu unterstützen.

John teilte Orie seine Ideen mit, eine Lepra-Station zu bauen, nicht als isolierte Kolonie, sondern als Siedlung, in der mehrere hundert Patienten zusammen leben und betreut werden könnten. Er organisierte ein Komitee aus Mitgliedern der Kolonie, die das vorgeschlagene Projekt des Christlichen Dienstes unterstützen wollten. Eine der ersten Aufgaben war die Suche nach einem geeigneten Grundstück. Die paraguayische Regierung, die das Projekt ebenfalls unterstützte, bot ein 20.000 Hektar großes Grundstück in der Nähe von Concepción an, nicht weit von der Fernheim-Kolonie entfernt. Es erfüllte zwei der wichtigsten Anforderungen. Es war isoliert und doch nahe genug an den mennonitischen Kolonien, um das Projekt überschaubar zu machen.

*

Kurz vor Weihnachten beendete John alle seine Krankenpflegekurse und bereitete sich darauf vor, mit einigen anderen Komiteemitgliedern nach Concepción zu fahren, um die Leprakolonie zu besichtigen. Er lud einen Sack mit Proviant auf den Pferdewagen. Clara stand am Eingang ihrer Hütte, den Eineinhalbjährigen Sonny auf ihrer Hüfte, sein linkes Bein auf ihrem hervorstehenden Bauch.

"John ..."

„Jetzt ist keine Zeit zum Weinen", sagte John und legte ihr den Arm um die Schultern. „Das ist ein wichtiger Auftrag, und ich bin bald zurück." Er sprang auf den Wagen und war bald in einer Staubwolke außer Sicht.

Clara stand in der Tür und blickte auf die Straße, wo die Kutsche verschwunden war. Sie wollte Johns Idee mit dem Lepradienst unterstützen, aber sie war sich nicht sicher, ob sie das gerade jetzt tun sollten. Sie würde ihre Sorgen ihrem Herrn zu Füßen legen.

Sonny war fast die ganze Nacht unruhig. Um 2 Uhr morgens maß sie seine Temperatur. 38,8 Grad. Sie badete ihn in kühlem Wasser und überredete ihn zu trinken. Aber das Fieber blieb.

Claras Rücken und Beine schmerzten. Sie ging im Zimmer auf und ab und drückte ihren weinenden Sohn fest an sich. Sie erinnerte sich an die

Predigt vom vergangenen Sonntag, in der es um die Versuchungen Jesu ging. Die große Versuchung in ihrem Leben hing zu sehr an John und Sonny. Sie legte ihren Sohn auf die Matratze, der sofort noch lauter zu schreien begann. Clara kniete sich neben sein Bett und betete laut: „Ich übergebe sie dir, Gott, der du sie mir gegeben hast. Wenn Sonny kein Christ wird, lieber Herr, dann nimm ihn jetzt zu dir."

*

Als John nach Hause kam, war Sonnys Fieber zwar gesunken, aber das Kind war sehr müde und lustlos. Clara eilte ihrem Mann entgegen.

„John, unserem Baby geht es so -" Johns Körper war gegen einen Sack im hinteren Teil des Wagens gelehnt. Seinen Kopf hielt er in den Händen. „Was ist los? Was ist mit dir passiert?"

Der Mann mit den Zügeln sprang vom Wagen, um dem Arzt zu helfen. „Er hat seit vierundzwanzig Stunden Migräne, Frau Doktor", sagte der Mann und führte John ins Haus. John stolperte zum Bett und ließ sich stöhnend hineinfallen.

Clara lief durchs Zimmer und hängte Decken vor die Fenster.

„Bring mir einen Eimer. Sofort", krächzte John und hielt sich die Hand vor den Mund.

Als er sich übergeben hatte, legte er sich wieder auf das Bett und schloss die Augen. Clara glaubte, er sei eingeschlafen, nahm ihren Sohn auf den Arm und wollte gerade das Zimmer verlassen.

„Warte. Ich muss dir etwas sagen. Ich ... wir haben ein größeres Problem als meine Kopfschmerzen. Ich habe Blut im Stuhl. Und schau dir mein Erbrochenes an ... schau, wie rot es ist. Ich habe ein blutendes Magengeschwür, Clara. "

Clara legte das schreiende Baby auf den Boden, stellte sich mitten ins Zimmer und starrte John an. Das konnte nicht wahr sein.

John blieb am Sonntag und Montag, dem 23. und 24. Dezember, im Bett. Jedes Mal, wenn er aufstand, griff er nach dem Eimer, abwechselnd wegen Erbrechen und Durchfall. Sonny fühlte sich nicht gut, und am

Montag hatte er einen Rückfall mit steigendem Fieber. Clara leerte Johns Eimer, fütterte ihn mit warmer, flüssiger Suppe und kümmerte sich um das Baby, während sie die ganze Zeit betete: „Ich kann diese Last nicht allein tragen, lieber Herr".

Am Weihnachtstag fühlte sich John stark genug, um im Bett zu sitzen. Clara war damit beschäftigt, den Inhalt der mündlichen Abschlussprüfungen zu schreiben. Das Examen war nur noch zwei Tage entfernt.

Alle sieben Mädchen haben bestanden. Stolz und groß standen sie da, um den medizinischen Eid abzulegen. *„Ich verspreche vor Gott, dem Allmächtigen und Allwissenden, dass ich nach bestem Wissen und Können..."*

Was machte es schon, dass die Ausbildungsbescheinigung ein selbstgemachtes Dokument war, das nirgendwo sonst in Paraguay Gültigkeit hatte.

Clara bemerkte, dass sogar John, der in einem Stuhl in der ersten Reihe saß, lächelte, als die Mädchen aufstanden, um ihre Diplome in Empfang zu nehmen.

*

In den folgenden Monaten verbrachte John die meiste Zeit im Bett und vertrug nur warme Milch. Als Clara am 24. Februar ihre Tochter Elisabeth zur Welt brachte, saß John neben ihrem Bett und erklärte den neuen Krankenschwestern, was sie während der Geburt zu tun hatten.

Claras körperliche Erholungszeit nach der Geburt war zwangsläufig kurz. Sie musste sich nicht nur um John und die beiden Kinder kümmern, sondern auch um das Krankenhaus und die sieben Krankenschwestern. In der Woche nach der Geburt nahm sie drei Patienten auf, darunter einen kleinen Jungen mit einem Klapperschlangenbiss. Sein Arm und seine Hand waren steif, geschwollen und fast bis zur Schulter rot. Eigentlich wollte sie John nach der Behandlung fragen, aber sie hatte Angst, ihn zu stören. Sie gab dem Jungen Penicillin und war erleichtert, dass er die Krankheit überlebt hatte und wieder gesund geworden war.

An diesem Abend, nachdem sie die Kinder ins Bett gebracht und John seine warme Milch gegeben hatte, setzte sich Clara auf die Bettkante. „Wir können so nicht weitermachen, John. Wir müssen MCC sagen, dass wir nach Hause müssen."

„Ich weiß, wie schwer das für dich ist", sagte John und legte eine Hand auf ihr Knie. „Ich fühle mich so nutzlos. Das Lepraprojekt ist tot. Und jetzt das."

John hatte vor Weihnachten das Land besucht, das für die Leprakolonie vorgesehen war, in der Nähe von Concepción. Vor Ort hatte er erfahren, dass das Land von 92 Landbesetzerfamilien bewohnt wurde, die darauf Anspruch erhoben. Regierungsbeamte hatten angeboten, sie vom Militär vertreiben zu lassen. Aber das war eine inakzeptable Art, ein Dankeschön-Projekt für das paraguayische Volk zu starten. Die Dinge standen still, es gab keine Alternative.

Er fügte hinzu: „Ich mache mir große Sorgen, was mit dir und den Kindern passieren wird, wenn ich sterbe. Ich habe Orie geschrieben und darum gebeten, uns von dieser Arbeit zu entbinden, sobald sie einen anderen Arzt finden."

Sie bekamen nicht sofort eine Antwort von Orie. Aber als die Antwort endlich kam, schlug Orie in dem Brief vor, dass das MCC dafür sorgen würde, dass sie einen schönen Urlaub machen könnten, bevor sie wieder im Chaco arbeiten müssten. *Ihr müsst bestimmt müde sein.*

Nicht müde. Fertig, Schreibt John zurück. *Ihr müsst Ersatz finden.*

Schließlich fand MCC für Anfang September einen anderen Arzt. Am 9. September 1946 verließen John und Clara mit ihren beiden Kindern den Chaco, ohne zu wissen, was die Zukunft bringen würde.

LEERE JAHRE

1947-1951

„Es war ein perfekter Kreis, in sich geschlossen - und in der Mitte leer."
- Laurence Shames

Elftes Kapitel

Anfang 1947 verbesserte sich Johns Gesundheitszustand. Er eröffnete eine kleine Arztpraxis, und die Familie ließ sich in einer mennonitischen Gemeinschaft in Freeman, South Dakota, nieder. Während der harten Wintermonate verließ John das Haus um 8 Uhr morgens und kam erst zum Abendessen zurück. Manchmal machte er auch nachts Hausbesuche und ließ Clara mit den Kindern allein.

Clara sagte sich, dass ihre Aufgabe nun darin bestand, Hausfrau und Mutter zu sein. Sie wollte dankbar sein für ihre beiden gesunden Kinder und dankbar für das dritte Kind, das unterwegs war. Aber es fiel ihr schwer, morgens aufzustehen. Berge von Wäsche und schmutziges Geschirr füllten ihr enges Haus. Sie hatte einfach keine Motivation und keine Energie, um diese Aufgaben zu bewältigen. Und die Kinder machten nur Unsinn.

Im April kam ihr drittes Kind, Wesley, zur Welt. In den folgenden Monaten verfiel Clara immer mehr in eine dumpfe Hoffnungslosigkeit. „Ich brauche Hilfe, John. Ich schaffe das alles nicht allein", sagte sie eines Abends, als die Kinder im Bett waren. „Sieh dir nur all das Gemüse an, das eingekocht werden muss, und die hohen Wäscheberge! Meine Krampfadern bringen mich um. Mein Rücken tut weh. Ich kann einfach nicht ..."

John legte seine Arme um sie und sagte leise: „Wir können jemanden finden, der dir hilft."

Clara blickte auf und sah Johns zusammengepresste Lippen. Er fühlte sich immer noch nicht gut, obwohl das blutende Geschwür seit ihrer Rückkehr in die Staaten zurückgegangen war. Sie fühlte sich einsam und war die ganze Hausarbeit nicht gewohnt. Wenn sie doch nur ihrem Herrn dienen könnte und Hilfe im Haushalt bekäme.

*

John machte sich Sorgen um Clara. Sie hatte sich in eine Welt zurückgezogen, die er nicht verstand, und er fühlte sich nicht in der Lage, ihr zu helfen. Ihre Mietwohnung war viel zu klein für sie fünf. Und viele Freunde hatten sie auch nicht. Am schlimmsten war, dass er sich nutzlos fühlte, wenn er Erkältungen behandelte, gebrochene Knochen heilte und Babys auf die Welt brachte.

John sagte sich immer wieder, dass er sich darauf konzentrieren sollte, für Clara und ihre wachsende Familie ein anständiges Leben in den USA aufzubauen. Aber abends nach der Arbeit brütete er über allen Nachrichten, die er über Paraguay finden konnte. Orie Miller hatte ihm geschrieben, dass die Idee einer Leprakolonie immer noch existierte. Tatsächlich brach Anfang März 1947 in Paraguay ein Bürgerkrieg zwischen den Liberalen und der Colorado-Partei von Präsident Morinigo aus. Im August gewann Morinigo die Kontrolle zurück, aber zu diesem Zeitpunkt hatte die Regierung bereits das Interesse am Lepraprojekt verloren. Es gab nichts mehr für sie in Paraguay.

Vor Weihnachten hatte John einen anderen Plan, der Clara sicher gefallen würde. „In einer kleinen Arztpraxis in Mountain Lake ist eine Stelle frei. Wir kennen die Kirche und die Gesellschaft dort von unserer Spendenaktion 1943. Dort sollten wir unser Zuhause gründen."

Im Januar zogen sie nach Mt. Lake, Minnesota, und mieteten zunächst eine kleine Wohnung im zweiten Stock.

*

An einem warmen Frühsommernachmittag standen John und Clara auf dem Parkplatz eines Autohauses. „Schau dir all die Autos an. Ich kann nicht glauben, was in diesem Land passiert", sagte Clara. „Es scheint, als hätte jeder ein Auto, einen Fernseher, einen Kühlschrank und sogar ein eigenes Haus Passt dieses opulente Leben zu unseren christlichen Grundsätzen der Genügsamkeit?"

Clara hatte Recht. Das Leben in Amerika war besser als je zuvor. Innerhalb weniger Jahre nach dem Zweiten Weltkrieg waren fast zwei

Drittel der amerikanischen Familien in die Mittelschicht aufgestiegen - eine erstaunliche Errungenschaft, wenn man bedenkt, dass noch vor dreißig Jahren weniger als die Hälfte der Amerikaner über diesen Luxus verfügte.

„Bist du sicher, dass wir uns ein Auto leisten können?" Clara schaute John ungläubig an, während sie mit Wesley kämpfte, der noch kein Jahr alt war und auf ihrem Arm unruhig wurde. Die beiden Kleinkinder zupften an ihrem locker sitzenden, verblichenen grauen Baumwollmantel, der ihren Bauch verbergen sollte, der bereits vom vierten Kind wuchs.

„Den nehmen wir", sagte John zum Händler und zeigte auf einen cremefarbenen V8-Ford mit eleganten, glatten Außenkanten und einer dekorativen blauen Motorhaube aus Plastik. Die Innenfarbe des Armaturenbretts war Gold.

„Das sieht ja schick aus", sagte Clara und suchte sich einen Platz, wo sie mit den Kindern sitzen konnte, während John das Auto bezahlte.

Es war nicht nur der Kauf dieses Autos, der ihr Sorgen machte. Es war das ganze Leben, das sie hier führten. John sprach sogar davon, ein Haus zu kaufen. Alles war so verwirrend, als gäbe es eine immer größer werdende Kluft zwischen ihr und der Person, die sie sein wollte.

*

Ein halbes Jahr später rannte John die Treppe hinauf, immer zwei auf einmal, zu ihrer Wohnung im ersten Stock. Endlich hatte er ein Haus gefunden, das sie kaufen konnten. Er war sicher, dass es Clara endlich glücklich machen würde.

„Ich habe das perfekte Haus für uns gefunden", sagte er. Clara blickte vom Sofa auf, auf dem sie den erst vor einem Monat geborenen David stillte. Der einjährige Wesley saß mitten im Raum auf dem Boden, schlug mit einem Löffel auf eine Metallpfanne und weinte.

Die beiden anderen Kinder waren nicht zu sehen. John nahm Wesley auf den Arm und setzte sich neben Clara. „Es ist ein weißes Haus mit blauen Fensterläden. Es hat sogar einen weißen Lattenzaun um den

Vorgarten. Unten gibt es ein Schlafzimmer, ein Bad und einen Wohnbereich mit Küche." Er sah Clara an und hoffte, dass diese Nachricht sie aufheitern würde. Sie lächelte nicht. „Und oben gibt es ein schönes Schlafzimmer ..." Seine Stimme versagte, als er ihren finsteren Gesichtsausdruck sah.

„John, wir haben vier Kinder. Willst du sie alle oben in einem Einzelzimmern unterbringen?"

Nun, das ist viel mehr Platz, als wir jetzt haben, dachte er und sagte: „Es gibt auch noch ein Dachzimmer, das wir für die beiden Älteren herrichten können. Komm, trommeln wir die Kinder zusammen und schauen es uns an."

*

Sie kauften das Haus und zogen im nächsten Monat ein. John kam an den langen Sommerabenden früh genug von seiner Arztpraxis nach Hause, um den Garten hinter dem Haus zu bestellen. Er legte einen Gemüsegarten an und pflanzte Pflaumen-, Kirsch- und Aprikosenbäume.

Clara schwärmte davon, wie sie später die Früchte des Gartens einkochen würde. Sie schwärmte von den Regalen, die John in ihrem Keller aufgestellt hatte und in denen reihenweise Einmachgläser mit Tomaten, Kohl, Karotten, Rüben und anderem Gemüse und Obst stehen würden. Meistens hatte sie jedoch keine Gelegenheit zum Einkochen dieser Produkte.

John hatte gehofft, dass der Umzug nach Mt. Lake helfen würde. Claras Mutter hatte unter „nervösen Störungen" gelitten und sich wegen schwerer Depressionen sogar mehrmals einer Schocktherapie unterzogen. Würde Clara der gleiche Weg bevorstehen? Zu allem Überfluss waren seine Magenschmerzen, die Übelkeit und die Blähungen zurückgekehrt. Er versuchte, nicht darüber zu sprechen, aber Clara hatte seinen Gewichtsverlust erwähnt, was ihre Sorgen natürlich noch verstärkte.

In den folgenden Monaten lag John Nacht für Nacht wach. Wie so oft, wenn ihn Gefühle der Angst und der Nutzlosigkeit überwältigten, wanderten seine Gedanken zu Anastasia. Er hatte nichts mehr von ihr gehört, seit sie 1943 über ihre geheimen Aktivitäten geschrieben hatte.

In den Zeitungen hatte er gelesen, dass Juan Perón 1946 zum Präsidenten Argentiniens gewählt worden war und seine Regierung zahlreiche Sozialprogramme zugunsten der Arbeiterklasse eingeführt hatte. War Ana Teil der Bewegung gewesen, die ihm zum Wahlsieg verholfen hatte? John verspürte ein fast irrationales Bedürfnis, herauszufinden, was Ana vorhatte. Schließlich schrieb er ihr Mitte Juli einen Brief, in dem er kaum etwas über sich verriet und sich nur nach ihren politischen Aktivitäten erkundigte. Anas Antwort kam ein paar Monate später.

... Ich habe mich Evita Perón angeschlossen ... wir arbeiten hart für das Wahlrecht der argentinischen Frauen ... um die Armut zu lindern ... wir haben die Partido Peronista Femenino (PPF) gegründet, die erste große politische Frauenpartei ... wir machen endlich wirkliche Fortschritte ...

Sie beendete den Brief mit: *Und was machst du, Dr. John?*

John runzelte die Stirn. Er war kurz davor, sein fünftes Kind zu bekommen. Und er war krank. Im Oktober 1950 konnte John sein blutendes Geschwür endlich nicht mehr ignorieren. Er und Clara fuhren nach Rochester, Minnesota, in die Mayo Clinic und ließen ihre vier Kinder bei Nachbarn zurück. Da Clara eine Krankenschwester war, durfte sie während der OP durch ein Glasfenster zusehen, wie vier Fünftel von Johns Magen entfernt wurden.

*

Marlena, ihr fünftes Kind, wurde im darauffolgenden April geboren, was noch mehr Arbeit und einen weiteren Mund zum Füttern bedeutete. Aber auch diese Geburt füllte nicht die Lücke in Claras amerikanischem Traumleben. Und auch das fünfte Kind würde Johns zunehmende Unruhe nicht lindern.

An einem regnerischen Samstagmorgen kam John mit einem Brief in der Hand in die Küche. „Clara, hör dir das an..."

MCC hatte etwa 80 km östlich von Asunción ein Stück Land für eine Leprakolonie gekauft.

Die American Leprosy Mission (ALM) war mit an Bord, um drei Fünftel der Betriebskosten für den Aufbau und die Verwaltung der geplanten Kolonie zu übernehmen. Aber sie hatten keinen medizinischen Leiter.

„Gott gibt uns noch eine Chance, etwas wirklich Wichtiges zu tun", sagte er.

Clara trat von ihm zurück. „Aber John, Leprakranke werden isoliert und ausgegrenzt, und es gibt keine Heilung für die Krankheit." Die Worte sprudelten aus ihr heraus. „Wie können wir ihnen helfen?"

„Wir werden einen Weg finden, wenn es Gottes Wille ist", sagte John.

*

Clara wischte sich den Schweiß von der Stirn und starrte quer durch den Raum auf die halb gefüllten Kartons und Kisten. Sie schloss die Augen und ließ sich auf die Couch fallen. Laute Schreie ließen sie aufspringen und die Treppe zum Kinderzimmer hinauflaufen.

„Sonny, hör auf, deine Schwester zu ärgern." Sie setzte sich auf sein Bett und zog ihren ältesten Sohn an ihre Seite, doch bevor sie mit ihm sprechen konnte, hörte sie, wie etwas die Treppe hinunterkrachte. Hatte eines der Kinder das Schutzgitter entfernt? Sie eilte zum oberen Ende der Treppe und war erleichtert, als sie unten eine Kiste mit Spielzeug sah und nicht eines ihrer Babys. Der dreijährige Wesley grinste schelmisch und rannte aus dem Weg, als sie die Hand ausstreckte, um ihn zu bestrafen. Sie drehte sich gerade noch rechtzeitig um, um zu sehen, wie ihr Zweijähriger den Inhalt seiner Windel kreisförmig an die Wand schmierte. Bevor sie ihn waschen konnte, fing das Baby unten an zu schreien. Clara versuchte, die Tränen zurückzuhalten, die ihr in den Augen brannten. Es war unmöglich. John war vor fast einer Woche aufgebrochen, um das Leprosarium in Carville, Louisiana, zu besuchen. Es war sehr wichtig für ihn. Er musste etwas über diese mysteriöse Krankheit erfahren. Und sie hatte zugestimmt, wenigstens die Sachen, die sie aus ihrer Küche mitnehmen wollten, fertig zu packen. Aber sie kam nicht voran. Und sie hatte ihre Kinder nicht unter Kontrolle. Das Baby war unruhiger als sonst, und die anderen Kinder schienen zu wissen, dass sie nicht die Kraft hatte, sie zu disziplinieren. Wie sollte sie so überhaupt etwas erreichen?

*

„Ihre Versuche gehen alle in die gleiche Richtung. Es gibt keinen Grund mehr, diese Patienten einzusperren", sagte John, während er die Papiere auf dem Tisch vor sich studierte und sich dann aufrichtete, um Schwester Hilary anzusehen, die ihm gegenüber saß. Die katholische Nonne mit dem großen weißen Hut, der wie ein Segelboot aussah und den alle Schwestern im Carville Hospital trugen, sah nicht so aus, als würde sie ihre Meinung ändern.

John hatte die letzten fünf Tage damit verbracht, die Visiten der Patienten zu begleiten, sich mit den Ärzten zu beraten und mit vielen Patienten zu sprechen. Bis spät in die Nacht saß er an dem kleinen Schreibtisch in seinem Zimmer, las über Lepra und studierte die Ergebnisse klinischer Studien.

John lernte, dass Lepra eine Nervenkrankheit ist. Die Bazillen dringen in die Nerven nahe der Hautoberfläche ein und unterbrechen die Leitungen für motorische und sensorische Fasern, die dann keine Meldungen über Berührung, Temperatur und Schmerz mehr weiterleiten. Finger und Zehen verkürzen sich, Ohren und Nase verformen sich, weil Knorpel abgebaut und vom Körper absorbiert wird. Durch die Nervenschädigung sind die Patienten anfällig für Verletzungen, die zu Unfällen, Geschwüren und Infektionen führen können. Auch die Schleimhaut um das Auge kann betroffen sein, was oft zur Erblindung führt.

John wusste, dass Schwester Hilary Ross, eine bekannte Biochemikerin aus Carville und Mitglied des Töchterordens „St. Vincent de Paul", die klinischen Versuche mit den Sulfon-Medikamenten beaufsichtigt hatte, die Anfang der 1940er Jahre so vielversprechend erschienen. Ein großer Nachteil war, dass sie viele schmerzhafte Injektionen erforderten. In jüngerer Zeit schienen Versuche mit den neu eingeführten Dapson-Pillen, die von Dr. Cochrane, dem technisch-medizinischen Berater der ALM, initiiert worden waren, noch vielversprechender zu sein. Tatsächlich schien das Medikament einen Teil der Nervenschäden und sogar die Hautschäden und Entzündungen am Hals und an den Augen rückgängig zu machen. Das war die lang ersehnte Heilung dieser schrecklichen Krankheit. Und Schwester Hilary galt als Expertin auf diesem Gebiet.

"So einfach ist das nicht, Dr. Schmidt", seufzte Schwester Hilary.

„Aber hier sind alle Beweise, die wir brauchen." John deutete auf die Papiere vor ihnen.

Schwester Hilary schwieg einen Moment. „Das haben wir doch schon besprochen. Ich stimme zu, dass Patienten in Behandlung die Möglichkeit haben sollten, bei ihren Familien zu bleiben. Ich stimme auch zu, dass die Behandlung wahrscheinlich das Risiko einer Ansteckung verringert, auch wenn wir das nicht mit Sicherheit sagen können."

"Warum dann ...?" John hob die Hände.

„Zum einen gibt es Hinweise darauf, dass die Bazillen eine Resistenz gegen Dapson entwickeln könnten." Sie beeilte sich fortzufahren, bevor John sie unterbrechen konnte. „Aber das ist nicht der Hauptgrund. Als Gesellschaft sind wir dazu nicht bereit, Dr. Schmidt. Du hast nur die Krankenakten studiert, die erzählen nur die halbe Geschichte."

John hörte aufmerksam zu, als Schwester Hillary das schreckliche Stigma erklärte, das mit der Krankheit verbunden ist. „Als ich hier anfing, wurden Leprakranke wie Kriminelle behandelt", erinnerte sie sich. „Sie wurden in Gefängnissen eingesperrt und dann in Sonderzügen zu uns gebracht, mit verhängten Fenstern und heruntergelassenen Jalousien. Das Krankenhaus war mit Stacheldraht umgeben. Als die Patienten ankamen, verloren sie ihren Status als US-Bürger. Sie durften nicht mehr wählen. Sie litten unter einer doppelten Last: der Krankheit und dem Stigma. Das Stigma wird nicht durch ein Medikament verschwinden, ob es nun wirksam ist oder nicht. Ich kann versichern, dass die meisten unserer

Bewohner sich freiwillig dafür entscheiden würden, hier in Carville zu bleiben."

„Wir haben hier die Chance, aus dem dunklen Zeitalter herauszukommen", murmelte John. Aber seine Stimme hatte ihre Eindringlichkeit verloren. Er verstand Schwester Hillarys Standpunkt, dass Stigmatisierung, Geheimhaltung und Scham sowohl bei den Patienten als auch in der Gesellschaft zu tief verwurzelt waren, um sie ohne einen langen Kampf überwinden zu können.

*

Clara saß auf dem Sofa und gab Marlena ihre Flasche. Wie immer zankten sich die älteren Kinder oben. Sie war fast immun gegen das Geschrei geworden. Sie schloss die Augen und versank in ein Gebet, in dem sie sich an den Bibelvers aus dem Matthäusevangelium erinnerte: *„Kommt alle her zu mir, die ihr mühselig und beladen seid, ich will euch erquicken".*

Die Haustür öffnete sich. " John!" Claras Stimme erschreckte das Baby, das sofort zu weinen begann. „Ich bin so erleichtert, dass du wieder da bist", sagte sie, als er seinen Koffer abstellte und sich neben sie setzte.

„Wir haben viel zu tun", sagte John und legte ihr einen Arm um die Schultern.

„Schau, was gerade gekommen ist." Clara reichte John ein Telegramm.

Hiermit ernennen wir Dr. John R. und Clara Schmidt zum weiteren Dienst in Paraguay. Dr. Schmidt wird als Direktor für medizinische Angelegenheiten des MCC in Paraguay und als vorsitzendes Mitglied des Verwaltungs- und Koordinierungsausschusses für die Region Südamerika fungieren. Das Gehalt für ein Ehepaar beträgt 55 US-Dollar im Monat, für jedes Kind kommen 5 US-Dollar hinzu.

In den nächsten Wochen packten John und Clara ihre Sachen und bereiteten sich darauf vor, verschiedene Gemeinden im ganzen Land zu besuchen, um Geld für die Lepraarbeit zu sammeln. Sie planten auch, nach Akron, Pennsylvania, zu fahren, um einige Zeit mit Orie Miller im MCC-

Hauptbüro zu verbringen, und von dort nach New York City zu reisen, wo ALM seinen Hauptsitz hat.

*

Ihre Reisepapiere und Pässe kamen in einem Bündel an. Das geplante Abreisedatum war der 21. August. Sie sollten Mitte September in Buenos Aires ankommen und dort einige Tage bleiben, bevor sie nach Asunción weiterflogen.

John starrte auf die Tickets. Buenos Aires. Fräulein Ana. Sie könnten sich treffen. Er könnte sie seiner Familie vorstellen. Er wollte ihr Clara vorstellen. Er wollte Ana von der wichtigen Arbeit erzählen, die er und Clara in Paraguay leisten wollten. Er wollte, dass Ana wusste, dass er endlich ihren gemeinsamen Prinzipien gerecht wurde. Er saß am Küchentisch und schrieb Ana, erzählte ihr von der Zwischenlandung in Buenos Aires und fragte, ob sie sich treffen könnten. Er beendete den Brief mit:

Ich freue mich, dir endlich meine Frau Clara vorstellen zu können. Ich bin so stolz auf sie und weiß, dass du ihren Einsatz für Gerechtigkeit und Barmherzigkeit gegenüber den Ärmsten der Armen mehr als jeder andere zu schätzen weißt.

John adressierte und versiegelte das Aerogramm und legte es auf den Tresen, um es am nächsten Tag zur Post zu bringen.

*

Clara parkte das Auto vor der MCC-Zentrale in Akron. Es war 2:00 Uhr morgens. John und die Kinder schliefen. Sie legte den Kopf ans Seitenfenster und schloss die Augen. Doch der Schlaf wollte sich nicht einstellen.

Schließlich stieg Clara leise aus dem Wagen. Sie ging durch die leeren, dunklen Straßen, ihre Gedanken rasten, ihr Herz klopfte. Seit sie vor einer Woche Johns Brief an Ana auf dem Tresen gesehen hatte, quälte sie das Bild der langbeinigen Schönheit mit den geschminkten Lippen, das sich in ihr Gehirn eingebrannt hatte. Warum war diese Ana so wichtig für John?

Clara wünschte, sie könnte mit John darüber reden. Aber er würde denken, dass sie ihm nicht traute. Sie musste es ihrem Herrn zu Füßen legen, so wie sie es getan hatte, seit John ihr vor ihrer Hochzeit zum ersten Mal von Ana erzählt hatte. Als Clara zum Auto zurückkam, waren John und die Kinder wach. Er sah besorgt aus, und die Kleinen waren unruhig.

„Wo warst du, Clara?" Seine Sorge um sie war wie eine warme Salbe.

„Nur spazieren gegangen, Schatz. Ich wollte mir nur die Beine vertreten."

*

Bei den Treffen mit Orie Miller im MCC ging es hauptsächlich darum, Budgets festzulegen und logistische Details zu klären. Worauf sich John wirklich freute, war das bevorstehende Treffen in New York mit dem renommierten Lepra-Experten Dr. Eugene Kellersberger, dem Generalsekretär der ALM.

„Ist es möglich, dass wir unsere fünf Kinder bei jemandem hier in Akron lassen können, während Clara und ich zum ALM-Treffen nach New York fahren?" fragte John Orie am Tag vor ihrer geplanten Abreise nach New York.

Orie schaute überrascht. „Du willst sogar dein zwei Monate altes Baby zurücklassen?"

„Es ist einfach nicht möglich, all das zu tun, was wir tun müssen, wenn sie alle mitkommen."

Orie traf mit mehreren Familien in seiner Gemeinde Vereinbarungen über die Betreuung der Kinder, und John und Clara machten sich auf den Weg nach New York.

Während der Fahrt übte John, was er Dr. Kellersberger sagen würde. Schließlich war es ALM's eigener technischer medizinischer Berater, Dr. Cochrane, der das Wundermittel Dapson auf den Markt gebracht hatte.

Und das Beste von allem war, dass John mit seinem Bruder Raymond über Dapson gesprochen hatte. Wegen seines schweren Hinkens hatte Raymond sein Medizinstudium nach zwei Jahren abgebrochen und studierte nun Pharmakologie.

„Hier an der Universität von Kansas glauben wir, dass dies das Wundermittel ist, auf das wir gewartet haben", sagt Raymond. „Sag Dr. Kellersberger, dass ich auch nach Paraguay gehen möchte, um mit dir an einer menschlicheren Behandlung für Leprakranke zu arbeiten. Ich brauche nur noch ein Jahr bis zu meinem Abschluss."

Das war genau das, was John für seine Argumentation brauchte. Wenn ein kluger Pharmakologe das neue Wundermittel so hoch einschätzte, würde ALM sicher zustimmen, dass es an der Zeit war, über eine Abkehr vom alten Koloniemodell der Leprabehandlung nachzudenken.

Er und Clara kamen kurz nach Mittag in der ALM-Zentrale in der Fifth Avenue an. Es war ein schwüler Julitag, aber John bemerkte kaum die Hitze, die über der Stadt lag.

„Es ist schön, euch endlich persönlich kennen zu lernen. John. Clara." Kellersberger streckte die Hand aus.

Nach ein paar Minuten Smalltalk kam John auf das zu sprechen, was ihn am meisten beschäftigte. Er hatte mit vielen Antworten gerechnet und sich verschiedene überzeugende Gegenargumente überlegt. Womit er nicht gerechnet hatte, war eine verschlossene Tür zu diesem Thema. Kellersbergers knappe Aussage war endgültig. „Wir schicken euch nach Paraguay, um eine Leprakolonie aufzubauen und nicht, um riskante und unerprobte neue Ideen auszuprobieren."

WAHNSINN

1951-1956

„Wenn das Leben selbst verrückt erscheint, wer weiß, wo der Wahnsinn liegt? Vielleicht ist es Wahnsinn, zu praktisch zu sein. Vielleicht ist es Wahnsinn, Träume aufzugeben. Zu viel Vernunft kann Wahnsinn sein - und das Wahnsinnigste von allem: das Leben so zu sehen, wie es ist, und nicht, wie es sein sollte!"
- Miguel de Cervantes Saavedra, Don Quijote

Zwölftes Kapitel

Orie Miller bremste seinen Wagen ab und blickte mit zusammengekniffenen Augen auf die vornehmen, eleganten Gebäude, die einem üppigen, von einem Eisenzaun umgebenen Park gegenüberstanden, auf der Suche nach Gramercy Park Nr. 38. Er hatte die Fahrt von Akron nach New York genossen, besonders das leuchtende Grün der Sommerblätter. Aber er war sehr nachdenklich. Er hatte sich mehrmals mit Eugene Kellersberger, dem Generalsekretär von ALM, in dessen Büro in der Fifth Avenue getroffen, um über das Lepraprojekt in Paraguay zu sprechen, dass sie gemeinsam unterstützen wollten. Doch als er um dieses Treffen bat, lud ihn Kellersberger zu sich nach Hause ein. „Das wäre privater", hatte er gesagt.

Orie wunderte sich über das Bedürfnis nach Privatsphäre, wehrte sich aber nicht. Er hatte eine Menge mit Kellersberger zu besprechen. John Schmidt würde in ein paar Wochen nach Paraguay aufbrechen. John hatte den Vertrag mit MCC unterschrieben, stellte aber weiterhin die Sinnhaftigkeit einer Leprakolonie in Frage. Orie kannte die Haltung von ALM in dieser Frage, wollte aber mehr über die Gründe erfahren. Schließlich war Kellersberger wohl der weltweit führende Experte für diese Krankheit. Er hatte jahrzehntelang mit Leprakranken im Kongo gearbeitet und Leprakolonien auf der ganzen Welt besucht, bevor er das Amt des ALM-Generalsekretärs übernahm.

Orie parkte seinen Wagen gegenüber dem eisernen Tor, das in den Privatpark führte, und blieb einen Moment sitzen, bevor er ausstieg. Er bewunderte die riesigen Ulmen, die von Blumen gesäumten Wege und die gepflegten Rasenflächen des Parks. Johns Stimme hallte in seinem Kopf wider: „Diese Menschen wie Tiere einzusperren, das hätte Jesus nicht getan."

Er ging zu Apartment 5G und klopfte. „Danke, dass du zu diesem Treffen bereit bist", sagte er, als Kellersberger die Tür öffnete und ihn hineinführte.

Orie sah sich in der Wohnung um, die kunstvoll mit afrikanischen Motiven dekoriert war. Tierische Blumentöpfe säumten die sonnigen Fensterbänke, ein Lampenschirm war eine Weltkarte, und die Regale mit den ordentlich gestapelten Büchern waren mit Buchstützen und Kerzenhaltern in Elefantenform geschmückt. Warum sollte jemand, der für ein christliches Hilfswerk arbeitet, in solchem Luxus leben?

„Die Inneneinrichtung hat Julia Lake entworfen", sagt Kellersberger und meint damit seine Frau. „Sie hat unser Haus im Kongo immer geliebt. Bitte. Setz dich."

Orie setzte sich. „Ich habe einfach das Gefühl, dass ich noch viel über Lepra lernen muss. Wie du weißt, hat John Schmidt einige Ideen ..."

„Unsinnige Ideen!" Kellersberger unterbrach ihn. „Es ist einfach nicht bewiesen, dass es für Leprakranke sicher ist, zu Hause bei ihren Familien zu bleiben. Die einzige Möglichkeit, die Krankheit jemals auszurotten, ist die strikte Isolierung der Patienten."

Orie öffnete den Mund, um etwas zu sagen, aber Kellersberger fuhr fort: „Weißt du, Bruder Orie, die medizinische Welt schaut auf Brasilien, weil dort der vernünftigste und aufgeklärteste Ansatz der Welt zur Behandlung der Lepra gefunden wurde. Ich war vor fünf Jahren in Brasilien. Wusstest du, dass es allein im Bundesstaat São Paulo über siebzig ausgebildete Lepraärzte gibt? Man sagte mir, dass in Brasilien 30.000 Leprafälle unter Kontrolle seien und dass die Kranken in Kolonien lebten, die sie „Zufluchtsorte" nannten".

„Aber ich habe gehört, dass ..."

Wieder unterbrach ihn Kellersberger. „Als ich in Brasilien war, traf ich eine Missionarin, eine Frau Eunice Weaver. Sie hat sich vor allem für eine menschenwürdige Betreuung der Kinder von Leprakranken eingesetzt. Sie organisierte etwa 25 *Preventorien*, in denen mehr als 2.500 Kinder untergebracht wurden, die ihren infizierten Eltern abgenommen worden waren. Diese Brasilianer haben wirklich herausgefunden, wie man am besten mit Lepra umgeht.

Orie rutschte auf seinem Stuhl hin und her. Er war es nicht gewohnt, so abgeschnitten zu werden. Aber das war nicht sein Fachgebiet und er wollte viel lernen. Er fand eine Gelegenheit, während des Gesprächs noch ein paar Fragen zu stellen. Nach einer Weile betrat Julia den Raum mit einem Tablett, auf dem Tee und kleine Kuchen standen. Das Gespräch kam auf die Missionsarbeit der Kellersbergers im Kongo.

Bevor Orie ging, sagte er: „Kellersberger, ich glaube, du musst Dr. Schmidt noch einmal deine Bedenken mitteilen. Er kann manchmal sehr stur sein."

„Oh, er wird unserem Modell folgen, oder er wird unsere Finanzierung verlieren", sagte Kellersberger. „Danke, dass du gekommen bist, Orie. Bitte grüß deine Frau von uns."

*

Am 21. August 1951 gingen Clara und John mit ihren fünf Kindern im Alter von vier Monaten bis sieben Jahren an Bord der SS Brazil. Die sieben waren in zwei kleinen Kabinen der Touristenklasse zusammengepfercht, John mit den drei Jungen in der einen, Clara mit den beiden Mädchen und dem Baby in der anderen. In jeder Kabine befand sich in einer Ecke ein kleines rostiges Waschbecken. Wäsche-wasch-möglichkeiten gab es nur für die Passagiere der ersten Klasse.

„Diese Kabine riecht wie eine Toilette", sagte Clara eine Woche nach Beginn der Reise, während sie schmutzige Windeln mit der wenigen Seife wusch, die sie finden konnte. „Und es wird immer schlimmer. Alle Kinder haben Durchfall. Ich komme mit all den schmutzigen Windeln und der Unterwäsche in diesem kleinen Waschbecken nicht mehr klar. Und es gibt keinen Platz, um alles aufzuhängen." John lehnte an der Tür. „Du kannst etwas davon in unserem Jungenzimmer aufhängen."

Clara war dankbar für die Sanftheit in seiner Stimme. Aber sie machte sich Sorgen um die Kinder. Unter diesen schrecklichen Bedingungen hatten sie noch Wochen vor sich. Und was würde sie nach ihrer Ankunft erwarten? Clara sorgte sich auch um die körperliche Sicherheit der Kinder auf dem Schiff. Sie hatte Pappschilder mit den Namen der Kinder gebastelt, die sie den vier älteren Kindern um den Hals hängen konnte. Sie dachte, das würde helfen, sie wiederzufinden, wenn sie verloren gingen.

Aber am Ende der ersten Woche waren die Schilder verschwunden, und die Kinder waren nicht mehr in Sichtweite. Sie wollten das Schiff erkunden - trotz anhaltenden Durchfalls. Jeden Morgen, wenn sie aufstand, um ihre Kleinen anzuziehen, betete Clara um Schutz.

An den meisten Tagen, wenn das Baby in einem zusammenklappbaren Kinderwagen verstaut war, saßen John und Clara stundenlang da und brüteten über den Büchern und Papieren über Lepra, die sie mitgebracht hatten. Eines der Bücher war *Miracle at Carville*, die Autobiografie einer Debütantin aus New Orleans, bei der mit 19 Jahren die gefürchtete Krankheit diagnostiziert wurde und die 1937 nach Carville, dem Leprosarium von Louisiana, kam. Die Geschichte beschreibt den Kampf den sie hatte, um ihre Würde und ihren Glauben zu behalten. Sie endete mit der Bitte, diese Menschen nicht als Leprakranke zu bezeichnen, sondern als Patienten mit der Hansen-Krankheit.

John legte das Buch weg. „Das Schlimmste an dieser Krankheit ist nicht das medizinische Leiden. Es ist das Stigma, das damit verbunden ist", sagte er. „Ich werde mir und den Menschen um mich herum nicht mehr erlauben, sie Leprakranke zu nennen. Es sind Menschen wie du und ich mit menschlicher Würde, die zufällig an einer Krankheit namens Lepra leiden."

*

Am 13. September traf die *SS Brazil* in Buenos Aires ein. John hatte Clara von dem Plan erzählt, Ana am Hafen zu treffen. Als Clara sich vor dem Aussteigen in dem kleinen, zerbrochenen Spiegel betrachtete, bemerkte sie die grauen Strähnen in ihrem Haar und die Falten, die sich um ihre Augen zu bilden begannen. Sie versuchte, ein paar Locken zu formen, aber ihr Haar hing flach herunter. Stirnrunzelnd blickte Clara in den Spiegel.

Sie blieb kurz bei den Kindern stehen und beobachtete, wie John auf die große Frau zuging, die an der Rückwand der Zollhalle lehnte. Als sie näher kam, bemerkte Clara, dass das Grün des maßgeschneiderten Kleides der Frau genau zu ihren Augen passte.

Clara wandte sich wieder David zu, der sich schreiend auf den Boden geworfen hatte. In diesem Moment sah sie sich und ihre Familie so, wie die große Frau sie sehen musste: vier schmutzige, unruhige Kinder und ein weinendes Baby in den Armen einer müden Mutter mit ergrautem Haar.

„Ich möchte dir meine Familie vorstellen", sagte John, schob die Kinder vor sich her und griff nach Anas Hand. „Das ist Clara."

War es Stolz, den sie in Johns Stimme hörte? Clara streckte die Hand aus, um Ana die Hand zu schütteln, dann trat sie zurück und sah ihren Mann an. Ja. Die Wärme und der Stolz in seinem Gesicht waren nicht zu übersehen, als er sie Ana vorstellte. Clara atmete tief aus und setzte sich auf eine Holzbank in der Nähe. Sie beobachtete, wie John die Kinder in eine Reihe stellte und jedem von ihnen sagte, sie sollten Fräulein Ana begrüßen. Da war wieder dieser Blick. John war stolz auf seine Familie.

Nach der Vorstellung und ein wenig Smalltalk über die Reise nahm Anas Stimme einen drängenden Ton an. „Wir haben große Fortschritte gemacht, Dr. John. Erst letzten Monat hatten wir eine Massenkundgebung mit über zwei Millionen Menschen. Die Menge forderte Evita auf, ihre Kandidatur als Vizepräsidentin bekannt zu geben ... es war die größte öffentliche Unterstützungsbekundung für eine Politikerin in der Geschichte. Für eine Politikerin ... all die Dinge, über die wir vor zehn Jahren gesprochen haben, beginnen wahr zu werden ...".

Clara blickte auf, nachdem sie das Baby zum Wickeln auf die Bank gelegt hatte.

„John, kannst du mir helfen? Ich brauche eine frische Windel." Sie
zeigte auf die Tasche. John reichte sie Clara und wandte sich dann wieder
Ana zu.

„Endlich haben auch wir die Chance, etwas zu bewirken, einen
wirklichen Unterschied." Er erzählte ihr von der geplanten Leprakolonie
und seiner Idee, dass die Patienten zu Hause behandelt werden könnten.

Zwei der älteren Kinder schrien sich an, David klammerte sich weinend
an Claras Rock, und das Baby wand sich in ihren Armen. John war in sein
Gespräch vertieft. Es war Ana, die ihre Hand hob und auf seine Familie
hinter ihm deutete.

John wandte sich sofort den Kindern zu. Clara warf einen Blick auf Ana,
die sie liebevoll anlächelte.

*

John und Clara und ihre fünf Kinder setzten ihre Reise fort und kamen
nach fast einem Monat in Asunción an, schmutzig, heruntergekommen
und abgemagert von fast ständigem Durchfall.

Als sie aus dem Auto stiegen, blickte Clara auf die alte Stadt, die vor
ihnen lag, gekrönt von tief hängenden dunklen Wolken. „Hoffentlich tun
wir das Richtige", flüsterte sie. John legte einen Arm um ihre Schulter und
sagte: „Wir wissen, dass wir genau dort sind, wo wir sein sollen. Und wir
danken dir, oh Herr, für deinen Schutz".

Frank Wiens, ein kleiner junger Mann mit Drahtbrille, war der
mennonitische Delegierte, der sie abholen und in ihre Wohnung bringen
sollte. Die Stadt schien sich nicht verändert zu haben, seit Clara sie vor
fünf Jahren das letzte Mal gesehen hatte. Sie erstreckte sich über sanfte
Hügel in einem Muster rechteckiger Blöcke, die von einem Meer roter
Ziegeldächer bedeckt waren. Die Straßen bestanden aus glattem,
abgenutztem Kopfsteinpflaster und waren von Paraíso-Bäumen gesäumt.
Mit ihren maurischen Architekturmerkmalen, die im 16. Jahrhundert aus
Spanien eingeführt worden waren, waren die Häuser hart und
undurchdringlich. Sie boten den Passanten kalte Mauern mit hohen

Holztüren auf Straßenniveau. Und es gab Fenstertüren, die zu Balkonen hoch über der Straße führten.

Clara hatte das alles schon einmal gesehen, aber jetzt sah sie es mit anderen Augen. Diesmal zogen sie nicht nur durch die Stadt auf ihrem Weg nach Nordwesten zu den Mennonitenkolonien. Hier würden sie leben, während sie die geplante Leprakolonie 81 Kilometer östlich der Stadt planten und bauten.

Wiens wollte gerade in eine steil abfallende Seitenstraße einbiegen, als er plötzlich stehen blieb. Nur einen kurzen Häuserblock vor ihnen sah Clara, dass sich in der Querstraße unten eine Überschwemmung gebildet hatte, die abgestorbene Äste, zerbrochene Glasflaschen, zerrissene Kleidung, verfaulte Produkte und etwas, das wie Fäkalien aussah, mit sich führte. Ein Bus war an der Kreuzung im tiefen, trüben Wasser stecken geblieben, und Fußgänger konnten die Straße nicht überqueren, da sie sich in einen reißenden Bach verwandelt hatte. Wiens bog scharf in die andere Richtung ab.

„Was ist denn da unten los?", fragte Clara und hielt sich die Nase zu, weil es so stank.

„Wenn du hier leben willst, wirst du dich daran gewöhnen müssen", sagte Frank lachend. „Asunción hat immer noch keine Abwasserkanäle. Wenn es regnet, wird der Müll durch die überfluteten Straßen in den Fluss gespült."

Frank hielt den Wagen vor einer imposanten dunklen Außenmauer an. „Das ist euer neues Zuhause."

*

MCC stellte den Schmidts ein Dienstmädchen zur Kinderbetreuung zur Verfügung, so dass John und Clara viele Tage in der Woche auf dem Gelände des neuen Unternehmens verbringen konnten, wo sie oft in einer provisorischen Hütte übernachteten. Sie begannen, die Station "Km. 81" zu nennen, weil der Eingang zur Leprastation bei Kilometer 81 der *Ruta Nr.*

2 lag, einer Erdstraße, die von Asunción ostwärts bis zur brasilianischen Grenze führte.

In den ersten Wochen in Paraguay verbrachte John viele Stunden damit, verschiedene Gesundheitsbeamte zu treffen. Er und Clara besuchten auch gemeinsam die Leprakolonie Sapucai, wofür sie mehrere Stunden mit dem Zug fuhren und dann die restlichen zwölf Kilometer zu Pferd zurücklegten. Ein Führer begleitete sie auf ihrem Rundgang durch das Gelände.

Eine alte Frau mit eingefallener Nase rauchte endlos kleine schwarze Zigarren. Ihr Führer sagte, der Rauch halte die Fliegen von den Überresten ihrer verfaulten Nase fern. Eine verkrüppelte Frau, deren Beine nutzlose Stümpfe waren, rutschte auf dem Bauch über den Boden und bewegte sich mit den Ellbogen. Als Clara vor ihr kniete, schrie die Frau „*Ko'ápe ou jagua'i*" auf Guaraní, der indigenen Sprache, die die meisten Menschen auf dem Campo sprachen. „Das bedeutet ‚Hier kommt der kleine Hund' ", sagte der Führer. Diese Menschen wurden wirklich wie Tiere behandelt.

John erfuhr, dass die ersten Versuche mit dem neuen Medikament Dapson in Sapucai erfolgreich zu sein schienen und dass sie über eine ambulante Behandlung (zu Hause) nachdachten. Dr. Federico Río, der Direktor von Sapucai, stimmte John zu, dass die Patienten zu Hause behandelt werden könnten, wenn Dapson weiterhin wirksam sei. Aber er war besorgt über die Risiken in diesem frühen Stadium der Anwendung des neuen Medikaments.

Hatte Kellersberger Recht? War das Koloniemodell immer noch die beste Therapie? John hatte seit einiger Zeit nichts mehr von seinem Bruder Raymond gehört. Was hatte er seit ihrem letzten Gespräch über das Medikament Dapson erfahren?

Sicher könnte man etwas tun, um die Lebensqualität dieser armen Menschen zu verbessern. Er würde die Entscheidung über die Behandlungsmethode aufschieben, bis er mehr Informationen gesammelt hätte.

*

John hatte sich unter zwei Bedingungen bereit erklärt, das Lepraprojekt in Paraguay zu leiten: Es sollte von MCC und ALM gemeinsam finanziert werden. Und, was für ihn am wichtigsten war, dass es ein Dankeschön-Projekt der Mennoniten sein und von ihnen geleitet werden sollte. Ein Dankeschön-Projekt an den paraguayischen Staat, der den Mennoniten erlaubt hatte, sich in Paraguay niederzulassen, und ihnen erlaubte, nicht in der paraguayischen Armee dienen zu müssen.

Wenige Wochen nach ihrer Ankunft in Paraguay reisten John und Clara in die Mennonitenkolonien und hielten in den Gemeinden Versammlungen ab, bei denen sie die Leprastation Km. 81 vorstellten und als Möglichkeit zum Dienst anboten. Das Programm für Km. 81, so wie sie es sich vorstellten, würde sich auf die Verfügbarkeit von Arbeitskräften aus den Mennonitenkolonien stützen, d.h. auf junge Menschen, die für kurze Zeit freiwillig auf der Station arbeiten würden. Ähnlich dem Freiwilligendienstprogramm, das in Kanada und den Vereinigten Staaten als Alternative zur Wehrpflicht während des Zweiten Weltkriegs eingeführt worden war. Für John war die Möglichkeit eines Dienstes der Mennoniten auf Km. 81, als Dank an Paraguay für die Aufnahme, ebenso wichtig wie die Behandlung der Leprakranken.

„Das ist eine Chance für die jungen Mennoniten in den Kolonien, etwas über den Dienst zu lernen", sagte John immer wieder, während er vor einer Gemeinde nach der anderen stand. Die Antwort war meist Schweigen. John wusste, dass der Gedanke des Dienens diesen Menschen fremd war, die sich seit ihrer Ankunft im Chaco in den 1930er Jahren fast ausschließlich auf ihr eigenes Überleben konzentriert hatten. Er wusste auch, dass es Bedenken gab, ihre Jugendlichen aus der Sicherheit der Mennonitenkolonie wegzuschicken, um unter Heiden zu leben, schlimmer noch, unter Heiden, die an einer gefürchteten Krankheit litten.

John erinnerte sich an die hitzigen Diskussionen mit Orie, als MCC sich für den Standort der Leprakolonie östlich von Asunción entschieden hatte.

John wollte, dass die neue Siedlung näher an den mennonitischen Kolonien lag, um die Aufsicht über die Freiwilligen zu erleichtern. In seinem Brief an Orie schrieb er dazu:

Der wichtigste Teil dieses Projektes - nämlich, dass mennonitische Jugendliche einen Dienst tun - würde an dem Standort nahe Asunción verloren gehen, weil die Kolonisten keine 18-Jährigen dorthin schicken werden und ich dort nicht für sie verantwortlich sein möchte. Solange nicht alle Anstrengungen unternommen werden, um die Zusammenarbeit der Kolonien in diesem Projekt zu gewährleisten und alle Anstrengungen unternommen werden, um sie einzubeziehen, bin ich an dieser Arbeit nicht interessiert.

Orie hatte John versichert, dass MCC ihn dabei unterstützen würde, die mennonitischen Kolonien in das Projekt einzubeziehen. Doch er blieb bei seiner Entscheidung, die Lepraarbeit östlich von Asunción anzusiedeln. Nun kämpfte John darum, Wege zu finden, die mennonitischen Kolonieführer dazu zu bringen, seinen Hilferufen Aufmerksamkeit zu schenken. Sie schienen desinteressiert, und MCC, weit weg in Nordamerika, griff nicht ein.

*

Clara liebte es, John bei der Planung und Entwicklung der Leprastation zu helfen. John hatte vor seinem Medizinstudium Kurse in Ingenieurswissenschaften belegt, und so entwarfen sie gemeinsam den Grundriss der Station, und er zeichnete alle Baupläne selbst. Abends, wenn sie beide in Asunción waren und die Kinder im Bett lagen, trafen sie sich in der Küche, die auch als Wohnzimmer diente. Es war ein großer Raum mit weiß gestrichenen Wänden, hoher Decke und rotem Fliesenboden. Bis spät in die Nacht saßen sie zusammen über den Tisch gebeugt und starrten auf Johns Zeichnung des Grundstücks bei Km. 81. Es war ein 1.148 Hektar großes Stück Land, durch das zwei kleine Bäche fließen.

„MCC möchte, dass dies eine sich selbst tragende Siedlung wird", sagte John.

„Wir werden Obstbäume pflanzen und Rinder, Schweine und Hühner haben ..."

„Und Gemüsegärten. Der Boden sieht so fruchtbar aus", ergänzte Clara.

Ein paar Tage zuvor waren sie mit Pferd und Kutsche über das Gelände geritten, um festzulegen, wo die Gebäude stehen, wo Brunnen gegraben, wo Bäume gepflanzt und wo das Vieh weiden sollte. Clara machte sich Notizen, während sie über die Felder und an den Bächen entlang ritten. Es gab so viel, was sie mit diesem Land machen konnten.

Ein paar baufällige Hütten und ein Schuppen standen dort, wo bei Km. 81 einmal jemand gewohnt hatte. MCC hatte Johann Teichgraef und seine Familie aus der Kolonie Fernheim als Bewohner des Grundstücks angeworben, vor allem um zu verhindern, dass sich Hausbesetzer niederließen. Teichgraef sprach nicht nur Deutsch, sondern auch Spanisch und Guaraní, was für die Verständigung mit den paraguayischen Lohnarbeitern wichtig war. Mit ihrer Hilfe hatten John und Clara begonnen, die alten Gebäude zu reparieren und die Grundstücksgrenzen mit Zäunen zu sichern.

Nun konzentrierten sie sich auf den Bau eines Klinikgebäudes und von Wohnungen für die Menschen, die auf der Station arbeiten würden. Gemäß Johns Zeichnungen und den von MCC zugesagten Mitteln bestellten sie folgende Materialien: Zement, 50.000 Ziegelsteine, 6.000 Dachziegel und Baustahl im Wert von 10.000 Guaranies.

Als die Materialien abgeholt werden sollten, war das Geld von MCC noch nicht eingetroffen, so dass die Bestellung storniert werden musste. Nachdem versichert wurde, dass das Geld auf dem Weg sei, wurde der Auftrag für die benötigten Baumaterialien erneut erteilt. Es war bereits Dezember, zwei Monate nachdem das vereinbarte Geld hätte eintreffen sollen.

„Will MCC, dass die Arbeit gemacht wird oder nicht?", schrie John, nachdem er die Bestellung zum zweiten Mal storniert hatte. „Ich schreibe ihnen ein Ultimatum. So geht es nicht weiter."

Er setzte sich an den Tisch und begann zu schreiben.

Wir warteten sehnsüchtig auf die versprochenen 1.000 Dollar für die Leprakolonie. Immer wieder wurde Material bestellt, aber wegen Geldmangels wieder storniert. Wir könnten das Projekt genauso gut für beendet erklären.

Clara stand hinter ihm und schaute ihm über die Schulter.

„John, wie wäre es, wenn wir den Brief damit beenden, *dass es uns in eine sehr unangenehme Situation bringt,* anstatt es einfach *zu beenden"* sagte sie leise. John drehte sich zu ihr um und sah sie an.

"Was ist los?", fragte sie.

„Deine Augen haben seit Jahren nicht mehr so geleuchtet wie heute Abend", sagte er lächelnd. „Diese Arbeit tut uns beiden gut." Clara sagte nichts, aber sie verstand. Sie widmete sich ihrer Arbeit mit einer Begeisterung, die sie kaum wiedererkannte. Manchmal konnte sie nachts nicht einschlafen und hatte ein schlechtes Gewissen, weil sie ihren fünf Kindern nicht genug Aufmerksamkeit schenkte. Aber sie tat, wozu Gott sie berufen hatte. Er würde für die Kleinen sorgen.

*

Nach vielen Fehlstarts bekamen John und Clara schließlich das Geld, um das Material für den Bau zu kaufen. John hatte mit Ingenieuren über Wasserrechte gesprochen und war bereit, Brunnen zu graben. Ein wohlhabender Viehzüchter aus Paraguay verkaufte ihnen 200 Kühe für 200 Guaranies pro Kopf, 100 Färsen für 160 Guaranies pro Kopf und 15 Stiere für 600 Guaranies pro Kopf. Er bot sogar an, sie mit einem heißen Eisen zu brandmarken und sie bis Km. 81 zu transportieren.

John verbrachte immer mehr Zeit auf der Station, markierte die Fundamente der einzelnen Gebäude und legte fest, wie tief sie sein sollten. Endlich ging es voran. Er konnte sehen, wie alles Gestalt annahm.

Aber noch lebte nur die Familie Teichgraef auf der Station. Das Freiwilligenprogramm, das sie sich für die mennonitische Jugend aus dem Chaco vorgestellt hatten, funktionierte nicht. Kein einziger Freiwilliger meldete sich.

In der drückenden Hitze Mitte Dezember ließen John und Clara ihre Kinder bei dem Dienstmädchen in Asunción zurück und machten sich erneut auf den beschwerlichen zehntägigen Weg zu den mennonitischen Kolonien. John spürte den vertrauten Druck, der seit Wochen auf seiner Brust lastete. Es könnte seine letzte Chance sein. Er musste die Leiter der mennonitischen Kolonie davon überzeugen, dass das vorgeschlagene Freiwilligenprogramm nicht nur für das Lepraprojekt, sondern auch für die geistliche und soziale Entwicklung ihrer Jugendlichen von entscheidender Bedeutung war.

Das erste Treffen fand in der Kirche der Gemeinde in Filadelfia statt, in der Clara und John fünf Jahre zuvor nicht aufgenommen worden waren. Es war der größte Versammlungsraum der Kolonie. Gemeindeleiter und Gemeindemitglieder aus allen drei Mennonitenkolonien waren eingeladen. John stand vorne im Saal und schaute alle paar Minuten auf seine Uhr. Fünfzehn Minuten hatten sie gewartet, und immer noch saßen nur eine Handvoll Männer im hinteren Teil des Raumes.

„Es ist Zeit anzufangen", sagte John schließlich. Er musste zu diesen Menschen durchdringen. Er musste ihnen klarmachen, dass ein Leben ohne Dienst an den Bedürftigen ein vergeudetes Leben war. Er stützte sich bei seinen Argumenten auf die Bibel und versuchte deutlich zu machen, dass es sich nicht um eine Bitte um Hilfe handelte. Es sei ein Aufruf, das Werk des Herrn zu tun. Er beendete seinen Vortrag mit den Worten: „Eines Tages wird dies euer Projekt sein, eure Art, Paraguay dafür zu danken, dass Paraguay euch ein Zuhause gegeben hat und euch die Freiheit lässt, nicht zum Militärdienst gehen zu müssen. Ihr werdet die Besitzer dieses Projektes sein, und eure Führer werden es leiten".

Diese letzten Worte erregten ein wenig Aufsehen und ein großer Mann in der letzten Reihe stand auf. „MCC wird es nicht leiten? Wir werden es tun?" Es gab keine Zweifel, wer das war. Er hatte etwas abgenommen, aber Konrad Wolfs Statur war immer noch beeindruckend. Und die Narbe auf der linken Seite seines Gesichts war nicht verblasst.

Die Männer rutschten unbehaglich auf ihren Sitzen hin und her.

„Das war eine der Bedingungen, die ich gestellt habe, bevor ich die Arbeit annahm, Konrad", sagte John und sah Wolf direkt an. „Es wird euch gehören."

Wolf blickte zu den Männern, die neben ihm saßen. „Dann müssen wir antreten und unseren Beitrag leisten", sagte er. Er wandte sich wieder John zu. „Ich werde deine Freiwilligen finden."

Es war still im Raum. Johns Augen waren immer noch auf Wolf gerichtet, aber sie hatten sich zu einem Blinzeln verengt. Was hatte er jetzt vor? Nach dem Konflikt 1944 hatte dieser verrückte Naziaktivist ihn gemieden, und John hatte seitdem keinen direkten Kontakt mehr zu Wolf gehabt. War das eine Falle? Oder vielleicht ein Trick, um das Lepraprojekt lächerlich zu machen und schließlich zu zerstören? John sagte nichts mehr und setzte sich.

Dreizehntes Kapitel

Mit seiner schwarzen Arzttasche aus Leder in der einen und seinem Hut in der anderen Hand stieg John in das kleine Flugzeug der Panair do Brasil. Er bemerkte kaum die Hitze, die sich Mitte Januar über das Rollfeld legte.

Wochenlang hatte er sich auf diese Reise vorbereitet. Endlich war er auf dem Weg nach São Paulo.

„Ich werde der Frage auf den Grund gehen, warum in ganz Brasilien immer noch Isolationsmaßnahmen zur Behandlung von Lepra angewendet werden", hatte John zu Clara gesagt. Das brasilianische Modell galt noch immer als Vorbild für den Rest der Welt, und Lepralogen reisten weite Strecken, um von dem brasilianischen Modell zu lernen.

Bereits 1945 hatte die American Public Health Association begonnen, von der Isolierung von Leprakranken abzuraten. Doch selbst sieben Jahre später waren sich die Wissenschaftler noch nicht einig, ob die Patienten isoliert werden sollten. Und viele einflussreiche Experten, die für den Auf- und Ausbau der Leprazentren verantwortlich waren, wollten an ihren traditionellen Richtlinien und Institutionen festhalten. Spielten sie nur mit der Angst der Öffentlichkeit vor Lepra, um ihre Einrichtungen am Leben zu erhalten?

John stieg in São Paulo aus dem Flugzeug und sah den Direktor des Departamento de Profilaxia da Lepra des Bundesstaates São Paulo, Dr. Lauro de Souza Lima, mit großen Schritten auf das Rollfeld treten.

Er trug einen eleganten dreiteiligen Anzug, den er trotz der brütenden Hitze zugeknöpft hatte, und sein nach hinten gekämmtes, dunkles Haar gab den Blick frei auf seine intensiven Augen, die unter buschigen schwarzen Augenbrauen hervorblickten.

"Freut mich, dich kennenzulernen." John nahm seine Hand.

„O prazer é meu", sagte Souza und ging ihm zu seinem Auto voraus.

Souza war Direktor der Lepraabteilung des brasilianischen Gesundheitsministeriums und Mitglied des Lepra-Expertengremiums der

Weltgesundheitsorganisation. Was dachte der Mann wohl wirklich über das Modell der exklusiven Kolonien, dass er öffentlich verteidigte? Alle medizinischen Entscheidungen in Brasilien waren zentralisiert, und wer sich gegen die obligatorische Isolierung von Leprakranken aussprach, wurde seines Amtes enthoben. Nach diesem Modell wurden Medizinstudenten ausgebildet und nur junge Ärzte eingestellt, die sich der offiziellen Isolationspolitik anschlossen. Kein Wunder, dass dieses Modell so resistent gegen Veränderungen war.

Sie fuhren die 88 Kilometer nach Pirapitingui, der größten Leprakolonie Brasiliens. John saß auf dem Beifahrersitz und unterhielt sich mit Souza über einen Dolmetscher, der auf der Rückbank saß.

„Es gibt nicht genügend Beweise, um von der Isolationsmethode abzuweichen", sagte Souza, zog den Schaltknüppel nach unten und reihte sich in den Verkehr ein.

„Die Isolierung aller Infektionsfälle ist die einzige Möglichkeit, die Infektionskette zu unterbrechen. Letztendlich wird dies zur Ausrottung der Krankheit führen."

„Viele Fälle sind schon Jahre vor der Diagnose und Isolierung ansteckend", entgegnete John. Aber er sah an Souzas starrem Kiefer, dass er genauso gut damit aufhören konnte, zumindest für den Moment. Warum haben diese Leute das nicht verstanden? Die Angst, weggesperrt zu werden, führt doch nur dazu, dass die Patienten ihre Krankheit genau dann verheimlichen, wenn sie am ansteckendsten ist und am ehesten geheilt werden kann.

Souza deutete auf etwas, das wie eine verlassene Kleinstadt aussah. John starrte auf die heruntergekommenen Ladenfronten und die fast leeren Obststände entlang der Straße. Und das war noch nicht das Schlimmste. Nach allem, was er über diesen Ort gelesen hatte, fürchteten sich Patienten aus anderen Kolonien davor, wegen der schrecklichen Zustände nach Pirapitingui verlegt zu werden.

Vor dem Verwaltungsgebäude, einem hohen, gefängnisähnlichen Betonbau, blieben sie stehen.

„Soweit ich weiß, wirst du mehrere Wochen bei uns bleiben", sagte Souza und führte John durch eine Seitentür, einen Gang entlang und in einen kleinen Raum. „Ich hoffe, du wirst dich hier wohlfühlen."

John ließ seine Taschen auf den rauen Backsteinboden fallen. „Es wird schon gehen", sagte er, ohne einen Blick auf das Einzelbett und den kleinen Holztisch mit Stuhl zu werfen. „Ich bin bereit, die Runde zu machen, wenn du Zeit hast."

Sie gingen durch das weitläufige Gelände, auf dem über 2.500 Patienten untergebracht waren. John war erstaunt, wie sehr es ihm wie eine viel größere Version dessen vorkam, was er vor seiner Abreise nach Paraguay in Carville, Louisiana, gesehen hatte. Die Kolonie hatte eine strenge Raumaufteilung mit drei getrennten Zonen: die Gesunden Zone, die Mittelzone und die Kranken Zone. In der Gesunden Zone befanden sich der Eingang, der Stromgenerator, Wassertanks, Lagerräume, Garagen, Verwaltungsbüros, das Management und andere Einrichtungen, die für den Betrieb der Kolonie notwendig waren. Dazu gehörte auch das Haus des Direktors, die Häuser der Ärzte und des Verwaltungspersonals. Die Mittelzone zwischen der Gesunden- und der Kranken Zone war für Kontrollen und Besucher. In der umzäunten Kranken Zone, die den größten Teil der Kolonie umfasste, befanden sich das Krankenhaus und die Klinik, die Schlafsäle, eine psychiatrische Abteilung, ein Gefängnis und eine Kirche sowie Land für den Anbau von Feldfrüchten und die Haltung von Tieren. Es war strikt von der Gesunden Zone getrennt, mit einer Pufferzone von 300 Metern und einem Tor, das verhinderte, dass jemand außer autorisiertem Personal die Trennlinie überquerte.

Sie kamen an Ziegeleien, Reparaturwerkstätten, Fabriken und landwirtschaftlichen Feldern vorbei. Souza erklärte, dass es das Ziel war, die Kolonie so stark wie möglich zu machen. Die Aktivitäten beschäftigten die Patienten und brachten der Kolonie sogar einen kleinen Gewinn.

John machte sich Notizen über alles, was er während der Besichtigung sah.

Gelegentlich fügte er Kommentare in Großbuchstaben hinzu: „WERDEN WIE TIERE IM KÄFIG BEHANDELT" und „ICH WERDE DAS NIEMALS TUN".

Er bemerkte, dass das Modell von São Paulo auf der Dreifaltigkeit basierte, von der er gelesen hatte: Leprakolonie, Dispensarium und Präventionszentrum. Laut Souza war die Kolonie am wichtigsten, da sie die Kranken isolierte.

Das Dispensarium hatte die Aufgabe, neue Patienten zu suchen und zu dokumentieren. Die Aufgabe des Präventionszentrums bestand darin, die Kinder von ihren leprakranken Eltern zu trennen, sie zu schützen und unter strenge Beobachtung zu stellen.

John verbrachte seine erste Woche in Pirapitingui damit, sich umzusehen, mit dem medizinischen Personal und den Patienten zu sprechen und bis spät in die Nacht alles aufzuschreiben.

Vielleicht konnte er die Kolonie aufbauen, die ALM sich wünschte, aber mit Raymonds Hilfe würde er einen Großteil seiner Bemühungen auf ein Dispensarium konzentrieren und gleichzeitig humane Bedingungen schaffen, um den Patienten die Angst vor einer Inhaftierung zu nehmen. John war sich überhaupt nicht sicher, ob ihm die Idee eines Präventoriums für die Kinder gefiel. Es musste doch einen Weg geben, die Familien nicht so auseinanderzureißen.

*

Ein alter, abgenutzter Diesel-Pickup stotterte, als er über den Hügel in Sicht kam. Clara sprang auf und stolperte fast über die lange Leinenschürze, die sie sich um die Taille gebunden hatte. Mit dem linken Handgelenk schob sie eine Haarsträhne beiseite, die sich aus ihrem Kopftuch gelöst hatte.

Ein halbes Dutzend paraguayischer Männer in zerrissenen, schmutzigen Hemden stand auf der Ladefläche des Lastwagens, reichte eine Flasche herum und schlug mit den Fäusten in die Luft. Wer waren sie? Sie ließ die

Kelle fallen, von der noch Lehmschlamm vom letzten Ziegel tropfte, den sie verlegt hatte, und stand starr da. Als sie näher kamen, hörte sie ihre Schreien.

„Lepra de satán...que mueran todos...guerra contra satán."

Konnte sie fliehen? Entkommen? Clara drehte den Kopf und sah sich um. Sie sah den Haufen von Bäumen und Sträuchern auf dem frisch gerodeten Land, auf dem sie und John die Klinik bauen wollten. Sie sah den strohgedeckten Schuppen, in dem Lehmziegel gestapelt waren. Sie sah die Plane auf dem Boden hinter sich, die mit Gips bedeckt war, und die halbfertige Wand zu ihrer Linken. Es gab keinen Ort, an den sie hätte fliehen können.

Der Lastwagen wurde langsamer, als er sich Clara näherte. Die Männer strecken ihre Fäuste nach ihr aus, und ihre Stimmen erheben sich zu einem wilden Crescendo. „Lepra...que mueran... *trabajo* de satán..."

Einige folgten dem Beispiel des Fahrers, sprangen ab, schnappten sich Steine von der Ladefläche und kamen auf Clara zu. Sie trat einen Schritt zurück und griff nach ihrer Schürze, als könne sie sich damit vor den wütenden, wild aussehenden Männern schützen. Warum reiste John durch Brasilien, wenn sie ihn hier brauchte? Claras Lippen zitterten. Er würde erst in einem Monat zurück sein.

Ohne den Blick von den Männern zu wenden, spürte Clara Johann Teichgraef an ihrer Seite. „Johann", sagte sie zwischen zusammengebissenen Zähnen, „wer sind diese Männer und was wollen sie?"

„Sie kommen aus Itacurubí, Frau Clara, gleich die Straße hinauf von uns, und sie sagen, dass ihr hier nicht überleben werdet und dass sie dieses Krankenhaus zerstören werden. Sie wollen nicht, dass ihr Leprakranke in ihre Nachbarschaft bringt".

Die Männer zogen weitere Steine von der Ladefläche des Lastwagens. Teichgraef übersetzte weiter, seine Stimme wurde leiser und fester. „Sie sagen, sie haben diese Steine mitgebracht, um dich und dein satanisches Werk hier bei Km. 81 zu zerstören."

Claras Brustmuskeln spannten sich an. Sie wünschte, sie könnte Spanisch. Dann könnte sie das Werk des Herrn erklären. Sie könnte erklären, dass sie hier waren, um zu helfen.

Clara atmete tief durch und drehte sich langsam zu Teichgraef um. „Bitte frag sie, ob sie Kaffee und Zwieback möchten." Sie deutete auf die wütenden Männer, die immer noch Steine von der Ladefläche des Lastwagens zogen.

Teichgraef übermittelte die Botschaft. Die Männer schweigen. Sie starrten Clara an.

Clara klopfte mit den Händen an die Seiten ihrer Schürze, um etwas Schlamm zu entfernen, und ging zum Bau, wo sie ihre wenigen Vorräte aufbewahrte. „Hier, ich habe eine Thermoskanne mit Eiskaffee und Zwieback, die meine Dienstmädchen gestern gebacken hat. Ihr wisst wahrscheinlich nicht, was Zwieback ist ..." In ihrer Nervosität vergaß sie, dass die Männer kein Wort verstanden. „Ähm ... Johann, sag ihnen bitte, dass ich vor dem Essen mit ihnen beten möchte."

Die Männer rührten sich nicht, ihre dunklen Augen huschten zwischen ihrem Fahrer und Clara hin und her. Clara faltete die zitternden Hände. „Herr, wir danken dir für deine Liebe und deinen Schutz. Segne dieses Mahl, wir beten im Namen Christi. Amen." Sie reichte den Männern die Tüte mit den Zwieback und bedeutete ihnen, sie sollten kommen und sich nehmen.

Der Fahrer sagte etwas zu den Männern, und einer nach dem anderen ließ ihre Steine fallen. Sie aßen Zwieback und tranken Eiskaffee mit Clara, dann stiegen sie schweigend wieder auf den Lastwagen und fuhren davon.

*

Nach mehreren Wochen in der Pirapitingui-Kolonie fühlte sich John entmutigt und unruhig. Souza und seine Mitarbeiter waren sehr motiviert, ihm die verschiedenen Phasen der Arbeit zu zeigen. Sie führten viele scheinbar stichhaltige Gründe für ihr Isolationsmodell an und reagierten überhaupt nicht auf Johns Bedenken, sie waren völlig desinteressiert an seinen Argumenten.

Johns Gespräche mit den Leprakranken selbst überzeugten ihn nur noch mehr, dass dies nicht der richtige Weg sein konnte, mit der Krankheit umzugehen. Er erfuhr, dass Menschen, sobald man bei ihnen Lepra diagnostizierte, wie Kriminelle behandelt wurden. Ein Patient erzählte John: „Als die Soldaten kamen, um mich zu holen, weil sie herausgefunden hatten, dass ich Lepra hatte, legten sie mir Handschellen an und zogen mich weg, wobei ein Soldat vor und ein anderer hinter mir marschierte". Ein anderer berichtete, er sei von vier starken Männern getragen und über ein Feuer gehalten worden, um „die Krankheit zu verbrennen". Kein noch so lautes Schreien rettete ihn vor seinen Qualen. Und leider schien es den Patienten auch nicht viel besser zu gehen, nachdem sie in die Kolonie gebracht und im Krankenbereich eingesperrt worden waren. Konnten Souza und seine Mitarbeiter nicht sehen, dass dies völlig unmenschlich war?

Auf einer Station waren etwa dreißig blinde Frauen untergebracht, um die sich vier Krankenschwestern kümmerten. Während einer Mahlzeit betrat John die Station und sah, wie die blinden Frauen mit verkrüppelten Händen und Stummelfingern versuchten, sich zu ernähren. Viele von ihnen hatten Augen aus roten Fleischklumpen und verfaulte Nasen. Johns Lippen waren zu einer dünnen, harten Linie zusammengepresst.

Mit Hilfe seines Dolmetschers begann er, mit einigen der blinden Patienten zu sprechen, und bald drängten sich alle um ihn, um ihm zuzuhören. Sie stellten Fragen und schienen sich sehr für das Lepraprojekt in Paraguay zu interessieren. Als John sich umdrehte, um die Station zu verlassen, tasteten sich viele der Frauen an einer Wand entlang auf die Veranda und winkten ihm mit ihren Stummelhänden zum Abschied zu. Sie wünschten ihm Gottes Segen für seine Arbeit und dankten ihm für sein

Kommen. Hat denn nie jemand Zeit mit diesen Menschen verbracht oder mit ihnen gesprochen?

*

John hatte vor, nach seinem Besuch in Pirapitingui zehn Tage in Rio de Janeiro zu verbringen, um sich über die dortige Lepraarbeit zu informieren. Er wollte dort auch mit einer Frau Eunice Weaver sprechen, von der er gelesen hatte. Eunice hatte 1935 den brasilianischen Präsidenten Vargas überzeugt, offizielle Hilfe für ihre Arbeit zu organisieren. Sie war durch das Land gereist und hatte eine Kampagne für den Bau von 25 Präventivhäusern für Kinder leprakranker Eltern gestartet.

Frau Weaver hatte Brasilien auch auf zahlreichen internationalen Leprakongressen vertreten und war kürzlich mit dem Nationalen Verdienstorden Brasiliens ausgezeichnet worden. Für ihre Arbeit wurde sie international „Engel" und „Heilige" genannt. Vielleicht wäre sie eine Verbündete für Johns Idee eines mitfühlenderen Behandlungsmodells.

Als sein Flugzeug zur Landung ansetzte und über Rio de Janeiro kreiste, dachte John an seinen ersten Besuch im Jahr 1941, als er und Orie von hier aus über die Bergketten und Regenwälder Brasiliens nach Paraguay geflogen waren. Er wusste nicht, was ihn erwartete. John starrte aus dem kleinen, schmutzigen Fenster des Flugzeugs, das an der kolossalen Christusstatue vorbeiflog. Er grinste. Wieder wusste er nicht, was als nächstes kommen würde. Er liebte es. Er fühlte sich lebendig.

*

Frau Weaver war am Flughafen, um John abzuholen und in ihr Büro zu bringen.

Sie fuchtelte mit den Händen, als sie ihre Überzeugung beschrieb, dass es unchristlich sei, Kinder in einer Lepraumgebung zu lassen, da sie wusste, dass es unmöglich war, alle Infektionsfälle zu eliminieren.

Ihre Stimme war sanft. „Jesus hat uns geboten, uns um die Kinder zu kümmern".

159

Diese Frau hatte einen solchen christlichen Geist. Sie arbeitete unermüdlich, um den Leprakranken und ihren Familien die Liebe Christi zu zeigen. John dachte über ihr Argument nach, dass, wenn er bei Km. 81 ein Präventorium bauen würde, die Kinder, wenn sie erwachsen sind, zur Missionsarbeit beitragen könnten. Vielleicht war es doch das Richtige für die Kinder der Leprakranken.

Am nächsten Morgen nahm ihn Frau Weaver mit zu einem Rundgang durch eines der Präventorien. Was er dort erlebte, prägte sich ihm so tief ein, dass es ihn sein Leben lang nicht mehr losließ. Das Gebäude war eine Ruine. Ein Teil des Daches hing herunter, es war kurz davor einzustürzen. Die Kinder waren schmutzig, abgemagert und apathisch. Sie verkrochen sich in den Ecken des Raumes, als er und Frau Eunice sich ihnen näherten. Wurden sie misshandelt?

Als John nach der Führung mit dem Auto zu seinem Büro zurückfuhr, schwieg er lange. Schließlich sagte er: „Ich glaube nicht, dass ich in Paraguay ein Präventorium bauen werde. Es kann nicht richtig sein, Kinder von ihren Familien fernzuhalten."

„Es ist komplizierter, Dr. Schmidt", sagte sie.

*

Am 1. März kehrte John nach Asunción zurück. Clara fuhr mit Frank Wiens zum Flughafen, um ihn abzuholen. In den sieben Wochen, die er in Brasilien verbracht hatte, hatte sie nur drei Briefe von John erhalten, was ungewöhnlich war. Und die Briefe waren voller Wut über die Zustände dort. Was würde das für ihre Arbeit bedeuten?

Auf der Rückfahrt beobachtete Clara, wie sich Johns Augenbrauen zu einer tiefen Falte zusammenzogen, als sie ihm von den Männern mit den Steinen aus Itacurubí erzählte.

„Sie haben Angst vor einer Kolonie. Und das aus gutem Grund." John schrie fast.

Er fasste zusammen, was er in São Paulo und Rio beobachtet hatte.

„Ich komme mit einer Aktentasche voller Notizen zurück, die viel mehr

Fragen als Antworten aufwerfen. Das großartige brasilianische Modell der Leprabehandlung ist von alten Traditionen geprägt. Es sind Institutionen, die nicht bereit sind, neue Möglichkeiten zu akzeptieren. Auf den ersten Blick sieht es so aus, als müssten wir eine Kolonie aufbauen. Aber wir müssen einen menschlicheren Weg finden, damit die Patienten weniger Angst haben, zu uns zu kommen."

Johns Brief an MCC und ALM über seine Reise enthielt viele Details seiner Erkenntnisse und endete mit:

Ich glaube mehr denn je, dass eine Politik der Isolation schwerwiegende Nachteile hat. Sie zerbricht die Familie und lässt die Angehörigen ohne Fürsorge zurück. Vorerst werde ich an der Regel festhalten, infektiöse Fälle zu isolieren, aber ich habe die Absicht, die Methode zu ändern, um die Patienten zu ermutigen, sich früher und freiwillig einer Behandlung zu unterziehen.

*

Als John aus Brasilien zurückkam, lag ein Brief von Ana ungeöffnet auf seinem Schreibtisch. Clara hatte ihn nicht erwähnt. John war also schon ein paar Tage zurück und in seine Arbeit vertieft, als er den Brief entdeckte. Er riss ihn auf.

Wie immer übersprang Ana jede Einleitung. Sie beschrieb ausführlich, wie sich die Ereignisse in Argentinien seit ihrem letzten Treffen im September entwickelt hatten. Sie arbeitete enger denn je mit Evita Perón zusammen, die bis vor kurzem zwanzig bis zweiundzwanzig Stunden am Tag für ihre Stiftung gearbeitet hatte, um sich für die Sache der Armen einzusetzen. Johns Nackenmuskeln verkrampften sich, als er las, was folgte:

Bei Evita wurde metastasierender Gebärmutterhalskrebs diagnostiziert, und sie hat vielleicht nicht mehr lange zu leben. Sie bat mich, ihre Arbeit im Namen der Arbeitsrechte zu übernehmen. Evita und ihre Organisation arbeiten jetzt gegen ihren eigenen Ehemann. Sie hat heimlich Tausende von automatischen Pistolen und Maschinengewehren gekauft, um Gewerkschafter gegen die Ungerechtigkeiten ihres Mannes und seines Militärs zu bewaffnen. Trotz des Anscheins, die Armen zu unterstützen, bedienten sich Perón und seine Regierung des organisierten Verbrechens und diktatorischer Herrschaft, um ihre politische Basis zu schützen. Ich war mir so sicher, dass wir auf der gleichen Seite standen und für die Descamisados kämpften.

Dr. John, ich lerne, dass der Kampf für das Richtige nicht so schwarz und weiß ist, wie ich dachte.

Ana fuhr fort, ihre Arbeit mit einer kleinen Gruppe ehemaliger Peronisten zu beschreiben, die sich nun gegen Perón wandten. Sie hatten eine geheime militärische Ausbildung in den nordöstlichen Provinzen Argentiniens begonnen. Sie wusste, wie riskant das war, aber sie hatte das Gefühl, keine andere Wahl zu haben.

Es war ihre Pflicht, Evitas wichtige Arbeit fortzusetzen.

Hat Ana ihr Leben absichtlich aufs Spiel gesetzt? Gab es irgendetwas, das sie nicht für ihre Sache tun würde? Das konnte er verstehen. Aber warum stellte sie plötzlich die klare Grenze zwischen richtig und falsch in Frage?

*

Eine Woche nach Johns Rückkehr aus Brasilien traf Herb aus den USA ein. John hatte seinen Bruder gebeten, ihm bei einem Projekt zu helfen, das er für die wirtschaftlich benachteiligten Mennonitenkolonien im Chaco geplant hatte. Er brauchte Herbs Verbindungen zu wohlhabenden Leuten im Norden.

John erinnerte sich an die 1940er Jahre, die er im Chaco verbracht hatte, als der Traum der Kolonisten, in ihre Heimat zurückzukehren, scheiterte, ganz zu schweigen von den Dürren, Schädlingen und Seuchen, die sie so entmutigten, dass sie oft keinen Ausweg mehr sahen. Bis heute fragten sie sich, ob sie überleben würden.

John war nach wie vor davon überzeugt, dass der beste Weg zu einer besseren Zukunft für den Chaco der Aufbau großer Rinderfarmen sei. Da das Land verbrannt und unfruchtbar war und landwirtschaftliche Versuche fehlgeschlagen waren, standen die Siedler Johns Ideen von der Viehzucht pessimistisch gegenüber. Sie hatten auch nur begrenzte Mittel für Investitionen. John hatte Herb überredet, nach Paraguay zu kommen, um ein Angebot für MCC und andere potenzielle Investoren in Nordamerika auszuarbeiten, um von der industriellen Entwicklung zu profitieren, die John sich vorstellte.

„Ich habe bereits mit einigen Geschäftsleuten in Kansas gesprochen, die sehr an unserem Plan interessiert sind, in den Chaco zu investieren", sagte Herb. „Alles, was sie brauchen, sind die Details, dann können sie loslegen. Und Orie glaubt, dass dies eine großartige Gelegenheit ist, den Kolonisten auf die Beine zu helfen, so dass sie vielleicht eines Tages die MCC-Darlehen aus den ersten Siedlungsjahren zurückzahlen können."

John nickte und notierte Ideen in ein Notizbuch voller Zahlen, Grafiken und Wachstumstabellen. Er freute sich, dass Herb mit dem Projekt voll und ganz einverstanden zu sein schien. Tatsächlich hatte John seinen Bruder in seinem ersten Brief an Orie als „Paraguay-Berater und Enthusiasten" bezeichnet.

John erinnerte sich an den warmen Frühlingstag, an dem er nach dem letzten Schultag in der deutschen Grundschule auf dem Pferd nach Hause geritten war. Er war zwölf Jahre alt und hatte einen Plan für sein Leben. Er rannte zu seinem Vater, der mit dem zwanzigjährigen Herb auf einer Bank neben der Scheune saß und seine verhassten Zigaretten rauchte. Herb unterrichtete an einer kleinen Sekundarschule in Plains, Kansas, und war in den Schulferien für ein paar Wochen nach Hause gekommen.

„Ich habe gerade meine Abschlussprüfung in Geographie bestanden. *Dot's aules*", verkündete John. „Keine Schule mehr für mich. Ich werde dir jetzt auf der Farm helfen, Pa."

John erwartete ein zustimmendes Lächeln, aber sein Vater sagte nichts, sondern zog nur fest an seiner Zigarette und warf Herb einen Blick zu.

„Das wirst du nicht tun", sagte Herb streng. „Du wirst dich an einer englischen Sekundarschule einschreiben."

John tat, was Herb sagte. Und vier Jahre später folgte John Herb, um an der Universität von Kansas Medizin zu studieren. Er wünschte sich, nicht immer in die Fußstapfen seines Bruders treten zu müssen. Und er wollte nicht immer in seinem Schatten stehen. John hatte gehofft, dass die Reise nach Paraguay ihm endlich das Gefühl geben würde, auf sich allein gestellt zu sein. Ohne ständig Herbs Meinung und Hilfe zu brauchen. Aber hier war er wieder und bat Herb um Hilfe.

John wandte sich wieder seinen Notizen zu. „Das klingt alles gut. Aber wir müssen vorsichtig sein", sagte er zu seinem Bruder. „Die südamerikanischen Mennoniten haben wenig Respekt vor dem MCC. Das hat viele Gründe, und einige davon sind nicht die Schuld von MCC. Aber wir müssen aufpassen, dass wir das nicht zu sehr zu einem MCC-Projekt machen".

Am nächsten Morgen machten sich die beiden Brüder auf den langen Weg zu den mennonitischen Siedlungen im Chaco.

*

Clara spürte einen stechenden Schmerz im Unterleib und beugte sich über die Schaufel. Sie und Frau Teichgraef gruben Löcher, um Baumsetzlinge zu pflanzen, die sie am Morgen auf dem Pettirossi-Markt in Asunción gekauft hatten. Es war eine Herausforderung, die Bäume allein auf den Lieferwagen zu laden, und der Weg nach Km. 81 war wegen eines kürzlichen Regensturms schlammig und rutschig.

Aber Clara war entschlossen, die Bäume in die Erde zu bringen, bevor John aus dem Chaco zurückkehrte. Er würde sich sehr freuen.

„Johann, komm. Frau Clara ist krank."

Als Teichgraef sie erreichte, saß Clara auf dem Boden und übergab sich, ihre Hände umklammerten ihren Bauch.

„Wir müssen sie ins Krankenhaus nach Asunción bringen. Sofort."
Teichgraef griff nach ihr und trug sie erst stützend, dann tragend zum
Fahrzeug.

Vierzehntes Kapitel

Ein heftiger Wind wehte von Norden her, riss die lockere Erde auf und türmte sie zu dunklen, wogenden Wolken auf. Die Kutsche rumpelte über die unbefestigte Hauptstraße, die durch Filadelfia führte.

„Das ist einer der berüchtigten *Nordstürme* des Chaco", sagte John und hielt sich ein Taschentuch vor Mund und Nase. Herb nickte und schützte seinen Kopf mit beiden Händen.

Die beiden Brüder waren gerade im Chaco angekommen und auf dem Weg zu Konrad Wolfs Haus. Ziel der Reise war es, Informationen über Investitionsmöglichkeiten zu sammeln, um die wirtschaftliche Situation der mennonitischen Kolonien zu verbessern. Johns größte Sorge war jedoch die ausbleibende Reaktion der Kolonisten auf seine wiederholten Aufrufe nach freiwilligen Arbeitskräften für Km. 81. Die Reise mochte zwar um eine wirtschaftliche Investition für die Region gehen, aber der eigentliche Grund für seinen Besuch war, herauszufinden, warum die Mennoniten die Lepraarbeit immer noch nicht unterstützten.

John bremste die Kutsche ab. Durch den dichten Staub starrte er auf die baufällige Hütte, an deren beiden Seiten zwei Schattendächer angebracht waren. Offensichtlich ging es den Wolfs nicht gut. Eine alte Frau erschien in der Tür.

„Bitte. *Kohmt nenn*", sagte sie, als die beiden Männer vom Wagen sprangen. Da erkannte John die Frau. Es war Angelika, Wolfs Frau.

„Konrad ist unterwegs", sagte sie und bat sie herein. „Dieser Wind ..."

Wolf erschien in der Tür. „Goondach", sagte er und streckte seine Hand aus.

John stellte Wolf seinen Bruder vor, und erklärte dann sofort, warum sie gekommen waren. „Bei Km. 81 gibt es viel zu tun und wir haben keine Freiwilligen, Konrad. Was müssen wir tun, um euch zu überzeugen, dass wir Paraguay dienen müssen?"

Wolf schwieg. Wollte er eine Ausrede finden? Wollte er zugeben, dass er wirklich gegen die ganze Idee eines Lepraprojekts für die Mennoniten war, dass er John aber noch eine Weile hinhalten wollte, bis er das Projekt für völlig gescheitert erklären konnte?

„Wir überleben kaum", begann Wolf langsam. „Was wir für Baumwolle und andere Produkte bekommen, hält bei weitem nicht mit den steigenden Lebenshaltungskosten Schritt. Und da es keine Straße gibt, ist es schwierig, unsere Produkte nach Asunción zu bringen. Viele von uns fragen sich, ob wir uns einen anderen Ort zum Leben suchen müssen."

"Wovon redest du?" John schlug sich auf die Knie. „Das ist gutes Land, auch wenn man es nicht sieht. Es ist zwar kein Ackerland, aber es gibt viele Entwicklungsmöglichkeiten. Das ist einer der Gründe, warum Herb und ich hier sind. Ihr wart nie dankbar für das, was euch gegeben wurde. Etwas an Wolfs selbstbewusstem Verhalten hielt John davon ab, weiterzumachen.

„Der Oberschulze möchte euch sehen", sagte Wolf. Und dann sagte er leise: „Wir brauchen die Hilfe des amerikanischen MCC, sonst werden wir nicht überleben."

Johns Augen wurden schmal. Wie konnte es sein, dass dieser Mann ausgerechnet die Organisation um Almosen bat, gegen die er vor acht Jahren so hart gekämpft hatte? John zog seinen Hut unter dem Stuhl hervor und stand auf, um zu gehen. „Wir brauchen Arbeiter auf der Leprastation, Konrad, sonst wird sie nicht überleben."

*

Herb und John gingen zu Jasch Neufeld, dem ehemaligen Assistenten von Zahnarzt Klassen, bei dem sie wohnten. Jaschs Frau Anni erwartete sie an der Tür, der Wind peitschte ihren langen Rock um ihre Beine. Sie wedelte mit einem Blatt Papier.

„Herr Dokta. In der Kooperative ist ein Funkspruch eingetroffen. Vom Baptistenkrankenhaus in Asunción. Frau Dokta Clara wurde letzte Nacht notfallmäßig am Blinddarm operiert."

„Was? Wie geht es ihr?" Wie war das passiert? Wer war bei ihr?

167

„Die Nachricht war, dass es Clara gut geht und die Kinder versorgt sind."

John atmete tief durch. Wer hatte die Operation gemacht? Wussten sie überhaupt, was sie da taten? Und wer hatte die Nachricht geschickt? Woher wusste er wirklich, dass es Clara gut ging?

Der Wind hatte ein Stück vom Blechdach gelöst. Es schlug gegen den Rahmen über ihren Köpfen.

„Kohmt nenn." Annis Stimme war in dem heulenden Sturm kaum zu verstehen. Sie verkrochen sich ins Haus und halfen Anni, die Tür zu schließen. Herb und Anni gingen in die Küche, aber John blieb im Flur stehen, den Hut in der Hand. Was sollte er tun? Was, wenn Clara in seiner Abwesenheit etwas zustoßen würde? Er starrte aus dem Fenster. Der Sturm wurde immer stärker und hatte inzwischen große Äste erfasst, die wie Zahnstocher durch die Luft flogen.

Clara würde wollen, dass er blieb, bis er das erledigt hatte, wofür er und Herb hergekommen waren. Dessen war er sich sicher. John gesellte sich zu den beiden anderen in die Küche. „Ich muss Clara Bescheid geben, dass wir in zwei Wochen zurück sind", sagte er.

Der Sturm dauerte die nächsten Tage an. Als er sich schließlich legte, hinterließ er Berge von Schutt und Geröll und kiesigen Sand, der durch jede Ritze der Häuser gedrungen war.

*

In der folgenden Woche trafen sich John und Herb mit vielen führenden Persönlichkeiten der Kolonie, angefangen mit dem Oberschulzen von Fernheim. John versuchte, ihn davon zu überzeugen, dass für eine echte und nachhaltige wirtschaftliche Entwicklung eine Zusammenarbeit zwischen den Kolonien notwendig sei, statt der derzeitigen Konkurrenzhaltung.

John drückte seine Verzweiflung über den Wunsch jeder Kolonie nach Unabhängigkeit aus. Getrennt würden sie den Kampf ums Überleben nicht gewinnen.

Es wäre nicht einfach, die drei Kolonien zur Zusammenarbeit zu bewegen. Obwohl die Mitglieder aller drei Kolonien Mennoniten waren, waren sie zu unterschiedlichen Zeiten, aus unterschiedlichen Gründen und mit unterschiedlichen Hintergründen in den Chaco gekommen.

Die ersten Siedler im Chaco waren die Bewohner der ultrakonservativen Menno-Kolonie. Sie besaßen die kanadische Staatsbürgerschaft und kanadische Pässe.

Danach kamen die Siedler der Kolonie Fernheim, die aus der Sowjetukraine stammten und als Staatenlose über Deutschland hierher kamen.

Die Mitglieder der letzten Kolonie, Kolonie Neuland, waren in Russland geboren, hatten aber die deutsche Staatsbürgerschaft angenommen und waren in der Wehrmacht gewesen.

Keiner der drei Kolonien traute der anderen.

Während der Oberschulze von Fernheim die Gründe für die mangelnde Zusammenarbeit zwischen den Kolonien erläuterte, kehrten Johns Gedanken zu Clara zurück. Hatte sie genug Ruhe? Um ihren Blinddarm zu entfernen, musste der Chirurg ihre äußeren Muskeln und die innerste Schicht der Bauchdecke durchtrennen, die ihre inneren Organe an Ort und Stelle hielt. Wenn sie zu aktiv wurde, bevor die innere Schicht verheilt war, riskierte sie einen Leistenbruch oder Schlimmeres.

Die letzten Worte des Oberschulzen holten John in die Gegenwart zurück. „John, das ganze Gerede über Zusammenarbeit hört sich gut an, aber so wird es nicht laufen." Er stand auf, um sie hinauszuführen.

Bevor sie die Tür erreichten, hatte John eine Idee. „Warum gründen wir nicht ein Komitee mit Vertretern aus allen Kolonien, das sich um die Anwerbung von Freiwilligen für die Lepraarbeit kümmert? Das würde ihnen das Gefühl geben, ein gemeinsames Ziel zu haben." *Und hoffentlich ist es eine Hilfe für euch, euch selbst aus dem Weg zu gehen.*

Nach weiteren Gesprächen willigte der Oberschulze schließlich ein, unter der Bedingung, dass sie wirtschaftliche Hilfe aus dem Norden erhielten. Obwohl es vor der Abreise der beiden Schmidt-Brüder nicht genügend Unterstützung und Zeit für die Bildung eines formellen Komitees gegeben hatte, wurde kurz darauf ein informelles Lepra-Komitee mit Vertretern aus jeder Kolonie ins Leben gerufen. Zu Johns Überraschung erklärte sich Konrad Wolf bereit, die Leitung dieser informellen Gruppe zu übernehmen.

*

Der Pferdekarren rumpelte über den ausgefahrenen Weg und näherte sich Kilometer 145, auf dem Rückweg nach Asunción. John zog es nach Hause zu Clara, die sich von ihrer Blinddarmoperation erholte. Ihm war aufgefallen, dass Herb während der ganzen Zeit im Chaco sehr wenig gesprochen hatte. So war er sonst nicht.

"Was ist los?" fragte John.

Herb starrte vor sich hin und sagte eine Weile nichts. Schließlich zuckte er die Schultern. „Ich weiß nicht genau, warum ich hier bin. Du hast die ganze Sache doch ziemlich gut durchschaut. Und du kennst diese Leute viel besser, als ich es je tun werde."

John rutschte unbehaglich auf der hölzernen Wagenbank hin und her. War in den Worten seines Bruders ein Hauch von Neid zu hören? Ach! Das war Unsinn.

„Herb, ich bin froh, dass du gekommen bist. Ich weiß, dass du uns helfen wirst, im Norden Geld zu sammeln, um in diese Projekte zu investieren."

Nachdem sie eine Weile schweigend weitergefahren waren, wandte Herb sich an John. „Raymond plant also immer noch, hierher zu kommen, um mit dir auf Km. 81 zu arbeiten?"

John grinste. „Najo. Er sagt, er habe seiner Verlobten gesagt, es sei eine Bedingung für die Heirat, dass sie nach der Hochzeit mit ihm nach Paraguay komme."

„Kluger Mann", murmelte Herb leise.

170

John starrte Herb an. Da war es wieder. Eifersucht? Oder vielleicht sogar Groll, dass John und Raymond in Paraguay ein Leben voller Dienst und großer Abenteuer führen würden?

*

John war seit einer Woche zurück, als Frank Wiens mit der Nachricht zu ihm kam, dass im Departement Itacurubí de la Cordillera, wo sich Km. 81 befand, Demonstranten, angeführt von mehreren prominenten Persönlichkeiten, gegen den Bau eines Leprakrankenhauses in ihrer Nähe protestierten.

In ihren Protestschriften beriefen sie sich auf ein Dekret vom 14. Juli 1945, dass die Entwicklung der Gegend um Itacurubí zu einem touristischen Ziel vorsah. Eine Leprakolonie würde jeden Tourismus verdrängen.

John schlug mit der Faust auf den Tisch. „Deshalb habe ich darauf bestanden, dass wir das Dekret aktualisieren und vom Gesundheitsminister unterschreiben lassen, als wir letzten Oktober in Paraguay ankamen."

Noch immer hatte er keine schriftliche Genehmigung des Gesundheitsministeriums für den Bau des Leprakrankenhauses auf Km. 81. Mit dem Dekret Nr. 9560 vom 18. Januar 1950 hatte die paraguayische Regierung die Erlaubnis erteilt, das Lepraprojekt in der Gegend von Concepción zu entwickeln. Als sich das Grundstück als unbrauchbar erwies, kaufte MCC das heutige Grundstück. Seit seiner Ankunft in Paraguay hatte sich John mehrmals mit dem Gesundheitsminister getroffen, um die Genehmigung für den neuen Standort zu erhalten. Der Minister sagte immer wieder, dass die Genehmigung auch für den neuen Standort, Km. 81, gelten würde und es nicht nötig sei, ein neues Dekret zu unterzeichnen.

Und nun das.

„Was schlägst du vor?" Wiens sah John an.

„Wir kontaktieren unseren Anwalt, damit er das Dokument unterschreibt."

Wiens schüttelte den Kopf. „Unser Anwalt war die ganze letzte Woche krank, und ich habe heute Morgen versucht, ihn zu erreichen, aber er ist immer noch nicht auf den Beinen und kann erst am Donnerstag gesehen werden. In der Zwischenzeit drohen die Beamten von Itacurubí, sich beim Gesundheitsministerium zu beschweren".

„Dann gehe ich selbst noch einmal zum Minister. Jetzt." John verließ den Raum.

*

Eines Abends Ende Juli saß John vor seinem Kurzwellenradio, wie er es oft abends tat, wenn alle anderen im Bett waren. Es war seine Zeit, die Aktivitäten für den nächsten Tag zu planen und sich über die internationalen Nachrichten auf dem Laufenden zu halten. Nach einem Bericht über eine Reihe unidentifizierter Flugobjekte, die über Washington, D.C. gesichtet worden waren, kam eine Unterbrechung wegen einer Eilmeldung: Evita Perón war gestorben.

Ana. Wo war sie? Was würde das für ihr Leben bedeuten? John wusste, dass Eva Perón krank gewesen war, aber diese Nachricht kam sehr plötzlich. Er setzte sich an seinen Schreibtisch und begann, an Ana zu schreiben:

Trotz deiner früheren Zweifel an Perón musst du einen gewissen Trost in der Tatsache finden, dass er da ist, um ihre Arbeit für die Rechte der Frauen, der Arbeiterklasse und der Armen fortzusetzen.

John versiegelte den Brief und ging schlafen. Seine Gedanken wanderten zurück zu den aufregenden Tagen auf dem Schiff im Jahr 1941, als er und Ana so große Pläne davon hatten, was sie erreichen wollten. Was hatten sie erreicht? Die mennonitischen Siedlungen im Chaco hatten gerade so überlebt. Und das Lepraprojekt hatte kaum überlebt. Er spürte die Unruhe in seinen Gelenken, die oft eine weitere schlaflose Nacht ankündigte.

Ein Monat verging. Der Gesundheitsminister war immer noch nicht zu einem Treffen mit John bereit. Die Bauarbeiten bei Km. 81 waren fast komplett eingestellt worden, weil es an Arbeitskräften und Geld fehlte. John hatte drei Briefe an MCC geschrieben, in denen er zuerst höflich um die Zusendung der versprochenen Gelder für das Lepraprojekt bat und dann mit Nachdruck darum bat.

Ich wurde berufen, diese Arbeit mit einem Budget von 25.000 Dollar pro Jahr zu leiten. Seit meinem Amtsantritt am 1. Oktober 1951 haben wir nur 1.000 Dollar erhalten. Diese 1.000 Dollar plus 500 Dollar, die ich persönlich in das Projekt gesteckt habe, sind fast aufgebraucht, wir müssen ständig den Kauf wichtiger Artikel verschieben, um Geld zu sparen.

Als sie einen weiteren Monat später immer noch nur einen Bruchteil des versprochenen Geldes erhalten hatten, begann John, Telegramme an das MCC-Büro in Akron zu schicken. In einem schrieb er:

Jedes Telegramm, das wir verschicken müssen, um Geld zu bekommen, kostet etwa 6 Quadratmeter Wand unseres Gebäudes. Sollen wir dort ein paar Löcher lassen, um uns an dieses Übel zu erinnern?

Die letzten Monate des Jahres 1952 überstanden John und Clara mit Mühe und Not, mit minimaler Finanzierung und wachsenden Spannungen wegen der Proteste im benachbarten Itacurubí. Mehr als einmal drohte John, nach Itacurubí zu fahren, um sich den Demonstranten von Angesicht zu Angesicht zu stellen.

Aber Clara erinnerte ihn daran, dass sie laut Gesetz kein Recht hätten, auf Km. 81 zu sein. Es war besser, die Proteste so lange wie möglich zu ignorieren.

Erschwerend kam hinzu, dass das Lepra-Komitee der mennonitischen Kolonien im Chaco John mitgeteilt hatte, dass es schwierig sein würde, junge Leute zu finden, die sich einem Projekt zur Bekämpfung der gefürchteten Krankheit aussetzen würden. Und sie hatten im Chaco noch keine finanzielle Unterstützung aus dem Norden erhalten. Bisher hatten sich nur eine Handvoll Leute für den Dienst gemeldet.

John hatte gerade an einem Treffen mit Frank Wiens teilgenommen und ihm die wenigen Möglichkeiten aufgezeigt, die ihnen im Moment zur Verfügung standen. Wenn sie wenigstens MCC überzeugen könnten, den mennonitischen Kolonien zu helfen, wäre es vielleicht möglich, Arbeiter für Km. 81 zu finden. Aber ohne Geld für das Projekt...

*

Anfang Dezember erhielt John eine Antwort von Ana.

Die Dinge sind nicht immer so, wie sie scheinen, Dr. John, begann sie.

Ja, Juan Perón hatte die Situation der Frauen und der Armen verbessert, aber es war jetzt klar, dass dies alles auf seinem Wunsch beruhte, eine loyale Wählerschaft aufzubauen, um seine politische Basis zu schützen. Unter Evitas Führung erkannten die Frauen, dass sie von einem Demagogen verstoßen worden waren, der ihre Rechte zerstören würde, wenn es seinen Zwecken diente. John hielt den Atem an, als er den nächsten Absatz las:

Es war nicht der Krebs, der Evita das Leben nahm. Nur wenige wissen, dass Juan Perón seiner Frau eine präfrontale Lobotomie unterzog, um ihren wachsenden Widerstand gegen seine Politik zu unterdrücken. Er brachte sie zum Schweigen und verursachte mit ziemlicher Sicherheit ihren Tod. Aber er wird dafür bezahlen.

John blickte fassungslos von dem Brief auf. Juan Perón schien immer der populäre Führer der Armen, der Arbeiterklasse und der Frauen zu sein. *Aber die Dinge sind nicht immer so, wie sie scheinen*. Er lehnte sich in seinem Sessel zurück. MCC *schien* an der Lepraarbeit interessiert zu sein, aber die Unterstützung blieb aus. Und die Kolonieführer? Waren sie überhaupt interessiert? War es auch nicht so, wie es schien? Hat irgendjemand die Arbeit unterstützt, die Gott ihnen und Clara aufgetragen hatte?

Verschwendeten sie ihre Zeit mit Menschen, die ihnen nicht zu vertrauen schienen?

Clara kam in die Küche und schlang die Arme um ihn. John spannte sich für einen Moment an, dann erlaubte er sich, sich in ihrer Umarmung zu entspannen. Zusammen würden sie eine Lösung finden. Das mussten sie. Was würde Ana denken, wenn sie scheiterten und gingen? Und wohin würden sie gehen - zurück in ihr langweiliges Leben in Minnesota?

*

Clara begann nur halbherzig mit den Weihnachtsvorbereitungen. Wenn es nach ihr gegangen wäre, hätte Weihnachten in diesem Jahr ausfallen können. Aber ihren Kindern zuliebe bereitete sie doch etwas vor. Und natürlich, um die Geburt Jesu zu feiern.

Die Kinder schienen sich gut eingelebt zu haben. Die Älteren besuchten die deutsche Goethe-Schule in Asunción, die Jüngeren wurden von ihrem Dienstmädchen betreut. Aber Clara machte sich Sorgen, dass sie nicht genug Zeit als Familie verbrachten. Sie und John waren so oft weg, manchmal tagelang, manchmal wochenlang. Jedes Mal, wenn die Sorge um ihre Kinder sie zu erdrücken begann, fiel sie auf die Knie und flehte im Gebet um Gottes Segen für jedes ihrer geliebten Kleinen. Er würde für sie sorgen, solange sie und John Gottes Werk taten. Der Schmerz der Trennung war ein süßes Opfer für ihren Herrn.

Es gab noch ein anderes Problem, das Clara daran hinderte, die Feiertage zu genießen. John war so mit der Lepraarbeit beschäftigt, dass er kaum anwesend zu sein schien, auch wenn er physisch in der Nähe war. Neulich, am Abend, nachdem sie die Lampe ausgeblasen hatten und im Bett lagen, streckte sie die Hand aus, um ihn zu berühren. "John ..."

„Es tut mir leid. Ich kann nicht", sagte John. Aber er hielt ihre Hand fest. Clara ertappte sich manchmal dabei, wie sie ihr Zuhause, ihre Familie und ihre Freunde in Kansas vermisste. Die Arbeit, die sie und John hier leisteten, war wichtig. Aber wenn sie abends vor dem Einschlafen im Bett lag, schweiften ihre Gedanken manchmal zu normaleren, weniger

175

intensiven Zeiten in ihrem Leben ab. Zeiten des Lachens und sogar der Albernheit. Hier gab es dafür keine Gelegenheit.

Manchmal gestand sie sich (und nur sich) ein, dass sie diese Zeiten vermisste. Und dann hatte sie sofort ein schlechtes Gewissen wegen dieser Gefühle.

*

Am Tag vor Weihnachten kam der lang erwartete Brief von Orie. Clara beobachtete John, während er Teile daraus laut vorlas:

Kannst du uns einen klaren Bericht über die Entwicklungsfortschritte geben, die das Lepraprojekt gemacht hat? Was genau wurde angeschafft und wie hoch ist der reale Wert der bisherigen Investitionen? Wie weit ist die Entwicklung fortgeschritten? Wann wirst du mit der Betreuung von Leprapatienten beginnen und wie viele Leprakranke können zeitgleich behandelt und betreut werden?

John stotterte, während er in der Küche auf und ab ging. „Was wurde gekauft? Wie weit? Wie können sie es wagen, nach einem Plan zu fragen, wenn sie den Großteil des versprochenen Geldes noch nicht geschickt haben? Und wie soll ich überhaupt Zeit haben, an die Patienten zu denken, wenn ich meine ganze Zeit mit Bauen und Landwirtschaft verbringe? Und zusätzlich noch Geld von unseren Freunden und Verwandten zu Hause sammeln und mehr Arbeitskräfte suchen muss?"

Clara schwieg. Sie wusste nicht, was sie sagen sollte, aber sie musste sich etwas einfallen lassen. Sie mussten einfach ihren Frust loswerden und sich auf Weihnachten konzentrieren. Sie mussten Zeit mit ihren Kindern verbringen.

„Als ich gestern auf der Station bei Km. 81 war, habe ich ein paar Tannenzweige geschnitten", sagte sie. „Und ich habe eine Stange, in die ich Löcher gebohrt habe. Kannst du mir helfen, aus den Zweigen einen provisorischen Weihnachtsbaum zu machen? Ich bin sicher, die Kinder würden auch gerne mithelfen."

John hörte auf, unruhig auf und ab zu laufen. Clara hauchte ein Gebet und bat ihren Herrn, ihnen zu helfen und ihnen ein gesegnetes Weihnachtsfest zu schenken.

*

Am Weihnachtstag kam ein Telegramm aus Kansas. John las es laut vor:

Raymond starb letzte Nacht bei einem Autounfall. Herb.

Raymond ist tot? John senkte den Kopf und stützte ihn mit beiden Händen ab. Bis zu diesem Moment war ihm nicht bewusst gewesen, wie sehr er darauf vertraut hatte, dass sich alles ändern würde, wenn Raymond und seine neue Frau nach ihrer Hochzeit, die nur noch zwei Wochen entfernt war, endlich nach Paraguay kommen würden.

Der achtjährige Sonny, den sie jetzt John Russell nannten, kam mit roten Wangen aus der heißen Nachmittagssonne in die Küche gelaufen. „Wesley hat eine meiner neuen Stelzen kaputt gemacht -" Er blieb stehen, und seine dunklen Augen wanderten von einem Elternteil zum anderen.

„Ich bin sicher, wir können sie reparieren." Clara führte ihren Sohn aus dem Zimmer.

Gott, warum hast Du mich verlassen? Was verlangst du von mir? John hielt immer noch seinen Kopf in den Händen.

Fast eine Stunde später saß er immer noch in dieser gebeugten Haltung, als er hörte, wie Clara den Raum betrat. John hob seinen Kopf. „Der Herr hat mir in einer Vision gezeigt, warum wir überhaupt hierher gekommen sind, Clara, und warum Raymond sich uns anschließen wollte. Wir können jetzt nicht aufgeben. Ich bin bereit, Orie zu antworten."

Sie setzten sich zusammen an den Tisch. Der Brief begann mit der Bitte an MCC, dem gesamten Lepraprogramm neuen Schwung zu geben. Er endete mit:

Wir genießen unsere Arbeit hier wie nie zuvor, trotz aller Schwierigkeiten. Dafür danken wir dem Herrn. Unser Wunsch ist, dass wir alle weitermachen, solange wir noch können. Vielleicht werden wir heimgerufen, bevor wir etwas erreicht haben, aber wir wollen tun, was wir können, bevor der Tag des Jüngsten Gerichts kommt.

Fünfzehntes Kapitel

John und Clara sammelten durch persönliche Kontakte genug Geld, um mit dem Bau ihres Hauses und der Krankenstation fortzufahren. Anfang 1953 hatten sie sogar ein halbes Dutzend Freiwillige aus dem Chaco, die ihnen in der Landwirtschaft und beim Bau halfen. John war zuversichtlich, dass sie es trotz aller Widrigkeiten schaffen würden.

Für den 17. Januar war ein Einweihungsgottesdienst für Km. 81 geplant. John hoffte, dass er die Herzen der Menschen erweichen würde, deren Zeit und Geld sie zum Überleben brauchten. Etwa 120 Personen waren eingeladen, vor allem Mennoniten aus dem Chaco oder Asunción und einige aus den USA. Konrad Wolf hatte gesagt, dass die Mitglieder des *Gemeindekomitees* (das Komitee, das nun offiziell zur Unterstützung von Km. 81 gegründet worden war) aus allen Kolonien kommen würden.

Sogar Orie war aus den USA angereist. John hatte darauf geachtet, dass keine Regierungsbeamten oder Paraguayer aus der Umgebung eingeladen wurden, da er noch keine offizielle Erlaubnis für die Lepraarbeit hatte.

Der Gottesdienst wurde wegen Regen und unpassierbarer Straßen verschoben und begann schließlich am nächsten Tag um 13:00 Uhr. Bänke standen in ordentlichen Reihen auf dem aufgeweichten Boden.

Clara legte ein kleines weißes Deckchen auf den Rednertisch.

John stand etwas abseits und beobachtete, wie die Teilnehmer ihre Plätze einnahmen. Orie schien sich ernsthaft mit Konrad Wolf zu unterhalten. Was sie wohl für ein Problem hatten? Er fragte sich, warum Orie überhaupt hier war. Um ihn zu überprüfen? Er hatte Orie bei seiner Ankunft in die Enge getrieben und ihn nach der mangelnden Unterstützung durch MCC gefragt. Orie war ausgewichen und hatte nur gesagt: „So etwas braucht Zeit, John."

John sah, wie Clara ihm bedeutete, mit dem Gottesdienst zu beginnen. John begann mit einem Gebet um Gottes Führung für diese wichtige Arbeit und um die Unterstützung, die sie brauchten. Dann stellte er die verschiedenen Pläne für die Station vor. Er hatte gerade ein paar Minuten mit seiner Präsentation begonnen, als die Hand eines Mannes in die Höhe schnellte.

„Habt ihr die erforderliche Genehmigung der Regierung für den Bau der Leprastation?"

John zögerte nicht. „Wir werden die Genehmigung bekommen. Es ist nur eine Frage der Zeit. Das sollte uns nicht aufhalten."

Dann sprachen mehrere Mitglieder des Gemeindekomitees über die Regeln, die für die freiwilligen Helfer auf Km. 81 aufgestellt werden sollten: kein Trinken, Fluchen, Lästern, Tanzen; keine „zweifelhaften" Gesellschaftsspiele; und keine Vermischung mit den paraguayischen Nachbarn.

Orie war der letzte Redner. Er lobte die Arbeit als die erste Gelegenheit für Mennoniten in Süd- und Nordamerika, offiziell zusammenzuarbeiten.

John starrte Orie an, während er sprach.

Kurz nach der Einweihungszeremonie erhielt John die Kopie eines Briefes, den Orie an ALM geschrieben hatte und in dem er von seinem Besuch bei Km. 81 berichtete. Orie schrieb, er sei beeindruckt von den bisherigen Bauarbeiten und dem Interesse und der Unterstützung der mennonitischen Kolonien. Er sei überzeugt, dass das Projekt in guten Händen sei und wie geplant weitergeführt werden müsse.

John kratzte sich am Kopf. Waren die Dinge jemals so, wie sie schienen?

*

Im April desselben Jahres verließen John und Clara ihre Wohnung in Asunción und zogen mit ihren Kindern nach Km. 81. Ihr Haus dort war noch lange nicht fertig. Die Ziegelwände standen zwar, waren aber noch nicht mit Schlamm verschmiert oder weiß gestrichen, und es waren weder Türen noch Fenster eingebaut. Aber sie mussten ihre Wohnung in Asuncion räumen und sahen dies als Zeichen dafür, dass es Zeit für ihre Familie war, auf die Station bei Km. 81 zu ziehen.

Sie zogen ihre Kisten von einem Raum in den anderen, während an den verschiedenen Teilen des Hauses gearbeitet wurde. Im ersten Monat schliefen sie und ihre fünf Kleinen in jedem Zimmer. Den Kindern schien das nichts auszumachen. *Sie sind wie Vögel, die man aus dem Käfig gelassen hat*, schrieb Clara in ihr Tagebuch. Wesley, Elisabeth und John Russell, jetzt fünf bis acht Jahre alt, besuchten eine kleine Ein-Raum-Schule mit sechs Schülern. Ein Prediger aus den Mennonitenkolonien war gekommen, um in der Schule zu unterrichten. Es schien, als würde endlich Routine einkehren.

Mehr als ein Dutzend ehrenamtliche Helfer waren inzwischen auf der Station. John leitete die Arbeit der jungen Männer. Jeder kannte seine Aufgabe. Einer war für die Landwirtschaft zuständig und hatte mehrere Helfer bei sich. Andere kümmerten sich um das Vieh, den Gemüseanbau, die Bienenzucht, die Hühner, den Bau und so weiter. Die einzige freie Zeit für die Arbeiter war eine Stunde Siesta nach dem Mittagessen und abends nach dem Bibelstudium und Gebetstreffen.

Clara hatte zu Hause ein Dienstmädchen, das sich um den Haushalt und die Kinder kümmerte. Sie selbst kümmerte sich um die Arbeit der freiwilligen Mädchen in der Küche, beim Nähen und in der Wäscherei. Obwohl sie noch keine Patienten hatten, war Clara besonders dankbar für Schwester Neti, die vor ein paar Wochen unerwartet mit einem Koffer in der Hand aufgetaucht war.

„Du hast mir vor elf Jahren das Leben gerettet, Frau Dokta. Ich bin hier, um dir bei deiner Arbeit zu helfen", sagte Neti.

Neben der Beaufsichtigung des Personals führte Clara Buch über die Einnahmen und Ausgaben, über ihr eigenes Geld und das der Mission. Um auf ihre Arbeit aufmerksam zu machen, begann Clara ein vierteljährliches Mitteilungsblatt herauszugeben, das sie *Im Dienste der Liebe* nannte. Der alte Vervielfältigungsapparat, den ihr jemand geschenkt hatte, ging oft kaputt. Manchmal gingen die Seiten nicht durch das Gerät, vor allem die

Rückseite, die noch feucht sein konnte. Dann musste sie die Seiten zum Trocknen in den Ofen legen.

*

Eines Abends, einige Monate nach ihrem Umzug nach Km. 81, saßen John und seine Familie an ihrem mit einer blauen Formica-Platte bedeckten Tisch auf der Veranda und aßen ein Abendessen, das aus Resten von Borschtsch bestand. Wegen der winterlichen Kälte trugen alle ihre Mäntel.

Clara sackte in ihrem Stuhl zusammen. John sprang auf, um sie aufzufangen. Er starrte auf die Fliesen zu ihren Füßen, wo sich eine große Blutlache gebildet hatte. Er nahm sie in seine Arme, trug sie zu ihrem Bett, hob ihre Füße hoch und stopfte ihr einen Lappen zwischen die Beine. Die Blutung hörte nicht auf.

„Was ist mit Mama?" Die Kinder waren John ins Schlafzimmer gefolgt.

„Geht bitte in eure Zimmer. Elisabeth, kümmere dich um die Kleinen. Ich bringe eure Mutter nach Asunción ins Krankenhaus." John trug Clara zum Auto und legte sie auf den Rücksitz.

Es war eine Frühgeburt, wahrscheinlich ein Junge. Sie begruben ihn ohne große Zeremonie auf der Südseite ihres Hauses. Es wartete so viel Arbeit auf sie.

*

Im Laufe des Jahres 1953 nahm die Verantwortung für den Betrieb der Leprastation immer mehr zu, und es schien, dass John keine Zeit mehr für etwas anderes hatte, als sich um das zu kümmern, was sie jetzt „Farm" nannten. Bei einem seiner Besuche erwähnte Frank Wiens, dass er Gerüchte gehört habe, dass Johns ärztliches Attest vom paraguayischen Gesundheitsministerium nicht anerkannt werden könnte. John zuckte mit den Schultern. Schließlich habe er jahrelang als Arzt im Chaco gearbeitet und niemand habe sich beschwert. Außerdem gab es viel zu viel zu tun, um sich um die neuesten Launen des Gesundheitsministeriums zu kümmern.

182

Eine der Forderungen von MCC war, dass John und Clara auf der Leprastation eine selbsttragende Farm aufbauen sollten, die sich nach der Gründung der Leprakolonie schließlich selbst finanzieren sollte. John war damit einverstanden. Er betrachtete die landwirtschaftliche Mission als Teil von Gottes Plan und widmete sich ganz der landwirtschaftlichen Arbeit.

Manchmal fragte er sich, wann die Zeit für die medizinische Arbeit kommen würde. Aber er arbeitete weiter auf der Farm und ließ sich nie Müdigkeit oder Entmutigung anmerken.

Inzwischen lebten dreißig Menschen auf der Farm, darunter zwanzig Freiwillige aus den Mennonitenkolonien, die jeweils für drei bis sechs Monate ohne Bezahlung kamen. Das Land musste zweimal gepflügt werden, bevor Gärten angelegt werden konnten. Eine Werkstatt wurde gebaut und Ziegel gebrannt. Teile des Landes wurden für den späteren Anbau von Mandioka, Mais, Sorghum und Weidegras vorbereitet. Und John stockte das Land weiter mit Vieh auf.

*

Die offizielle Nachricht kam Anfang 1954 in Form einer versiegelten gerichtlichen Anordnung des Gesundheitsministeriums. Clara war zu Hause, als sie von einem uniformierten Beamten überbracht wurde. Sie lud den Mann auf einen Kaffee ein. Sie saßen sich schweigend gegenüber, als John kam.

John riss den Umschlag auf. Er starrte auf das Papier in seiner Hand, dann verließ er wortlos die Veranda und ließ Clara und den Beamten am Tisch beim Kaffee sitzen.

„Ich entschuldige mich für meinen Mann", sagte Clara in gebrochenem Spanisch. „Er ist sehr beschäftigt."

„Sí, Señora", sagte der Mann und stand auf.

Nachdem er gegangen war, eilte Clara nach draußen, um John zu finden, der im Garten auf und ab ging.

„John, was ist los?"

„Lies selbst. Es ist auf Spanisch, aber selbst ich verstehe, was da steht." John warf ihr das Dokument zu.

Dein Doktortitel wird in Paraguay nicht anerkannt. Um den Arztberuf in diesem Land ausüben zu können, musst du folgende 33 medizinische Prüfungen ablegen und bestehen.

Clara holte tief Luft. "Was machen wir jetzt?"

„Wir werden so weitermachen wie bisher", sagte John. „Ich spreche nicht gut genug Spanisch, um diese 33 Prüfungen zu bestehen, und selbst wenn ich es könnte, würde ich nichts über Lepra lernen, was ich nicht schon wüsste. Das ist einfach nur ungerechtfertigte Schikane".

„Hier steht, dass du ins Gefängnis kommen kannst, wenn du ohne die entsprechende Zertifizierung weiter als Arzt praktizierst", sagte Clara mit zitternder Stimme. Seit Raymonds Tod schien John mehr denn je darauf fixiert zu sein, seine Arbeit fortzusetzen, koste es, was es wolle. Das machte ihr Angst.

"Dann soll es so sein." John nahm ihr das Dokument ab, zerknüllte es und warf es auf den Boden.

*

Einen Monat später erfuhr John, dass Bill Snyder, der stellvertretende geschäftsführende Sekretär des MCC, der in letzter Zeit anscheinend viele von Ories Aufgaben übernommen hatte, die Chaco-Kolonien besuchen wollte, um sich aus erster Hand über ihre wirtschaftliche Lage zu informieren. Offensichtlich hatte er auch ein Treffen mit Chris Graber arrangiert, einem älteren Mann, der Frank Wiens für ein Jahr als MCC-Vertreter in Paraguay abgelöst hatte. Graber war eine vertrauenswürdige Führungspersönlichkeit der Mennoniten in den USA, er hatte jahrzehntelang mit Orie im Mennonite Board of Education zusammengearbeitet.

John runzelte die Stirn. Warum war er nicht zu dem Treffen mit Snyder und Graber eingeladen worden? Worum ging es?

Während Snyders Aufenthalt in Paraguay würde er auch die Leprastation besuchen. Clara und John waren gerade bei einem Treffen mit den Freiwilligen unter den Linden in der Nähe der teilweise gebauten Küche und des Speise- und Versammlungsraumes, als das MCC-Fahrzeug aus Asunción auf das Gelände fuhr.

Nach dem Austausch von Höflichkeiten führte John Snyder durch die Station. Während der Fahrt in seinem Jeep wies er ihn besonders auf die vielen landwirtschaftlichen Entwicklungen hin, die MCC beantragt hatte und die bereits in vollem Gange waren. Im Laufe der Zeit wurde John immer mehr davon überzeugt, dass die landwirtschaftlichen Projekte ein wichtiger Teil der Mission auf Km. 81 sind.

„Dieses Jahr haben wir etwa fünfzig Kilo Erdbeeren geerntet und hatten eine gute Gemüseernte. Wir erhalten vierzig Liter Milch und mehrere Dutzend Eier pro Tag. Das heißt, wir ernähren uns anders als noch vor ein paar Jahren.

Wir haben uns sogar einen Mähdrescher von der landwirtschaftlichen Versuchsstation (STICA) ausgeliehen und 1.400 Kilo Mais geerntet und zu Mehl gemahlen". John zeigt auf das Mandioka-Feld und die Bananenreihen. „Und das sind Tungbäume."

„Was sind Tung-Bäume?" fragte Snyder.

John sah Snyder an und hielt es für einen Scherz. „Tungöl wird aus den gepressten Samen der Nüsse dieser Bäume gewonnen. Wir verwenden das Öl, um das Holz zu veredeln und zu schützen", sagte er. „Es ist besonders gut für ..."

„Hör zu, John", unterbrach ihn Snyder. „Das ist alles in Ordnung. Aber ich bin im Namen des MCC-Exekutivkomitees hier, um dir zu sagen, dass es für uns von größter Bedeutung ist, dass du dich um die Zertifizierung kümmerst, die du brauchst, um in Paraguay als Arzt praktizieren zu können. Es ist wichtig, dass du sie bekommst".

Deshalb war er gekommen, und darum ging es bei dem geheimen Treffen mit Graber. John hielt den Jeep an und drehte sich zu Snyder um, dessen hohe Stirn unter dem vorzeitig zurückgegangenen Haaransatz schweißüberströmt war.

"Bill." John hielt inne und rutschte auf dem Sitz herum, um Snyder direkt in die Augen sehen zu können. „Die Verantwortung des Gesundheitsministeriums eines Landes besteht darin, sich um die Kranken zu kümmern. Wir sind in einem Land, in dem das nicht so geschieht. Sie reagieren aus Schuldgefühlen heraus. Die Regierung hat nie wirklich versucht, uns zu stoppen. Jedenfalls haben wir von Gott den Auftrag, uns um die Kranken zu kümmern."

„Aber sie drohen damit, dich einzusperren", sagte Snyder. „Und das würde ein schlechtes Licht auf MCC werfen."

John biss sich auf die Unterlippe, bis sie fast blutete. „Weißt du, wenn ihr mir sagen wollt, dass ich einen Rückzieher machen und den Drohungen der Regierung nachgeben soll, dann bin ich nicht euer Mann. Dann müsst ihr euch jemand anderen suchen."

„Ich ... ich wollte nicht sagen ... Ich meine, weißt du, wir machen uns Sorgen. Aber ich bin sicher, am Ende wird alles gut. Natürlich kannst du dir unserer vollen Unterstützung sicher sein und auf unsere Zusammenarbeit zählen."

Sie kehrten zum Rest der Gruppe zurück, die immer noch unter den Bäumen versammelt war. Im weiteren Verlauf des Besuchs wurde nichts mehr über die Forderungen der Regierung gesagt. John war erleichtert, seit Snyder aufgetaucht war. Die Zukunft war ungewiss, aber zumindest hatte er die Unterstützung von MCC.

Sechzehntes Kapitel

„Ich habe mir über einige dieser Dinge Gedanken gemacht und habe einen Plan. Aber manches werden wir erst lernen, wenn wir uns auf den Weg machen."

John beschrieb seine Idee, Kliniken in mehreren Städten der Umgebung zu betreiben, von dort aus aber auch aufs Land zu reisen, um Patienten in ihren Häusern aufzusuchen. Sie würden eine Klinik in Barrero Grande bei Km.72 errichten. Dort, wo die Asphaltstraße von Asunción endet. Und eine weitere in Coronel Oviedo (100 Kilometer östlich) und Villarrica (50 Kilometer südlich von Coronel Oviedo). Er hatte jemanden namens Don Florencio Boggs kennen gelernt, der Arbeit suchte und sowohl Spanisch als auch Guaraní sprach.

„Wir werden zusammen in die Campaña reiten", sagte John und blies die Petroleumlampe aus.

Noch lange nachdem John eingeschlafen war, lag Clara hellwach und malte sich die vielen Gefahren aus, denen er im wilden Landesinneren Paraguays sicher begegnen würde. War es Gottes Wille oder nur der eiserne Wille ihres Mannes?

*

An einem wolkenverhangenen frühen Dienstagmorgen Mitte März warfen John und Don Florencio Säcke mit Proviant über ihre Pferde und machten sich auf den Weg von Coronel Oviedo in die Wildnis.

Am Nachmittag hielten sie an, um die mitgebrachten Brote zu essen und ihren Pferden eine Pause zu gönnen. Dunkle Wolken zogen auf und in der Ferne grollte der Donner.

Sie waren noch sechzig Kilometer von der Gegend entfernt, in der ein Mann namens Don Francisco Fernández lebte. Sie hatten erfahren, dass er seinen Lebensunterhalt damit verdiente, Holz an Coronel Oviedo zu verkaufen, und dass er vielleicht bereit wäre, ihnen bei der Suche nach Patienten in seiner Gegend zu helfen.

Bei einer Geschwindigkeit von fünf Stundenkilometern mussten sie irgendwo auf halber Strecke übernachten. Eigentlich wollten sie unter freiem Himmel schlafen, doch als der Regen einsetzte, hielten sie vor einer baufälligen Hütte und klatschten. Don Florencio erklärte, wer sie waren. Eine Frau ohne Vorderzähne und in einem zerrissenen Kleid lud sie unter ihr Strohdach ein. Sie hatte nichts zu essen, teilte aber großzügig ihren Yerba-Tee. Nachts bot sie ihnen ihr Bett an, das aus einem Stapel Säcke in der Ecke bestand.

John lag neben Florencio auf den Säcken, lauschte dem Donner und beobachtete die Blitze, die über den Himmel zuckten. Er zog sich den Regenmantel über das Gesicht, damit der Regen nicht durch die Löcher im Dach auf ihn fiel. Er wünschte, die Leute von MCC und ALM in ihren schicken Büros könnten die Not dieser armen Menschen sehen. Und ihre Großzügigkeit.

Es regnete die ganze Nacht und den ganzen nächsten Tag. Das Tiefland war völlig überschwemmt, aber die Frau sagte, dass sie mit einem kleinen Umweg, den sie ihnen beschrieb, durchkommen würden. John und Florencio machten sich im Regen auf den Weg. Abgesehen davon, dass sie völlig durchnässt waren, verliefen die ersten drei Stunden ereignislos.

Sie kamen aus einem Waldstück und plötzlich lag ein Meer von Wasser vor ihnen. Eine schmale Reihe von Büschen ragte mitten aus dem Wasser und deutete an, wo sich normalerweise das gegenüberliegende Ufer des Sees befand. Florencio trieb sein Pferd vor John ins Wasser. Als sie das tiefste Wasser am Rand der Bäume erreichten, verlor Florencios Pferd den Halt, sprang in die Luft und fiel wieder zu Boden. Florencio versuchte abzusteigen, aber sein Fuß blieb in den Steigbügeln stecken. John hielt den Atem an. Wenn das Pferd weiter unruhig blieb, konnte in dem tiefen Wasser das Schlimmste passieren. Aber das Pferd beruhigte sich und Florencio konnte seinen Fuß befreien.

„Lass uns versuchen, einen Weg zur Seite zu finden", rief John seinem Begleiter zu. Florencio ging vorsichtig durch das hüfthohe Wasser und zog

188

sein Pferd hinter sich her. John folgte ihm und trieb sein eigenes Pferd vorsichtig vorwärts. Für einen Moment verlor Florencio den Halt, doch er hielt sich an einem Ast fest und überquerte den Bach, sein Pferd immer hinter ihm.

Dann sah John entsetzt, wie sich Florencios Pferd auf der anderen Seite am steilen Ufer in einem Baumstamm verfing und zurück ins Wasser stürzte. John stieg ab, band sein Pferd fest und watete durch das Wasser, um Florencio zu helfen.

Das Wasser war tief genug, dass sie das Pferd ziehen und schieben konnten, aber jedes Mal, wenn sie es auf halber Höhe des Ufers hatten, fiel das Pferd zurück. Das Tier schien völlig hilflos. Schließlich gaben beide dem Pferd einen kräftigen Schubs und es begann zu schwimmen. Johns Pferd hatte ähnliche Schwierigkeiten, aber schließlich erreichten sie die andere Seite des Sees und konnten durch das schlammige Gelände weiterreiten.

Sie ritten weiter durch den Regen. War es wirklich die Mühe wert? Vielleicht würden sie ein paar Patienten finden. John schüttelte sich das Wasser vom Hut. Es ging nicht nur um die wenigen Kranken, die sie vielleicht finden würden. Es ging darum, die ganze Umgebung vor dieser Krankheit zu schützen, indem sie sie in der ganzen Gegend bekämpften. Und das war der Befehl seines Herrn. Jesus war sein Vorbild, als er sich auf die Suche nach dem einen verlorenen Schaf machte.

John und Florencio kamen in die Gegend, in der sie Don Francisco Fernández vermuteten. Sie hielten mehrmals an, um nach dem Weg zu fragen, bevor sie ihn fanden. Nach einem kurzen Gespräch willigte Don Francisco ein, ihnen seinen Holzschuppen für medizinische Untersuchungen und als Schlafplatz zur Verfügung zu stellen.

Auf die Frage, ob es in der Gegend Menschen mit Hautkrankheiten gäbe, lachte Don Francisco und sagte: „Oh ja, wir haben hier *Nambi-Tortillas*".

John schaute seinen Begleiter fragend an.

„Das ist halb Guaraní und halb Spanisch und bedeutet ‚Pfannkuchen-Ohren'", sagte Florencio.

Francisco erzählte ihnen, wo sie einen von ihnen finden könnten, der Santa Cruz hieß, etwa zwei Reitstunden entfernt. „Aber seid vorsichtig", sagte Don Francisco. „Señor Santa Cruz schläft nicht ohne seinen Revolver ein, und er weiß damit umzugehen."

John und Florencio fanden Santa Cruz' Unterkunft am Ende eines sumpfigen Lagers, versteckt in einem Waldstück. In der Nähe der Hütte saß ein Mann auf dem Boden. Es bestand kein Zweifel, dass er an Lepra im fortgeschrittenen Stadium litt, mit großen Knötchen im Gesicht und tiefen, blutigen Geschwüren an beiden Beinen.

Eine Frau kam aus der Hütte, als John und Florencio das Gelände betraten. „Geht weg von hier", sagte sie und warf einen Sack über die Beine des Mannes.

„Bitte sag ihr, dass wir hier sind, um zu helfen", sagte John zu seinem Begleiter. „Wir sind nicht hier, um ihn in eine Kolonie zu bringen."

Don Florencio erklärte, warum sie hier waren, dass er ein Arzt sei, der Santa Cruz' Wunden behandeln und ihn in seinem Haus bleiben lassen würde. Das Paar betrachtete sie weiterhin misstrauisch.

„Lass uns eine Weile hinsetzen und mit ihnen reden", sagte John und hockte sich neben Santa Cruz auf den Boden. Nach einer Weile entspannte sich das Paar und erlaubte John schließlich, den Patienten zu untersuchen und sich um ihn zu kümmern.

Als sie davonritten, lächelte John und streichelte sein Pferd. Diese beiden Menschen hatten heute Hoffnung und Mut gefunden, zwei Dinge, die wichtiger waren als jede Medizin.

Die nächsten Tage ritten sie von Don Franciscos Haus aus, untersuchten Menschen, die mit Santa Cruz in Kontakt gekommen waren, und fragten unterwegs andere, ob sie jemanden kannten, der krank war. Am Samstag machten sie sich auf den Rückweg, verbrachten noch eine

Nacht unter freiem Himmel und kamen am Sonntagmorgen in Coronel Oviedo an.

Das Ergebnis der sechstägigen Reise war, dass sie einen neuen Leprapatienten gefunden und 21 seiner Verwandten und Bekannten untersucht hatten. John wünschte, er hätte viel mehr tun können. Aber sie hatten einem leidenden Menschen Erleichterung und Hoffnung gebracht. Und dafür war er hier.

*

Clara stand auf der Veranda ihres Hauses, als John zurückkam. Sie sah die Leichtigkeit in seinem Gang. Etwas tief in ihr schmerzte. Sie wünschte, sie müsste ihm nicht sagen, was sie jetzt sagen musste.

„So können wir etwas bewirken, Clara. Du hättest ihre Gesichter sehen sollen, als sie erfuhren, dass ich hier bin, um ihnen zu helfen und nicht, um sie einzusperren", sagte John und lächelte.

„John. Komm rein. Wir haben einen Brief von Orie bekommen."

Sie sah zu, wie John laut vorlas:

Als ich im Januar 1953 die Station Km. 81 zur Einweihung besuchte, schienen der Stand der Entwicklung und die erklärten Ziele und Pläne für beide Seiten zufriedenstellend klar und verständlich zu sein.

John blickte auf und zuckte mit den Schultern, als ob er sich fragte, warum Clara so viel Wirbel darum machte. Er las weiter.

Jetzt, mehr als ein Jahr später, hat das Exekutivkomitee nicht die gleiche einstimmige Klarheit, weshalb unser Exekutivkomitee der Meinung ist, dass (A) wir nicht in der Lage waren, die Amerikanischen Lepra-Missionen um ihren 1954 versprochenen Anteil an den Kosten zu bitten, und (B) wir das Lepra-Projekt nicht weiterentwickeln sollten, bis diese Klarheit wiederhergestellt ist.

John kniff die Lippen zusammen. „Warum schreibt er nicht einfach Klartext: ‚Wir haben kein Vertrauen mehr in dich und deine Arbeit'?"

Der Rest des Briefes wiederholte, dass MCC und ALM auf Empfehlung von Bill Snyder die Finanzierung der Lepraarbeit einstellen würden und dass es keine weitere Entwicklung geben würde, bis eine Einigung mit der paraguayischen Regierung erzielt worden sei.

John stand vor Clara und hielt den Brief in seinen Händen. Sein Schweigen sagte alles. Dieser Verrat ging über den Verlust der Finanzierung hinaus, obwohl auch das beunruhigend war. Wie sollten sie überleben? Sollten sie einfach ihre Sachen packen und gehen? Aber es war das Misstrauen, das wirklich weh tat, besonders nachdem Snyder ihnen die Unterstützung von MCC zugesichert hatte. Wenn MCC und ALM doch nur begreifen könnten, dass John einen Weg gefunden hatte, Leprakranke unabhängig von staatlichen Einschränkungen zu behandeln.

Clara hatte noch nie so viel Mitgefühl für ihren Mann empfunden wie in diesem Moment, als sie ihn so verzweifelt sah. Sie wollte tröstende Worte sagen, aber es gab keine. Sie beobachtete, wie John sich umdrehte und zügig auf die Baustelle der Klinik zuging.

*

Die nächsten Tage und Nächte verliefen still und angespannt im Hause Schmidt. Die Kinder schienen zu spüren, dass etwas Schreckliches passiert war, und mieden sie. John hatte noch immer nicht mit Clara über den Brief gesprochen. Aber sie wusste, dass er kaum an etwas anderes dachte. Manchmal hörte sie ihn mitten in der Nacht auf der Veranda auf und ab gehen.

Und sein Körper war noch steifer als sonst. Wenn sie die Hand nach ihm ausstreckte, spannte er sich an und wich zurück wie ein verwundetes Tier.

„John, wir müssen reden", sagte Clara schließlich. Die Kinder hatten den Frühstückstisch verlassen, und ihr Dienstmädchen räumte das Geschirr ab.

„Ich habe einen Brief an Bill Snyder geschrieben, den du tippen sollst." sagte John und reichte ihr zwei Blätter Papier.

Claras Tränen machten es ihr schwer, sich auf die Worte zu konzentrieren, die sie tippte:

Ich habe dir offen gesagt, wie ich zur Frage der staatlichen Anerkennung stehe, und du schienst mir zuzustimmen. Als du hier warst, hast du uns versichert, dass alles in Ordnung sei. Monate später erfahre ich, dass du weder offen noch menschlich genug warst, deine Gedanken auszusprechen, sondern dass du hinterhältige und in meinen Augen sehr unchristliche Methoden angewandt hast, um uns zum Schweigen zu bringen.

John beendete den Brief mit:

Ich verlange keine Entschuldigung oder Stellungnahme zu deiner Ehrlichkeit. Die Beziehung zwischen unserem Projekt und MCC nach deinem Besuch in Südamerika sagt mehr als Worte.

Ohne es John zu sagen, fügte Clara am Ende des Briefes ein P.S. hinzu:

Heute sind wir trotz aller Widrigkeiten mutig. Wir sind uns unserer Verantwortung bewusst und suchen im Inland nach Patienten. Wir verstehen deine Entscheidung. Es war die Art und Weise, wie sie getroffen wurde, die unseren Glauben fast erschütterte. Clara.

*

Clara fürchtete sich davor, das Gespräch darüber führen zu müssen, John Russell und Elisabeth zur Schule in den Chaco zu schicken, aber sie mussten sich damit auseinandersetzen. „Wir müssen entscheiden, was wir tun. John, bitte sprich mit mir."

Das kleine Klassenzimmer auf der Station bot nur Unterricht bis zur dritten Klasse, also blieb ihnen nichts anderes übrig, als die Station zu verlassen oder die älteren Kinder woanders zur Schule zu schicken. Ein Ehepaar, das sie aus ihrer Zeit im Chaco kannten, hatte sich bereit erklärt, die beiden Kinder für das Schuljahr bei sich aufzunehmen. Aber würden sie sich an diesen Plan halten? Würden sie ihre Arbeit überhaupt fortsetzen?

Die ganze letzte Woche hatte John an seinem Schreibtisch gesessen, gelesen, notiert und gerechnet. Heute Morgen erzählte er Clara, dass er unter den Dokumenten und Briefen eine Nachricht von vor ein paar

Monaten gefunden hatte, in der stand, dass sie noch einen MCC-Scheck über 725 US-Dollar abzuholen und einzulösen hätten.

„Wir machen mit unserer Arbeit weiter", sagte John und blickte von seinen Papieren auf. „Wir werden den letzten MCC-Scheck einlösen, und wir haben genug Spenden von Familien und Gemeinden zu Hause, um bis zum Jahresende weitermachen zu können. Bis dahin haben wir durch unseren Dienst an den Leprakranken die lokalen Behörden auf unserer Seite, wenn auch nicht das Gesundheitsministerium". Fast beiläufig fügt er hinzu: „Also ja. Wir müssen die Kinder in den Chaco bringen".

„Es wird schwer sein, sie gehen zu lassen", sagte Clara. Erst gestern hatte sie John Russell zugesehen, wie er auf sein geliebtes Pferd gesprungen war, und sich gewundert, wie groß er schon war. Die Kinder wuchsen so schnell, und nun musste sie zwei von ihnen wegschicken. Sie betete um Kraft.

John fuhr fort, als hätte er sie nicht gehört. „Wir können mehr Freiwillige rekrutieren, wenn wir im Chaco sind. Ich möchte mich auch mit den Leitern der Kolonien treffen, um Ideen für den Bau einer Straße von den Kolonien nach Asunción zu besprechen".

Seit seinen frühen Jahren im Chaco war es Johns Traum, eine Straße zu bauen, die die rund 450 Kilometer nordwestlich von Asunción gelegenen Kolonien mit dem Handelszentrum des Landes verbindet. Die aus dem Chaco importierten Produkte gelangten bisher auf mühsamen, für die Waren schädlichen und für die Mennoniten teuren Transportwegen per Lastwagen, Eisenbahn und Flussschiff auf den Markt. Die Kolonien kamen wirtschaftlich kaum voran. Ohne Straße nützten auch die größten Hilfs- und Entwicklungsmaßnahmen nichts. Er musste ihnen nur klarmachen, dass die drei Kolonien dafür zusammenarbeiten mussten.

*

John und Clara ließen die jüngeren Kinder bei ihrem Dienstmädchen, packten John Russell und Elisabeth in den Jeep und machten sich auf den

Weg in den Chaco. Unterwegs hielt John im MCC-Büro in Asunción, um den letzten MCC-Scheck abzuholen.

Er betrat das Büro, murmelte einen Gruß an Chris Graber, den vorübergehenden Vertreter von MCC in Paraguay, und ging direkt zum Safe in der hinteren Ecke. Dort lag kein Scheck. John wandte sich an Graber. „Chris, hier sollte ein Scheck für Km. 81 liegen. Weißt du, was damit passiert ist?"

Graber zog ein Notizbuch aus der Schublade und fuhr mit dem Finger über die Seiten. „Ich kann dir nur sagen, dass er auf der Liste der Schecks steht, die wir hier im MCC-Büro erhalten haben. Mehr weiß ich nicht. Aber ich kann bei der Akron National Bank nachfragen, ob alle Schecks eingelöst wurden."

Kopfschüttelnd verließ John das Büro. 725 Dollar konnten nicht einfach aus Versehen verschwunden sein. Er erinnerte sich an die geheimen Treffen zwischen Graber und Snyder Anfang des Jahres, die zu Snyders Empfehlung geführt hatten, das Lepraprojekt auf Eis zu legen. Wie so oft dachte er an Anas Worte: *Die Dinge sind nicht immer so, wie sie scheinen."*

*

Endlich in der Kolonie Fernheim angekommen, stiegen Clara und die Kleinen beim neuen Zuhause der Kinder aus, und John fuhr gleich weiter, um Konrad Wolf zu treffen. Der kleine Zustrom von Freiwilligen aus dem Chaco bei Km. 81 war völlig zum Erliegen gekommen. Er nahm an, dass das alles Teil von Snyders Arbeit war. Vielleicht diente das ganze Debakel mit dem MCC den Siedlern als Vorwand, sich zu verstecken und nicht zum Dienst zu erscheinen. Wolf brauchte nicht lange, um auf den Punkt zu kommen.

„Die Leute in den Kolonien sind nicht bereit, ein illegales Unternehmen zu unterstützen, mit dem du durch eine Rinderfarm reich wirst."

Dieser Vorwurf überraschte John nicht mehr. „Konrad, wir müssen auf die Gebote Christi hören und nicht auf die Befehle einer korrupten

Regierung." Er hielt inne, als er die Schärfe in seiner eigenen Stimme hörte. Leiser sagte er: „Wir sind dankbar für die offenen Herzen, die uns bisher unterstützt haben. Aber wir brauchen junge Männer, die bauen, pflanzen, Zäune reparieren und Ziegel herstellen...".

Noch während er sprach, wusste John, dass seine Worte zwecklos waren. Er fuhr weg, ohne seine Idee, eine Straße nach Asunción zu bauen, zu erwähnen. Wozu auch. Die Kolonien würden niemals zusammenarbeiten.

Clara wartete an der Tür, als John zurückkam. „Die Kinder spielen im Hof. Ich habe mich schon verabschiedet ... vielleicht ist es das Beste zu gehen, während sie abgelenkt sind", sagte sie.

Sie fuhren den Erdweg entlang, der vom Haus wegführte. Im Rückspiegel sah John, wie Elisabeth dem Auto nachlief, die Arme ausstreckte und weinte. Er drehte sich zu Clara um, die mit gefalteten Händen und geschlossenen Augen dasaß.

„Jetzt umzudrehen, würde es ihnen nur noch schwerer machen", sagte er. Clara nickte und Tränen liefen ihr in den Schoß.

*

Im Mai 1954 stürzte ein paraguayischer Putsch unter der Führung von Alfredo Stroessner die amtierende Regierung. Der Wechsel brachte einen neuen Gesundheitsminister, Dr. Enrique Arza. John hoffte zunächst, dass Arza seine medizinische Arbeit im Landesinneren Paraguays unterstützen würde. Vielleicht hatte er ja Glück und Arza würde auf die lächerlichen Forderungen der Regierung ganz verzichten. Aber er erfuhr bald, dass Arza auch ein Parteiführer der Colorados war und keine Zeit für einen Gringo-Arzt hatte. Er leitete Johns Bitten um einen Termin wiederholt an Dr. Ugarriza, seinen Leiter der Lepraabteilung, weiter.

John traf sich mehrmals mit Dr. Ugarriza und berichtete über seine Fortschritte bei der Suche nach neuen Patienten und deren Behandlung zu Hause. In den letzten drei Monaten hatte er 38 Leprafälle entdeckt und begleitet. Im letzten Monat seien vier neue Leprapatienten freiwillig zur

Behandlung zur Sprechstunde in Coronel Oviedo gekommen, nachdem sich herumgesprochen habe, dass dies sicher sei. Mehrere waren von Ärzten aus der Umgebung geschickt worden. Das würde dem Direktor sicher gefallen.

Dr. Ugarrizas Antworten verwirrten John. Einerseits tat er so, als sei Johns Vorgehen gefährlich. Auf der anderen Seite fragte er nach der Gesamtzahl der Patienten zu diesem Zeitpunkt; er sagte, er würde sehen, ob er Biopsien billiger bekommen könne; und er würde einige Datenformulare zur Verfügung stellen, damit Johns Patienten einheitliche Aufzeichnungen hätten. Aber letztendlich verlangte Ugarriza, wie die vorherige Regierung, dass John ein Zertifikat vorweisen konnte, dass er an speziellen Kursen teilgenommen und die Prüfungen bestanden hatte.

John entschied, dass es das Beste sei, jegliche Hilfe von Ugarriza abzulehnen und die Gesamtzahl der von ihm behandelten Patienten nicht bekannt zu geben. Es war besser, unter dem Radar zu bleiben. Schließlich baute er gute Beziehungen zu mehreren lokalen Ärzten auf. Warum Ärger suchen, wenn es keinen gab?

Siebzehntes Kapitel

Orie Miller saß an einem der Schreibtische im MCC-Hauptgebäude in der 21 South 12th Street in Akron. Es war ein sonniger und ungewöhnlich warmer Tag im Mai. Da Samstag war, war sonst niemand im Büro. Es war ein wenig stickig, also stand Orie auf und öffnete die Fenster. Als er über den Rasen blickte, gestattete er sich einen Moment, sich an die Anfangszeit zu erinnern, als es noch kein Haupthaus gab, sondern nur das kleine Eck-büro in seinem eigenen Haus, etwa 1,5 Kilometer von hier entfernt. Es waren harte Jahre gewesen, aber in vielerlei Hinsicht auch leichter. Orie seufzte, schob seine dunkle Brille weiter nach oben und wandte sich wieder den Papieren auf seinem Schreibtisch zu.

In Vorbereitung auf seine bevorstehende Reise nach Paraguay hatte Orie den gesamten Briefwechsel zwischen Paraguay und dem MCC-Hauptbüro in Akron ausgegraben. Schmidt hatte die Arbeit auf Km. 81 ohne finanzielle Unterstützung fortgesetzt, und das schon seit über einem Jahr. Orie vertraute Graber und es war an der Zeit, ihn zu besuchen, um herauszufinden, was dort unten vor sich ging. Er wusste, dass es einen Briefwechsel zwischen Graber und Bill Snyder gegeben hatte. Aber Orie war zu sehr mit der Arbeit des MCC in Korea beschäftigt, um ihm viel Aufmerksamkeit zu schenken. Er hatte sich dieses Wochenende Zeit genommen, um alles zu lesen, was er wissen musste, bevor er nächsten Monat nach Paraguay reiste.

Orie hatte einen Stapel Briefe von Anfang 1954 bis Anfang 1955 gefunden. Er hatte sie nach Datum sortiert. Der erste Brief im Stapel, von Schmidt an Snyder, geschrieben am 16. März 1954, fühlte sich für Orie wie ein Schlag in den Bauch an, besonders als er die Worte las:

...sehr unchristliche Methoden, um uns auszuschalten.

Der gesamte Briefwechsel aus Paraguay schien nach diesem Austausch abgebrochen worden zu sein - bis vor ein paar Monaten, als ein halbes

Dutzend Briefe von Graber an Snyder eintrafen, alle geschrieben zwischen Januar und März 1955. Orie untersuchte sie einzeln:

8. Januar 1955: Es scheint, dass die Schmidts nicht gut auf ihr Geld aufpassen. Frau Schmidt muss sich um die Buchhaltung kümmern und mit den eher freizügigen Praktiken ihres Mannes Schritt halten ... Vielleicht wird die Erfahrung mit dem fehlenden Geld John dazu bringen, besser über sein Geld Buch zu führen.

Welche Erfahrung? Welche fehlenden Gelder? Orie überflog den nächsten Brief von Graber an Snyder, der drei Wochen später geschrieben wurde.

29. Januar 1955: Hast du jemals daran gedacht, auf der Farm auf Km. 81 eine psychiatrische Anstalt für Paraguay zu gründen? Es ist definitiv keine Leprakolonie und wird es wohl auch nie werden.

Wofür wurde das Land auf Km. 81 genutzt, wenn nicht für eine Leprakolonie? Vielleicht hatte John die Lepra-Mission tatsächlich aufgegeben. Aber der nächste Brief schien etwas anderes zu sagen.

17. März 1955: John erhält einige beträchtliche Geldspenden direkt von Freunden und Gemeinden in den USA. Er und Clara sind sehr gut im Werben.

John und Clara waren die einzigen Missionare, die Orie kannte, die mehr Geld sammelten, als sie auf dem Missionsfeld ausgaben. Aber wofür gaben sie das Geld aus?

Was dann kam, beunruhigte Orie am meisten.

Dr. John kann nicht in einer klaren Linie denken und handeln. Er springt von einer Idee zur nächsten, von einem Ansatz zum nächsten. Ich glaube, das ist einer der Gründe, warum er bei der Zustimmung der Regierung nicht weitergekommen ist.

Bei Km. 81 gibt es drei Programme:

1. Das Lepraprogramm - das mit einem viel kleineren Budget durchgeführt werden kann.

2. das Freiwilligenprogramm für die Mennonitenkolonien - ein Luxusprogramm, das sehr viel Geld und Energie kostet.

3. die Farm - die weder mit Nummer eins noch mit Nummer zwei zu tun hat, außer dass sie Arbeit für Nummer zwei bietet.

Es passt zu Johns Persönlichkeit, zwischen diesen Programmen hin und her zu springen, und das macht die ganze Sache verschwommen und verwirrend.

Orie lächelte, als er Snyders Antwort auf den Brief las:

Du hast ein ernstes persönliches Problem, Bruder Graber. Ich habe ähnliche Erfahrungen mit John gemacht, und es ist wirklich nicht einfach mit ihm. Aber ich habe den Fehler gemacht zu glauben, dass John für den Erfolg unserer Arbeit in Paraguay nicht entscheidend sei. Mach nicht den gleichen Fehler.

Grabers letzter Brief bezog sich auf das fehlende Geld und wies Johns Vorwürfe zurück, MCC habe die für Km. 81 vorgesehenen 725 Dollar für andere Projekte ausgegeben zu haben. Graber schrieb:

Lies diesen Brief und vernichte ihn dann. Ich habe das Duplikat aus unseren Akten hier bereits vernichtet.

Warum hatte Snyder den Brief nicht vernichtet, wie Graber es verlangt hatte? Und warum hatte Graber ihn gebeten, ihn zu vernichten? Der Brief endete mit:

Unter keinen Umständen würde ich eine Erweiterung des Programms unter Johns Leitung empfehlen. Aber Orie und ich müssen uns um all das kümmern, wenn er kommt.

Das würden sie auf jeden Fall tun.

*

Auf einer Reise ins Landesinnere Anfang Mai ritten John und Florencio auf eine verlassene Lichtung zu, auf der ein kleines, strohgedecktes Gebäude stand, etwa zwei Quadratmeter groß. In einer Ecke, auf einem Haufen schmutziger Lumpen, lag ein magerer, kahlköpfiger Haufen Elend, kaum als Mensch zu erkennen. Als Florencio die Nachbarn nach ihr fragte, sagten sie: „Ach, das ist Doña Ramona. Niemand kommt in ihre Nähe."

Langsam kniete sich John neben die kranke Frau. Sein Rücken machte ihm in letzter Zeit große Probleme, so dass er kaum den Boden erreichen konnte. Die Frau schien um die vierzig Jahre alt zu sein. Ihre Arme und Beine waren mit offenen Wunden übersät. Ihr Gesicht war eine einzige große, verkrustete Wunde.

John sah sich um und entdeckte einen kleinen Topf, in dem er über der Glut eines Feuers in der Mitte der Hütte Wasser erhitzte. Er versuchte, ihre blutigen Gliedmaßen zu reinigen, hörte aber auf, als sie einen schwachen Schrei ausstieß. An ihrem abgemagerten Skelett waren zu viele offene Wunden, als dass er sie hier hätte säubern können. Er nahm etwas warme Suppe aus einer mitgebrachten Thermoskanne und flößte ihr ein paar Tropfen ein. Ihre wulstigen Lippen öffneten sich gerade weit genug, um die Brühe langsam aufzunehmen. John kniete neben Doña Ramona und dachte über sein Ziel nach, das er jeden Morgen im Gebet vor Gott brachte: *Wir müssen diesen Kranken Mut zum Leben geben, indem wir ihnen Liebe schenken, ohne etwas dafür zu verlangen.* Er glaubte, aus den tiefroten Augen der Frau Lebenskraft aufblitzen zu sehen.

Als John sich von der Frau erhob, entdeckte er einen kleinen Jungen, der am Rande der Lichtung stand. Es war der zwölfjährige Sohn von Doña Ramona, der erste Anzeichen von Lepra zeigte. Er wirkte verwirrt und murmelte etwas vor sich hin.

„Sie haben keine Galletas mehr zu essen", übersetzte Florencio.

John und Florencio organisierten alles, um Doña Ramona und ihren Jungen auf einem Ochsenkarren zur Leprastation zu bringen. Nach einer Woche der Pflege und Ernährung begannen die eiternden Wunden zu heilen und sie wurde kräftiger. Doch das hielt nicht an. Bald bekam sie wieder hohes Fieber und neue Wunden.

Doña Ramona und ihr Kind waren die ersten stationären Patienten von John und Clara. Die Patientenzimmer, die sie für solche Fälle zu bauen begonnen hatten, waren noch lange nicht fertig. Aber auch in ihrem unfertigen Zustand waren sie ein sicherer Unterschlupf für die ersten stationären Patienten auf Km. 81.

*

Orie stieg aus dem Flugzeug und atmete die rauchige Luft ein. Er liebte es, Paraguay im Winter zu besuchen und hatte sich vorgenommen, Reisen in den Süden während der Sommermonate, insbesondere im Januar und Februar, möglichst zu vermeiden. Andererseits würde er wahrscheinlich ohnehin nicht mehr viele solcher Reisen unternehmen.

Graber wartete im Flughafen auf Orie. Auf dem Weg zum Auto unterhielten sie sich ein wenig.

„Der Tod deines Vaters tut mir sehr leid, Bruder Orie", sagte Graber. „Ich bedaure, dass ich nicht an seiner Beerdigung teilnehmen konnte. Ich habe deinen Vater immer als einen Freund fürs Leben betrachtet."

„Danke", sagte Orie und erinnerte sich daran, wie sehr sein Vater Grabers Beitrag zur mennonitischen Hochschulbildung geschätzt hatte.

Als sie im MCC-Büro ankamen, stellte Orie sein Gepäck in einem der Gästezimmer im ersten Stock ab und ging dann nach unten, um Graber zu suchen. „Wie du weißt, bin ich vor allem hier, um herauszufinden, wie es mit der Leprastation weitergehen soll", sagte er und setzte sich Graber gegenüber.

Graber strich seine Krawatte glatt und setzte sich gerade hin. „Es ist eine teure Einrichtung, und Schmidt verbringt die meiste Zeit damit, die Farm zu leiten, anstatt Leprakranke zu heilen. Er würde die Farm gerne zu einer vollwertigen Milch- und Rinderfarm ausbauen. Aber was ist mit unserem Auftrag für die Kranken?"

„Du weißt es vielleicht nicht, Chris, aber ich und der Rest des Exekutivkomitees haben John gebeten, eine Farm zu entwickeln, von der wir glauben, dass sie eines Tages auf eigenen Füßen stehen kann", sagte Orie und wunderte sich, warum Graber so nervös klang.

„Es ist ein finanzielles Desaster. Geld ist verschwunden. John und Clara haben ihr persönliches Bargeld und das von MCC in derselben Schublade aufbewahrt, auch nachdem ich ihnen gesagt habe, dass sie die Geldsituation besser in den Griff bekommen müssen. Da dem MCC die Mittel für andere notwendige Arbeiten fehlen, wird Km. 81, meiner Meinung nach, selbst Geld auftreiben müssen, d.h. völlig selbstständig arbeiten oder schließen".

„Erzähl mir von den fehlenden Geldern", sagte Orie.

Graber erklärte, dass ein Scheck verloren gegangen war, und er war sich sicher, dass dies auf Johns schlampigen Umgang mit Geld zurückzuführen war. „John beschuldigte uns hier in Asunción, dass wir für den Verlust verantwortlich seien, dass wir das Geld nachlässig verwaltet oder für andere MCC-Programme verwendet hätten. Aber am Ende bot er MCC an, sein Klavier und ein Mikroskop zu spenden, um das verlorene Geld auszugleichen. Für mich ist das der Beweis, dass es sein Fehler war."

Orie hob die Augenbrauen, sagte aber nichts. Offensichtlich kannte der Mann Schmidt überhaupt nicht.

Graber fuhr fort: „Ich habe im Sitzungsprotokoll des Exekutivkomitees gesehen, dass Dr. Herbert, Johns Bruder, monatlich 200 Dollar Unterhalt für John zahlt und 2.200 Dollar als Geschenk für die Kinder spendet. Für mich riecht das nach Steuerhinterziehung. Diese Geschenke helfen MCC, die Last zu tragen, aber sie kommen mir etwas übertrieben vor."

Orie starrte Graber durch seine dicken Brillengläser an und runzelte die Stirn. War Graber neidisch auf Johns Fähigkeit, außerhalb von MCC Geld zu sammeln? „Ich verstehe", sagte er.

Graber sank in seinen Stuhl. „Ich teile dir diese Dinge nur mit, damit du entscheiden kannst, was mit Km. 81 geschehen soll."

*

John und Clara hatten ihr Frühstück beendet und saßen mit ihren Kindern um den Tisch auf der Veranda. Clara lächelte. Sogar John Russell und Elisabeth waren nach einem Schuljahr im Chaco zurückgekehrt und nahmen ihr Studium zu Hause per Fernunterricht wieder auf. Es war schwierig, Zeit zu finden, um ihre Hausaufgaben zu beaufsichtigen, aber sie war dankbar, sie wieder zu Hause zu haben.

Clara hatte die Morgenandacht gelesen, und John betete wie jeden Morgen nach dem Frühstück. "Ich bitte dich um Weisheit für Präsident Eisenhower, wenn er und die anderen Führer sich in Genf treffen."

Er betete weiter für den Frieden in der Welt, für die Gesundheit seiner Familie zu Hause, für die Armen und Kranken und für jedes seiner Kinder. Sogar mit geschlossenen Augen konnte Clara spüren, wie ihre Kinder unruhig wurden, so wie sie es immer während Johns langen Gebeten taten. Aber es lehrte sie, ein frommes und betendes Leben zu führen.

„Und schließlich, lieber Herr, bitten wir Dich um Deinen Segen für den Besuch von Orie Miller. Möge Dein Wille in all unseren Überlegungen geschehen. Amen."

Die Kinder rannten vom Tisch und ließen John und Clara allein zurück. „Ich fürchte, Snyder hat Orie wieder gegen uns vergiftet", sagte John. „Und wenn die Finanzierung durch MCC weiter ausbleibt, bleibt uns nichts anderes übrig, als aufzuhören."

Aufhören? Inzwischen behandelten sie fast siebzig Patienten. Und die Farm florierte. „Die Fortschritte, die wir gemacht haben, sprechen für sich", sagt Clara.

„Ich traue Snyder einfach nicht über den Weg. Er würde all diese Fortschritte wieder rückgängig machen, wenn er könnte."

„Das war vor einem Jahr", sagte Clara leise.

*

„Wie hast du das alles geschafft?" Orie Miller war gerade bei Km. 81 angekommen. John stand mit ihm vor dem neu gebauten Speise- und Versammlungsraum.

„Sondermittel unserer Heimatgemeinde haben geholfen", sagte John. „Und unsere Chaco-Mennoniten haben uns immer mehr unterstützt, nachdem sie gesehen haben, was wir hier tun. Mittlerweile leben fast fünfzig Menschen auf der Station, etwa die Hälfte davon sind Kurzzeit-Freiwillige."

„Das sieht alles ganz anders aus als das letzte Mal, als ich hier war", sagt Orie.

Es klang hoffnungsvoll. „Komm, ich zeige dir das Gelände." John führte Orie zu seinem Jeep.

Sie fuhren an Mais-, Sorghum- und Reisfeldern vorbei. John zeigte auf die Bäume, die er kürzlich gepflanzt hatte: Paraíso, Maulbeere, Mandarine, Orange, Pfirsich, Zitrone, Grapefruit und Pflaume.

„Wir haben Rinder und Hühner. Und jetzt haben wir sogar sechzehn Schweine", sagt John mit einem Lächeln, als sie am Viehstall vorbeikommen.

„In unserem ambulanten Dienst haben wir einige Fälle, die so schlimm sind, dass sie stationär behandelt werden müssen, um auf den richtigen Weg zu kommen. Außerdem mussten wir in der Vergangenheit einige unserer akuten Leprafälle nach Hause schicken, weil wir keinen Platz hatten, um sie länger zu behalten. Jetzt bauen wir diese Krankenhausabteil mit drei Zimmern für je zwei Personen."

Der 300 Meter lange Erdweg, der vom Hauptgelände der Station zur Lepraunterkunft führt, ist gesäumt von Reihen neu gepflanzter Linden und Eukalyptusbäume. „Als ich in Brasilien war, habe ich gelernt, dass diese Bäume eine Schutzbarriere zwischen den Kranken und den Gesunden einer Leprakolonie bilden", sagte John. Als er Ories fragenden Blick sieht, fügt er hinzu: „Natürlich haben wir hier keine Kolonie. Diese Krankenstation ist wie eine kleine paraguayische *Chacra* aufgebaut, damit die Patienten etwas von ihrem eigenen Essen anbauen können. Es hat keine Ähnlichkeit mit einer Leprakolonie oder einem Krankenhaus".

„John, lass mich auf den Punkt kommen. Wir müssen über die zukünftige Beteiligung von MCC und ALM an dieser Arbeit entscheiden. Arbeitest du immer noch ohne staatliche Genehmigung?"

„Da gibt es nichts Neues." John runzelte die Stirn. Das war also immer noch sein Thema. Er blieb neben dem Patientengästehaus stehen und drehte sich zu Orie um. „Wie gesagt, wir konzentrieren uns nicht auf den Aufbau einer Siedlung, deshalb lassen uns die Regierungsbeamten so gut wie in Ruhe. Wir behandeln derzeit fast siebzig Leprakranke, aber die meisten leben in ihren eigenen Häusern, weit weg im Landesinneren. Irgendwo in dem 160 Kilometer langen und 64 Kilometer breiten Gebiet, das wir betreuen." John stieg aus dem Fahrzeug. „Ich möchte dir jemanden vorstellen."

John stellte Orie Doña Ramona vor, die auf der Veranda des Patienten-Gästehauses saß und mit Don Florencio *Tereré* (paraguayischer Tee, der durch einen Metallstrohhalm getrunken wird) trank. Ihr Körper war mit verkrusteten Wunden bedeckt, aber sie lächelte zahnlos, als die beiden Männer auf sie zukamen. Don Florencio übersetzte, als Doña Ramona über ihre früheren Lebensumstände und ihre lebenslange Angst vor dem Eingesperrt sein sprach. Don Florencio beschrieb, wie er und John Doña Ramona und ihren Sohn gefunden hatten.

John erinnerte Orie daran, dass Leprakranke immer noch große Anstrengungen unternehmen, um nicht gefunden zu werden. „Ich bin fest davon überzeugt, dass die Patienten, die wir jetzt behandeln, gute Zeugen für unsere Arbeit sein werden", sagte er, als sie zurückgingen und in den Jeep stiegen. "Sie werden ihren Landsleuten erzählen, wie sehr wir uns um ihr Wohlergehen kümmern, und die Menschen werden anfangen, uns zu vertrauen. Mein Traum ist, dass die Patienten eines Tages zu uns kommen, um sich behandeln zu lassen, anstatt sich zu verstecken, wenn wir in ihre Nähe kommen."

Auf dem Rückweg zum Hauptgelände erklärt John, dass Km. 81 an drei Tagen in der Woche auch eine allgemeinmedizinische Klinik betreibt, für alle, die in der Umgebung medizinische Versorgung benötigen. Die Zahl der Patienten stieg stetig und mit ihr das Vertrauen der Nachbarn.

Während der ganzen Zeit hatte Orie sehr wenig gesprochen. John parkte den Jeep vor dem Haus. Clara stand auf der Veranda und stellte einen großen Topf Borschtsch zum Mittagessen auf den Tisch.

"Wo sind deine Kinder?", fragte Orie, nachdem er Clara begrüßt hatte.

„Unsere Magd Aggie lässt sie heute im Ananasbeet Unkraut hacken", sagte Clara. „Herzlich willkommen. Bitte nimm Platz."

Während des Mittagessens erzählten John und Clara Orie von den Fortschritten, die seit seinem letzten Besuch auf der Station gemacht worden waren. Km. 81 war zu einer geschlossenen mennonitischen Gemeinschaft geworden, und sie fühlten sich persönlich für die geistliche und emotionale Entwicklung der jungen Freiwilligen verantwortlich. Abends, wenn keine Bibelstunden oder Gebetstreffen stattfanden, gab Clara ihnen Klavier- und Schreibmaschinenunterricht. Clara erzählte auch von den Bibelarbeiten, die sie mehrmals in der Woche in den Nachbardörfern durchführten. Sie hofften, bald einen Taufgottesdienst für Neubekehrte anbieten zu können.

„Wir bekommen immer mehr Anerkennung", sagt Clara. „Allein im letzten Jahr haben sich fast hundert Besucher in unser Gästebuch eingetragen." Sie sagte, dass die vierteljährliche Mitteilungsblatt *Im Dienste der Liebe*, die sie verteilen, eine wichtige Rolle dabei spielt, das Bewusstsein zu schärfen und Unterstützung zu gewinnen, sowohl in den mennonitischen Kolonien in Paraguay als auch im Norden.

Orie stellte viele Fragen, äußerte aber keine Meinung. John konnte nicht erkennen, was er von allem hielt. Würde MCC wirklich zulassen, dass die fehlende Genehmigung der Regierung sie daran hinderte, die Arbeit zu tun, die niemand sonst für diese armen Menschen tat?

Achtzehntes Kapitel

Bevor Orie Paraguay verließ, sagte er zu John und Clara, dass er das Komitee konsultieren müsse, bevor er eine Entscheidung über die zukünftige Unterstützung von MCC treffen könne. Es gab eine Zeit, in der er eine solche Entscheidung allein getroffen hätte. Aber die MCC-Organisation war jetzt größer und er stand kurz vor der Pensionierung. Es sei besser, diese Dinge als Komitee zu entscheiden.

Orie arrangierte ein Treffen. Snyder, Ories rechte Hand und gleichzeitig die Person, die er als seinen Nachfolger nach seiner Pensionierung ausgewählt hatte, betrat den Raum, bevor die anderen Mitglieder des Komitees eintrafen. Er legte einen Stapel Papiere auf den Tisch und setzte sich Orie gegenüber.

„Ich habe deinen Bericht über Paraguay gelesen, Orie, und bin erleichtert, dass unsere anfänglichen Investitionen in das Lepraprojekt nicht umsonst waren. Es ist schon bemerkenswert, was die Schmidts in diesem Jahr ohne Unterstützung von uns oder ALM erreicht haben. Die Frage ist, wird ALM bereit sein, sich wieder an dem Projekt zu beteiligen?"

Ories Kopf schoss in die Höhe. Hatte er Snyder richtig verstanden?

Leise murmelte Snyder: „Offensichtlich habe ich John unterschätzt ..."

Bevor Orie antworten konnte, trafen die anderen Mitglieder des Komitees ein und die Sitzung begann. Alle hatten Ories Bericht gelesen, und nach kurzer Diskussion stimmten sie einstimmig für die Wiederaufnahme der MCC-Unterstützung für das Lepraprojekt in Paraguay.

„Jetzt warten wir darauf, von ALM zu hören", sagte Orie. „Wie ihr wisst, hat es einen Wechsel in der Leitung gegeben. Dr. Kellersberger ist in den Ruhestand gegangen und Reverend Harold Henderson ist der neue Generalsekretär. Obwohl Henderson in Korea ein Lepraheim geleitet hat, ist er kein Arzt und daher vielleicht aufgeschlossener..." Orie hielt inne und lachte. „... offener für einige von John Schmidts ungewöhnlichen Ideen, wie man Menschen zu Hause behandeln kann, anstatt eine Kolonie zu gründen."

*

Fast zwei Monate nach Ories' Besuch erhielten John und Clara endlich einen Brief von ihm. Clara hatte sich gerade Notizen über den letzten Patienten des Vormittags gemacht, ein schwer unterernährtes Kind. Sie saß auf einem Hocker im Schatten einer Linde vor dem Klinikgebäude und schälte eine Orange, als einer der Kollegen Post aus Asunción brachte.

Im Umschlag waren zwei Briefe. Schnell überflog Clara die erste Seite, auf der stand, dass MCC ihre Arbeit unterstützt.

Sie rief: „John, das sind gute Nachrichten."

Als John die Klinik verließ, hatte Clara den zweiten Brief gelesen, den von ALM, in dem sie ihre Bedenken noch einmal zum Ausdruck brachten. Das Hauptproblem war, dass John mit dem Aufbau einer Farm beschäftigt war und nur zwei Patienten stationär behandelt wurden. Sie gab ihm die Briefe.

„Sie betrachten das hier immer noch als Kolonie", sagte John und warf den Brief auf den Boden.

„Es ist großartig, dass MCC uns unterstützt. Wir müssen es ALM nur erklären. Sie denken immer noch so, weil sie nicht direkt von uns über unsere Fortschritte gehört haben. Lass uns eine lange Beschreibung darüber machen, was wir genau tun und wie es funktioniert."

An diesem Nachmittag schrieben sie und John einen Bericht über ihre Arbeit. Er begann mit:

Aus eurem Brief haben wir entnommen, dass ihr denkt, dass unsere Einrichtung in Km. 81 eine Leprakolonie ist. Unser Ziel ist es, so viele Fälle wie möglich ambulant zu behandeln und nicht mehr als vielleicht 5% der Gesamtzahl der zu behandelnden Fälle, wenn möglich weniger, in unserem Patienten-Gästehaus in Km. 81 zu internieren.

In dem Bericht wurden mehrere Nachteile eines ambulanten Behandlungsansatzes aufgezählt, darunter der hohe Arbeits- und

209

Kostenaufwand für die Lokalisierung der Fälle und die Unmöglichkeit, Massenuntersuchungen durchzuführen. Außerdem bedeutete die individuelle Behandlung der Patienten, dass es keine Möglichkeit für Evangelisation oder Gesundheitserziehung in großen Gruppen gab.

Zu den Vorteilen der ambulanten Behandlung gehörten, dass die Patienten bei ihren Familien bleiben konnten, dass die Angst der Patienten vor der Behandlung verringert wurde und dass die Kosten für Unterkunft und Verpflegung geringer waren als in einer Kolonie. Und auf lange Sicht sei die ambulante Behandlung wirksamer bei der Reduzierung der Krankheitsfälle, da die Bereitschaft der Patienten, sich behandeln zu lassen, größer sei. Der Brief enthielt Statistiken über Brasiliens ausgedehntes System von Leprakolonien, das 1924 eingerichtet worden war. Damals lag die Leprarate bei 0,07 % von 1.000 bei fünf Millionen Einwohnern. Mitte der 1950er Jahre waren es 2,86 % von 1.000 bei zehn Millionen Einwohnern.

Sogar Dr. Lauro Souza, der international bekannte brasilianische Lepraloge, hatte zugegeben, dass die Millionen Dollar, die Brasilien für Kolonien ausgegeben hatte, nicht dazu beigetragen hatten, die Häufigkeit der Lepra im Land zu verringern.

Clara las, was sie zusammengetragen hatten, und kratzte sich am Kopf. Es waren alles gute Informationen. Aber es gab ALM kein Gefühl dafür, was diese armen Menschen durchmachten. Der Brief musste wahre Geschichten enthalten.

Bis spät in die Nacht saß Clara an ihrer Schreibmaschine und schrieb detaillierte Beschreibungen von Doña Ramona und ihrem Jungen. Sie betonte auch, wie wichtig es für John war, die häusliche Umgebung der Patienten zu sehen, um ihnen zu helfen, ein gesünderes Leben zu führen, indem er ihnen zum Beispiel zeigte, wo und wie man Toilettenlöcher gräbt und Gärten anlegt. Sie endete mit:

Wenn wir ihnen zu Hause liebevoll helfen, werden diese Menschen freundlicher und vertrauensvoller statt misstrauisch. Deshalb glauben wir, dass es sich trotz der zusätzlichen Kosten und Arbeit, die der ambulante Dienst mit sich bringt, lohnt.

Was könnte dem Dienst ähnlicher sein, den Jesus in der Geschichte vom barmherzigen Samariter befiehlt?

Im Oktober erhielten John und Clara eine Rückmeldung von ALM:

Wir können euch nicht genug für euren wunderbaren Brief danken. Wir verstehen jetzt viel besser als zuvor, was ihr mit der ambulanten Patientenversorgung vorhabt und wie die feste Einrichtung ein Teil davon und eine „Heimatbasis" für die Mitarbeiter sein wird.

ALM war wieder mit an Bord.

*

Zu dieser Zeit war die Zahl der Leprafälle stetig gestiegen, so dass die Zahl der Patienten, die sich in Behandlung befanden, weit über hundert lag. Bei seinen Hausbesuchen stellte John fest, dass sich bei den meisten nach einigen Monaten eine Besserung einstellte, was die Wahrscheinlichkeit erhöhte, dass einige dieser Patienten und ihre Familien gesund genug sein würden, um zu ihm in die Samstagsklinik zur weiteren Behandlung zu kommen.

Da sie zu den Ärmsten der Armen gehörten und völlig verlassen waren, zeigten sich diese Menschen weiterhin überrascht, ja sogar schockiert, dass John und Clara sich für sie interessierten. Obwohl sie die Dienste nicht bezahlen konnten, brachten sie gelegentlich Zeichen ihrer Dankbarkeit. Erst kürzlich, nachdem John einer Frau ein krankes Bein amputiert hatte, schenkte ihr Mann ihm ein Paar weiße Kaninchen, die in Paraguay sehr selten sind. John brachte sie mit nach Hause, sehr zur Freude der fünfjährigen Marlena.

Die meisten Patienten konnten sich jedoch nicht die Reise bis zur Station Km. 81 leisten. Deshalb besuchte John sie weiterhin einmal im Monat zu Hause und suchte nach neuen Patienten. Jede Reise ins Landesinnere dauerte mehrere Tage. Mit diesen langen Reisen, der Leitung der allgemeinen Kliniken dreimal in der Woche (die Clara leitete, wenn er draußen im Busch war), der Lepraklinik jeden Samstag und der Betreuung des Stationspersonals und der Farm war John so überlastet, dass er an manchen Tagen kaum die Kraft hatte, weiterzumachen.

Um wieder zu Kräften zu kommen und der Mittagshitze zu entfliehen, legten er und Clara sich nach dem Mittagessen zu einer kurzen Siesta hin. Eines Mittags, kurz nachdem er eingeschlafen war, weckte ihn ein lautes Krachen und Gelächter. Er zog seine Hose an und rannte gerade noch rechtzeitig aus dem Zimmer, um zu sehen, wie seine vier ältesten Kinder, die jetzt zwischen sieben und elf Jahre alt waren, kichernd in den Wald um das Haus herum rannten.

„Sie haben meine Kaninchen versteckt", klagte Marlena und warf sich auf den Boden der Veranda.

„Macht nie wieder so einen Lärm, wenn wir uns ausruhen wollen. Nie wieder!"

Als er in ihr Zimmer zurückkam, saß Clara aufgerichtet im Bett. „John, das ist zu viel. Wir haben darüber gesprochen, dass wir hier einen zweiten Arzt brauchen, der einen Teil der Arbeit übernimmt. Du weißt, dass dieses Krankenhaus weiter wachsen wird. Und du machst schon so viel mehr, als du solltest. Du verlierst Gewicht. Und du siehst immer erschöpft aus."

„Es tut mir leid, Clara. Ich hasse es, so zu schreien, aber diese Kinder sind manchmal ..."

„Psst ..." Clara zog ihn aufs Bett. Für die nächste halbe Stunde vergaß John den Stress der Arbeit.

*

MCC stimmte zu, dass ein weiterer Arzt benötigt wurde, vor allem für die langen Fahrten ins Landesinnere. John kannte einen Dr. Joachim Walter, den er bei einem seiner Treffen mit Gesundheitsbeamten in Asunción kennengelernt hatte. Als er den Arzt fragte, ob er ihm bei der Arbeit auf Km. 81 helfen könne, sagte Walter zu. John machte sich Sorgen, denn Walter war kein Mennonit, nicht einmal ein Christ, soweit er das beurteilen konnte. Und er rauchte. Aber er war ein in Deutschland gut ausgebildeter Lepraloge, und der Bedarf an einem zusätzlichen Arzt war so groß, dass John glaubte, über die Mängel des Mannes hinwegsehen zu können.

Die medizinische Arbeit auf der Station nahm in den folgenden Monaten rasant zu. An den Lepra-Samstagen behandelten sie bis zu einem Dutzend Patienten.

In den letzten drei Monaten des Jahres 1955 behandelten sie fast siebzig Leprakranke auf der Station und untersuchten doppelt so viele Nachbarn und Verwandte. Sogar Ärzte aus den umliegenden Dörfern begannen, Leprapatienten nach Km. 81 zu schicken.

Die Patientenunterkunft wurde fertiggestellt und beherbergte sechs Patienten, denen es gut ging. Die Idee war, sie so unabhängig wie möglich zu machen, mit eigenen Milchkühen und Gemüsegärten. Ihre Mahlzeiten bereiteten sie mit Zusatznahrung aus der Stationsküche zu. Clara und Schwester Neti besuchten sie je nach Bedarf ein- bis zweimal täglich.

Da Dr. Walter nun einen Teil der medizinischen Last trug, hatte John endlich mehr Zeit, sich der Entwicklung der Farm bei Km. 81 zu widmen und ernsthaft mit dem Aufbau der Rinderfarm zu beginnen, von der schon lange die Rede war, die aber nie richtig in Angriff genommen wurde. Sie besaßen 1.200 Hektar Land, von dem nur ein Teil für die Gebäude und die Farm genutzt wurde. Der Rest war hügeliges Weideland. Paraguayer begannen, das ungenutzte Land zu besetzen. Als Orie Miller damals, 1953, bei der Einweihungsfeier bei Km. 81 war, hatte er vorgeschlagen, dass es eine gute Idee wäre, das Land einzuzäunen und dass die Missionare, die auf der Station arbeiteten, ihr persönliches Geld in die Viehzucht investieren könnten. Bisher hatte John keine Zeit gehabt, sich mit diesem Thema zu beschäftigen. Eine Rinderfarm wäre eindeutig eine Win-Win-Situation, da sie letztendlich eine Einkommensquelle für ihn und andere Mitarbeiter der Station darstellen und Landbesetzer vom Land fernhalten würde.

*

Es war ein heißer, sonniger Januartag. John setzte sich aufrecht auf sein Pferd und *begann When My Baby Smiles at Me* zu pfeifen, eine Melodie, an die er seit seiner Jugend nicht mehr gedacht hatte. Langsam ritt er über das Gelände und schmiedete Pläne für die Zäune und das Vieh. Diese Aufgabe war die perfekte Ergänzung zu seiner anspruchsvollen medizinischen Tätigkeit. Erst heute Morgen war einer seiner Langzeitpatienten, Raul González, in die Klinik gekommen. Vor zwei Jahren hatte er seine Behandlung begonnen und deutliche Fortschritte gemacht. Heute war sein Körper wieder mit eiternden Wunden übersät. Rückfälle waren bei diesen armen Menschen so häufig.

Es war gut, sich auf neues Wachstum zu konzentrieren. John vermutete, dass es deshalb so befriedigend war, Bäume zu pflanzen, Gemüse anzubauen und Vieh zu züchten. Außerdem wäre es schade, das fruchtbare Land nicht optimal zu nutzen. Er ritt an einem der beiden Bäche entlang, die das Grundstück durchflossen. Diese Bäche würden das ganze Jahr über reichlich Wasser für das Vieh liefern. Er schätzte, dass auf den 202 Hektar MCC-Land jenseits der Ruta etwa 150 bis 200 Rinder gehalten werden könnten, einschließlich einiger Bullen wie Hereford, Angus oder Shorthorn, die sie aber erst noch kaufen müssten. Aber auch etwa 50 einheimische Kühe und drei Bullen wären ein guter Anfang.

Er plante, etwa 202 Hektar der 1.011 Hektar auf der Stationsseite der Ruta für weitere 50 einheimische Kühe mit zwei Brown Swiss oder Milking Shorthorn Bullen zu nutzen. Sie würden die Bullen in einem separaten Gehege halten und die Kühe nur während der Brunstzeit hineinlassen.

Als John mit der Bestandsaufnahme und der Planung für den Tag fertig war, lenkte er sein Pferd in Richtung Heimat. Er warf die Schultern zurück. Die Brise auf seinem Gesicht fühlte sich weich und leicht an.

In diesem Moment, auf seinem Pferd und mit dem Gefühl, dass seine Welt in Ordnung war, wurde John bewusst, dass er seit Monaten nicht mehr an Ana gedacht hatte. Er fragte sich, wie es ihr wohl ging, zumal er gelesen hatte, dass Juan Perón gestürzt worden und in einem Fischerboot nach Paraguay geflohen war. John trieb sein Pferd in einen langsamen Galopp. *Ich bin im Moment einfach zu beschäftigt, um an Ana zu denken.*

*

Anfang 1956 gab das paraguayische Gesundheitsministerium neue Vorschriften für die ambulante Leprabehandlung heraus. Sie verlangten, dass die Arbeit auf Km. 81 von einem paraguayischen Arzt begleitet werden musste. Der Gesundheitsminister, Dr. Enrique Arza, kündigte an, alle Aktivitäten zu stoppen, wenn die Vorschriften nicht bis zum 7. Februar erfüllt würden.

Johns erste Reaktion auf das neue Dekret war die gleiche wie vor zwei Jahren: „Wenn wir staatliche Genehmigungen dem Werk Gottes vorziehen müssen, bin ich nicht der richtige Mann für diesen Job".

Aber alle um ihn herum, einschließlich Dr. Walter und sogar Clara, rieten ihm, sich an die neuen Regeln zu halten.

„Wir können die Arbeit fortsetzen, John", sagte Clara. „Du musst keine bestandenen Prüfungen vorweisen. Wir müssen nur einen paraguayischen Arzt einstellen, der unsere medizinische Arbeit leitet."

John spürte, dass die Drohung diesmal echt war. Wenn er wollte, dass die Arbeit weiterging, musste er wohltun, was sie verlangten. Das Schlimmste daran war, das Geld der Mission zu verwenden, um einen paraguayischen Arzt zu bezahlen, um seine Arbeit zu überwachen. Die Regierungsleute waren oft so korrupt. Und er befürchtete, dass sie mit diesem Schritt die Tür ihrer Missionsstation für Leute öffnen würden, die kein Verständnis für Gottes Werk hätten. Das könnte eines Tages dazu führen, dass sie erfolgreich gegen das vorgehen, was die Mission erreichen wollte.

Am Ende erkannte John, dass er diesen Kampf nicht gewinnen konnte. Dr. Eduardo Rodríguez vom Gesundheitsministerium wurde beauftragt, jeden Samstag nach Km. 81 zu kommen, um die Arbeit zu überwachen und darüber zu berichten.

Am 20. Februar 1956 erhielt Km. 81 durch den Beschluss Nr. 24 des Gesundheitsministeriums die offizielle Genehmigung zur Lepraarbeit als *Dispensario Menonita.*

NICHT AUFZUHALTEN

1956-1971

"Die Frage ist nicht, wer mich lässt, die Frage ist, wer mich aufhält."
- Ayn Rand

Neunzehntes Kapitel

Im Mai 1956 war die vereinbarte fünfjährige Amtszeit von John und Clara fast abgelaufen, und sie planten, in einigen Monaten in die USA zu gehen. John hatte mehrere Briefe an MCC geschickt und gefragt, ob sie nach ihrem bevorstehenden Urlaub wieder an ihre Arbeit bei Km. 81 zurückkehren würden. Warum antworteten sie nicht? Graber bestand darauf, dass das Lepraprojekt von einem anerkannten paraguayischen Arzt übernommen werden sollte. Verstand MCC nicht, dass dies die mennonitischen Werte und Beiträge untergraben würde, auf denen die Existenz der Arbeit beruhte?

John schrieb einen langen Brief an MCC, in dem er die Bedeutung von Km. 81 als mennonitisches Dankprojekt für Paraguay beschrieb, dass den Kolonisten die Einwanderung ins Land erlaubt hatte.

Das Lepraprogramm wurde Jahre vor Beginn unserer Arbeit eingestellt, und wir wären enttäuscht, wenn die Arbeit wieder eingestellt würde, denn sie ist ein Teil von uns geworden. Aber es macht uns keine Freude, um diese Arbeitsstelle zu kämpfen. Wir wollen nicht betteln.

Diesmal kam Snyders Antwort innerhalb weniger Wochen. Darin drückte er den Wunsch von MCC aus, dass die Schmidts nach einem einjährigen Urlaub nach Paraguay zurückkehren sollten. Auch eine Skizze für einen Reiseplan durch Nordamerika war beigefügt.

MCC wollte, dass sie Dias zeigten, über das Lepraprojekt berichteten, und Geld dafür sammelten. Von Winnipeg in Manitoba (Kanada) nach Süden bis nach Oklahoma und Kansas (USA). Und von Kalifornien (ganz im Westen der USA) nach New York (ganz im Osten der USA). Mit vielen Zwischenstopps würde die Reise fast ein ganzes Jahr dauern. John und Clara stimmten dem Reiseplan zu und baten darum, dass ihre Haushälterin Aggie, die die kanadische Staatsbürgerschaft besaß, während ihrer Reisen bei den Kindern in Kansas bleiben sollte.

*

Clara faltete das letzte Kleidungsstück zusammen, legte es in den Koffer und kniete sich darauf, um ihn zu schließen. Sie zitterte in der feuchten, kalten Luft, als sie sich auf das Bett setzte. Den ganzen Tag war sie den Tränen nahe gewesen. Lag es daran, dass sie ihr Zuhause für ein Jahr verlassen würden? Oder war es die zusätzliche Arbeit, ihre Sachen zu sortieren und zu packen? Oder war es, weil sie in die Wechseljahre kam? War sie bereit für diesen neuen, kargen Lebensabschnitt?

Ihre fünf Kinder wuchsen so schnell. Clara dachte an die Zeit zurück, als sie noch klein waren. Wo war die Zeit geblieben? Eine schwere Last lag auf ihrer Brust. Was hatte sie verpasst, während sie sich Tag für Tag Gottes Werk widmete, während ihre Kinder, vor allem die drei jüngsten, heranwuchsen? Die ersten Schritte. Die ersten Worte. Marlena fing sogar an, *Hänsel und Gretel* selbst zu lesen.

Clara seufzte und stand auf, um den nächsten Koffer zu packen. Es würde nicht besser werden, wenn sie erst einmal in den USA waren, denn sie und John würden das ganze Jahr über fast ununterbrochen unterwegs sein. Sie würde ihre Kinder wieder verlassen müssen. Sie verdrängte die Tränen und erinnerte sich daran, dass sie dem Willen Gottes folgte. Alles würde gut werden.

*

Am frühen Morgen des 27. Juni 1956 verließ die Familie Schmidt Km. 81 und saß wenige Stunden später in einer Braniff-Flugmaschine Richtung Norden. Sie hatten darauf geachtet, dass sie abflogen, bevor John Russell am 7. Juli zwölf Jahre alt wurde, denn dann hätte sich der Preis für sein Flugticket verdoppelt.

Nach Zwischenstopps in La Paz, Panama City und Houston kamen sie in Wichita, Kansas, an, wo sie von zahlreichen Verwandten empfangen wurden.

Ihr vorübergehendes Zuhause in Newton, das Herb ihnen zur Verfügung gestellt hatte, war ein kleines Haus mit Flachdach und zwei Schlafzimmern gegenüber einem Einkaufszentrum, das Herb als Investition besaß und verwaltete. John wünschte, sie hätten eine andere Unterkunft finden können - etwas anderes als Herbs Almosen. Aber das war ihre beste Option. Er schloss den vorderen Teil der Garage des Hauses ab und machte ihn zum Zimmer für die Jungs. Die Kinder liebten es, auf dem großen Parkplatz gegenüber zu spielen. Und Herb bot den Älteren Kindern Arbeit an, sie sollten für 25 Cent die Woche die Toiletten im Einkaufszentrum putzen.

*

Sie waren erst zehn Tage in Kansas, als John und Clara zu einer Konferenz nach Minnesota mussten. Claras Bruder Edwin hatte ihnen einen Ford-Sedan geliehen. Und sie hatten dafür gesorgt, dass die Kinder während ihrer zweiwöchigen Abwesenheit bei verschiedenen Verwandten unterkamen. Als sie die Familienfarm verließen, wo ihr neunjähriger Sohn Wesley bleiben sollte, sah Clara, wie er ihnen vom Dach des Silos zuwinkte, die Beine über den Rand baumelnd. Sie flüsterte ein Gebet.

Auf dem Weg zur Konferenz hielten John und Clara in der Mayo Clinic, wo sie Termine für Routineuntersuchungen vereinbart hatten, die für medizinische Missionare kostenlos sind.

„Das kann nicht sein." Clara war am Vortag beim Arzt gewesen und hatte eine ganze Reihe von Tests über sich ergehen lassen. Nun saß sie dem Arzt in seinem Büro gegenüber. Ihr Arzt ging seine Notizen durch. „Ich würde sagen, das Baby kommt in der letzten Februarwoche zur Welt."

„Ich habe seit etwa einem Monat starke Schmierblutungen. Ich war mir sicher, dass es die Wechseljahre sind."

Der Arzt blickte von seinen Notizen auf. „Schmierblutungen? Davon hast du mir nichts erzählt. Das ist nicht gut." Er schüttelte den Kopf. „Ich muss dich anweisen, alle Reisen einzustellen, sobald ihr nach Kansas zurückgekehrt seid.

Keine Reisen mehr, bis das Baby geboren ist. Keine Bettruhe nötig, aber keine Reisen."

Clara zuckte zusammen. „Das kommt nicht in Frage. Mein Mann und ich haben einen sehr vollen Reiseplan. Wir werden den größten Teil des Jahres in den USA und Kanada unterwegs sein."

„Willst du mir sagen, dass ihr das Leben eures ungeborenen Kindes riskieren werdet?" Sein Blick war anklagend.

Clara rutschte auf ihrem Stuhl hin und her. Gott würde ihr Baby beschützen, wenn sie seine Arbeit tat. „Ich werde mit meinem Mann darüber sprechen", sagte sie schließlich und ging zur Tür.

„Ja, ich möchte auch mit ihm reden", sagte er. „Bitte kommt noch einmal zusammen."

*

Bevor sie nach Kansas zurückkehrten, holten John und Clara ihr Dienstmädchen Aggie ab, die mit dem Bus aus Winnipeg, Kanada, gekommen war, wo sie Verwandte besucht hatte. Aggie hatte sich bereit erklärt zu helfen, obwohl es für sie in den USA illegal war, Geld zu verdienen.

Während der Fahrt erklärte John, dass Clara nach ihrer Rückkehr nicht mehr reisen sollte. Es war ihr wichtig, über ihre Arbeit zu berichten, aber sie konnten ihre Schwangerschaft einfach nicht gefährden. Clara widerlegte jedes Argument, das er vorbrachte, und warf ihm seinen mangelnden Glauben vor, dass Gott für sie sorgen würde.

John sah, wie Aggie auf dem Rücksitz unruhig wurde. „Es ist Gottes Wille, dass du dich ausruhst, Clara", sagte sie.

Die Wahrheit war, dass John Clara genauso an seiner Seite haben wollte wie sie. Sie konnte so gut Geschichten erzählen. Und sie hatte jeden Tag mit den Leprapatienten auf der Station gearbeitet. Sie kannte sie besser als er. Das war sehr wichtig, um die Herzen der Menschen zu erreichen, damit sie für die Arbeit spendeten.

„Ich werde mein Bestes tun, um den Menschen von deiner wunderbaren Missionsarbeit zu erzählen, bei der du dich ohne Klagen um die Patienten kümmerst, Streitigkeiten zwischen den freiwilligen Helfern schlichtest, den Stationsmitarbeitern Schreib- und Klavierunterricht gibst und in unseren Nachbardörfern Bibelstunden hältst." Er sah sie an. „Und du wirst mir fehlen."

„Wenigstens habe ich Aggie", sagte Clara.

*

Während John in den nächsten Wochen an seinem kleinen Schreibtisch in der Ecke ihres Schlafzimmers saß, seine Vorträge vorbereitete und Dias sortierte, versuchte Clara, die Kinder für den Schulanfang vorzubereiten. Sie wollte ihnen ein wenig Englisch beibringen, da sie hauptsächlich Deutsch sprachen. Die Kinder wehrten sich, also gab sie es auf. In der Schule würden sie es schnell genug lernen.

Bevor John nach Kanada ging, besuchte die ganze Familie viele Gemeinden in der Umgebung ihres Hauses in Newton. Sie stellten die fünf Kinder, vom ältesten bis zum jüngsten, auf die Bühne und ließen sie deutsche und spanische Lieder singen, wobei Clara sie auf ihrer Autoharp (Kastenzither) begleitete. Dann zeigten sie Dias und erzählten von ihrer Arbeit. Am Ende, kurz bevor der Opferteller herumgereicht wurde, sollten die Kinder noch ein paar Lieder singen. Da war Clara am stolzesten auf ihre Kleinen, obwohl es schwierig war, sie dazu zu bringen, sich richtig aufzustellen und zu singen. Marlena war besonders schwierig, sie schubste und trat oft. Es schien ihr egal zu sein, dass sie Geld für die wichtige Arbeit zu Hause sammelten.

Schließlich war es Zeit für John, seine Reise anzutreten. An einem schwülen Morgen Anfang August stand Clara an der Haustür und sah zu, wie ihr Mann aus der Einfahrt fuhr. Sie fühlte sich so einsam wie seit ihrer Kindheit auf dem Hof ihres Vaters nicht mehr. Aber hinter der Einsamkeit war noch etwas anderes, ein Gefühl, das sie nicht benennen konnte.

Einige Wochen später, kurz vor dem Abendessen, klopfte es an der Tür. Ein offiziell aussehender Mann fragte, ob eine gewisse Agatha Braun hier wohne. Als Aggie in der Tür erschien, fragte er nach ihrem Pass. Der Mann notiert sich ein paar Sachen aus dem Pass und fragt dann: „Arbeitest du hier?"

Clara kam von hinten. „Sie hilft uns nur. Wir sind Missionare ..."

„Ich arbeite." Aggies Stimme war ausdruckslos.

Er ging und sagte, Frau Braun würde bald von jemandem hören.

In dieser Nacht kniete Clara neben ihrem Bett und betete um Vergebung. Sie hatte fast gelogen, um ihr Dienstmädchen zu behalten. Was war über sie gekommen? Wie sollte sie ohne Aggie mit den Kindern zurechtkommen? Und wer hatte der Einwanderungsbehörde erzählt, dass Aggie hier arbeitete?

Eine Woche später kam der offizielle Brief der Regierung, in dem stand, dass Aggie gegen die Einwanderungsgesetze verstoßen hatte und sofort nach Kanada abgeschoben werden sollte.

Als Claras Bruder Edwin, Aggie einige Tage später abholte, um sie zum Flughafen zu bringen, fiel Clara auf das Sofa. Zwei der Kinder strampelten schreiend auf dem Boden. Sie wusste, dass es Zeit war, etwas für das Abendessen zu kochen. Und es gab Wäsche zu waschen. Aber sie saß einfach nur da.

Irgendwie brachte Clara den Abend und die nächsten Tage hinter sich.

Sie schrieb an John:

Die Verantwortung für die Kinder ist so schwer für mich. Sie bemühen sich, aber du weißt, wie sie sind, wenn du nicht da bist. Ich bin sehr dankbar, dass ich gesund bin. Sonst könnte ich das alles nicht aushalten. Manchmal werde ich richtig nervös.

Viele Verwandte kamen in den nächsten Monaten vorbei, brachten Essen, halfen beim Einkaufen oder setzten sich zu den älteren Kindern, wenn diese mit ihren Englisch-Hausaufgaben kämpften. Claras Blutungen hatten aufgehört, sie verstand nicht, warum sie nicht bei John war. Aber sie konnte nicht viel dagegen tun.

John war in den Weihnachtsferien für ein paar Wochen zu Hause, nach sehr erfolgreichen Treffen, bei denen viel Geld für ihre Arbeit gesammelt worden war. Clara liebte die schöne Uhr, die er ihr aus Dankbarkeit für alles, was sie getan hatte, und weil sie nicht mit ihm reisen konnte, mitgebracht hatte. Wenn sie als Familie zusammen waren, las John aus der Bibel vor und betete mit ihnen. Clara wurde bewusst, dass sie immer noch eine sehr geeinte Familie waren und dass Gott für sie sorgte.

*

Mitte Januar brach John wieder auf, um Gemeinden im ganzen Mittleren Westen zu besuchen. Die eisgrauen Straßen passten zu seiner Stimmung. Er machte sich Sorgen um Clara. Vor seiner Abreise hatte er sich mit John Russell und Elisabeth zusammengesetzt, und sie hatten hoch und heilig versprochen, sich zu benehmen und auf Mama aufzupassen. Aber das alles war zu viel für Clara, und es würde in den nächsten sechs Wochen nur noch schlimmer werden, bis das Baby da war.

Zwischen seinen vielen Programmen, manchmal mehr als eines an einem Tag, schrieb John so oft er konnte aufmunternde Briefe an Clara. Er hatte eine Woche Urlaub eingeplant, um Ende Februar zur Geburt ihres sechsten Kindes wieder in Newton zu sein. Er war dabei, als das Baby am Sonntag, dem 3. März, um 4.15 Uhr morgens zur Welt kam, ein gesundes, blondes Mädchen mit blauen Augen. Sie nannten sie Mary Lou.

Nach einigen weiteren Reisemonaten, fast ein Jahr nach seiner Ankunft in den USA, packte John seine achtköpfige Familie zusammen und kehrte zu seiner Arbeit in Paraguay zurück.

*

An einem kühlen Abend des 9. Juli 1957 fuhr der Kombi von MCC auf das Gelände von Km. 81. Eine Gruppe von Mitarbeitern der Station hatte sich im Versammlungsraum getroffen, um sie willkommen zu heißen. Trotz der herzlichen Umarmungen spürte Clara, dass etwas nicht stimmte. Eine stille Verzweiflung lag in der Luft.

Schließlich nahm Clara Aggie zur Seite. Aggie war vor ein paar Wochen aus Kanada zurückgekehrt und wusste, was los war. „Wo sind die anderen Mitarbeiter, Aggie? Und warum sind alle so nervös?"

Clara runzelte die Stirn, als sie hörte, wie Aggie beschrieb, dass fast ein Drittel der mennonitischen Mitarbeiter im letzten Jahr gegangen war. Viele Ernten waren schlecht ausgefallen, der Viehbestand war geschrumpft und die Stimmung auf der Station war auf einem historischen Tiefpunkt. Aggie sagte, sie wisse nicht, warum.

Später an diesem Abend, als sie neben John lag, erzählte Clara, was Aggie ihr gesagt hatte.

„Ich werde der Sache auf den Grund gehen." Johns Stimme hatte die Schärfe, die fast immer zu irgendeiner Konfrontation führte.

Clara seufzte in ihr Kissen. Es war schön, wieder zu Hause zu sein. Aber warum konnte es nicht wenigstens einen friedlichen Tag geben?

*

„Warum hast du uns nicht geschrieben, dass so viele unserer mennonitischen Arbeiter die Station verlassen haben?" John starrte Dr. Walter über den Schreibtisch in der Klinik hinweg wütend an. „Und warum sind sie gegangen?"

Dr. Walter runzelte die Stirn und zuckte die Achseln. „Es waren Freiwillige. Die hatten sicher andere Pläne."

„Ich habe etwas anderes gehört." John spuckte die Worte aus. „Mir wurde gesagt, dass die Arbeiter Km. 81 verlassen haben, weil sie glaubten, es sei nicht das Werk des Herrn, wenn du, ein Nichtchrist, es leitest."

„Das ist wohl ihr gutes Recht", sagte Walter.

Das war der Tropfen, der das Fass zum Überlaufen brachte. Er musste Walter hier wegschaffen. Aber zuerst musste er sich darauf konzentrieren, die Arbeit wieder in Gang zu bringen.

„Wir werden hier wieder Ordnung schaffen", sagte John. „Und wir fangen mit der medizinischen Arbeit an. Ich sehe in den Akten, dass viele unserer Patienten im Inland seit Monaten nicht mehr besucht worden sind. Du wirst die monatlichen Fahrten zu jedem unserer Außenposten wieder aufnehmen."

Walter stand auf und zog eine Schachtel Zigaretten aus der Tasche, als er die Klinik verließ.

„Und du wirst hier nicht rauchen." Johns Stimme klang barsch.

„Das ist nicht dein Gelände." Walter legte die Finger um eine Zigarette und zündete sie an.

John ballte die Hände zu Fäusten und verließ die Klinik. Er würde Orie von Walter erzählen. Sein unverschämtes Verhalten war inakzeptabel. Er musste gehen.

*

In den nächsten Monaten verbrachte John jede wache Stunde damit, Km. 81 wieder in Gang zu bringen, angefangen mit dem medizinischen Programm. In Asunción nahm er an vielen langen Sitzungen mit Mitgliedern des Gesundheitsministeriums teil. Gemeinsam entwickelten und implementierten sie einen Plan für Massenvorsorgeuntersuchungen von Leprapatienten - insbesondere von Kindern - im gesamten Departamento de Caaguazú, einer Region von etwa 1.165.400 Hektar, zu der auch das Gebiet um die Station Km. 81 gehörte.

Sie untersuchten etwa 60.000 Menschen und identifizierten über 150 Leprapatienten.

Leider waren Patienten mit fortgeschrittenen Krankheitssymptomen immer noch schwer zu finden und kamen nicht freiwillig nach Km. 81, aber diejenigen, die mit frühen Symptomen kamen, hatten eine große Chance auf Heilung. Die umfassenden Vorsorgeuntersuchungen machten auch Menschen in abgelegenen Gebieten auf die Möglichkeit einer ambulanten Behandlung aufmerksam, so dass das Misstrauen der Patienten langsam abnahm. Dieses Gemeinschaftsprojekt mit der Regierung signalisierte in nie dagewesener Weise, dass das Gesundheitsministerium die Wirksamkeit und Legitimität des ambulanten Lepraprogramms bei Km. 81 anerkannte.

Schwieriger gestaltete sich die Förderung der landwirtschaftlichen Projekte der Station. Um paraguayische Hausbesetzer davon abzuhalten, auf das Missionsgelände einzudringen, war Johns erste Aufgabe, den Zaun zu reparieren und in Vieh zu investieren. Glücklicherweise war in der Zwischenzeit aufgrund von Johns dringenden Bitten eine neue Gruppe von Freiwilligen auf der Station eingetroffen. Aber sie schienen nicht gut auf Johns Forderungen nach mehr Arbeitsstunden und weniger Tereré-Pausen zu reagieren. Sie widersprachen ihm nicht direkt, aber ihr Verhalten änderte sich nur in seiner Gegenwart. Glaubten sie wirklich, dass er nicht bemerkte, dass sie zu ihren alten Gewohnheiten zurückkehrten, wenn er nicht da war?

*

Clara war froh, wieder zu Hause zu sein. Ja, so fühlte es sich an, zu Hause zu sein. Eine junge Frau aus der Mennonitenkolonie war gekommen, um die jüngeren Kinder in Deutsch zu unterrichten, während die älteren im Fernunterricht Englisch lernten. Und Aggie übernahm wieder ihre Rolle als Köchin, Haushälterin und Erzieherin der Kinder.

Eines Morgens Ende Oktober 1957, einige Monate nach ihrer Rückkehr, hockte Clara auf dem Boden neben Aggie, die gerade Federn von einem Huhn rupfte, das sie eben geschlachtet hatte. „Aggie, was hörst du von den Stationsarbeitern? Sind sie jetzt glücklicher?"

Aggie hörte kurz mit dem Rupfen auf und sah Clara an. Sie kniff die Augen zusammen, als wollte sie entscheiden, ob Clara die Antwort wirklich hören wollte. „Also, ehrlich gesagt, nein, Clara." Sie begann heftiger an den Federn zu ziehen. „Du und John, ihr redet immer viel darüber, wie wichtig es ist, einfach zu leben, wie unsere Nachbarn. Aber egal, wie einfach wir leben, Leute wie du und ich, die nach Nordamerika und zurück reisen können, erregen viel Neid."

„Unsere Arbeiter sind neidisch?" Das war das Letzte, was Clara erwartet hatte. Sie war es gewohnt zu hören, dass ihr Mann zu anspruchsvoll war oder dass er mit seiner direkten Art die Gefühle anderer verletzte. Aber Eifersucht?

„Das ist nicht alles, Clara. Sie nehmen es euch übel, dass du und vor allem John so viel Aufsehen darum macht, nicht über euren Nachbarn zu leben, aber euer Lebensstil ist nicht im Geringsten mit ihrem zu vergleichen."

Clara stand langsam auf und ging. Das würde John sehr schwerfallen. Es war ihm so wichtig, ein einfaches Leben zu führen und nicht aufzufallen. Wenn sie oder eines der Kinder nach einem Kleidungsstück oder etwas anderem Unwichtigem fragten, war Johns Antwort immer: „Schau dir die Leute um uns herum an. Wenn sie es sich nicht leisten können, warum glaubst du, dass du es verdienst?"

Als sie und John an diesem Abend ins Bett gingen, sagte Clara:

„John, ich muss dir etwas sagen - etwas, das ich darüber herausgefunden habe, was unsere Arbeiter über uns denken."

John hörte mit seiner Arbeit auf. Als sie ihm erzählte, was Aggie ihr gesagt hatte, sank er aufs Bett und stützte den Kopf in beide Hände. Clara wünschte, sie hätte ein Heilmittel für die neue Wunde ihres lieben Mannes. Es ging ihm von Anfang an nicht gut. Die regelmäßigen B12-Spritzen, die er sich selbst gab, schienen seine schwere Blutarmut nicht zu lindern, und er verlor trotz seines ohnehin schon schlanken Körpers immer mehr an Gewicht. Und jetzt das.

Zwanzigstes Kapitel

Konrad Wolfs Narbe auf der linken Gesichtshälfte pochte wie immer, wenn er verzweifelt war. Er wünschte sich, er hätte sich nicht so sehr auf das Lepraprojekt bei Km. 81 eingelassen. Zwar hatte das MCC den Kolonien in den letzten Jahren zu einem wirtschaftlichen Aufschwung verholfen, und Schmidt hatte zweifellos einen großen Anteil daran. Aber der Mann war unausstehlich.

Zuerst glaubte er, als Arzt weitermachen zu können, obwohl er in Paraguay keine Zulassung hatte.

Konrad ging davon aus, dass Schmidt dieses Problem durch Bestechung der Gesundheitsbehörden gelöst hatte. Und nun war er erst ein paar Monate wieder in Paraguay und schon dabei, sich mit einer Rinderfarm auf dem Missionsgelände zu bereichern. Gab es etwas, das dieser Mann nicht für seine Sache tun würde?

Konrad hatte Orie Miller einen langen Brief geschrieben.

Du könntest Km. 81 genauso gut Schmidts Farm nennen.

Der ganze Viehzuchtbetrieb, von dem Schmidt so begeistert war, hatte nichts mit der Missionsarbeit zu tun und war, soweit Konrad das beurteilen konnte, eigentlich eine große Ablenkung. Eine Möglichkeit für Schmidt, sich die Taschen zu füllen, mehr nicht.

Jetzt starrte er auf Ories Antwort, die vor ihm auf dem Schreibtisch lag. Orie erinnerte ihn daran, dass sie dieses Gespräch bereits 1953 bei der Einweihung der Station geführt hatten. Die Missionare, die auf der Station arbeiteten, durften Vieh kaufen, um ihr eigenes Geld anzulegen.

Konrad befingerte seine linke Gesichtshälfte. Warum hatte Schmidt ihm wohl nicht von der Genehmigung des MCC für seine Viehzucht erzählt, als Konrad ihn bei ihrem letzten Treffen damit konfrontiert hatte? War Schmidt ihm gegenüber genauso misstrauisch wie er ihm gegenüber, diesem amerikanischen Arzt mit seinen verrückten Ideen über Rinderfarmen und Straßenbau?

Sie waren seit einem halben Jahr wieder in Paraguay, als es endlich so aussah, als würde Johns Traum vom Bau der Trans-Chaco-Straße, die die Kolonien mit Asunción verbinden sollte, in Erfüllung gehen würde. Jahrelang hatte er sich für folgende Idee eingesetzt: Die paraguayische Regierung sollte Arbeitskräfte und Material zur Verfügung stellen. Die US-Regierung sollte finanzielle Mittel zur Verfügung stellen. MCC und die mennonitischen Kolonien sollten Maschinisten ausbilden. Die Viehzüchter entlang der Strecke sollten Treibstoff und Reparaturmöglichkeiten für die Maschinen bereitstellen.

Im Laufe der Jahre war Konrad Wolf einer von Johns schärfsten Gegnern geworden. „Das Straßenprojekt wird nie verwirklicht werden - es gibt zu viele bewegliche Teile, die koordiniert werden müssen", sagte Wolf.

An einem heißen, feuchten Tag Mitte März lud John Wolf zu einem Treffen am südlichen Ende der Baustelle ein. Die beiden beobachteten die schweren Wege-bau-maschinen bei der Arbeit. John konnte es kaum erwarten, Wolf das Gegenteil zu beweisen. Und ihn zu überreden, sich ihm bei einem anderen Projekt anzuschließen, das ihm vorschwebte.

Fr schob seinen Hut zurück und grinste Wolf an. „Bei diesem Tempo wird es Jahre dauern. Aber unser Traum für die Kolonien nimmt endlich Gestalt an."

"*Unser* Traum?" Wolf zog die Augenbrauen hoch.

„Sieh mal, Konrad. Wir haben unsere Meinungsverschiedenheiten gehabt. Aber den Wunsch, dass die Kolonien im Chaco gedeihen, haben wir immer geteilt. Ist es nicht an der Zeit, unseren Groll beiseite zu legen?"

Wolf schob mit der Fußspitze Erdklumpen hin und her.

John fuhr unbeirrt fort. „Ich möchte mit dir darüber sprechen, eine Rinderfarm im Chaco für mich zu betreiben. Vor fünf Jahren habe Ich mir die Investitionssumme gesichert, um 7.770 Hektar außerhalb des Kolonielandes zu erwerben ..."

Warum starrte Wolf ihn an, als wäre er verrückt? Das war eine großartige Gelegenheit für sie, gemeinsam etwas zu schaffen, das ihnen persönlich nutzte und der Kolonie als Vorbild diente.

„Ich muss darüber nachdenken", murmelte Wolf.

„Ich will deine Antwort bis nächste Woche", sagte John und wandte sich zum Gehen.

*

Seit fast einem Jahr waren Clara und John wieder in Paraguay. Clara liebte ihre Arbeit als Krankenschwester, aber besonders liebte sie die regelmäßigen Bibelstunden und Gebetstreffen mit den Leprakranken und den Menschen in den umliegenden Städten. Eine der Gemeinden im Norden hatte ihr eine kleine Klapporgel geschenkt, die man zusammenklappen und in einen Behälter von der Größe eines großen Koffers stecken konnte. Sie lud sie auf den Jeep der Station und fuhr damit in die Nachbarstädte, wo sie den Menschen mit Freude beibrachte, *Coritos* über Jesus zu singen. Das Beste von allem war, dass sieben ihrer Leprapatienten bereit waren, sich taufen zu lassen, darunter auch Doña Ramona, ihr allererster Gast bei Km. 81. Sie hatten einen Missionar aus den Kolonien, Johann Regehr, angestellt, um die religiöse Führung dieser neuen Christen zu übernehmen. Clara nähte für die Taufe weiße Röcke, Hosen und Hemden.

Am Taufsonntag zog eine feierliche Schar von Menschen von der Station etwa einen Kilometer durch sumpfige Felder zu einem Teich, den sie *Paso Malo* nannten. John trug Claras Klapporgel. Als sie dort ankamen, stand Pfarrer Regehr bereits hüfthoch im schlammigen Wasser.

Clara stellte die Orgel in das hohe Unkraut neben dem Teich, drehte einen Baumstumpf um, um sich darauf zu setzen, und begann das Lied *Tal Como Soy* zu spielen. Einer nach dem anderen stiegen die weiß gekleideten Patienten ins Wasser, um den Segen zu empfangen. Als Doña Ramona an der Reihe war, half ihr eine der anderen Patientinnen, den kurzen Weg ins Wasser zurückzulegen. Während sie langsam an Clara vorbeihumpelte, strahlte Doña Ramona ein zahnloses Lächeln aus, als wollte sie sagen: "Ich war noch nie so glücklich." Claras Finger verpassten ein paar Schläge, bevor sie sich fasste und weiterspielte.

In Claras Freude mischte sich Besorgnis. Sicher würde es wegen dieser Taufe Ärger mit den Gemeinden im Chaco geben.

Die Leiter der mennonitischen Gemeinden hatten bereits wütende Briefe an MCC geschickt wegen Pastor Regehr, der nur die Überzeugungen einer Gemeinde über die richtige Art und Weise, neue Kirchenmitglieder zu taufen, vertrat. John hatte sich über diese jüngsten Spannungen lustig gemacht und argumentiert, dass sie alle Gottes Wort verbreiten sollten, ohne sich von kleinen Differenzen ablenken zu lassen. Während Clara noch das Schlusslied anleitete, musste sie schmunzeln, als sie an Franklin und ihre Auseinandersetzungen dachte, dass sie durch Untertauchen wieder getauft werden sollte. Sie erkannte das engstirnige Mädchen von vor fünfzehn Jahren kaum wieder. Aber sie war dankbar, denn das hatte sie schließlich hierher geführt. Zu dieser Arbeit.

„Amen", flüsterte Clara, als der Prediger Ramonas Kopf sanft unter Wasser tauchte.

*

Zu Claras Aufgaben gehörte neben der Buchhaltung, der Betreuung der Patienten, der Leitung von Bibelstunden und Gebetstreffen, dem Klavier- und Schreibmaschinenunterricht und der Herausgabe des vierteljährlich erscheinenden Mitteilungsblattes auch die Bewirtung der vielen Gäste, die das mennonitische Leprazentrum besuchten. Im vergangenen Jahr waren es mehr als fünfzig Gäste pro Monat. Die Menschen kamen aus der ganzen Welt, aus allen sozialen Schichten und aus den unterschiedlichsten Gründen. Manche wollten die Arbeit unterstützen, andere wollten ihren Widerstand gegen eine Leprakolonie in der Region zum Ausdruck bringen, wieder andere waren einfach nur neugierig.

Clara empfing alle mit der gleichen Gastfreundschaft. Die Nichtchristen gaben ihr die Möglichkeit, Zeugin ihres Herrn zu sein. Sie stellte den

Gästen gerne die Patienten vor, die auf der Station lebten. Die Menschen sollten wissen, dass es sich um würdige Menschen mit einer Krankheit handelte und nicht um schreckliche Monster, denen man aus dem Weg gehen musste. Besucher aßen oft mit den Schmidts zu Abend, manchmal übernachteten sie sogar in den Betten der Kinder.

Eines Tages kamen die Frau des US-Botschafters Ploeser und eine weitere Würdenträgerin der paraguayischen Botschaft zu Besuch. Beide waren nette Damen und schienen sich sehr für die Arbeit zu interessieren. Aber ihre roten Fingernägel und der leuchtende Lippenstift fielen auf. Etwas an ihnen erinnerte an Anastasia Brighton. *Ich bevorzuge einfach simplere Menschen*, dachte Clara.

*

An einem schwülen Nachmittag Ende 1958, Clara war gerade dabei, die Patientenakten des Tages zu ordnen, ratterte ein Ochsenkarren den Hügel zur Station hinauf und hielt vor dem Klinikgebäude. Clara stand auf, um zu sehen, wer es war, blieb aber stehen, als sie sah, wie ein Mann vom Karren sprang und etwas auf Guaraní rief. Clara sah, wie er grob eine dünne Frau aus dem Karren zog und sich dann ein kleines Kind schnappte - nein, es war kein Kind. Es war eine kleine Person, genauso breit wie lang - und er warf sie auf den Boden. Das Gesicht der Kleinen landete im Dreck, und sie blieb regungslos liegen.

Clara rannte zu ihr und fragte in gebrochenem Spanisch, was los sei. Bevor sie sie erreichte, hatte der Mann den Karren umgedreht und war davongefahren. Clara ging auf die große, schlanke Frau zu und bemerkte, wie gebrechlich und alt sie aussah. Ihr Nasenknorpel war nicht eingefallen, wie es bei Lepra oft der Fall ist, aber ihre Augen waren fast bis zum Rand zugeschwollen, und ihr Mund war durch das fast zahnlose Zahnfleisch verformt. Ihre Hände waren ständig geballt, alle Finger am ersten und zweiten Knöchel angewinkelt.

„*Che memby michïva*... che memby michïva...", stöhnte die Frau und fuchtelte orientierungslos mit den Armen herum, was deutlich machte, dass sie fast völlig blind war und nach der kleinen Person suchen musste.

Clara berührte sie sanft am Ellbogen, führte sie zu dem immer noch regungslosen Menschenhaufen auf dem Boden und sagte: „Sie ist hier".

„Che memby michïva..." Die alte Frau vergrub ihr Gesicht im Rücken des kleinen Menschen.

„Wie heißt du? Und wer ist das auf dem Boden?" fragte Clara.

„Ich ... Josefina und meine kleine Amalia", flüsterte sie in gebrochenem Spanisch. „Die Nachbarn sagen, wir haben einen Fluch ... wir sollen für immer wegbleiben."

„Hier bist du sicher", sagte Clara und rollte die Kleine sanft auf den Rücken. Amalia schien eine Frau von etwa fünfzig Jahren zu sein, mit einem großen Kopf und einer markanten Stirn. Ihr Brustkorb maß vom Kinn bis zur Taille nicht mehr als 25 Zentimeter, und ihre Wirbelsäule war so gekrümmt, dass ihr Körper stets in einer fast sitzenden Haltung verharrte. Von der Unterseite ihrer flachen, runden Füße bis zum Scheitel ihres Kopfes schien sie nicht einmal einen Meter groß zu sein.

„Lasst uns etwas zu essen holen und einen Platz zum Schlafen für euch finden", sagte Clara und half Amalia, sich aufzusetzen.

Amalia war nur 76 Zentimeter groß und fast genauso breit. Ihr Zwergenwuchs war das Ergebnis einer genetischen Mutation namens Skelettdysplasie, einer Störung des Knochenwachstums, die zu unverhältnismäßigem Zwergenwuchs mit einem normal großen Kopf, aber sehr kurzen Armen und Beinen sowie kleinen Händen und Füßen führt. Obwohl Zwerge in Märchen und Fantasie-Romanen oft als Fabelwesen angesehen werden, wurden sie in Paraguay in den 1950er Jahren mit Abscheu und Verachtung betrachtet. Sie galten als Voodoo-Fluch. Zwerge mit Lepra waren doppelt stigmatisiert.

Josefina und ihr kleines Mädchen lebten einige Monate auf dem Flur des überfüllten Lepraheims. Als klar wurde, dass sie nirgendwo anders hingehen würden, sammelten John und Clara Geld, um für sie ein kleines Haus in der Nähe des Gästehauses zu bauen.

*

Anfang 1959 erhielt John eine Einladung zu einem Treffen mit dem neuen Gesundheitsminister, Dr. Raúl Peña. Erst wenige Monate zuvor war es John gelungen, das MCC zur Entlassung von Dr. Walter zu bewegen. War er in Paraguay geblieben und machte ihm jetzt Ärger? Inzwischen lebten fünfzehn Patienten auf Km. 81. Sechs im ursprünglichen Gästehaus, die anderen in kleinen Häusern, die sie in der Nähe gebaut hatten. John achtete darauf, dass alle ihre Unterkünfte immer als Gästehäuser und nicht als Krankenhaus bezeichneten, damit die Leute nicht dachten, er würde eine Kolonie errichten. Hatte Walter sie verraten?

„Wir behandeln weit über 500 Leprapatienten ambulant", begann John.

Dr. Peña wedelte mit den Händen und sagte, er wisse schon alles über die vielen Patienten, die behandelt würden. Worüber er wirklich sprechen wolle, sei, wie das ambulante Modell funktioniere. „Mir scheint, dass dies die bevorzugte Behandlungsmethode für diese Patienten sein sollte. Sie haben gezeigt, dass viel mehr Menschen geholfen werden kann, als wir mit dem Koloniemodell bewältigen konnten."

Peña fuhr fort, eine Flut von Fragen über Johns Methoden zu stellen, was darauf hindeutete, dass er schon eine Weile darüber nachgedacht hatte. John schluckte schwer und vergrub seinen Daumennagel in der Handfläche, um sich auf Peñas Fragen zu konzentrieren. Warum er sich so für ihre Arbeit interessierte?

Peña antwortete: „Wir haben vor kurzem den Arzt eingestellt, den du vor ein paar Monaten entlassen hast: Joachim Walter. Er wird die ambulante Arbeit in eurer Region und östlich von Coronel Oviedo betreuen. Ihr werdet dort Dr. Walter als leitendem Lepra-Gesundheitsbeauftragten unterstellt sein."

Eine Uhr an der Wand tickte und zählte die Sekunden.

Darum ging es also. Auch wenn die Arbeitsbelastung für einen Arzt zu groß war, war es eine Erleichterung gewesen, Walter gehen zu lassen. Ihr Verhältnis war mit der Zeit immer schlechter geworden. Und jetzt sollte John ihm als Vertreter der Regierung Bericht erstatten? Und warum brauchten sie plötzlich keinen paraguayischen Arzt mehr, der ihre Arbeit überwachte?

John setzte seinen Hut auf, nickte knapp zum Abschied und verließ den Raum.

*

Clara saß in ihrem Schaukelstuhl und starrte durch den hohen Backsteinbogen am Ende der Veranda. Die Brise bewegte sanft die orange blühenden Zweige der Chivato-Bäume im Hof. Hinter den Bäumen erstreckten sich Reihen von Weinstöcken, und auf der anderen Seite der Traubenreihen standen Papaya-, Orangen- und Mandarinenbäume am Hang, der zu einem Bach hinunterführte.

Das war ihr Zuhause. Hier gehörte sie hin. Konnten sie wirklich alles zurücklassen? Sie blickte auf den Zettel, den John ihr gegeben hatte und auf dem all die Gründe standen, warum er meinte, sie sollten einfach aufgeben, in die Staaten gehen und ein normales Leben führen. Er hatte letzte Nacht kaum geschlafen, und heute Morgen hatte er ihr seine Liste gegeben:

Freiwillige Arbeiter hören nicht auf mich

Das Gesundheitsministerium hat keinen Regierungsplan zur Ausrottung der Lepra.

Streit zwischen den Gemeinden um die richtige christliche Leitung bei Km. 81

Neid der Nachbarn und Kollegen auf unser gutes Leben

Ich werde nicht als Lepraarzt anerkannt. Km. 81 wird unter dem Namen Dr. Rodríguez geführt

Niemand scheint die Ursache meiner Blutarmut zu kennen.

Bildung der Kinder - sind wir bereit, sie alle woanders zur Schule zu schicken?

Die Leiter der Kolonien schicken nie genug Freiwillige

Die Belastung ist zu groß - ich verbringe mehr als die Hälfte meiner Zeit mit nichtmedizinischen Dingen.

Clara spürte einen Druck in der Brust, der ihr nur allzu vertraut war. Er löste sich, wenn sie die Wunden ihrer Patienten wusch und verband oder in der Klinik half, ein gesundes Baby zur Welt zu bringen; er löste sich, wenn sie mit den Menschen in den Nachbardörfern Coritos sang und ihnen biblische Geschichten erzählte. Aber wenn sie mit der Realität ihrer vielen Herausforderungen konfrontiert wurde, wollte sie am liebsten weinen.

Sie hörte Johns Schritte hinter sich. „Was sollen wir tun, John?"

„Unser Antrag auf vorzeitigen Urlaub müsste inzwischen auf Ories Schreibtisch liegen. Vielleicht sehen sie endlich ein, dass unsere Arbeit hier etwas wert ist, wenn wir weg sind. Wenn nicht, sind wir vielleicht entbehrlich."

Clara fragte sich, wen John mit „sie" meinte, aber sie fragte nicht. Er fühlte sich von allen Seiten bombardiert. Es war keine gute Idee für sie, die Einzelheiten herauszufinden. Von allen Herausforderungen machte sich Clara am meisten Sorgen um Johns Gesundheit. Er war bei vielen Spezialisten in Asunción gewesen, und keiner von ihnen hatte eine Ahnung, warum seine Anämie nicht auf die B12-Spritzen oder das Eisen, das er einnahm, ansprach. Natürlich wussten die Ärzte nicht, dass es sich bei dem Eisen, das er einnahm, um Pulver aus alten Metallstücken handelte, die er in der Stationswerkstatt zermahlen hatte.

„Lass uns beten, dass der Herr uns hilft, einen Weg zu finden", sagte sie und drehte sich um, um durch den Bogen auf die Weinrebenreihen zu blicken, die jetzt fast in der Dämmerung verschwanden.

Einundzwanzigstes Kapitel

Sie waren zweieinhalb Jahre in Paraguay gewesen, die Hälfte der normalen Einsatzzeit. Schon damals, 1957, als sie nach Paraguay zurückkehrten, hatte John deutlich gemacht, dass er keine Versprechungen machen würde, wie lange sie bleiben würden. Denn MCC hatte seinen Antrag auf die vertraglich zugesicherte Erhöhung der Zulage nach der Geburt des sechsten Kindes abgelehnt, so dass es nach Johns Ansicht keinen festen Vertrag mehr gab. Außerdem schienen die Herausforderungen auf der Station manchmal unüberwindbar.

John war ein wenig überrascht, als Bill Snyder ihm nur wenige Wochen nach seinem Antrag auf vorzeitigen Urlaub schrieb, dass MCC einen Ersatzarzt finden würde, der die Arbeit auf Km. 81 für einen Zeitraum von zwei Jahren, beginnend Mitte 1960, leiten würde, was John genügend Zeit geben würde, seine gesundheitlichen Probleme in den Griff zu bekommen, etwas Geld zu verdienen und sich um die Ausbildung seiner Kinder zu kümmern. Während dieser zwei Jahre würden sie keine Unterstützung von MCC erhalten, und es war nicht vorgesehen, dass sie danach nach Paraguay zurückkehren würden. Sollte sich Johns Gesundheitszustand jedoch verbessern, könnten sie zurückkehren, wenn sie wollten.

John wusste nicht, was er davon halten sollte. Konrad Wolf hatte sich bereit erklärt, Johns Farm im Chaco zu leiten, und nun hatte MCC einen Ersatzarzt gefunden. Sie würden diesen Ort für eine Weile verlassen müssen, also waren das alles gute Nachrichten.

Aber Snyder hatte gar keine Einwände gegen den vorgezogenen Urlaub geäußert. Hatte MCC die ganze Zeit gewollt, dass er geht?

Kurz nachdem er Snyders Brief erhalten hatte, stürmte John in ihr Heimbüro, wo Clara gerade versuchte, die Rechnungen zu begleichen. „Clara, ich glaube, jetzt ist der perfekte Zeitpunkt für uns, die Autofahrt nach Norden zu planen, die ich schon immer machen wollte. Jetzt, wo die Panamericana fast fertig ist, können wir den größten Teil der Strecke von hier nach Kansas mit dem Auto zurücklegen. Und wir können unterwegs anhalten, um Missionare zu besuchen und Geld für die Lepraarbeit zu sammeln. Und wir können unterwegs Leprakolonien besuchen und erzählen, wie erfolgreich ambulante Behandlung sein kann. Und wir ...“

Warum sah Clara ihn so an? Als wäre er verrückt oder so. Und warum schüttelte sie den Kopf?

*

John ballte seine Hände unter dem Tisch. Er hatte Orie gebeten, nach Paraguay zu kommen, und er hatte ein Dutzend Gemeindeleiter, die alle drei Gemeinden in den Kolonien vertraten, zu einem Treffen in Asunción zusammengerufen. Die formelle geistliche Arbeit auf Km. 81 war aufgrund von Streitigkeiten untereinander zum Erliegen gekommen. John sah die einzige Möglichkeit, diesen wichtigen Teil ihrer Mission wieder in Gang zu bringen, darin, ihn von MCC leiten zu lassen. Aber es würde einen Kampf geben. Deshalb brauchte er Orie dort.

„Diese Taufe bei Km. 81 war nichts anderes als ein Machtspiel.“ Der Leiter einer der drei mennonitischen Gemeinden im Chaco schlug mit der Faust auf den Tisch.

Viele Stimmen wurden gleichzeitig laut, und einige Männer rückten ihre Stühle vom Tisch. Ein großer Mann, der John direkt gegenüber saß, stand auf und überragte die Gruppe. „Ich weiß nicht, warum ich hier bin. Ich habe meine Meinung schon gesagt.

Orie hob die Hand. „Ich habe viel darüber nachgedacht und es sogar unserem Exekutivkomitee im Norden vorgelegt.“ John sah, wie die Augen zu rollen begannen. Orie fuhr fort.

„MCC vertritt als Körperschaft alle mennonitischen Gemeinden. Wir möchten vorschlagen, dass wir einen Missionar einstellen, der uns berichtet und nicht einer eurer Gemeinden.“

„Aber dann verlieren wir die Kontrolle“, erwiderte einer der Männer. „Wir wissen, wie gern MCC alles auf seine Weise regelt.“

John hatte geschwiegen. Jetzt stand er auf und sah einen Mann nach dem anderen an. Seine Stimme war leise. „Es geht hier nicht um Kontrolle. Es geht darum, Gottes Wort zu verbreiten, ohne dass eure Differenzen dazwischen kommen. Und wie könnt ihr es wagen ..."

Ories ruhige Stimme unterbrach ihn. „Ihr werdet die Kontrolle haben. Wir werden ein Komitee wählen, das mit MCC und dem Leiter der Leprastation zusammenarbeiten wird, um das gesamte Missionsprogramm zu leiten."

John erschauerte. Er war erleichtert, dass MCC bereit war, die geistliche Arbeit auf der Station zu übernehmen. Aber noch ein weiteres Komitee?

*

Clara liebte die Weihnachtsfeiern auf der Station, die im Laufe der Jahre zu einer gut besuchten Tradition geworden waren. Weihnachten 1959 versprach größer zu werden als je zuvor. Mit einem akzeptablen und legitimen geistlichen Leiter auf Km. 81 würde sich die Nachricht von der Feier der Geburt Christi weit verbreiten.

Die Menschen aus den umliegenden Dörfern wurden eingeladen, am Donnerstag, Heiligabend, um 18.00 Uhr zur Station zu kommen, um an dem Programm teilzunehmen. John, Clara und die anderen Mitarbeiter hatten den Tag damit verbracht, Bretter über Sageböcke zu legen und diese mit weißen Tüchern zu bedecken, die so als Tische dienten. Jeder Tisch wurde dann feierlich mit selbstgebackenen Keksen, Kuchen und Pralinen gedeckt. Kleine Geschenke von MCC wie Kämme, Seife, Zahnpasta etc. wurden in die Mitte der Tische gelegt.

Gegen 17:00 Uhr trafen die Gäste ein. Als das Programm begann, saßen über 600 Menschen an den Tischen und auf dem Boden.

Clara eilte herum und sorgte dafür, dass sich alle wohl und willkommen fühlten. Sie brachte einen Stuhl zu einer älteren Frau, die offensichtlich an Arthritis litt. „Señora, por favor." Die alte Dame beugte sich vor und küsste Clara auf beide Wangen.

Als Nächstes stand ein Sketch auf dem Programm, den ihre Kinder aufführen sollten. Clara hatte den Sketch immer wieder mit ihren Kindern geübt und hoffte, dass es ihnen gelingen würde. Sie spielten die Krippenszene ohne Dialog, da die meisten Gäste kein Deutsch verstanden. Die beiden ältesten Kinder hatten sich sehr geärgert, dass sie die Rollen von Josef und Maria spielen mussten. Aber die jüngeren Kinder schienen Spaß daran zu haben, sich als Hirten und Weise zu verkleiden. Das Jesuskind war natürlich Mary Lou, inzwischen zweieinhalb Jahre alt.

"Jetzt seid ihr dran." Sie führte die Kinder dorthin, wo sie Platz für den Sketch geschaffen hatte. Sie legte ihr Baby in die provisorische Krippe und ging dann zur Seite, in der Hoffnung, dass die Kinder sich an ihre Teile erinnern würden. Es gab ein wenig Verwirrung und Streit darüber, wer wo stehen sollte. Währenddessen lag das Jesuskind ruhig in der Krippe und wartete darauf, dass die anderen sich benahmen und taten, was Mama gesagt hatte.

Der Sketch war ein voller Erfolg. Der Prediger hielt eine kurze Predigt. Clara leitete alle an, einige Weihnachtslieder zu singen, während sie die Melodien auf der Orgel spielte. Danach wurde Eiskaffee serviert und zum Essen eingeladen. Das Programm endete damit, dass ihre sechs Kinder dem Publikum einige Lieder auf Spanisch und Deutsch vorsangen.

Am nächsten Abend wiederholten sie dasselbe Programm für die Leprakranken. Da man noch nicht wusste, wie sich die Krankheit verbreitete, versuchte man, die Leprakranken von den anderen fernzuhalten. Neben den Bewohnern des Gästehauses kamen über sechzig Kranke aus der Umgebung. Clara empfing jeden einzelnen mit liebevoller Zärtlichkeit. Sie half Doña Ramona, einen Platz in der ersten Reihe zu finden, weil ihr Gehör nachgelassen hatte. Und sie führte die fast blinde Doña Josefina zu einem Stuhl. Amalia folgte ihnen auf dem Hintern und schob sich mit den Armen vorwärts.

„Hier, meine Kleine", sagte Clara. „Bringen wir dich hoch, damit du sehen kannst." Mit Hilfe einiger Stationsarbeiter hob sie Amalia vorsichtig hoch und setzte sie auf eine Plattform, die Clara vom Zimmermann hatte bauen lassen.

Der Kindersketch begann. Clara trat zur Seite und betrachtete die Menschenmenge, die sich um die Krippenszene versammelt hatte. Einigen Patienten waren Gliedmaßen amputiert worden. Andere waren mit verkrusteten oder offenen Wunden bedeckt. Die Hände einiger Patienten waren so verkrüppelt, dass sie nur den Daumen bewegen konnten, als Clara ihre Hand zur Begrüßung ergriff. Viele waren blind, aber sie lachten mit den anderen, als Mutter Maria das Jesuskind aus der Krippe hob und die Patienten sahen, dass Jesus ein pummeliges kleines Mädchen mit lockigem blondem Haar war.

„Feliz Navidad", sagten sie und nahmen die Süßigkeiten und kleinen Geschenke entgegen. „Gracias. Feliz Navidad." Clara beobachtete, wie sich einer der Patienten mit beiden verkrüppelten Händen ein Stück Seife auf die Brust drückte und Tränen über seine Wangen liefen.

*

In den ersten Monaten des Jahres 1960 verbrachte John die meisten Abende bis spät in die Nacht damit, ihre Autofahrt in die USA zu planen. Er schätzte, dass es etwa drei Monate dauern würde, wenn man die Zwischenstopps berücksichtigte, die er unterwegs einlegen wollte. Er identifizierte und kontaktierte Missionare in den Ländern, durch die sie reisen würden. Die meisten von ihnen waren Nichtmennoniten, aber er plante auch, die mennonitischen Kolonien in Bolivien, Britisch-Honduras - was einen Umweg mit dem Flugzeug bedeutete - und Mexiko zu besuchen. ALM hatte ihn gebeten, vier Leprakolonien in Bolivien, Ecuador, Panama und Costa Rica zu besuchen und darüber zu berichten. Das Wichtigste war, die ganze Reise zu nutzen, um mehr über die Missionsarbeit in ganz Süd- und Mittelamerika zu erfahren und ihre ambulante Lepraarbeit in Paraguay bekannt zu machen.

John bestellte in Schweden einen Volvo-Familienwagen, weil er davon überzeugt war, dass dieses Auto mit dem unwegsamen Gelände zurechtkommen würde, auf das sie wahrscheinlich stoßen würden. Auf die Seite des Volvos malte er in großen schwarzen Buchstaben die Worte: *Lucha Antileprosa en el Paraguay.* Und darunter: *Misión Menonita.*

Er bat Clara, ein Zelt zu nähen, das an der Seite des Volvos befestigt werden konnte. Als er die Zelt-Maße nannte, die ihm vorschwebten, schüttelte Clara den Kopf und sah ihn fragend an.

„Das reicht kaum für drei Personen. Wir sind acht, John."

„Der Rest von uns wird im Auto schlafen, wenn wir nicht bei Missionaren übernachten", sagte er. „Größer können wir das Zelt nicht machen, weil es nur auf einer Seite abgestützt ist."

John war immer noch anämisch (blutarm). Er hatte im letzten Jahr weiter abgenommen. Und er hatte häufig Durchfall. Aber bei dem Gedanken an diese Reise fühlte er sich wieder jung. Davon hatte er geträumt, seit er 1941 in Paraguay gelandet war.

Natürlich wäre es viel einfacher gewesen, diese Reise zu machen, bevor er eine große Familie hatte. Aber auch für die Kinder würde es ein schönes Abenteuer sein.

*

Tagsüber blieb keine Zeit, die Reise zu planen. Nachdem die Arbeiten an der Station widerwillig von der Regierung genehmigt worden waren, wuchs sie schnell. Die überfüllten Gästehäuser beherbergten zwanzig Patienten, und Km. 81 behandelte fast die Hälfte der 1.200 gemeldeten Leprafälle im Land. John fuhr weiterhin mehrmals im Monat los, um bestehende Patienten zu behandeln und neue zu suchen. Es gab noch viele unerkannte Fälle. Dessen war er sich sicher.

Die größte Bestätigung für John war, dass die Weltgesundheitsorganisation in diesem Jahr endlich die Wirksamkeit der in Km. 81 angewandten Behandlungsmethoden anerkannt hat. Und nach großen Veränderungen im paraguayischen Gesundheitsministerium übernahm der neue Minister, Dr. Torres, das ambulante System als landesweites Modell. Der unbequeme Dr. Walter war nach Afrika gegangen.

Bei all dem Wachstum im medizinischen Bereich wurden die Grenzen der rustikalen und rudimentären Gebäude der Station immer deutlicher. Dieses mussten vor der Abreise in die USA geklärt werden. Die wachsende Zahl der Mitarbeiter, darunter die jungen Freiwilligen, die Krankenschwestern, der Koch und ein Seminarist, schliefen in Strohhütten mit Lehmboden. Ständig tummelten dort Moskitos und Ratten, gelegentlich auch giftige Schlangen.

Noch schlimmer war, dass John nur ein einziges Behandlungszimmer zur Verfügung stand, in dem er Lepra- und Allgemeinpatienten untersuchte, Babys entband und Operationen durchführte.

Erst kürzlich kam an einem Vormittag in der Allgemeinklinik einer seiner Leprapatienten zu ihm, um sich die Zähne ziehen zu lassen. Aber auch ein Vater war gerade mit zwei an Hakenwürmern erkrankten Kindern eingetroffen, so dass John beschloss, sich zuerst um sie zu kümmern. Als er den Leprapatienten zu sich rief, warteten bereits sechs weitere Menschen auf eine allgemeinmedizinische Behandlung.

Sie schauten den Leprakranken, der vor ihnen das Sprechzimmer betrat, schief an. John konnte es ihnen nicht verübeln.

Er hatte dem MCC einen Bauplan für einen Mädchenschlafsaal, einen Beratungs- und Behandlungsraum für Leprapatienten und ein weiteres Gästehaus für neue Leprapatienten geschickt. Die Patienten lebten jetzt in den Gängen und Fluren.

Er schätzte, dass das gesamte Bauprojekt etwa 7.000 US-Dollar kosten würde. Darin nicht enthalten war die Eröffnung einer spanischen Grundschule für die umliegenden Familien, die bereits im Budget des letzten Jahres enthalten war.

Er beendete den Brief mit:

All diese Gebäude werden nicht mehr kosten als ein Kirchengebäude zu Hause.

Je mehr John ihr von der bevorstehenden Reise erzählte, desto mehr machte sich Clara Sorgen, dass dies zu viel für ihre sechs Kinder im Alter von drei bis fünfzehn Jahren sein würde. Am schlimmsten war Johns Gesundheitszustand. Seine Migräne, die so häufig auftrat wie schon lange nicht mehr, schwächte ihn stundenlang. Und seine Anämie sprach immer noch nicht auf die Behandlung an.

Es war ein warmer Herbsttag Ende April, einen Monat vor ihrer Abreise. Clara sortierte die Kleidung der Kinder und packte das Nötigste für die Reise ein. In dem kleinen Volvo war nicht viel Platz. Sie wusste nicht, wie sie alle mit dem Proviant, den Kleidern und dem Zelt hineinpassen sollten.

Ihre Jungs freuten sich darauf, durch die bolivianischen Anden zu fahren, sich vielleicht zu verirren und in Sackgassen zu landen. Ihre Phantasie kannte keine Grenzen. Clara lächelte. Sie waren ihrem Vater so ähnlich. Je riskanter die Unternehmung, desto besser.

Aber ihre Töchter waren etwas anderes. Vor allem Marlena, die immer wieder drohte, nicht mitzufahren, wenn das bedeutete, drei Monate lang in diesem „blöden kleinen Auto, das hinten nicht mal Fenster hat die man herunterlassen kann", eingesperrt zu sein. Clara seufzte. Auch Johns harte Schläge halfen dem Mädchen nicht.

Schlimmer noch, manchmal schien Marlena sie herauszufordern. Clara sah auf, als John den Raum betrat. „John, ich habe nachgedacht. Unsere Mädchen freuen sich nicht auf diese Reise. Können wir etwas tun, damit es ihnen mehr Spaß macht?"

„Damit es ihnen mehr Spaß macht?" Johns kurzes, gekünsteltes Lachen sagte alles. Er wollte, dass diese Reise dazu diente, ihre Missionsarbeit bekannt zu machen und Unterstützung dafür zu sammeln. Aber trotz aller missionarischen Ziele war es für John und seine Jungs ein großes Abenteuer. Clara schluckte und sortierte weiter die Kleider.

Eine Woche bevor sie die Station auf Km. 81 verlassen würden, waren John und Clara mit Frank Wiens, der wieder als MCC-Direktor für Paraguay arbeitete, im MCC-Hauptbüro in Asunción. Sie schlossen die Vorbereitungen für die Übergabe der Lepraarbeit an Dr. Hiebert ab, der erst zwei Monate nach der Abreise der Schmidts eintreffen würde. John und Clara hatten eine Liste mit allem zusammengestellt, was die Hieberts ihrer Meinung nach wissen sollten:

Fühlt euch frei, alles in unserem Haus zu benutzen; ihr solltet daran denken, medizinische Hilfsgüter mitzunehmen - eine Tasche mit 4 bis 5 kg Hilfsgütern sollte kein Problem beim Zoll sein; ein Stethoskop ist ein Muss, da Johns Stethoskop aus Studienzeiten in schlechtem Zustand ist. Es gibt viele nicht-medizinische Aufgaben, wie z.B. den Frieden zu wahren und die Interessen des Stationspersonals zu vertreten; immer in Kontakt bleiben mit Nachbarn, Kolonieleitern, dem Gesundheitsministerium und MCC. Und schließlich werdet ihr viele Gäste empfangen und Dankesbriefe für Geschenke und Spenden verschicken müssen.

„Hoffentlich schreckt sie das nicht ab." Frank rutschte auf seinem Stuhl hin und her. „John, Clara, ich habe eine Nachricht bezüglich eures Finanzierungsantrags erhalten."

Frank sagte, dass MCC die Notwendigkeit der zusätzlichen Gebäude verstehe, aber keine Mittel für das Projekt habe.

Als Komitee waren sie sich einig, dass die Geldbeschaffung ein gutes Urlaubsprojekt für John und Clara wäre. Tatsächlich waren die Mittel für alle Arten von Gebäuden, einschließlich der neuen Schule, sogar geringer als erwartet, wenn man die zusätzlichen Kosten für den spirituellen Leiter berücksichtigt. John hob die Hände.

"Ich habe versucht, sie zu überzeugen. Frank gab John einen Stapel Briefe. "Die Antwort ist nein."

John wandte sich an Clara und sie nickte. „Clara und ich haben genug Geld aus persönlichen Spenden unserer Familie und Freunde, um mit dem

Bau zu beginnen. Ich verlasse Paraguay nicht ohne deine Zusicherung, dass dieses Projekt Priorität haben wird."

*

Am 23. Mai wurde der Volvo der Familie beladen. Den größten Teil ihres Gepäcks hatten sie oben auf dem Dachgepäckträger verstaut. Den Rest verstauten sie hinten in einer provisorischen Holzkiste, die auch als Schlafplatz für die jüngeren Kinder diente. Sie verabschiedeten sich von der Gruppe der Stationsmitarbeiter und Patienten, die das Auto umringten. Doña Josefina winkte ihnen zu, Tränen liefen ihr über die eingefallenen Wangen.

In Itá Enramada überquerten sie mit einer Fähre den Paraguay-Fluss und erreichten Argentinien auf einer holprigen Erdstraße ohne Beschilderung. Beim ersten Mal machte es Spaß, sich zu verfahren. Der erste Zeltaufbau war lustig. Sogar das Essen der getrockneten Erbsensuppe, die auf dem kleinen Petroleumkocher am Straßenrand gekocht wurde, machte Spaß.

Aber der Spaß währte nicht lange. Als sie am Samstag, den 28. Mai, die bolivianische Grenze bei Yacuiba erreichten, war der Unmut unter den jüngeren Kindern groß. Alle waren müde und hungrig. Und die Grenzsoldaten sagten, sie hätten nicht die richtigen Papiere.

„Die wollen nur Bestechungsgeld", sagte John zwischen zusammengepressten Lippen. Clara wusste, dass das bedeutete, dass sie eine Weile nicht weiterfahren würden.

„Es ist kalt und es droht wieder zu regnen", sagte Clara. „Ich glaube nicht, dass wir ein Zelt aufstellen können."

„Was machen wir jetzt?", fragte Wesley. Der Spaß und das Abenteuer hatten sich in Unruhe und Langeweile verwandelt.

"Wir werden uns schon etwas einfallen lassen." Clara versuchte zu lächeln. Einer der Grenzbeamten hatte beiläufig erwähnt, dass es in der Stadt *Evangélicos* gäbe. „Wer will mit mir gehen und schauen, ob wir Missionare finden?"

Sie und ihre älteren Töchter gingen eine stark zerfurchte Straße entlang, um Schlammpfützen herum und fragten unterwegs nach Evangélicos. Schließlich wurden sie zu einem kleinen Lehmgebäude geführt, das neben einem Lagerhaus stand. Clara klopfte an die Tür und wartete. Eine weiße Frau erschien in der Tür. "Ja?"

„Meine Familie ... wir kommen aus Paraguay ... wir sind Missionare ...“ Clara war so damit beschäftigt gewesen, Missionare zu finden, die ihnen helfen konnten, dass sie vergessen hatte, was sie eigentlich fragen wollte. „Wir suchen ein Dach für die Nacht“, brach es aus ihr heraus.

„Ach du meine Güte“, sagte die Frau.

Jane Wilson und ihr Mann waren Missionare der Vereinigten Evangelischen Kirche von England, die den einheimischen und ausländischen Ölarbeitern christliche Dienste leisteten. Jane schickte eines ihrer Kinder, um John und den Rest der Familie mit dem Auto abzuholen. „Mein Mann ist jetzt in der Kirche und hält einen Abendgottesdienst“, sagte sie. „Ihr könnt mitkommen.“

John fuhr vor und hielt an. Nacheinander kletterten die zerlumpten Kinder aus dem kleinen Volvo.

„Ach du meine Güte“, sagte Jane wieder.

John und Clara nahmen am Gottesdienst teil, erzählten von ihrer Arbeit und zeigten Bilder. Am Ende stellten sich ihre sechs Kinder vor der Gruppe auf und sangen Coritos auf Deutsch und Spanisch. Nach einer schnellen Schüssel Suppe machten sie es sich auf den kalten, harten Kirchenbänken zum Schlafen gemütlich. Die beiden älteren Jungen schliefen im Volvo, damit er nicht gestohlen werden konnte.

Am Morgen halfen ihnen die Missionare an der Grenze mit den Papieren und schon ging es weiter. *Gott ist gut*, schrieb Clara in ihr Tagebuch. Sie hoffte, die Geschichte dieser Reise und Gottes gnädigen Schutz eines Tages veröffentlichen zu können.

*

Genau so hatte John es sich vorgestellt. Entweder wussten er und Clara von Missionaren und hatten sie vorher kontaktiert, oder sie wurden von ihnen aufgesucht, als sie in die Stadt kamen. Immer war es eine Gelegenheit, Gottes Werk zu teilen. Die Missionare begrüßten sie meist begeistert und luden sie ein, als wären sie Brüder.

Anfang Juni begann der Aufstieg in die Anden. Der Volvo fuhr meistens im ersten Gang. Unterwegs blieb das Auto mehrmals stotternd stehen. Clara und die fünf ältesten Kinder mussten ihn schieben, bis er durch die Gewichtsreduktion und den Schwung genug Geschwindigkeit hatte, um selbstständig weiterzufahren. Dann mussten sie sich nur noch selbst die steile Straße hinaufschleppen.

Am Sonntag, den 5. Juni, dem Wahltag in Bolivien, kamen sie in Sucre an. Überall waren Straßenpatrouillen. Langsam holperten sie die Straße entlang, die oft nur aus einem kurvenreichen Ochsenkarrenweg bestand. John starrte geradeaus und schaute oft in den Rückspiegel, um zu sehen, wie es den Kindern ging. Sie sahen besorgt aus. Wenigstens waren sie ausnahmsweise still.

Plötzlich tauchten vor dem Auto ein Dutzend Männer auf, die Baskenmützen im baskischen Stil und zerrissene Tuniken über ausgefransten Hosen trugen. Eine Kette spannte sich über die Straße. Die Männer drängten sich um den Volvo, schrien auf Quechua und winkten mit abgesägten Schrotflinten.

John hielt an und öffnete die Tür, ohne wirklich zu wissen, was er tat.

„Qué quieren?" fragte er.

Die Männer stießen ihn grob zur Seite, gingen um das Auto herum, richteten ihre Waffen auf Clara und die Kinder und befahlen ihnen, auszusteigen.

In diesem Moment raste hinter ihnen ein offener Jeep den Hügel hinauf. Auf dem Beifahrersitz saßen zwei Soldaten in Uniform. Die Guerilleros hielten an, drehten sich um und rannten die Straße hinauf in die Büsche.

John wischte sich über die Stirn und merkte, dass seine Hände zitterten. „Gracias, muchas gracias", sagte er zu den Soldaten und setzte sich wieder ans Steuer.

Als John anfuhr, schaute er in den Rückspiegel und sah Clara weinen.

„Machen wir es nicht noch schlimmer, als es schon ist", sagte er knapp. Er durfte sich nicht anmerken lassen, wie viel Angst er gehabt hatte.

Während sie im folgenden Monat durch Peru, Ecuador und Kolumbien reisten, behielt John seine Gefühle streng unter Kontrolle und tat alles, um die Kinder bei der Stange zu halten. Diese Kinder waren eindeutig eine größere Herausforderung, als er erwartet hatte.

*

Am Sonntag, dem 17. Juli, bestiegen sie ein Schiff, das sie durch den Panamakanal brachte. Clara freute sich zu sehen, dass die Kinder von den Schleusen, den Schleusentoren und den elektrischen Schlepplokomotiven auf den Zahnradbahnen auf beiden Seiten fasziniert waren. Es war eine sehr gute Bildungserfahrung für sie. Sie waren nun schon fast zwei Monate unterwegs und es war nicht immer leicht gewesen. Clara musste regelmäßig kleine weiße Pillen nehmen, die John ihr gegen ihre Nervosität gab. Sie wünschte, sie hätte mehr Geduld mit ihren Kindern. Zumindest hatte sie John an ihrer Seite. Er konnte streng sein und hielt die Kinder meistens in Schach.

*

Als sie Ende Juli die Grenze zu Costa Rica erreichten, übergab Clara ihre Papiere einem Grenzbeamten.

„*A dónde van*?"

„Wir sind auf der Durchreise nach Nicaragua", sagte John vom Fahrersitz aus.

Der Beamte schüttelte den Kopf. „Wir haben diesen Abschnitt der Panamericana gerade erst fertiggestellt. Die restlichen Straßen sind alle neu geschottert. Und es gibt keine Brücken, Señor", sagte er. „Es gibt 38 Flüsse, die ihr überqueren müsst. Es ist unmöglich für euch, weiter zu fahren. Das Einzige, was ihr tun könnt, ist, nach Panama zurückzukehren und ein Schiff nach Nicaragua zu nehmen, indem ihr Costa Rica komplett umfahrt."

Clara nickte. Das wäre eine gute Idee.

„Aber das würde bedeuten, zwei Tage zurückzufahren, dorthin, wo wir gerade hergekommen sind. Das kommt nicht in Frage", sagte John.

Der Beamte erklärte, dass die einzigen Fahrzeuge auf dieser Straße Bulldozer und Lastwagen seien.

„Nun, vielleicht können uns die Bulldozer durch die Flüsse ziehen", sagte John.

„Es ist Regenzeit, Señor. Die Flüsse sind zwei, drei Meter tief. Aber vielleicht kann ich einen Ingenieur ausfindig machen, mit dem ihr reden könnt."

Clara musste John aufhalten. Das war zu verrückt. „John, das ist keine gute Idee."

John grinste. „Weißt du, Clara, für mich wird der größte Nervenkitzel dieser Reise sein, wenn die Leute uns fragen, wie wir diesen Teil der Reise überstanden haben, der jetzt vor uns liegt."

Vergaß er, dass er seine ganze Familie in Gefahr brachte, nur weil er und seine Jungs den Nervenkitzel liebten? Aber er ließ sich nicht umstimmen.

Sie überquerten die tiefen Flüsse auf Flößen, die von Bulldozern gezogen wurden, ihr Volvo schaukelte und schwebte.

Auf dieser Straße in Costa Rica trafen sie fast keine anderen Fahrzeuge oder Menschen außer Straßenbauarbeitern, die ihnen anscheinend alle helfen wollten.

*

Die Schmidts überquerten die Grenze in El Paso, Texas, einen Tag bevor drei Monate seit ihrem Aufbruch vergangen waren. Claras Tagebucheintrag einige Tage nach ihrer Ankunft in Kansas lautete:

"Wir verließen die Station am Sonntag, den 22. Mai nachmittags und kamen am 24. August in Newton an. 94,5 Tage. 53 davon waren wir unterwegs. 35,5 besuchten wir Missionare, 2 Tage waren wir auf dem Schiff und 4 Tage im Zug. Die direkte Strecke beträgt 15.500 km, aber mit den Umwegen zu den Missionaren sind wir 18.340 km gefahren, ohne einen Platten. Wir sind nie krank geworden, obwohl wir manchmal fragwürdige Lebensmittel gegessen und getrunken haben. Amöben sind in diesen Ländern weit verbreitet. Wir preisen den Herrn, dass keiner von uns diese schrecklichen Parasiten bekommen hat.

Wir verbrachten 5 Nächte in unserem Zelt, 3 Nächte unter freiem Himmel, 5 Nächte in Hotels und die restlichen Nächte bei Missionaren.

Es war ein wunderbares Familienerlebnis!

Zweiundzwanzigstes Kapitel

Orie lächelte und las noch einmal den Brief von Frank Wiens vom 19. August 1960, nur drei Monate nachdem die Schmidts Paraguay verlassen hatten. Frank schrieb, dass sich Km. 81 in einer finanziellen Notlage befand. Offenbar wegen des Ausbleibens größerer Geldspenden, die nach der Abreise der Schmidts nach Nordamerika nicht mehr eintrafen. Außerdem glaubte er, dass John und Clara viele Entwicklungsprojekte aus ihrem persönlichen Budget unterstützten, *was wir von den Hieberts natürlich nicht erwarten können*. Frank endete mit:

Die Lepra-Mission hat kein Geld mehr und ist in einer ausweglosen Situation.

Natürlich hatten sie ohne die Schmidts kein Geld mehr. Kannte Frank John und Clara nicht inzwischen gut genug, um zu wissen, dass sie immer einen erheblichen Teil des Geldes, das zur Unterstützung von Km. 81 benötigt wurde selbst aufgebracht hatten? Er betete nun darum, dass es John bald wieder gut gehen würde, so dass er nach dem Urlaub wieder arbeiten konnte.

*

Clara sah den Absender *Herald Press* und riss schnell den Umschlag auf. *27.02.61. Leider müssen wir dir mitteilen, dass wir dein Manuskript nicht zur Veröffentlichung annehmen können. Es ist eine Geschichte der Gnade und des Segens Gottes, aber...*

Langsam ging sie vom Briefkasten zum Haus zurück und las den Rest des Absageschreibens. Oh, wie sehr hatte sie davon geträumt, ein Buch zu veröffentlichen, das all ihre Tagebucheinträge von ihrer dreimonatigen Reise in den Norden zusammenfasste. Und da der *Herald Verlag* sich auf Jüngerschaft, Mission und Spiritualität konzentrierte, war sie so sicher gewesen, dass sie es veröffentlichen würden. Die Lizenzgebühr hätte acht Prozent betragen, und sie hätte eine bekannte Buchautorin werden können.

Seit sechs Monaten waren sie wieder in Kansas. Die Kinder gingen alle zur Schule und lebten oft bei verschiedenen Verwandten in der Umgebung von Newton, während sie und John in den ersten Monaten durch das Land reisten, um wieder über die Lepraarbeit zu berichten und Geld zu sammeln. Clara machte sich Sorgen um ihre Kinder, besonders um die älteren, die in einer Welt voller sündiger Versuchungen aufwuchsen. Jeden Abend betete sie, dass sie den Versuchungen Satans widerstehen könnten.

Zurück im Haus setzte sich Clara auf die oberste Verandastufe und ließ den Ablehnungsbrief in ihren Schoß fallen. Unterwegs hatten sie und John fast jeden Abend Gottesdienste gehalten, sonntags bis zu dreimal. Es war anstrengend gewesen und ihre Nerven hatten oft blank gelegen, aber sie hatten viel Geld für die wichtigen Bauprojekte der Leprastation gesammelt.

Nun war John bereit, für sechs Monate in drei verschiedenen Kliniken in der Umgebung von Newton zu arbeiten, um Geld für die Familie zu verdienen. Zusätzlich berichteten sie oft an den Abenden und am Wochenende in zahlreichen Kirchen.

Clara blickte über die eisigen Felder rund um ihr Haus und fragte sich, wie sie mit den Kindern zurechtkommen würde, wenn John mehr als Vollzeit arbeiten würde. Sie wusste, dass sie sich um ihn sorgen musste, nicht um sich selbst. Er hatte häufig Migräne und litt immer wieder unter Durchfall. Der kürzliche Besuch in der Mayo-Klinik hatte keine Antworten gebracht. Trotzdem würde sie diejenige sein, die sich um ihre Kinder kümmern musste - und zwar ganz allein. Die Jungs schienen einfach zu tun, was sie wollten, und ihre beiden älteren Töchter zeigten ihr keinerlei Respekt.

Sie erhob sich von der Stufe und seufzte in einem Gebet um Kraft und Gnade, um eine bessere Mutter zu sein.

*

Nachdem John sechs Monate lang gearbeitet hatte, um Geld für die Familie zu verdienen, reisten er und Clara im Juli 1961 wieder durch Kanada und die USA, um Spenden für die Station zu sammeln. Sie zeigten Dias und erzählten Geschichten über ihre Leprapatienten.

Ihr Publikum schien die kleine Amalia besonders zu lieben, und so erzählte Clara lange Geschichten über ihren Optimismus und ihre Großzügigkeit trotz aller Widrigkeiten. John sprach leidenschaftlich über die Notwendigkeit einer Spezialklinik, die sich ausschließlich der Behandlung von Leprakranken widmet. Sie teilten auch ihre Träume für die Erweiterung ihrer Missionsarbeit, einschließlich einer spanischen Schule für die analphabetischen armen Kinder in der Umgebung, einer Bibliothek, eines Hakenwurmprogramms, statistischer Forschungen zur Leprabehandlung und der Möglichkeit, ein größeres Gebiet mit ihren Untersuchungen und Behandlungen abzudecken. Am Ende der meisten Berichte waren viele Menschen in Tränen aufgelöst und auf den Opfertellern lagen meist viele Geldscheine.

Gegen Ende des Jahres schrieb John an MCC und bat um einen Bericht über die Spenden. Er wollte sicher sein, dass er und Clara genug Geld für seine Baupläne gesammelt hatten. Als er keine Antwort erhielt, fragte er hartnäckiger nach. Schließlich erfuhr er, dass ihre Spenden in den allgemeinen MCC-Fond geflossen waren.

Nicht schon wieder. Das war schon öfter passiert. Es war wohl keine böse Absicht. Natürlich hielt das MCC alle ihre zahlreichen Projekte für förderungswürdig. Und die andere Missionsarbeit war sicher auch wichtig. Aber er und Clara reisten und berichteten, um Km. 81 zu unterstützen, nicht die vielen anderen lohnenden Projekte.

John schrieb:

Wie kam das Geld, das wir in den letzten sechs Monaten gesammelt haben, in den allgemeinen MCC-Fond und nicht speziell in den Km. 81-Fond? Das ist schon hundertmal passiert und nicht akzeptabel.

In seinem Brief verlangte er von MCC eine klare Abrechnung über alle Gelder, die er und Clara für Km. 81 gesammelt hatten. Er fragte nicht darum, er forderte es.

*

Im Juli 1962 hieß es Abschied nehmen. Clara war erleichtert, dass MCC sie gebeten hatte, nach Paraguay zurückzukehren. Aber das bedeutete, dass sie ihre drei ältesten Kinder zurücklassen mussten, um in den USA weiter zu studieren. Johns Mutter hatte sich bereit erklärt, Elisabeth bei sich aufzunehmen, und Claras Brüder nahmen jeweils einen der Jungen bei sich auf. In Paraguay waren Frank Wiens und seine Frau bereit, David und Marlena, dreizehn und elf Jahre alt, bei sich aufzunehmen, damit sie in Asunción zur Schule gehen konnten.

„Ich frage mich immer wieder, ob wir das Richtige für unsere Kinder tun", sagte sie etwa eine Woche vor der geplanten Abreise zu John. Sie wogen Kisten mit medizinischen Hilfsgütern und Medikamenten, die sie mit nach Paraguay nehmen wollten.

„Sie werden in guten Händen sein, Clara. Jetzt ist nicht die Zeit, um sich Sorgen zu machen."

„Aber machst du dir nie Sorgen, dass wir keine guten Eltern sind?" Clara blieb hartnäckig.

John stellte eine Medikamentenschachtel auf die Waage. „Wir erziehen unsere Kinder dazu, den Herrn zu lieben. Das ist die wichtigste Aufgabe, die Gott uns als Eltern gegeben hat."

Clara wünschte, sie könnte sich so sicher sein wie John.

Umgeben von ihren Kindern und einer großen Gruppe von Verwandten sangen John und Clara am Flughafen von Wichita *God Be With You 'til We Meet Again*. Es war ein tränenreicher Abschied. Doch als ihr Flugzeug über den roten Ziegeldächern von Asunción zur Landung ansetzte, konzentrierten sie sich auf die Arbeit, die vor ihnen lag.

256

Dreiundzwanzigstes Kapitel

Zehn Jahre waren vergangen, seit John das letzte Mal Kontakt mit Ana hatte, und so war er überrascht, als er kurz nach ihrer Rückkehr nach Paraguay einen Brief von ihr erhielt. Noch schockierter war er von dem, was sie schrieb. John wusste, dass der Peronismus in Argentinien seit 1958 verboten war. Und er nahm an, dass Ana sich inzwischen wahrscheinlich einer anderen Sache angeschlossen hatte. Oder vielleicht endlich sesshaft geworden war, geheiratet und eine Familie gegründet hatte. Stattdessen erfuhr er, dass Ana zu einer geheimen Gruppe gehörte, die heimlich für die Rückkehr Juan Peróns an die Macht kämpfte. Wirklich? John hörte auf zu lesen und sah auf. Er erinnerte sich an Anas Verachtung für den Mann kurz vor Evitas Tod. Was um alles in der Welt sollte sie jetzt dazu bringen, ihn zu unterstützen?

Er wandte sich wieder dem Brief zu. Ana hatte eine kleine Gruppe von Aktivisten zusammengestellt, um den paraguayischen Präsidenten Stroessner zu treffen, der Perón 1955 öffentlich unterstützt und sein Exil ermöglicht hatte. Sie reiste getarnt nach Paraguay? Hatte sie den Verstand verloren? Wusste sie wirklich nicht, dass Stroessner genauso korrupt war wie der von ihr beschimpfte Perón?

An diesem Abend, nachdem der Rest der Familie zu Bett gegangen war, saß John an seinem Schreibtisch, das Licht der Petroleumlampe flackerte über Anas Brief. Es hatte keinen Sinn, sie davon abbringen zu wollen. Es wäre zwecklos. Er würde ihr schreiben und sie bitten, Km. 81 zu besuchen, wenn sie in Paraguay sei.

Sie würde begeistert sein zu sehen, wie sein und Claras Traum, das geistige, soziale und körperliche Leben der Leprakranken zu verbessern, Wirklichkeit geworden war.

John lehnte sich in seinem Stuhl zurück. Es wäre eine Freude, Ana zu zeigen, was sie in und um die Station herum geschaffen hatten. Er dachte an all die Fortschritte, die sie gemacht hatten. Seine Krankenakten wiesen über 8.500 Patienten auf, die unter der allgemeinen medizinischen Versorgung registriert waren. Und er hatte fast 600 Leprapatienten behandelt, die meisten von ihnen zu Hause. Kürzlich war ein neues Medikament auf den Markt gekommen, Rifampicin/Isoprodian, aber John glaubte nicht, dass es so wirksam sein würde wie das, was er derzeit verschrieb. Er erwartete eine deutliche Besserung bei den meisten Leprapatienten, die er behandelte, selbst bei den schwersten Fällen, obwohl sie die Medikamente wahrscheinlich nie absetzen würden.

Aber es waren nicht nur die Medikamente. John war überzeugt, dass die Einstellung der Patienten ihre Heilungschancen beeinflusste. Deshalb legte er so viel Wert auf ihre emotionale und spirituelle Gesundheit. Und die allgemeine Hygiene war viel wichtiger, als es die medizinischen Lehrbücher vermuten ließen. In diesem Jahr hatte John einen neuen Arbeitsbereich bei Km. 81 hinzugefügt: Sie halfen nun den Nachbarn beim Bau von sanitären Anlagen und Toiletten und gaben Anleitungen zum Anlegen von Gemüsegärten und verteilten Gemüsesamen. Er und Clara wollten Leben heilen, nicht nur Krankheiten. Das war auch für Ana das Wichtigste.

Besonders ermutigt hat ihn die veränderte Einstellung der Öffentlichkeit gegenüber Km. 81 und der Lepra im Allgemeinen. Nachbarn, die von Verdachtsfällen wussten, brachten diese nun oft zur Station. Die Öffentlichkeit begann, die Krankheit besser zu verstehen und weniger Angst davor zu haben. Das war wahrscheinlich die größte Genugtuung für John, denn nur wenn das soziale Stigma abnimmt, wird es eines Tages möglich sein, diese Krankheit vollständig zu heilen.

Ja, Ana würde es gefallen, was bei Km. 81 geschah. Nachdem er sich angesichts ihres mutigen Einsatzes so oft nutzlos gefühlt hatte, konnte er ihr endlich zeigen, dass er in der Welt einen Unterschied machte.

*

„Clara, erinnerst du dich an Anastasia Brighton, die Frau, die du 1951 bei unserer Zwischenlandung in Buenos Aires kurz getroffen hast?"

Clara hörte auf, die Bandagen zu falten, die sie gerade hergestellt hatte, indem sie ein altes Bettlaken in lange Streifen zerrissen hatte. „Ja. Natürlich tue ich das, John. Warum fragst du?"

„Sie ist auf Geschäftsreise in Asunción, und ich habe sie eingeladen, nach Km. 81 zu kommen, um sich unsere Arbeit anzusehen."

„Warum ist sie in Paraguay?" Clara dachte an die Frau, die sie getroffen hatte, als sie in Buenos Aires an Land gegangen waren. Feuer und Flamme für das, wozu sie sich berufen fühlte. Ähnlich wie John. Natürlich würde es Ana interessieren, was sie hier auf der Station erreicht hatten.

„Es hat etwas mit Präsident Stroessner zu tun. Das ist alles sehr geheim", sagte John.

Als Ana ein paar Tage später auf die Station kam, hatte Clara beschlossen, ihr nichts als christliche Freundlichkeit zu zeigen. Sie bat Gott um Vergebung für die harten Gefühle, die sie ihr gegenüber gehabt hatte. Obwohl Ana keine Christin war, machte sie ihre Arbeit wahrscheinlich besser als die meisten anderen.

Gemeinsam machten sie und John mit Ana einen Rundgang durch die Station, beginnend bei den Lepra-Gästehäusern. John begann zu erklären, warum es sinnvoll sei, die meisten Leprapatienten zu Hause zu behandeln. „Es ist höchste Zeit, dass wir aus diesem dunklen Zeitalter herauskommen -"

Ana hielt ihn mit einer Hand auf. Sie standen vor Josefinas Hütte, wo Amalia mit ihrer Mutter unter einem Baum saß und Tereré trank.

"Und wer ist das?"

Clara stellte sie vor. „Amalia ist die Hauptkoordinatorin unserer Bibelschulen in der Gegend. Und sie hat eine Nähgruppe für Frauen organisiert, um ihnen zu helfen, Dinge herzustellen und zu verkaufen, mit denen sie ihre Familien ernähren können." Clara fuhr fort und beschrieb die vielen Beiträge von Amalia.

Ana kniete vor Amalia nieder und sagte einen Moment lang nichts, sondern betrachtete nur ihr Gesicht. „Du und ich, wir sind

Verteidigerinnen der Frauen, Doña Amalia. Ich will deine Arbeit unterstützen. Ich werde über Dr. John und Doña Clara mit dir in Kontakt bleiben."

Clara beobachtete, wie Johns Schultern sich versteiften. War er verärgert über Anas Interesse an Amalias Arbeit mit Frauen? Hielt er sie für wichtiger als die Lepraarbeit?

John drehte sich um und ging los. „Das ist alles schön und gut, aber lass uns dir zeigen, wie weit wir mit dem Aufbau dieser Arbeit gekommen sind", sagte er. „Du musst dir die Pläne ansehen, die wir für die neue Klinik haben."

John ging voran und zeigte verschiedene Teile der üppigen Farm, die Tiere, die Gärten und die neuen Bauplätze. Ana blieb die meiste Zeit still.

Sie blieben vor der Hauptküche stehen, wo sich die Freiwilligen zum Mittagessen versammelt hatten. Ana drehte sich zu ihnen um. „Ihr habt ein Mennonitendorf gebaut." Ihre Stimme war so scharf, dass Clara zurückwich, als hätte man sie geschlagen. „Ich bin sicher, du hilfst den Aussätzigen, aber das ..." Sie fuchtelte mit den Armen.

„Aber", John klang fassungslos.

Ana war noch nicht fertig. „Die Leute hier arbeiten nicht mit ihren Nachbarn zusammen, sie leben in europäischem Luxus, während die Menschen in den umliegenden Dörfern in Hütten mit Lehmböden hausen. Und sie halten arrogant an ihrer deutschen Sprache und ihren Traditionen fest. Würdet ihr euch wirklich wundern, wenn lokale Gruppen kämen, um all das zu beschlagnahmen und euch zu Fall zu bringen?"

Jetzt war John sichtlich aufgeregt. „Wir tun Gottes Willen. Das ist das Werk des Herrn."

„Ihr müsst euch fragen, ob euer Gott das unterstützt ..." Ana schienen die Worte zu fehlen. Sie deutete auf die Umgebung. „...esta supremacía blanca."

„Wir setzen alles ein, was Gott uns gegeben hat, um denen zu helfen, denen es weniger gut geht." John spuckte die Worte aus. „Ich hätte nicht gedacht, dass du der Arbeit für die Armen und Ausgegrenzten kritisch gegenüberstehst."

„John, versteh mich nicht falsch ..." Als wüsste sie, dass ihre Worte auf taube Ohren stießen, lenkte Ana das Gespräch auf den Stand der medizinischen Wissenschaft in Bezug auf Lepra.

*

Neben ihren regulären Aufgaben leitete Clara zahlreiche Bibelschulen in den umliegenden Dörfern. Sie stellte oft fest, dass die Kinder sowohl körperlich als auch geistig ausgehungert waren. Amalia wurde die Hauptperson, die große Gruppen zusammenbrachte. Zuerst kamen die Kinder, weil sie neugierig auf dieses seltsame kleine Wesen waren. Sie lächelte sie an, wenn sie sie anstupsten, und lachte mit ihnen, wenn sie über sie kicherten. Bald hatten die Kinder Amalia lieb gewonnen.

Sie erzählten ihren Freunden von ihr. Und es kamen immer mehr. Amalia wurde zum Phänomen. Besucher aus ganz Paraguay - und auch aus den USA - kamen, um die Kleine und ihre gute Arbeit mit den Kindern in ihrer Region zu sehen.

Bei einem Bibelschultreffen saß Amalia im Schatten eines Baumes auf dem Boden, umgeben von fast hundert Kindern. Sie erzählte biblische Geschichten auf Guaraní, brachte den Kindern Coritos bei und erzählte ihnen, wie sehr Jesus jeden einzelnen von ihnen liebt.

Clara saß an ihrem Harmonium und staunte über die Szene, die sich vor ihr abspielte. Sie sah Jesus im Gesicht ihrer lieben Freundin.

Nach den Geschichten und Liedern verteilte Amalia Galletas und Orangen. Dann rutschte sie zu Clara hinüber. „Doña Clara, ich muss mit dir reden."

"Ja?"

Amalia starrte zu Boden. „Ich ... ich muss dich etwas fragen", stammelte sie schließlich.

Clara erhob sich von ihrem Stuhl, setzte sich neben Amalia auf den Boden und griff nach ihrer runden, unförmigen Hand. "Was ist denn?"

„Don Nicasio, er hat gefragt... er will...“

"Das ist ja wunderbar!" rief Clara. Sie hatte die Gerüchte gehört. Nicasio Ayala war einer ihrer Leprapatienten im Gästehaus. „Willst du ihn heiraten?“

„Ich weiß nicht. Ich weiß nicht, ob ich ...“ Amalias Stimme versagte. Clara verstand. „Amalia, du bist eine Frau und kannst wie jede andere Frau mit einem Mann zusammen sein.“ Als sie sah, wie sich Amalias Lippen fast zu einem Lächeln verzogen, fuhr sie fort. „Vielleicht müsst ihr verschiedene Stellungen ausprobieren, bis ihr euch beide wohl fühlt.“ Clara wusste, dass Amalia zunehmend unter Schmerzen litt, die von der Fehlstellung der Knochen und der Nervenkompression in ihrem Rückenmark verursacht wurden.

„Davon weiß ich nichts“, sagte Amalia und richtete ihren Blick wieder auf den Boden.

„Sprich mit Don Nicasio. Gemeinsam werdet ihr es schaffen. Ich freue mich sehr für euch beide“, sagte Clara und streckte den Arm aus, um sie zu umarmen.

*

Nicasio Ayala und Amalia heirateten einige Monate später in einer Doppelhochzeit mit Adela und Oscar Ciani, zwei weiteren Leprapatienten von Km. 81, während Clara auf ihrer Orgel spielte. Noch nie hatte Amalia so strahlend ausgesehen. Sie trug ein dunkelblaues Kleid mit einer weißen Bordüre um den Kragen, drei weißen Knöpfen an der kurzen Brust und einer doppelten weißen Bordüre um den unteren Teil des Rockes, der bis zu ihren Füßen reichte. Sie saß so gerade wie möglich in einem nagelneuen hölzernen Rollstuhl, der gerade mit Spendengeldern einer der Mennonitengemeinden im Chaco gebaut worden war. Nicasio trug einen dunklen Anzug, ein weißes Hemd mit offenem Kragen und ein kleines weißes Taschentuch in der Brusttasche.

Clara freute sich besonders darüber, dass sie in ihre eigene Hütte ziehen würden, die Nicasio auf einem kleinen Grundstück gebaut hatte, das sie und John vier Kilometer von der Leprastation entfernt für sie gekauft hatten.

Kurz nach der Hochzeit besuchte Clara sie in ihrem neuen Zuhause, um ihnen eine Steppdecke zu bringen, die sie als Hochzeitsgeschenk genäht hatte. Ihr fiel das kleine Bett auf, das sehr niedrig über dem Boden stand. *So konnte Amalia ohne fremde Hilfe hineinklettern.*

In der fensterlosen Küche saß Amalia vor einem niedrigen Holzofen, an dessen beiden Seiten im 90-Grad-Winkel grobe Regale angebracht waren.

Von ihrer Sitzposition in der Mitte des winzigen Raumes aus konnte sie den Ofen und die Regale auf beiden Seiten erreichen. Auf den mit Zeitungen ausgelegten Regalen standen ihre Küchenutensilien: mehrere rostige Blechdosen, eine Flasche Öl und ein paar Teller und Tassen aus Weißblech.

„Ich hatte noch nie eine so schöne Küche, die genau auf meine Größe zugeschnitten ist, Doña Clara", sagt sie lächelnd.

*

John pfiff auf dem Weg von den Lepra-Gästehäusern zur Klinik. Das war eine große Sache. Der Generalsekretär von ALM, Dr. Oliver Hasselblad, der 1959 Reverend Henderson abgelöst hatte, hatte Km. 81 noch nie besucht. John und Clara hatten gerade erfahren, dass er und seine Frau Norma Ende August 1963 nach Paraguay kommen würden, um am Achten Internationalen Kongress für Leprologie teilzunehmen, der am 20. September in Rio de Janeiro stattfinden sollte.

Der Plan sah vor, dass die Hasselblads einige Tage in der Leprastation verbringen und dann mit John und Clara zur Konferenz fahren würden. John hatte sich schon lange auf diese Konferenz gefreut, da sie ihm die Möglichkeit bot, andere Experten auf diesem Gebiet zu treffen und zu erfahren, ob es neue Behandlungsmethoden gab. Und es war ein Bonus, mit Dr. Hasselblad dort zu sein.

John erinnerte sich an seine Anfänge bei ALM und die Auseinandersetzungen mit Kellersberger, der an nichts anderes als an eine

Leprakolonie denken konnte. Kellersberger hatte nie zugegeben, dass ein ambulanter Ansatz sinnvoll war. Aber ALM war nun voll und ganz mit Johns Methode einverstanden. Sie setzten sie sogar an anderen Orten auf der ganzen Welt ein. John wollte Hasselblad unbedingt aus erster Hand zeigen, was sie bei Km. 81 taten.

Am Samstag, den 31. August gegen Mittag brachte Frank Wiens die hochrangigen Gäste zur Station. Die Luft war heiß und schwül, Donner rollte über den dunklen Himmel.

„Ich dachte, August wäre euer Winter?" Hasselblad lachte, als er aus dem Auto stieg.

„In Paraguay können wir das ganze Jahr über heiße Tage haben", sagte John. „Schön, dass du hier bist, Oliver. Norma. Stellt eure Taschen ins Kinderzimmer, wo ihr schlafen werdet. Wir wollten uns gerade zum Essen hinsetzen. Kommt, setzt euch zu uns." John wies Clara an, drei zusätzliche Teller auf den Tisch zu stellen.

„Ich hätte nicht gedacht, dass es hier so üppig aussehen würde", sagte Hasselblad und blickte über die Reihen von Maulbeer-, Pfirsich- und Mispelbäumen, die das Haus der Schmidts umgaben.

Clara servierte Teller mit dampfendem Borschtsch und verteilte frisch gebackene Zwieback. Als Norma kommentierte, wie köstlich das Essen sei und wie sie bei all dem, was bei Km. 81 zu passieren schien, überhaupt Zeit zum Backen gehabt habe, lächelte Clara. „Danke, aber ich habe das Essen nicht gekocht. Wir haben ein Dienstmädchen. Aggie war vor einigen Jahren gegangen. Ihre Dienstmädchen waren jetzt Freiwillige aus dem Chaco.

Während des Essens lenkte John das Gespräch auf das, was ihn seit dem vergangenen Mittwoch am meisten beschäftigt hatte. *Voice of America* hatte in seinem Kurzwellenradio gemeldet, dass über 200.000 Menschen, überwiegend Schwarze, in Washington D.C. für Bürger- und Wirtschaftsrechte demonstriert hatten. In den letzten drei Tagen habe

John besonders für sie und ihre Sache gebetet. Die Hautfarbe dürfe nicht über die Rechte der Menschen entscheiden.

Von seinen nordamerikanischen Besuchern wollte er mehr über dieses spezielle Thema erfahren.

„Ich habe die Nachrichten aus Washington gehört. Wie beurteilst du die Situation?"

Das Gespräch kam auf die schnell wachsende Bürgerrechtsbewegung. Überall in den USA fanden Demonstrationen und Protestmärsche statt. Der Marsch auf Washington war nur ein Teil einer viel größeren Bewegung.

John hörte aufmerksam zu, was seine amerikanischen Kollegen zu sagen hatten. Er war überrascht von ihrem allgemeinen Desinteresse an der Bewegung. Egal wie man es sah, aus christlicher oder auch nur aus humanistischer Sicht, es machte einfach keinen Sinn, dass Menschen als minderwertig angesehen wurden, sei es wegen einer Krankheit, die sie sich zufällig zugezogen hatten, oder wegen ihrer Hautfarbe.

In den folgenden Tagen nahm John Hasselblad mit auf seine Rundgänge zu den Patienten in den Gästehäusern. Er erklärte, dass es das Wichtigste sei, diesen Menschen ein Gefühl von Würde und Hoffnung zu geben und ihnen beizubringen, wie man sauber und gesund lebt. Wenn die Patienten später in ihre Häuser zurückkehrten, wüssten sie, wie und wo sie Toiletten und Brunnen graben und wie sie einen Garten pflegen müssen.

„Wir behandeln sie für einen gesünderen Lebensstil, nicht nur für die Beseitigung einer Krankheit", sagte John.

Am Tag der Allgemeinklinik beobachtete Hasselblad die große Gruppe armer, kranker und unterernährter Menschen, die unter den Linden in der Nähe der Klinik auf dem Boden saßen und geduldig darauf warteten, gesehen zu werden. John ging wie gewohnt seiner Arbeit nach, war sich aber sehr wohl bewusst, dass Hasselblad alles beobachtete, was er tat. Ermutigt durch die Tatsache, dass sein Besucher mit dem, was er sah, zufrieden zu sein schien, konsultierte John Hasselblad in mehreren komplizierten Fällen. Was für eine wunderbare Gelegenheit, einen angesehenen Kollegen zu haben, an den man sich in besonders schwierigen medizinischen Fragen wenden konnte.

*

Am Dienstag, dem 3. September, begannen die Schmidts und Hasselblads ihre Reise nach Rio im Kombi Km. 81. Ihr erster Halt gegen Mittag war Coronel Oviedo, wo mehrere Dutzend Leprakranke auf ihre Untersuchung warteten. Die beiden Ärzte berieten sich, vor allem über einen der akutesten Patienten, der von Nachbarn auf einer mit Lederriemen zusammengebundenen Bretterliege hereingetragen worden war. Der Mann hatte offene Wunden und krümmte sich vor Husten. Es stellte sich heraus, dass er neben Lepra auch Tuberkulose hatte. John erklärte, dass diese Krankheiten oft zusammen auftreten, weshalb er auf Km. 81 eine Einrichtung zur Behandlung von Tuberkulose errichten wollte.

Es war fast Abend, als sie die Grenze erreichten, wo eine Fähre sie über den Paraná-Fluss nach Brasilien brachte. Die Nacht verbrachten sie in einem kleinen Hotel in Foz do Iguazú.

„Heute haben wir eine zehnstündige Fahrt nach Curitiba vor uns", sagte John, als er vor sechs Uhr morgens an die Tür seiner Besucher klopfte. Sie füllten ihre Thermoskannen mit Kaffee und machten sich auf den Weg. Das Auto rumpelte über ausgefahrene Feldwege, vorbei an kleinen Lieferwagen mit bunten Gemälden an den Seitenwänden. Frau Hasselblad, die während der Fahrt nur sehr wenig gesprochen hatte und die meiste Zeit einen verzierten Fächer vor ihrem Gesicht schwenkte, platzte heraus: „Die Brasilianer sind so kreativ".

John begegnete Claras Blick im Rückspiegel und sah, dass auch sie versuchte, nicht zu lachen.

Plötzlich hörten sie ein lautes, klirrendes Geräusch. John hielt am Straßenrand an, um das Auto zu untersuchen. Die Hinterachse war undicht. „Wir müssen jemanden anhalten und ihn bitten, mich in die nächste Stadt mitzunehmen. Ich werde sehen, ob ich dort einen Mechaniker finde, der das Auto abschleppen und etwas auswechseln kann, das wie ein defektes Kugellager aussieht."

„Und was machen *wir* jetzt?" fragte Frau Hasselblad und wedelte heftig mit ihrem Fächer.

„Wir warten hier unter den Bäumen. Das kann Stunden dauern", sagte Clara.

„Ich fahre mit dir in die Stadt, nachdem du mit dem Abschleppwagen zurückgekommen bist", sagte Hasselblad zu John. „Es gibt ein paar Dinge, die ich schon immer mit dir besprechen wollte. Das wird uns die Zeit geben."

Während John damit beschäftigt war, ins nächste Dorf zu fahren, einen Mechaniker zu finden und den Wagen abschleppen zu lassen, fragte er sich, welche „Dinge" Hasselblad besprechen wollte. Vielleicht hatte er Ideen für zusätzliche Finanzierungsquellen für die TB-Arbeit? John war gespannt, was er zu sagen hatte.

Schließlich war ihr Auto beim Mechaniker, der meinte, es würde mindestens vier Stunden dauern. John deutete auf eine Bank in der Ecke.

"Was geht dir durch den Kopf?"

„Bei Km. 81 machst du gute Arbeit", begann Hasselblad. „Aber ..." Das „aber" überraschte John. Er starrte seinen Gast an.

„John, wir könnten so viel mehr für diese Patienten tun. Ihnen beizubringen, wie man Toiletten baut, ist sehr schön. Aber worauf wir uns konzentrieren sollten, sind wiederholte Massenuntersuchungen und modernere Behandlungen wie Physiotherapie und plastische Chirurgie, damit sie ein normaleres Leben führen können."

John setzte sich aufrechter hin und zog seinen Hut herunter. „Oliver ..."

„Die Behandlung von Tuberkulose gehört nicht zu unseren Zielen. Wir sollten uns darauf konzentrieren, bessere Arbeit mit Leprapatienten zu leisten. Wir von ALM sind nicht daran interessiert, uns mit Tuberkulose zu befassen."

Vierundzwanzigstes Kapitel

Oliver Hasselblad war 54 Jahre alt, nur zwei Jahre älter als John Schmidt, aber er fühlte sich viel zu alt für Schmidts Reisestil. Nachdem die Achse repariert war, bestand Schmidt darauf, weiterzufahren, obwohl es bereits später Nachmittag war. Sie waren bis spät in die Nacht gefahren und hatten schließlich in einer billigen Bruchbude übernachtet. Norma hatte kaum geschlafen, nachdem mehrere große Ratten aus dem Bett gekrochen waren, als sie die Bettdecke heruntergezogen hatte.

Die Fahrt von Km. 81 bis Rio wäre auch ohne die vielen Zwischenstopps, auf die Schmidt bestand, anstrengend genug gewesen. Hasselblad verstand nicht, warum es ihm so wichtig war, all diese Orte zu besuchen, wie zum Beispiel die Plautdietsche Mennonitenkolonie Witmarsum, siebzig Kilometer westlich von Curitiba. Er schien davon besessen zu sein, mit jedem, den er unterwegs traf, in Kontakt zu treten, Dias zu zeigen und über seine Arbeit auf Km. 81 zu sprechen. Hasselblad wünschte, er und Norma wären allein nach Brasilien geflogen.

Sie waren noch eine Tagesreise von Rio entfernt. Auf dem Rücksitz versuchten die Frauen, sich zu unterhalten. Normas Fächer lief auf Hochtouren. Schmidt presste die Lippen zusammen, den Blick auf die Straße gerichtet. Hasselblad dachte an das Gespräch, das sie während der Reparatur der Achse geführt hatten.

Wenn man es überhaupt ein Gespräch nennen konnte. Er hatte noch nie mit jemandem zu tun gehabt, der so stur und so kämpferisch selbstbewusst war.

Er drehte sich zu ihm um. „John, wegen der Massenuntersuchungen ...“

„Ich habe versucht, dir zu erklären, warum das in Paraguay derzeit keinen Sinn macht. Eine bessere Kontrolle und Behandlung muss von nun an durch die freiwillige Mitarbeit der Patienten erfolgen. Wiederholte Massenuntersuchungen sind nutzlos wie Stroh. Aber das kann man nur wissen, wenn man in unserem Kontext vor Ort ist".

Hasselblad beschloss, die beleidigende Unterstellung, er sei nicht in der Lage, Entscheidungen für den paraguayischen Kontext zu treffen, zu ignorieren. Aber er wollte Schmidt nicht das letzte Wort über das Behandlungsprotokoll der Leprastation lassen, angesichts der Summe, die ALM zu deren Erhalt und Wachstum beisteuerte.

*

An einem heißen Sommertag Ende 1963 war Clara gerade dabei, die letzten Patientenakten des Tages zu archivieren, als sie ein Klopfen an der Tür hörte. Auf der Veranda der Klinik stand ein hagerer, zerzauster Mann, der ein skelettartiges Kind in den Armen hielt. Er hustete in langen, tiefen Stößen.

Der Mann hieß Don Duré. Er hatte Tuberkulose und war gekommen, um Medikamente zu holen. Während Clara ihm seine Medizin bereitete, sagte John ihm, er werde versuchen, ihm ein Bett im Tuberkulose-Sanatorium in Asunción zu besorgen. Duré starrte ihn ausdruckslos an, nahm seine Medikamente und ging. Clara blickte John nach, der an der Tür der Klinik stand und zusah, wie der Mann langsam den Hügel hinunterging und außer Sicht geriet. Sie wusste, was John dachte. So viele ihrer Patienten hatten Tuberkulose, vor allem die mit Lepra. Und meistens gelang es ihr und John nicht, für sie einen Platz im Tuberkulose-Sanatorium zu finden. Sie wünschte, sie könnten so viel mehr für diese Menschen tun.

In der folgenden Woche gelang es ihnen, ein Bett für Don Duré im Sanatorium zu finden, und sie machten sich auf die Suche nach ihm. Nachdem sie mehrmals angehalten hatten, um nach dem Weg zu fragen, fanden sie eine Hütte aus Ästen und Zweigen, ohne Wände und mit einem teilweise eingestürzten Strohdach. Der kranke Mann saß mit seinem Baby im Arm auf dem Boden und hustete ununterbrochen. Um ihn herum saßen drei weitere kleine Kinder, spärlich bekleidet mit zerfetzten Lumpen, barfuß und mit verfilzten Haaren.

Über einen Nachbarn, der ein wenig Spanisch und Guaraní sprach, kam Clara mit dem Mann ins Gespräch. Sie erfuhr, dass die Mutter des Babys, die im siebten Monat schwanger war, auf einem fremden Mandioca-Feld arbeitete, um etwas Mandioca für ihre Familie zu verdienen. Der Mann sagte, er glaube nicht, dass er zur Behandlung ins Sanatorium gehen könne. Wie sollte seine Frau weiter arbeiten und sich um die Kinder kümmern?

Clara wandte sich an John. „Wir nehmen das Baby und kümmern uns darum." Es war mehr eine Feststellung als eine Frage. „Das Kind ist krank. Sein riesiger Bauch ist voller Würmer. Wir werden es gesund pflegen."

Der Junge hieß Cresencio. Er war fast zwei Jahre alt, aber er konnte noch nicht allein sitzen. Er bestand nur aus Kopf und Bauch, seine dünnen Ärmchen und Beinchen baumelten an seinem Körper. Das Kind hatte nicht einmal die Kraft zu weinen, als Clara es von seinem Vater nahm.

Als sie zur Station zurückkehrten, sah Clara, wie Marlena, die für die Sommerferien aus Asunción nach Hause gekommen war, auf das Kind aufpasste, als wäre es ihr eigenes. Sie seufzte. Vielleicht würde es sie auf den richtigen Weg bringen, sich um jemand anderen zu kümmern. Egal, wie hart John das Mädchen bestrafte, es widersetzte sich ihm immer wieder, was ihr nur noch mehr Schläge einbrachte. Manchmal stand Clara vor der Schlafzimmertür, hörte Marlena schreien und fragte sich, ob John sie nicht zu hart behandelte.

In den nächsten Monaten wich Marlena kaum von Cresencios Seite. Als es an der Zeit war, ihn zu seinen Eltern zurückzubringen, bettelte sie darum, ihn behalten zu dürfen. Schließlich wollten seine Eltern ihn nicht zurücknehmen, und als seine Schwester Josefina geboren wurde, baten sie John und Clara, auch sie zu sich zu nehmen. „Chris" und „Josie" wurden die jüngsten Mitglieder ihrer Familie.

*

Die Arbeit auf Km. 81 wuchs in den folgenden Jahren schnell. John behandelte Hakenwürmer und verabreichte Pockenimpfungen. Trotz der

Proteste von ALM startete er ein Tuberkuloseprogramm und hatte bereits mehrere Dutzend Fälle behandelt.

Er lebte hier, er wusste, was nötig war, und er würde es nicht zulassen, dass die ALM-Leiter in ihren schicken New Yorker Büros kontrollierten, was getan wurde, um den Bedürfnissen der Menschen in Paraguay gerecht zu werden.

Im nicht-medizinischen Bereich organisierte John Programme, um den Nachbarn zu helfen, sanitäre Einrichtungen und Toiletten zu bauen. Er verteilte Gemüsesamen und fuhr persönlich durch die Gegend, um die Menschen über Boden- und Pflanzenpflege aufzuklären. Er half Clara, Spenden für eine Alphabetisierungskampagne zu sammeln, und gemeinsam gründeten sie eine Bibliothek.

Nachts lag John oft wach. Je mehr er und Clara den Menschen in ihrer Umgebung halfen, desto unzureichender erschienen ihnen ihre Bemühungen. Es war so viel mehr nötig. Bei einer seiner letzten Impfkampagnen für Kleinkinder wurde ihm bewusst, wie sehr Mütter mit Säuglingen Aufklärung und medizinische Versorgung brauchten. Viel zu viele Neugeborene starben. Sie brauchten dringend Hilfe. Hatte nicht Christus ihnen aufgetragen, den Armen, Krüppeln, Lahmen und Blinden zu helfen? Wie konnten sie sich abwenden, wenn es so viel Not gab?

Eines Abends, bevor er zu Bett ging, sagte er: „Clara, zu viele Säuglinge sterben. Wir müssen eine Klinik für gesunde Babys aufmachen. Wir könnten jeden Mittwoch eine machen. Wir würden die Babys untersuchen, sie impfen und die Mütter über Säuglingspflege aufklären. Aber wenn wir das machen, lastet viel auf deinen Schultern."

Clara ging um das Bett herum und schlang ihm die Arme um die Taille. „Das ist eine wunderbare Idee. Wir können sie mit Milchpulverdosen nach Hause schicken."

Sie verbreiteten die Nachricht. Und an ihrem ersten gesunden Baby-Mittwoch untersuchten und impften John und Clara über sechzig Babys. Jede Woche wurden es mehr.

Auch die Lepraarbeit weitete sich segensreich aus. In den Lepra-Gästehäusern lebten nun etwa dreißig Patienten. Sie kümmerten sich weitgehend um sich selbst und umeinander. Clara besuchte sie jeden Morgen und Schwester Neti jeden späten Nachmittag, um mit ihnen zu beten, Wunden zu säubern und zu verbinden und ihnen bei ihren täglichen Aufgaben und Sorgen zu helfen.

Inzwischen hatten sie 150 ihrer Leprapatienten für geheilt erklärt. John wollte, dass seine Patienten nicht nur frei von Lepra waren, sondern auch wieder arbeiten und voll in die Gesellschaft integriert werden konnten.

Viele Patienten behielten beispielsweise deformierte Gliedmaßen zurück, obwohl sie von der Krankheit geheilt waren. Um dem entgegenzuwirken, rief John ein Physiotherapieprogramm ins Leben, das den Patienten helfen sollte, ihre Hände und Füße zumindest teilweise wieder zu gebrauchen.

Aber um ein halbwegs normales Leben führen zu können, brauchten diese Menschen einen Ort, den sie ihr Zuhause nennen konnten. Warum fiel es den Spendern so schwer, hier zu helfen? In den letzten Monaten war er mit Clara in jede der Mennonitenkolonien gereist, hatte Dias gezeigt und auf die Nöte aufmerksam gemacht. Als sie Dias von blutigen Beinstümpfen und nässenden Wunden zeigten, spendeten die Menschen großzügig. Aber als sie um Hilfe bei der Suche und dem Kauf von Land baten, um die genesenden Patienten zu integrieren, schien sich niemand dafür zu interessieren.

Er und Clara waren gerade von der letzten Runde der Diavorträge und der Suche nach Unterstützung aus dem Chaco zurückgekehrt. „Clara, wir haben etwas Geld beiseite gelegt. Und ich weiß, wo wir ein großes Stück Land kaufen können, auf dem wir einige unserer Patienten ansiedeln können. Bist du damit einverstanden, dass wir mit unserem eigenen Geld Land für sie kaufen?"

„Natürlich bin ich einverstanden, John. Ich freue mich besonders für Oscar und Adela. Sie sind so bereit, in ihr eigenes Haus zu ziehen."

In diesem Moment, als er bemerkte, dass Clara nicht im Geringsten zögerte, sondern eifrig lächelte, wurde John daran erinnert, warum Gott diese bemerkenswerte Frau als seine Lebensgefährtin auserwählt hatte. „Angesichts unseres Personalmangels werde ich wohl selbst dorthin gehen müssen, um zu helfen, das Land zu roden und mit dem Bau zu beginnen. Aber es ist das Richtige."

*

Mitte 1965 sah Clara, dass Schwester Neti an den Folgen ihrer Diabetes litt. Fast blind und bettlägerig konnte sie sich nicht mehr um ihre Patienten kümmern. Tag für Tag lag sie im Bett, zerriss alte Laken, die sie von den Kolonien im Chaco gespendet bekommen hatten, und rollte sie zu Streifen für Verbände zusammen.

Jeden Abend nach dem Abendessen kamen die Leprakranken, die noch gehen konnten, aus den Gästehäusern an Netis Fenster und sangen Coritos für sie.

Clara schloss sich ihnen an, wann immer sie konnte. Wenn sie fertig waren, riefen sie ihr durch das Fenster zu: „Dios te bendiga, querida Doña Neti".

Clara freute sich besonders auf die Sonntagnachmittage, wenn sie sich mit Amalia an Netis Bett zu Andachten und Gebeten traf. Auch Amalias Gesundheitszustand verschlechterte sich. Sie hustete viel und hatte Atemnot. Es war nicht ungewöhnlich, dass die Verkleinerung ihres Brustkorbs und das Wachstum ihrer Lungen zu einer Lungeninsuffizienz führten. War es am Ende zu viel für ihren Körper?

In den folgenden Monaten litt Amalia zunehmend unter Atemnot. Sie konnte nicht mehr singen, aber noch biblische Geschichten erzählen. Und sie lächelte immer freundlich, wenn die Kinder ihr ihre Bilder zeigten.

Als Clara am Sonntag, dem 26. Juni, mit ihrer Orgel in die Bibelschule kam, saß Amalia nicht auf ihrem Platz unter dem Baum in ihrem Garten. Der große Kreis der Kinder saß in ungewohnter Stille da und blickte Doña Clara fragend an.

Clara betrat die Hütte. Amalia lag auf der Seite auf dem niedrigen Bett und atmete keuchend. Sie legte ihre Hand auf die breite Stirn der Kleinen. „Du hast Fieber, Amalia."

„Ich glaube, ich habe die Grippe, Doña Clara." Ihre Stimme war ein Flüstern.

Clara füllte Amalias Blechbecher mit frischem Wasser und legte ihr ein nasses Tuch auf die Stirn. „Ich komme morgen wieder und sehe nach dir", sagte sie.

In der Nacht starb Amalia an Lungenversagen.

*

Clara reichte Schwester Neti, die auf Kissen lag, ein grobes Stück Stoff. Auf Netis hochgezogene Augenbrauen antwortete sie: „Von Nicasio".

Neti hielt sich das Taschentuch an die Nase und atmete den rauchigen Geruch ein. „Sie ist wirklich weg?"

Clara nahm Netis Hände in ihre. „Sie ist in der Nacht gestorben. Nicasio sagte, es sei friedlich gewesen. Er dachte, Amalia würde wollen, dass du ihr Taschentuch behältst, als Erinnerung, dass ein Stück von ihr immer bei dir sein wird."

Neti hielt sich das Tuch vor die Augen. „Sie war eine wahre und treue Freundin."

Clara saß still neben Netis Bett.

Neti drehte sich zu ihr um. „Weißt du, Amalia hat immer gesagt, dass sie einen Mann für mich sucht. Sie sagte, verheiratet zu sein sei ein Segen in ihrem Leben. Sie fühlte sich schuldig, weil sie ein so gutes Leben hatte und ich nicht."

Clara lächelte. Eine verkrüppelte Zwergin mit Lepra, die sich schuldig fühlte, weil sie ein besseres Leben hatte als Neti. Welch ein Beispiel christlicher Liebe.

Schwester Neti Voth starb in der folgenden Woche im diabetischen Koma, ein kleines Stück Stoff in den Händen haltend. Ihr Leichnam wurde neben Amalia auf dem kleinen Friedhof der Station begraben.

„Was ist los?" John stand von seinem Schreibtisch auf. Es war nach neun Uhr abends, und zwei der freiwilligen Helfer der Station hatten an die Tür geklopft.

„Doktor, es gibt ein Problem. Wir haben eine Waffe gefunden. Du musst mitkommen."

John folgte den jungen Frauen mit seiner Taschenlampe in die mondlose Nacht. Unterwegs erzählten sie ihm, dass sie lautes Gegacker aus dem Hühnerstall neben ihrem Wohnheim gehört hätten. Als sie nachsahen, fanden sie einen Leinensack, der sich auf dem Boden hin und her bewegte. Darin befanden sich drei Hühner. An einem Baum in der Nähe lehnte ein Gewehr.

„Schau, da ist das Gewehr." Eine der Frauen zeigte darauf.

Inzwischen hatten sich zahlreiche andere Stationsmitarbeiter am Tatort versammelt. Alle starrten den Arzt an.

„Wer weiß, wie man eine Waffe entlädt?" John bückte sich, befreite die Hühner und brachte sie zurück in ihren Stall.

Am nächsten Tag fuhr John mit der Waffe nach Itacurubí, um die Polizei zu informieren. Sie nahmen die Informationen auf und versprachen, herauszufinden, wer die Waffe gekauft hatte. John bezweifelte, dass er jemals wieder von ihnen hören würde.

Drei Tage später kam die Polizei mit dem Besitzer der Waffe.

„Wir haben den Besitzer mitgebracht, damit du Anzeige erstatten kannst", sagte der Beamte.

John fiel auf, wie abgemagert der junge Dieb war. Wie zerrissen seine Kleidung war. Und der Ausdruck von Panik in seinem Gesicht. „Werte Polizisten, ihr könnt machen, was ihr wollt. Aber ich werde keine Anklage erheben. Ich bin nicht der Richter über diesen Mann. Nur der Herr kann über unsere Taten richten." Dieser arme Mann brauchte Mitgefühl, genauso wie ihre Leprapatienten.

Innerhalb weniger Monate wurde der Hühnerdieb Mitglied der Kirche bei Km. 81 und arbeitete nebenbei als Freiwilliger, indem er John half, die Medikamente in der Klinik zu sortieren.

*

Einige Monate nach Amalias Tod begann Clara, Geld für den Bau einer Kirche zu ihren Ehren zu sammeln. Sie gründete einen Amalia-Fond, und Menschen aus den mennonitischen Kolonien und sogar aus Nordamerika begannen, Spenden zu schicken.

Die Nachbarn vor Ort, vor allem die Mütter von Amalias Bibelschulkindern, halfen begeistert mit. An einem warmen Sonntagnachmittag versammelten sich fast hundert von ihnen unter Amalias Baum. Sie sangen Coritos und ließen einen Eimer herumgehen, um Geld für die Kirche ihrer Pe Michïva zu sammeln. Am Ende der Versammlung stand eine der Frauen auf und bat um Ruhe.

„Señor Diós ..." Sie betete für Amalia und dankte dem Herrn, dass er die Kleine in ihr Leben gebracht hatte. Sie bat um Gottes Segen für all das Geld, das sie für ihre Kirche sammeln konnten.

Clara stand abseits. Sie hatten darum gebeten, es allein zu tun, also war sie nicht dabei. Sie waren so aufgeregt, Geld für dieses wichtige Bauprojekt zu sammeln.

Das Gebet der Frau endete mit einem lauten Amén. Sie brachte den Eimer zu Clara und legte ihn fast ehrfürchtig in ihre Hände.

Als Clara nach Hause kam und das Geld zählte, stellte sie fest, dass sie fast 300 Guaranies gesammelt hatten (etwas mehr als 2 Dollar, was selbst damals in Paraguay nicht viel war). „Gott segne diese Geschenke reiner Liebe", flüsterte sie.

*

Die Nachbarinnen wollten weiter Geld sammeln, und so traf sich Clara jeden Donnerstagnachmittag mit einer großen Gruppe von ihnen zum Nähkreis, den Amalia in Nicasios Garten unter den Bäumen organisiert

276

hatte. Sie begannen jedes Treffen mit einem Dankgebet für alles, was Amalia für sie getan hatte.

Jedes Mal, wenn sie ein paar Kleinigkeiten wie Taschentücher genäht hatten, verkauften sie sie. Aber weil sie und ihre Nachbarn arm waren, verdienten sie jedes Mal nur ein paar Guaranies.

Clara hatte eine Idee. Warum nicht warten, bis sie viele Sachen genäht hatten, und dann einen großen Verkauf veranstalten, zu dem sie die Leute aus der Nachbarschaft einluden? Und als besonderen Bonus teilte Clara ihnen mit, dass ein Amalia-Verehrer in Argentinien versprochen hatte, das Doppelte des Verkaufserlöses zu spenden. Die Frauen waren begeistert und innerhalb weniger Monate hatten sie eine große Anzahl von Stücken genäht, sogar Steppdecken und Teppiche aus Flicken und Lumpen, die sie von den mennonitischen Kolonien erhalten hatten.

Da sie an einem Sonntag im Monat in Boquerón (einer Stadt in der Nähe von Km. 81) ein besonderes Abendprogramm abhielten, schlug Clara den Frauen vor, nach diesem Treffen die zum Verkauf angebotenen Artikel vorzustellen, begleitet von einem von ihnen angeleitetem kurzen Programm aus Gesang und Rezitation von Bibelversen. Sie hatte Zweifel, ob das funktionieren würde. Erstens wussten die Frauen nicht, wie man ein Programm zusammenstellt. Zweitens war es Winter, eine besonders harte Jahreszeit, in der die Menschen noch weniger Geld hatten als sonst. Aber im Vertrauen darauf, dass der Herr sie führen würde, verfolgte sie ihren Plan weiter.

Mit Claras Hilfe stellten die Frauen ein einfaches Programm aus Liedern und Versen zusammen. Am Tag des großen Verkaufs stellten sie die vielen genähten Sachen im Garten von Amalia und Nicasio aus. Der Ort sah festlich aus. Nicasio hatte den Boden geharkt und die Baumstämme weiß gestrichen.

Aber würden die Frauen aus ihrem Nähkreis trotz aller Vorbereitungen kommen, oder würden sie am Ende doch schüchtern und ein wenig beschämt sein und nicht kommen?

Fast alle Frauen kamen. Und viele andere, die sie aus der ganzen Umgebung eingeladen hatten, kamen, um sich das Programm anzuhören. Bis auf eine Decke wurde alles verkauft. Nach Abzug der Unkosten sammelten die Frauen etwa 5.000 Guaraní (fast 40 Dollar) für den Amalia-Fond. Einschließlich der versprochenen anonymen Spende aus Argentinien kamen 15.000 Guaraní zusammen.

*

John betrat das MCC-Haus in Asunción. Er hatte gerade erfahren, dass Frank Wiens gehen würde. Orie hatte ihn daraufhin gebeten, als vorübergehender MCC-Direktor für Paraguay einzuspringen. John hatte viele Bedenken. Erstens hatte er keine Freizeit und war nicht physisch in Asunción, um die Arbeit zu leiten, insbesondere die Angelegenheiten, die die Chaco-Kolonien betrafen.

Am meisten beunruhigte John die Tatsache, dass dies eine schwierige Zeit für die Mennoniten in Paraguay war. Orie hatte ihm sehr deutlich gemacht, dass es für das MCC an der Zeit sei, sich aus dem Land zurückzuziehen und die Verantwortung für die Zukunft der Kolonien ihren Leitern zu überlassen. Das war kein Problem. Es war sogar längst überfällig. John war aufgefallen, dass einige der Kolonieleiter, vor allem aus Fernheim, immer noch Spenden aus Deutschland und Nordamerika erhielten, obwohl sie inzwischen relativ reich geworden waren. MCC könnte sich zurückziehen. Aber John war sich nicht sicher, ob er der richtige Mann für diese Veränderung war. Und er fürchtete, dass die Menschen, auf deren Spenden er für die Arbeit in der Lepra-Station angewiesen war, zu den größten Widerständlern gegen den Übergang zur lokalen Leitung gehören würden.

„Hallo, John." Frank war gerade dabei, in seinem Büro Kisten zu packen.

„Kommen wir gleich zur Sache", sagte John. „Die Kolonieleiter sind gleichgültig, sie führen kaum Buch und wissen nicht, wie sie sich selbst führen sollen, ganz zu schweigen von anderen MCC-Projekten in Paraguay

278

wie Km. 81. MCC hat in den letzten Jahren den Wunsch geäußert, dass sie mehr Verantwortung übernehmen. Bisher ist nichts passiert."

„Was schlägst du also vor?" Frank setzte sich und bedeutete John, sich ihm gegenüber zu setzen.

„Meine Meinung war von Anfang an, dass wir nicht erwarten sollten, dass die Führer der Mennonitenkolonie in unsere Fußstapfen treten, wenn wir wollen, dass sie selbst Verantwortung übernehmen und die Zukunft der sozialen und medizinischen Dienste in Paraguay voranbringen. Ich kann aus eigener Erfahrung sagen, dass sie den Einfluss des MCC nur tolerieren, weil sie sich in ihrer Abhängigkeit von unserer finanziellen Unterstützung wohl fühlen. Wir könnten sagen, dass wir bereit sind, sie zu beraten, aber ansonsten müssen wir sie einfach selbst herausfinden lassen, wie sie es auf ihre Weise machen".

„Aber was ist, wenn sie nicht in der Lage sind, zusammenzuarbeiten?" Frank klang nicht überzeugt.

„Bisher mussten sie das auch nicht", sagte John. „Wenn ihr Überleben davon abhängt, werden sie es tun."

Fünfundzwanzigstes Kapitel

John verlangsamte sein Pferd und blickte über das, was einst nutzloses Dorngestrüpp gewesen war und nun Grasland war, soweit das Auge reichte. Er war gekommen, um Konrad Wolf zu treffen und die Fortschritte auf seiner Ranch im Chaco zu begutachten. Wolf ritt neben ihm her und wischte sich mit dem Handrücken über die Stirn.

„Du hast gute Arbeit geleistet, Konrad", sagte John.

Zwölf Jahre waren vergangen, seit John Geld von amerikanischen Investoren bekommen hatte, um die 7.770 Hektar Land außerhalb der Kolonie für die Ranch zu kaufen, und sieben Jahre, seit Wolf sich bereit erklärt hatte, sie für ihn zu verwalten. Er und Wolf hatten sich oft über die Entwicklung der Ranch gestritten, zum Beispiel darüber, wo und wie das Gestrüpp gerodet werden sollte, um Gras zu pflanzen und Wasserlöcher zu graben. Aber jetzt war es ein florierender Betrieb mit mehreren tausend Stück Vieh. Sie züchteten Holstein- und Pardo-Suizo-Rinder für die Milchproduktion. Und sie züchteten Brahman-Rinder für Fleisch und kreuzten sie mit Angus und Hereford, um die gewünschte Marmorierung zu erhalten. Die gesamte Chaco-Region bot hervorragende Bedingungen für eine intensive Viehzucht.

Die häufigen Dürren bereiteten Ihnen Sorgen, aber sie hatten viele Wasserlöcher gegraben, in denen sich das Wasser während der Regenzeit sammeln konnte.

Ihr größter Kunde war die deutsche Firma Liebig, die Corned Beef und eine dicke, dunkle, sirupartige Paste aus Rindfleischextrakt herstellte, die in Glasflaschen und Dosen verkauft wurde. Liebig eröffnete 1924 eine große Fabrik in Paraguay. Mitte der 1960er Jahre kaufte und verschiffte die Fabrik neben den ursprünglichen Produkten auch gefrorenes Rindfleisch.

„John, wir hatten unsere Differenzen. Aber ich habe viel darüber nachgedacht, was du hier in der Kolonie für uns getan hast." Wolf hielt inne. „Du hattest Unrecht mit Fritz Kliewer, aber ..."

„Hör auf. Sofort", unterbrach John.

Wolf hob die Hand. „Was ich sagen will, ist, dass du dich in der Vergangenheit in einigen Dingen geirrt hast, aber du hattest Recht, was die wirtschaftlichen Möglichkeiten dieser Region angeht. Und ohne die Trans-Chaco-Straße wäre nichts von dem, was wir heute erreichen, möglich gewesen."

Warum musste er Kliewer mit hineinziehen? Warum alte Geschichten ausgraben? Das Kapitel Kliewer schien kein Ende zu nehmen.

Er drehte sich im Sattel um und sah Wolf an. „Du weißt, dass MCC die Verantwortung für Km. 81 an die Kolonien übergeben will?"

„Das Gerücht habe ich gehört", sagte Wolf. „Aber ich kann mir nicht vorstellen, dass die verschiedenen Gemeinden jemals zusammenarbeiten werden."

„Sie werden schon einen Weg finden müssen", sagte John.

*

Anfang August 1967 war Clara mit den Vorbereitungen für eine große Einweihungsfeier beschäftigt. Die neue Klinik sollte eingeweiht werden, es war ein kleines Krankenhaus für akute Tuberkulose- und Leprakranke. Und auch ein neues Gästehaus für Leprakranke.

Zu diesem Ereignis erwarteten sie weit über hundert Menschen, darunter auch Dr. Hasselblad. Sie hatten Nachbarn aus Paraguay, Ärzte und Apotheker aus Asunción und viele Mennoniten aus den Kolonien eingeladen. Sogar Präsident Stroessner hatten sie eingeladen, obwohl sie nicht damit rechneten, dass er kommen würde.

Leider war die Klinik noch nicht fertig. Die Fenster waren in der Woche zuvor eingesetzt worden, aber die Bodenfliesen waren noch nicht verlegt. Und ihre Arbeiter waren zu sehr mit anderen Aufgaben beschäftigt, um diese Arbeit zu tun.

Clara strich den letzten Fensterrahmen mit Lack und ging dann zu John, der gerade den Türrahmen einschob. „Das Fest ist nur noch wenige Tage entfernt. Und dieser Lehmboden sieht nicht gerade einweihungswürdig aus." Sie runzelte die Stirn. „Ich weiß, dass wir morgen den ganzen Tag Sprechstunde haben, aber wie wäre es, wenn wir heute Abend die Fliesen selbst verlegen?"

An diesem Abend arbeiteten John und Clara auf Händen und Knien im flackernden Licht einer kleinen Petroleumlampe, die an einem Haken an der Wand hing. Ab und zu hielt John inne, um sich zu strecken. Bei jeder Fliese, die sie verlegte, sprach Clara ein Gebet für ihren Mann. Er hatte große Probleme mit seinem Nacken, der Schmerz strahlte von der rechten Seite seines Kopfes aus, manchmal bis ins Bein. War es Arthritis? Nierenprobleme? Etwas Schlimmeres?

Als sie die letzte Fliese verlegt hatten, ging gerade die Sonne auf.

*

Am Tag des großen Ereignisses kamen schon am Vormittag die ersten Autos an. Clara begrüßte alle mit heißem Kaffee und Keksen. John lud die Besucher ein, sich auf der Station umzusehen. Unter den Bäumen neben ihrem Haus hatten sie Tische und Bänke aufgestellt. Ein paraguayisches Ehepaar hatte zum Mittagessen Asado mit Schweinerippchen, Chipa Guazú und Mandioca zubereitet.

Sie hatten Hasselblad gebeten, das Nachmittagsprogramm zu gestalten, bei dem für die neuen Gebäude gedankt und sie eingeweiht werden sollten. Clara saß neben John auf einer Bank in der ersten Reihe. Ihre Gedanken wanderten zurück zu einer anderen Einweihung vor vierzehn Jahren, im Januar 1953. Es war schwer zu vergleichen, wie Km. 81 damals und heute aussah. Damals waren es nur ein paar Hütten und einige teilweise fertiggestellte Gebäude. Heute zählte die Station dreiundzwanzig Gebäude. Clara lächelte und nahm Johns Hand. Er drehte sich zu ihr um und lächelte. Gott sei Dank. Das war ein gesegneter Tag.

Hasselblad stand auf. Er räusperte sich und fuhr nach einigen Begrüßungsworten mit seiner Botschaft fort. „Soweit ich weiß, war Dr. Schmidt der erste, der ein Leprabekämpfungsprogramm einführte, das auf der häuslichen Behandlung der Patienten beruhte. Das war mutig und bahnbrechend.

Niemand hatte es zuvor versucht. Heute ist die häusliche Behandlung die Grundlage der Leprabekämpfung auf der ganzen Welt."

Clara spürte, wie sich Johns Hand um ihre legte.

Hasselblad fuhr fort. "Das zweite Element ist genauso wichtig. Die Lepraarbeit muss in jedem Gebiet, in dem die Krankheit vorkommt, ein integraler Bestandteil des Gesundheitswesens sein. Jahrhundertelang galt Lepra als eine Krankheit außerhalb der konventionellen Medizin. Dr. Schmidt und seine Mitarbeiter haben die Verantwortung für die Behandlung der Patienten in dieser Region übernommen, unabhängig von der Ursache ihrer Krankheit. Leprakranke werden hier mit der gleichen Sorgfalt, den gleichen Einrichtungen und der gleichen Kompetenz behandelt wie Patienten mit anderen Krankheiten. Es ist heute allgemein bekannt, dass es keine Hoffnung auf eine Ausrottung der Krankheit gibt, solange die Lepraarbeit nicht vollständig in die öffentlichen Gesundheitsdienste eines jeden Landes integriert ist. Hier bei Km. 81 wurde bewiesen, dass diese Methode funktioniert."

Das Publikum brach in tosenden Applaus aus.

Hasselblad hob die Hand. „Aber das ist Vergangenheit. Wir müssen jetzt in die Zukunft schauen. Mehr als sechzig Jahre Erfahrung der Weltgesundheitsorganisation und der American Leprosy Mission zeigen, dass Km. 81 nicht mehr auf dem neuesten Stand der Leprabehandlung ist."

Die feierliche Stimmung wich einer düsteren Stille. Clara warf einen Seitenblick auf John, der seine Hand von ihr zurückgezogen hatte. Sein Mund war zu einem schmalen Strich zusammengepresst.

*

Als die Einweihungszeremonie am Nachmittag zu Ende war, stand John auf, bevor die anderen zu gehen begannen, und eilte zu den Gästehäusern der Patienten. Er hatte den Einzelheiten, die Hasselblad über all die Dinge erzählte, in denen Km. 81 ... nein, in denen ER der Zeit hinterhergehinkt war, keine Beachtung geschenkt. Er hatte sie alle schon gehört. Der Mann plapperte immer noch von Massenuntersuchungen und plastischer Chirurgie.

Vor zehn Jahren ging es darum, eine Kolonie zu gründen, bis ALM endlich die Wahrheit erkannte. Oder zumindest dachte er das. Heute ging es um plastische Chirurgie und Massenuntersuchungen. Diese aufgeblasenen New Yorker hatten einfach keinen Boden unter den Füßen. Was heute anders war, war, dass Hasselblad ihn diesmal öffentlich gedemütigt hatte.

Johns Herz schlug bis zum Hals, als er hörte, wie sich Clara und Hasselblad näherten.

„John, über diese Dinge haben wir schon gesprochen", sagte Hasselblad, als sie ihn eingeholt hatten.

„Gut", murmelte John. „Tut mir leid, ich muss ein paar Patienten sehen."

Als er ging und die beiden auf dem Weg zurückließ, hörte John Clara sagen: „Es tut mir so leid, aber bitte verstehe, dass ..."

John ging weiter in Richtung der Lepra-Gästehäuser. Die Kranken begrüßten ihn mit ihrem üblichen Lächeln und streckten ihre verkrüppelten Hände aus, um seine zu ergreifen. Hier gehörte er hin. Deshalb war er hier.

„Lass uns deinen Arm ansehen", sagte John, während er vorsichtig den Verband von Luís entfernte, ihrem neuesten Gast, einem jungen Mann mit fortgeschrittenen Symptomen. „Er sieht schon viel besser aus. Denkst du daran, jeden Tag warme Umschläge zu machen?"

„Gestern hat mir Doña Clara gezeigt, wie man das mit einer Hand macht."

Luís' rechter Arm war ein blutiger Stumpf, der kurz über dem Ellbogen endete.

„Sehr gut", sagte John.

Er ging weiter, um nach Oscar und Adela zu sehen. Beide waren bereits in Remission, auf dem Weg der Besserung. „Ich habe erst diese Woche mit dem Landwirtschaftsminister gesprochen und er hat bestätigt, Oscar, dass er für dich eine Arbeit in der Nähe von Caaguazú sucht. Und ich arbeite immer noch daran, dort ein Grundstück zu bekommen, auf dem du dein eigenes Haus bauen kannst", sagt John. „Wir sind nah dran."

Ihr Lächeln bestärkte John in seiner Überzeugung, das Richtige zu tun. Oscar wurde 1961 nach Km. 81 gebracht, als er mit einer Blutvergiftung aufgrund von Infektionen am ganzen Körper, Nierenversagen und fortgeschrittener Lepra auf dem Sterbebett lag. Als Adela, eine hübsche junge Frau mit Geschwüren an Armen und Fußsohlen, ein Jahr später auf die Station kam, konnte Oscar bereits sitzen und sich selbst ernähren. Die Behandlungen zeigten große Erfolge, und bald verliebten sich die beiden ineinander und heirateten in einer Doppelzeremonie mit Amalia und Nicasio Ayala.

In den vergangenen sechs Jahren hatte das Paar als Koordinatoren für die Patienten in den Gästehäusern gearbeitet. Aber John wusste, dass Oscar die Landwirtschaftsschule abgeschlossen hatte, bevor er krank wurde. Monatelang hatte John versucht, jemanden im Landwirtschaftsministerium zu erreichen, der ihm helfen könnte. Letzte Woche, nach vielen Reisen, konnte er endlich persönlich mit dem Minister sprechen, der von Oscars Geschichte gerührt war und sich an ihre gemeinsame Schulzeit erinnerte. Er versprach, ihm eine Arbeit zu besorgen.

Nachdem John noch einige Patienten besucht hatte, machte er sich auf den Heimweg. Sein Herz hatte aufgehört zu rasen. Es war wichtiger, ein mitfühlender Christ zu sein, als Hasselblads Forderungen zu erfüllen. Und keine noch so teure Schönheitsoperation würde diesen Menschen so viel helfen wie ein wenig Hilfe beim Aufbau eines normalen Lebens mit Haus und Arbeit. Glücklicherweise würde Hasselblad, wenn er in sein luxuriöses Büro in New York zurückkehrte, Paraguay vergessen und die eigentliche Arbeit hier würde weitergehen.

*

Der Brief, den John vor ein paar Wochen an Ana geschickt hatte, war ungeöffnet zurückgekommen, auf dem Umschlag stand *Devolver al Remitente*. Als er ihn abgeschickt hatte, hatte er sich schon gefragt, ob der Brief sie überhaupt erreichen würde. Das bestätigte seine Befürchtungen, dass sie wieder einmal an vorderster Front gefährlicher und riskanter Aktivitäten stand.

Als Ana in Paraguay war, hatte sie ihnen erzählt, dass sie sich den Montoneros anschließen würde, einer linken Guerillagruppe von Anhängern Juan Peróns. John hatte kürzlich gelesen, dass die Montoneros Angriffe gegen den vom Militär eingesetzten Präsidenten starteten, der von den USA und korrupten multinationalen Konzernen unterstützt wurde. Die Montoneros prangerten die Regierung öffentlich an, weil sie sich als Demokratie ausgab, während sie wie ein faschistisches Regime handelte, das sich nicht um Menschenrechte scherte. Die Guerillaangriffe zielten offensichtlich darauf ab, die Regierung zu zwingen, ihre Vorwände aufzugeben und offen als faschistisches Regime zu agieren. Alles in der Erwartung, dass sich das argentinische Volk dann mitreißen lassen würde, um die Sache der Guerilla zu unterstützen.

Der Peronismo war seit Peróns Exil verboten. Was glaubte Ana, was sie und der Rest der Montoneros erreichen könnten, außer sich umbringen zu lassen?

*

Clara war erleichtert, dass sich ihre Arbeit auf Km. 81 trotz Hasselblads Behauptungen, sie würden nicht mit den neuesten Entwicklungen in der Leprabehandlung Schritt halten, weiter entwickelte. John hatte ihr versichert, dass es sich nur um ein Machtspiel handelte und alles wieder

286

normal würde, sobald Hasselblad wieder in seinem komfortablen New Yorker Büro säße. Inzwischen waren mehr als sechs Monate vergangen. Zum Glück schien John Recht zu haben.

Das paraguayische Gesundheitsministerium hatte kürzlich Johns und Claras Zuständigkeitsbereich für Leprapatienten nach Norden und Osten erweitert, einschließlich des gesamten Departamento Caaguazú. Sie mussten doppelt so weit reisen, um ihre Patienten zu erreichen. Jahrelang war John zu Pferd unterwegs, besuchte einzelne Patienten und behandelte sie in ihren Häusern. Dabei hatte er oft eine enge persönliche Beziehung zu ihnen aufgebaut und gleichzeitig dazu beigetragen, ihr tägliches Leben zu verbessern. Um ihrer erweiterten Verantwortung gerecht zu werden, begannen John und Clara nun, alle zwei Wochen Kliniken zu betreiben, indem sie am ersten und dritten Dienstag jeden Monats bestehende Krankenhäuser in den verschiedenen Gebieten aufsuchten. Die meisten Patienten kamen nun zur Behandlung in ihre Kliniken.

Auf diese Weise sahen sie viel mehr Patienten, aber Clara war besorgt, dass sie ihnen nicht die persönliche Aufmerksamkeit geben konnten, die sie verdienten, wenn sie nicht zu den Patienten nach Hause fuhren. Sie sorgte dafür, dass sie in jede Klinik immer eine große Auswahl an Pflegepaketen mitbrachte. Diese enthielten Gemüsesamen und bebilderte Diagramme mit Anweisungen zum Anlegen und Pflegen eines Gartens und zum richtigen Graben von Toiletten und Brunnen. Außerdem enthielten sie persönliche Dinge wie Handtücher, Decken und Lebensmittel wie Milchpulver.

Es war der erste Dienstag im März. Clara und John waren vor Sonnenaufgang aufgestanden und hatten ihr Auto beladen.

Die Leprapatienten der Station fuhren an diesen Kliniktagen oft mit ihnen mit um ihr Zuhause zu Besuch oder schon da zu bleiben. An diesem Tag warteten Oscar und Adela vor dem Gästehaus mit den wenigen Taschen, in die sie all ihre Habseligkeiten gepackt hatten. Sie waren auf dem Weg zu ihrem neuen, noch nicht gebauten Haus auf einem Grundstück, das John in der Nähe von Caaguazú gekauft hatte.

„Adela, Oscar, bitte steigt ein. Es ist ein aufregender Tag." Clara öffnete ihnen die Wagentür.

Zuerst hielten die Schmidts in Coronel Oviedo, wo sie ungewöhnlich viele Patienten mit verschiedenen Hautkrankheiten untersuchten. Nach einem Imbiss fuhren sie weiter nach Caaguazú, wo wieder eine lange Schlange von Patienten auf sie wartete. Nachdem sie diese versorgt hatten, machten sie sich auf den Weg in die neue Siedlung, in der Oscar und Adela leben würden.

Sie kamen auf eine kleine Lichtung. In der Mitte stand ein Bau mit einem kaputten Strohdach und ohne Wände. „Willkommen in eurem Zuhause, meine Lieben", sagte Clara und umarmte Oscar und Adela. „Ich möchte ein Gebet für euer neues Zuhause sprechen."

Die vier standen in einem kleinen Kreis, die Arme umeinander gelegt, und Clara vertraute ihr neues Leben der Gnade und dem Schutz Gottes an.

*

Nachdem sie mit Oscar und Adela eine schnelle Mahlzeit aus der Proviantdose eingenommen hatten, fuhren John und Clara weiter in eine abgelegene Gegend namens Tobatí, ein kleines Dorf fast vierzig Kilometer von der Ruta entfernt. Es war eine neue Siedlung von paraguayischen Familien, zusammen mit einer kleinen Gruppe von Amish und deutschen Mennoniten, die vor kurzem aus dem Chaco hierher gezogen waren.

(Anmerkung des Übersetzers: Was damals „Tobatí" hieß, wurde später in „Tres Palmas" umbenannt. Immer wenn weiterhin hier im Buch "Tobatí" genannt wird, ist damit die Gegend von Tres Palmas gemeint. In keinem Fall ist damit die heutige Stadt Tobatí gemeint.)

An regnerischen Tagen war die kurvenreiche Erdstraße nach Tobatí fast unpassierbar, rutschiger roter Schlamm, tief eingegrabene Spuren von Holztransportern und Traktoren. An diesem Märzabend waren die Straßen trocken, aber es war dunkel, als John und Clara von der Ruta abbogen. Sie fuhren langsam, um den Spurrillen auszuweichen, die zu tief waren, um sie zu passieren.

Sie bogen um eine Ecke und John trat auf die Bremse. Vor ihnen, in der Dunkelheit, kaum zu erkennen, lag eine eingestürzte Brücke. Jemand hatte zwei unebene Bretter über den Fluss gelegt.

„John, wir können da nicht rüber", rief Clara.

John stieg aus dem Auto, um sich die Sache genauer anzusehen. Die Art, wie er seinen Hut herunterzog, als er zum Auto zurückkam, war für Clara Zeichen genug, dass sie weiterfahren würden.

„Du musst mit der Taschenlampe vorausgehen. Ich lenke den Wagen auf die Bretter hinter dir", sagte er.

Es war nach Mitternacht, als sie das Haus der Familie erreichten, die sie für die Nacht aufgenommen hatte.

Sie und John hatten erst kürzlich von dem dringenden Bedarf an medizinischer Versorgung in dieser abgelegenen Region im Osten Paraguays erfahren und Tobatí deshalb in ihre zweimonatliche Klinikroute aufgenommen. Am Mittwoch behandelten sie zahlreiche Patienten, die meisten mit allgemeinen Krankheiten, einige auch mit Lepra. Es war so befriedigend, in einer Gegend zu helfen, in der es sonst keine medizinische Versorgung gibt. Nachdem sie den letzten Patienten behandelt hatten, fuhren sie die langen 200 Kilometer zurück nach Km. 81. Es war schon spät in der Nacht, als sie müde, aber voller Energie zu Hause ankamen.

*

Clara liebte es, während ihrer Kliniktage an Johns Seite als Krankenschwester zu arbeiten, sowohl auf der Station als auch in den abgelegenen Gebieten. Sie erinnerte sich an die ersten Tage im Chaco, als sie wegen seiner schroffen Art oft in Tränen ausbrach. John war immer noch oft ungeduldig und aufbrausend, aber unter seiner rauen Schale war er der liebevollste und fürsorglichste Mann, den sie je kennengelernt hatte. Sie hatten gelernt, gut zusammenzuarbeiten.

Mit einer Ausnahme. Seit den ersten Jahren auf der Station hatte John darauf bestanden, den Leprakranken Verhütungsmittel anzubieten. Clara hatte intensiv darüber gebetet und unter Tränen mit John argumentiert, dass dies nicht der Wille des Herrn sei. Das konnte nicht sein. Wenn es beim Geschlechtsverkehr nur um Lust ohne Zeugungsabsicht gehe, könne das nicht Gottes Wille sein. John hatte seinen Standpunkt mit dem Argument verteidigt, dass man zu wenig über die Verbreitung der Lepra wisse und er nicht riskieren wolle, dass sich viele Kinder mit der Krankheit ansteckten, nur weil er zu feige sei, ihre Geburt zu verhindern.

Mit der Zeit hatte Clara akzeptiert, dass sie das Richtige für ihre Leprapatienten taten. Aber vor kurzem hatte John begonnen, mit ihren paraguayischen Nachbarn, die nicht an Lepra litten, über die Notwendigkeit von Verhütungsmitteln zu sprechen. Erst gestern Abend hatten sie wieder eine ihrer vielen Auseinandersetzungen über dieses Thema gehabt.

Clara war besorgt, dass Johns Ansichten nur auf praktischen Umständen beruhten und nicht auf der biblischen Lehre. „Es ist nicht Gottes Wille, dass wir seinen Plan für den Geschlechtsverkehr ändern", sagte sie, wohl wissend, dass er seine Meinung nicht ändern würde. Sie konnte sehen, wann er sich entschieden hatte.

„Clara, ich bin mir nicht sicher, ob wir Gottes Willen in dieser Sache kennen, und es ist egoistisch von uns, unsere persönlichen Ansichten der Hilfe für diese Frauen im Wege stehen zu lassen. Sie sind es, die die meiste Arbeit in den Gärten und auf den Feldern leisten. Und viele von ihnen haben schon viel mehr Kinder, als sie kleiden und ernähren können. Der World Church Service hat uns die Verhütungsspiralen zur Verfügung gestellt. Es wäre völlig unverantwortlich, wenn wir sie diesen Frauen nicht zur Verfügung stellen würden. Wir dürfen nur ihre Männer nicht wissen lassen, dass wir das tun".

„Da werde ich dir nie zustimmen", sagte Clara leise.

Sechsundzwanzigstes Kapitel

Im ALM-Büro in der Park Avenue 297 saßen sich Bill Snyder und Dr. Hasselblad gegenüber. Snyder fuhr sich mit der Hand über die Stirn und sah sich um. Er war schon öfter hier gewesen, aber jedes Mal war er erstaunt, wie anders es hier im Vergleich zu seinem Büro in Akron war. War all dieser Luxus wirklich nötig? War das die beste Art, Geld auszugeben für eine Organisation, die sich um Leprakranke auf der ganzen Welt kümmert?

Er wandte seine Aufmerksamkeit wieder Hasselblad zu.

„Seit deinem Brief vom 29. November 1967 an Schmidt, in dem du ihn bittest, auf die Bedenken von ALM wegen seiner vielen Ablenkungen von der Lepraarbeit einzugehen, hast du keine Antwort erhalten. Und das ist acht Monate her." Hasselblad fuchtelte mit den Händen in der Luft herum. „Ablenkungen wie Ackerbau, Viehzucht, Land kaufen und Häuser für die Patienten bauen, Toiletten graben ... der Mann scheint unfähig zu sein, sich auf das zu konzentrieren, wofür wir ihn bezahlen - die Behandlung der Lepra."

Bill öffnete den Mund, um etwas zu sagen, aber Hasselblad fuhr fort. „Ich nehme an, dass er seine Position in Paraguay noch weiter ausgebaut hat und die Chancen für eine Weiterentwicklung geringer geworden sind."

Das war keine Frage, das war eine Tatsache. Das war nicht gut. Die Lepraarbeit war auf die finanzielle Unterstützung von ALM angewiesen.

Bill räusperte sich. „Ich habe Dr. Schmidt noch einmal geschrieben und in gebeten dir die Informationen zu geben, die du brauchst. Ich habe ihn ermutigt, alles in seiner Macht Stehende zu tun, um unsere wertvolle Beziehung zu ALM aufrechtzuerhalten. Ich bin sicher, dass du bald von ihm hören wirst."

Hasselblad trat von seinem Schreibtisch zurück. „Ab dem 1. Januar 1969 müssen wir eine klare Vereinbarung über die Arbeit bei Km. 81 und die Unterstützung durch ALM treffen. Ich bin sicher, du verstehst unsere

Position in dieser Angelegenheit. Wir sehen uns gezwungen, unsere Beteiligung an diesem Projekt einzustellen, wenn Schmidt nicht kooperiert."

Das schien ein Zeichen dafür zu sein, dass das Treffen beendet war. „Wir von MCC wissen, dass Km. 81 die finanzielle Unterstützung braucht, die ALM zur Verfügung gestellt hat, aber noch mehr schätzen wir eure umfassendere Sicht der Arbeit. Dies gilt besonders jetzt, da die Verantwortung für Km. 81 von MCC auf ein Komitee mennonitischer Kolonieleiter übergeht".

„Ach ja, dazu noch.", sagte Hasselblad und legte seine schmalen Finger an die Stirn, als fiele ihm noch ein anderes wichtiges Problem ein. „Sie schicken uns ihre Berichte immer auf Deutsch. Ist es wirklich zu viel verlangt, Berichte auf Englisch zu schreiben?"

Wieder fuhr Hasselblad fort, bevor Bill antworten konnte: „Ich weiß, dass Schmidt Urlaub beantragt hat. Wenn sein Urlaub im September endet, möchte er am 9. Internationalen Leprakongress in London teilnehmen. Er scheint zu glauben, dass ALM ihn dabei unterstützen wird".

„Ja, wir halten es für eine gute Idee, dass John und Clara eine Auszeit nehmen. Es wird kein leichter Übergang für sie sein, die Leitung an die Kolonien zu übergehen".

„Nur damit du es weißt, ALM wird Schmidts Teilnahme am Kongress nicht unterstützen. Es ist sowieso alles viel zu fortschrittlich und technisch für ihn."

Hasselblad stand auf, und Bill begriff, dass das Treffen diesmal wirklich vorbei war. ALM besaß eindeutig die weltweit größte Fachkompetenz in der Behandlung von Lepra. Er wünschte nur, John wäre nicht so stur und würde alles auf seine Art machen.

*

„Ich kann kaum glauben, dass es schon 25 Jahre her ist." Clara trat an Johns Seite des Bettes und legte ihre Arme um ihn.

„Du bist die beste Entscheidung, die ich je getroffen habe", sagte John und umarmte sie ebenfalls. Clara lachte. „Du hast immer gesagt, dass Gott uns zusammengebracht hat, nicht du."

„Nun, ich denke, ich hatte auch etwas damit zu tun." Er zog sich zurück.

„Wir haben viel zu tun, bevor unsere Gäste kommen. Unsere Samstagsklinik fällt ja nicht aus, nur weil wir Silberhochzeit feiern."

Es war ein klarer, sonniger Augustsamstag. Wesley und Marlena waren mit dem Motorrad aus Asunción gekommen, um bei den Vorbereitungen für das Fest zu helfen. Sie kalkten die Baumstämme im Hof westlich ihres Hauses. Und sie stellten genug Stühle und Bretter auf Sägeböcke (als Tische) auf, um achtzig Personen für das Essen unterzubringen.

Gegen Mittag kamen die Menschen zu Fuß, mit Ochsenkarren und Autos. Sie kamen aus Asunción und den umliegenden Dörfern, aber auch aus weit entfernten Orten wie dem Chaco im Nordwesten und Tobatí im Osten. Über 250 Menschen wurden mit Rind- und Schweinefleisch, Würstchen, Mandioca, Kohlsalat, Zwieback und Limonade bewirtet, danach gab es Kaffee und Kuchen. Jeweils 80 Personen aßen auf einmal, während die anderen Marlena zuhörten, die auf der Harfe spielte, und Mary Lou, die Gedichte vortrug, die Clara über ihre Brieffreundschaft und ihren Hochzeitstag geschrieben hatte.

Nachdem alle gegessen hatten, versammelten sich die Gäste um die Schmidt-Veranda für ein Programm mit Liedern und anderen Darbietungen.

John Russell führte durch das Programm. „Und jetzt hören wir ein paar Worte von dem Paar, das wir hier feiern."

Clara stand auf und ging mit John zu den obersten Stufen der Veranda hinauf. „Ich hätte nie gedacht, dass ich einmal heiraten würde. Eigentlich sollte ich Diakonisse werden. Aber dann kam John in mein Leben. Ich konnte mir nicht vorstellen, was er in mir sah ..."

John unterbrach sie. „Es war ganz einfach. Ich brauchte eine Krankenschwester, die mir bei meiner Arbeit hilft." Das laute Buhen ihrer

Kinder auf der Veranda unterbrach ihn. John lächelte und nahm Claras Hand. „Ich bin dankbar für die Jahre, die Gott uns geschenkt hat, und ich bete, dass wir noch 25 weitere haben werden."

Am Abend zeigten sie Dias, die auf eine Wand mit einem großen weißen Tuch projiziert wurden: Baby John Russell („Sonny") umringt von der ersten Gruppe von Krankenpflegeschülern im Chaco - darunter die junge Neti Voth, sie strahlt in die Kamera; Eine Baustelle in den ersten Jahren von Km. 81.; Ihre Kinder in verschiedenen gefährlichen Positionen auf den Haufen von Baumaterial; Ihre fünf ältesten Kinder, die den Volvo die Berge in Bolivien hinaufschieben.

Die Dias zeigten ihr Familienleben, und Johns Kommentare verbanden jedes Familienfoto mit wichtigen Momenten in der Entwicklung ihrer Arbeit im Chaco und ihrer Mission bei Km. 81.

Clara schluckte einen Kloß in ihrem Hals hinunter, als die Dias ihrer Kinder über das Laken wanderten. Jahrelang hatte sie das Leben ihrer Kleinen dem Herrn anvertraut. Doch seit kurzem war dieses Vertrauen erschüttert. Mehrere ihrer Kinder waren auf die schiefe Bahn geraten und führten ein unchristliches Leben. *Bei Gott ist nichts unmöglich*, sagte sie sich.

Am nächsten Tag, am Sonntag, dem 25. August, ihrem eigentlichen Hochzeitstag, bereiteten sie dasselbe Essen für die Leprakranken in den Gästehäusern sowie für andere Patienten aus der Umgebung und deren Familien und Freunde zu. Während des Programms sprachen die Patienten herzliche Worte der Dankbarkeit und Zuneigung gegenüber dem Arzt und Doña Clara aus.

Clara konnte die Tränen, die ihr in die Augen stiegen, zurückhalten, bis Doña Ramona sich erhob, um zu sprechen. „Nur wegen dir bin ich heute noch am Leben. Ich danke Gott jeden Tag für dich."

Clara blinzelte ein paarmal und blickte auf ihre Gäste, die auf Stühlen und auf dem Boden rund um die Veranda standen und saßen. Gestern war die Feier größer gewesen. Und die Gäste von gestern waren festlicher gekleidet. Aber dieser Moment, umgeben von der Liebe und Dankbarkeit dieser lieben Menschen, war der Höhepunkt aller Feierlichkeiten. Clara lächelte. Natürlich war es das. Deshalb hatten sie es ja auch für ihren eigentlichen Hochzeitstag geplant.

*

Am 15. Dezember 1968 reisten John und Clara für ein halbes Jahr in die USA. Johns Bruder Herb hatte sich bereit erklärt, während ihrer Abwesenheit die Arbeit auf Km. 81 zu übernehmen. Für die restliche Zeit hatten die Kolonieleiter einen anderen Arzt, Franz Duerksen, gefunden. Dr. Duerksen war der Sohn eines bekannten Predigers in den Mennonitenkolonien und hatte seine medizinische Ausbildung in Argentinien erhalten.

Die meisten Kinder von John und Clara waren inzwischen nach Paraguay zurückgekehrt, wo sie lebten und arbeiteten. Nur die drei Jüngsten hatten sie bei Verwandten in Kansas zurückgelassen, so dass John und Clara viel Zeit hatten, noch einmal durch die USA zu reisen und Geld für ihre Arbeit in der Heimat zu sammeln.

John war enttäuscht, dass die Europareise am Ende ihres Urlaubs nicht zustande kam. Der Finanzleiter von ALM schickte ihm eine fadenscheinige Ausrede: Die Reise über London nach New York und zurück nach Paraguay würde 1.400 Dollar kosten, in Wirklichkeit waren es nur 818 Dollar. An vorderster Front im Kampf gegen die Lepra zu arbeiten und dabei so gut wie nichts zu verdienen, war keine große Sache. Aber die kalte und unpersönliche Haltung von ALM war beleidigend.

Bevor John nach Paraguay zurückkehrte, traf er sich mit Herb, der ihm von seiner Zeit bei Km. 81 erzählen wollte. John fuhr zu dem modernen A-förmigen Haus, das Herb vor kurzem gebaut hatte, und wurde daran erinnert, wie unterschiedlich ihre Leben waren.

Herb empfing ihn an der Tür, seine stinkende Tabakpfeife in der rechten Hand.

„Ich weiß es zu schätzen, dass du während unserer Abwesenheit für mich eingesprungen bist und die Arbeit übernommen hast", sagte John.

„Ja, darüber möchte ich mit dir reden." Herb bedeutete John, sich ihm gegenüber auf das Sofa zu setzen. Er zog an seiner Pfeife und stieß langsam kleine Rauchwolken aus. „So wie ich das sehe, müsste Km. 81 zwei- bis dreimal so viele Leprakranke behandeln und viel weniger Gebetstreffen abhalten".

„Das willst du mir sagen?" John wusste, dass Herb seine Leidenschaft für den christlichen Dienst nicht teilte, aber er glaubte nicht, dass sein Bruder dagegen war. *Warum scheine ich Herb immer so sehr zu schätzen, obwohl ich so vieles von dem, wofür er steht, so skrupellos finde?*

*

Konrad Wolf lehnte sich zurück, die Hände hinter dem Kopf verschränkt, und starrte aus dem Fenster seines Arbeitszimmers. Das alles klang nach großen Schwierigkeiten. Er war sich überhaupt nicht sicher, ob sein Komitee damit zurechtkommen würde. Vor ihm lagen drei Briefe: von MCC, von ALM und von Dr. Franz Duerksen. Den Brief von MCC hatte er vor einer Woche erhalten. Darin wurde die Verantwortung von MCC in Paraguay offiziell an sein neu gegründetes Gemeindekomitee übertragen, das aus Vertretern aller mennonitischen Kolonien bestand. Das war keine Überraschung. Man hatte damit gerechnet. Die beiden anderen Briefe waren beunruhigender.

Der Brief von Hasselblad enthielt eine Kopie für MCC und eine für Franz Duerksen, aber keine für Schmidt. Das deutete sofort auf Schwierigkeiten hin. Der Brief selbst war mehr ein Bericht, eine nummerierte Liste von Dingen, die bei Km. 81 getan werden mussten, wenn ALM es weiter unterstützen sollte.

1. Gebäude gemäß Protokoll bauen: alte Gebäude abreißen und in Absprache mit ALM neu bauen

2. alle landwirtschaftlichen Aktivitäten einstellen

3. Das Gemeindekomitee soll einen erfahrenen Verwalter einstellen, der genaue Statistiken über Gewinn und Verlust führt und entscheidet, ob die Viehzucht der Station eingestellt werden soll.

4. weniger freiwillige Mitarbeiter

5. Bekämpfung der Lepra durch Massenuntersuchungen auf der Grundlage solider Public-Health-Prinzipien

6. Ausbau der Physiotherapie und Einführung der plastischen Chirurgie

7. in Bezug auf die von Schmidt privat finanzierte Caaguazú-Siedlung für Leprakranke wird das Projekt nicht über die derzeitigen Pläne hinaus erweitert.

In dem Schreiben heißt es weiter, dass Dr. Duerksen, der derzeit während eines Teils der Abwesenheit von Dr. Schmidt auf Km. 81 Dienst tut, Interesse bekundet habe, nach Abschluss von seinem Studium auf die Station zurückzukehren, um dort ein Programm für plastische Chirurgie zu beginnen. Ab September würde ALM ein einjähriges Praktikum für Dr. Duerksen am All-Africa Leprosy and Rehabilitation Training Center (ALERT) in Addis Abeba, Äthiopien, finanzieren.

Hasselblads Brief endete mit der vollen Unterstützung von ALM für Dr. Duerksen:

Er ist ein erfahrener und gut ausgebildeter Chirurg, dessen Arbeit sich für die Sache der Leprakranken in ganz Paraguay und Südamerika lohnen wird. ALM wird seine Unterstützung erhöhen, wenn ein solches Programm mit genügend Personal entwickelt wird, um es durchzuführen.

Konrad las noch einmal den Brief von Dr. Duerksen an MCC und ALM.

Es gibt viel zu tun und jeder im Team ist so wichtig wie der andere: Der Physiotherapeut, der Schuster, der Chirurg und der Arzt, der alles leitet und zusammenhält.

Wir sind persönlich an der chirurgischen Arbeit hier interessiert und werden vielleicht nach einem Jahr Studium zurückkehren, um ein Rädchen im Getriebe zu sein.

Das waren große Veränderungen, die die Schmidts sowohl persönlich als auch beruflich beeinflussen sollten. Warum wurde Schmidt in keinem dieser Briefe erwähnt? Sicher, er war herrschsüchtig und geriet manchmal außer Kontrolle, aber das war ein Dolchstoß, den er nicht verdient hatte.

*

Clara und John kehrten am 30. Juli 1969 nach Paraguay zurück, voller neuer Energie und Ideen für den weiteren Ausbau ihrer Arbeit. John entwarf Baupläne für die Erweiterung der Schusterei auf Km. 81 und schickte die Pläne und seine Begründung für die Erweiterung an MCC.

Nach langer Verzögerung kam die Antwort von MCC, dass 1) alle Anfragen an das Gemeindekomitee und nicht an MCC zu richten seien und 2) ALM bei allen neuen Bauprojekten konsultiert werden müsse.

Da Dr. Hasselblad für einen längeren Besuch in Nigeria war und nicht in die USA zurückkehren würde, bevor er nach Paraguay reiste, hielt John es für das Beste, diese Pläne später persönlich mit Hasselblad zu besprechen.

„Was soll das heißen, ich soll meine Anfragen nicht an MCC schicken?" John warf den Brief auf seinen Schreibtisch. „Ich weiß, dass das Gemeindekomitee die Verantwortung trägt, aber ich bin Teil des MCC, also werde ich mich mit diesen Plänen für wichtige Erweiterungsgebiete natürlich an das MCC wenden."

„Behauptet er wirklich, dass du dich nicht an das MCC wenden kannst?", fragte Clara.

John warf ihr den Brief zu. „Hier. Lies ihn selbst. Vielleicht müssen wir einfach selbst die Mittel aufbringen, um das neue Schustereigebäude zu bauen, das ich entworfen habe."

Später am Abend schrieb John einen Artikel für das vierteljährlich erscheinende Mitteilungsblatt von Km. 81 *Allein sein und nicht allein sein.*

Für uns ist es jetzt, da wir wieder bei Km. 81 arbeiten, wichtig, Teil einer Gruppe von Menschen und einer Arbeit zu sein. Wir haben keinen Grund zu glauben, dass wir allein sind. Das wunderbare Gefühl, nicht allein zu sein, macht unseren Kontakt zu den Leprakranken noch wichtiger.

Für die meisten von ihnen ist das Alleinsein eine Realität. Wir empfinden besonderes Mitgefühl für sie, wenn wir anerkennen, dass sie nichts dafür können, dass sie die Krankheit bekommen haben und deshalb allein sind. Was können wir tun, damit sich diese Patienten weniger allein fühlen? Mir geht es darum, die Patienten als Menschen zu behandeln und nicht nur ihre Krankheit. Wir müssen uns immer in ihre Lage versetzen.

Er beendete den Artikel mit:

Lieber Leser, überlege, was es bedeutet, allein zu sein. Bist du dankbar? Wir wollen gemeinsam für diese Patienten arbeiten, die in vielerlei Hinsicht allein sind.

*

Ende November 1969 meldete ein Arzt vom Hospital Bautista, dass Marlena, die in Asunción studierte, schwanger, mit Gonorrhoe und einem Tumor im Unterleib im Krankenhaus liege. Sie eilten zu ihr und erfuhren, dass ihre widerspenstige Tochter eine Affäre mit einem viel älteren verheirateten Mann hatte.

Clara brach in Tränen aus. Aber John war wütend. Wie konnte sie nur? Er und Clara hatten schon genug Probleme, und jetzt auch noch das.

Die nächsten Wochen verbrachte Marlena bei ihnen zu Hause, um sich von der Geschlechtskrankheit zu erholen und Kraft für die bevorstehende Operation zur Entfernung des Tumors zu sammeln. Sie blieb die meiste Zeit in ihrem Zimmer, nahm nicht an den Mahlzeiten teil und half auch nicht bei der Hausarbeit.

Schließlich hatte John genug. „Steh sofort auf, Marlena. Wenn du nicht essen willst, ist das in Ordnung, aber du wirst dich hier nützlich machen." Seine Stimme klang bitter.

„Ich stehe nicht auf", murmelte Marlena.

Er packte sie am Arm, zerrte sie vom Bett und schleifte sie hinter sich her auf die Veranda.

„Lass mich los", schrie Marlena.

Clara kam mit angespanntem Gesicht aus der Küche. „John ..."

299

John hielt immer noch Marlenas Arm fest, und seine Stimme explodierte in einem scharfen Stakkato. „Es. Gibt. Viele. Andere. Kinder. Die. Meine. Liebe. Brauchen. Ich. Brauche. Dich. Nicht. Ich. Will. Dich. Aus. Meinem. Leben. Haben." Seine Nasenflügel weiteten sich und waren angespannt.

Die drückende Novemberhitze des späten Nachmittags lastete schwer auf den dreien, die in einem unbeholfenen Halbkreis auf der offenen Veranda standen.

Keiner sprach ein Wort mehr. Tatsächlich wurde, wie bei vielen anderen schmerzhaften Erlebnissen in der Familie, nie wieder über diesen Vorfall gesprochen. Am Ende war Marlena nicht schwanger und der Tumor gutartig. Aber ein neues Misstrauen schien ihre Augen zu trüben.

*

Im Laufe des nächsten Jahres beobachtete Clara, wie John sich mit neuer Kraft in seine Arbeit stürzte, lange Tage damit verbrachte, Patienten zu behandeln und den Hof zu bewirtschaften, und dann bis spät in die Nacht hinein weitere Baupläne zeichnete. Aber nicht alles war gut. Oft hörte sie ihn mitten in der Nacht auf der Veranda auf und ab gehen. Der Briefkontakt mit MCC und ALM war fast völlig zum Erliegen gekommen. Und das Gemeindekomitee der Kolonie war anscheinend immer noch auf der Suche nach seinem Weg, denn auch von ihnen war wenig zu hören. Clara wusste, dass es Grund zu der Annahme gab, dass sie immer mehr auf sich allein gestellt waren. Und sie war sich ziemlich sicher, dass das der Grund war, warum John vor fast einem Jahr, als sie aus dem Urlaub zurückgekehrt waren, den *Artikel Allein sein und nicht allein sein* für das Mitteilungsblatt geschrieben hatte.

Unzählige Male hatte Clara versucht, mit John darüber zu sprechen. Aber er lenkte das Gespräch immer auf die Arbeit, die vor ihnen lag. Sie hatten fünf weitere Grundstücke für Siedlungen für Leprakranke in der Gegend von Caaguazú in der Nähe von Oscar und Adela gesichert und privat finanziert. Die Arbeit an diesen Siedlungen bedeutete, dass sie zusätzlich zu ihren normalen Aufgaben noch mehr zu tun hatten als sonst.

John war gerade von einem mehrtägigen Aufenthalt in Caaguazú zurückgekehrt, wo er den Patienten beim Bau ihrer Häuser geholfen hatte. Es war schon nach Mitternacht, aber Clara war noch wach. Sie hatte erfahren, dass in einer Woche, am 10. August, ein wichtiges Treffen in Asunción stattfinden sollte. Vertreter von ALM und MCC aus dem Norden und vom Gemeindekomitee aus dem Chaco würden anwesend sein. Dr. Duerksen würde ebenfalls teilnehmen. Die Anwesenheit von John und Clara war erwünscht.

John sah erschöpft aus und seine Kleidung war schmutzig. Er setzte sich an den Tisch auf der Veranda und nahm die Tasse Tee, die Clara ihm anbot. „Wir sind mit dem Bau gut vorangekommen. Aber ich mache mir Sorgen um die Kinder. Clara, diese Kinder haben noch nie ein Buch gesehen und trotzdem scheinen einige von ihnen die vierte oder fünfte Klasse geschafft zu haben. Wie ist das ohne Bücher möglich? Wir müssen das Gemeindekomitee bitten, uns zu helfen, Schulmaterial für diese Kinder zu besorgen".

Clara lächelte traurig. „John, ich mache mir Sorgen, wie MCC und ALM reagieren werden, wenn sie von den neuen Siedlungen hören."

„Ich habe tagelang gehackt, gesägt und gehämmert und bin heute Abend fast fünf Stunden nach Hause gefahren. Ich bin zu müde, um mich darum zu kümmern, was diese Nordamerikaner über unser Volk hier in Paraguay zu wissen glauben. Die Wiedereingliederung unserer Patienten in die Gesellschaft verspricht ein großer Durchbruch zu werden. Es wird ihnen helfen, ihren Platz in der Gesellschaft zu finden. Außerdem -"

„John. Hör bitte auf. Wir müssen reden. Ich habe eine Nachricht aus Asunción über ein Treffen ..."

Siebenundzwanzigstes Kapitel

John und Clara kamen zu spät zum Treffen, weil sie unterwegs einen Patienten im Sanatorium in Asunción abgesetzt hatten.

Clara betrat den Raum hinter John und blickte in die strengen Gesichter der Männer, die um den Tisch saßen. Am Kopfende saß Hasselblad, rechts von ihm Bill Snyder und Edgar Stoesz, die Vertreter des MCC. Ihnen gegenüber saßen Dr. Duerksen und drei Mitglieder des Gemeindekomitees, darunter Konrad Wolf, den Blick auf den Boden gerichtet.

Hasselblad sprach. "Wie ich schon sagte, habe ich mich zu diesem Treffen in Paraguay nur unter der ausdrücklichen Bedingung bereit erklärt, dass wir alle Aspekte der Lepraarbeit frei diskutieren und alle Fragen offen und ehrlich stellen."

Clara beobachtete, wie sich Johns Kiefer anspannte, als er den Männern am Tisch zuhörte, die ihre Visionen für die Zukunft der Leprastation darlegten, ohne ihn auch nur einmal nach seiner Meinung zu fragen. Regelmäßige Untersuchungen aller Kontaktpersonen, ein Zwei-Arzt-Programm mit Dr. Duerksen als plastischem Chirurgen, keine Siedlungen für Leprakranke mehr und keine landwirtschaftlichen Aktivitäten. Dann präsentierten sie das neue Organigramm, in dem die Autoritäts- und Verantwortungsbereiche dargestellt waren.

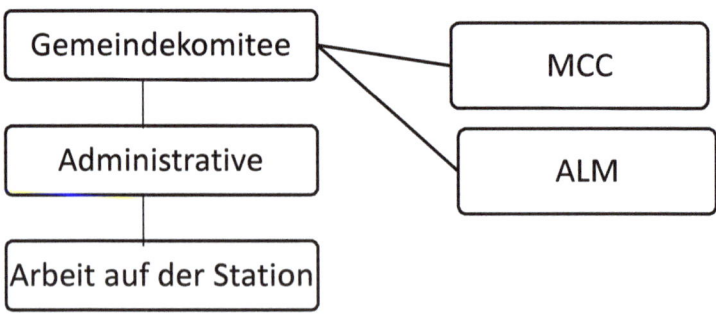

*

Konrad Wolf bog bei Km. 81 von der Ruta ab. Er war schon oft auf der Leprastation gewesen, aber noch nie unter diesen Umständen. Es war die unangenehmste Aufgabe, die er seit seiner Zeit als Vorsitzender des Gemeindekomitees je hatte. Konrad fuhr den paraguayischen Vertreter des MCC, Edgar Stoesz, zur Station. Sie waren gekommen, um eine Situation zu regeln, die mit ziemlicher Sicherheit konfliktiv werden würde, wenn Dr. Duerksen später am Tag mit seiner Familie bei Km. 81 eintreffen würde.

Um den Übergang in der Leitung zu erleichtern, hatte ALM um eine Überlappung von einem Jahr zwischen der Ankunft der Duerksens und der Abreise der Schmidts gebeten. Schmidt hatte sich jedoch für einen früheren Urlaub ausgesprochen, so dass ALM eine Überschneidung von mindestens acht Wochen forderte. Schmidt wollte in die USA und von dort nach Vietnam reisen. In Vietnam wollte er einige Monate medizinische Dienste leisten, bevor er im Juli des folgenden Jahres nach Paraguay zurückkehren wollte. Niemand schien genau zu wissen, was nach ihrer Rückkehr passieren würde. Einige spekulierten, dass sie ihre zwanzigjährige Führungsrolle bei Km. 81 wieder aufnehmen würden. Andere glaubten, sie würden sich in der Gegend von Tobatí im Osten Paraguays zur Ruhe setzen oder dort eine neue Lepraklinik eröffnen. Einige sagten sogar, dass die Schmidts und Duerksens zusammenarbeiten würden, um das Lepraprogramm bei Km. 81 auszuweiten.

Konrad manövriert das Auto langsam durch die schlammigen Furchen, die der Regensturm der vergangenen Nacht hinterlassen hat. „Trotz aller Planungen haben wir immer noch nicht entschieden, wer bei Km. 81 der Chef sein wird, wenn Schmidt nächstes Jahr zurückkommt."

„Das ist die Millionenfrage, nicht wahr?" Stoesz rutschte auf seinem Sitz hin und her. „Ich glaube, die dringendere Frage ist im Moment, ob Schmidt heute Duerksen überhaupt auf das Stationsgelände lassen wird."

Sie fuhren den Hügel hinauf und um die kurvige Straße herum, die zum Haus der Schmidts führte. „Gut, dann wollen wir uns mal dem Feuer stellen", sagte Stoesz und trat auf die Veranda.

„Hallo", rief Wolf und klopfte an die Tür.

Als keine Antwort kam, gingen die beiden Männer in die Hauptküche und den Versammlungsraum der Station, wo die Arbeiter gerade ihr Mittagessen beendet hatten.

„Schmidts? Die sind heute Morgen abgereist", sagte einer der Arbeiter. „Wir haben gestern Abend ein großes Abschiedsfest für sie gegeben."

Konrad wandte sich an Stoesz. „Ich glaube, wir müssen uns keine Sorgen machen, dass es heute zu einer bösen Konfrontation kommt."

*

Stunden bevor Wolf und Stoesz auf der Station eintrafen, hatten Clara und John ihr Auto mit den letzten Habseligkeiten beladen und waren losgefahren. Clara starrte aus dem Autofenster, als das rote Ziegeldach des Hauses, das sie und John gebaut und in dem sie ihre Kinder großgezogen hatten, aus ihrem Blickfeld verschwand. Es war Donnerstag, der 18. November 1971, der letzte Tag, an dem sie diesen schönen Ort ihr Zuhause nennen würde. Vor fast genau zwanzig Jahren waren sie und John nach Paraguay gekommen und hatten nur davon geträumt, was aus diesem Ort einmal werden könnte. Sie unterdrückte die Tränen, als sie an der Hauptküche der Station vorbeikamen, wo sich eine große Gruppe ihrer Arbeiter versammelt hatte und *Gott mit euch, bis wir uns wiedersehen* sangen.

Clara bemerkte, wie fest John das Lenkrad umklammerte. Sie streckte die Hand aus und legte sie auf sein Knie. Noch nie hatte sie ihn so leiden sehen wie in den letzten Monaten. In manchen Nächten schlief er kaum. Und bei der täglichen Andacht nach dem Frühstück sprudelten seine Gebete nur so aus ihm heraus. „Herr, schenke uns Deinen Frieden, während wir Dir weiterhin so gut wie möglich dienen."

304

Clara wünschte, sie könnte etwas tun, um Johns Schmerz zu lindern. Viele Stunden hatten sie über ihre Entscheidung gesprochen, Km. 81 zu verlassen.

Beide waren sich einig, dass plastische Chirurgie wahrscheinlich etwas war, das dem Angebot für ihre Patienten hinzugefügt werden musste. Aber viele der anderen ALM-Bestimmungen ergaben in ihrem paraguayischen Kontext einfach keinen Sinn.

Am schlimmsten war, dass Johns Meinung für ALM oder auch MCC keine Rolle mehr zu spielen schien.

Schweigend fuhren sie an den Stationsgebäuden vorbei, den Hügel hinunter, über die klappernde Brücke und zur Ruta. Als sie die Autobahn erreichten, bog John links ab und fuhr nach Osten in Richtung Tobatí. Clara sah die Häuser von Itacurubí vorbeiziehen. Sie erinnerte sich an die Männer von dort, die nach Km. 81 gekommen waren, um sie mit Steinen zu bewerfen und ihr Eigentum zu zerstören, als sie gerade mit dem Bau der Station begonnen hatten. Gott habe damals über sie gewacht. Er würde es wieder tun. Clara seufzte. Wenn die Leute, die die letzten Entscheidungen über Km. 81 getroffen hatten, christlicher gewesen wären, hätte John sich nicht völlig verraten gefühlt, so verraten, dass er es am Ende nicht über sich gebracht hatte, zu bleiben und sich denen zu stellen, die sich gegen ihn verschworen hatten.

Clara dachte an die Zukunft. Sie würden sechs Tage in Tobatí bleiben und dann in die USA fliegen, um einen Monat bei Verwandten zu verbringen. Anfang Januar wollten sie dann für vier Monate nach Vietnam gehen. Die American Medical Association hatte John in ihr Programm „Voluntary Physicians for Vietnam" aufgenommen. Nachdem er sich vergewissert hatte, dass das Programm in keiner Weise mit der Armee verbunden war, hatte John sich verpflichtet, Laienhelfer in der Pflege und Behandlung von Leprakranken auszubilden, und Clara sollte ihm als Assistentin zur Seite stehen.

Clara wollte ihre lebenslange Verpflichtung im Dienst des Herrn fortsetzen. Aber sie fühlte sich ein wenig unwohl bei dem Gedanken, was sie nach ihrer Rückkehr nach Paraguay tun sollte. Sie erinnerte sich an den Moment vor einigen Monaten, als ihre Idee, nach Tobatí zu ziehen, Gestalt annahm. Damals saßen sie mit Marlena und ihrem neuen Ehemann vor dem Kamin in ihrem Wohnzimmer auf Km. 81.

Nach einem Jahr in den USA war Marlena im Juni mit ihrem Verlobten Steve Fiol nach Paraguay zurückgekehrt. Sie heirateten in einer kleinen, informellen Zeremonie in ihrem Haus auf Km. 81. Clara betete, dass diese Hochzeit bedeuten würde, dass ihr verlorenes Kind, das ihnen so viel Kummer bereitet hatte, endlich seinen Weg finden würde.

An einem kalten, regnerischen Abend Anfang Juli saßen die vier um den Kamin im Wohnzimmer von Km. 81. John warf ein Holzscheit ins Feuer. „Wir fragen uns, was ihr jetzt, da ihr verheiratet seid, vorhabt. Wollt ihr zurück in die USA?"

„Wir haben noch keine Rückflugtickets gekauft. Wir wissen nicht, wie lange wir bleiben werden", sagte Marlena. „Warum fragst du?"

John räusperte sich. „Wir möchten etwas mit euch besprechen."

Er beschrieb die jüngsten Entscheidungen bezüglich Km. 81 und seine Führung.

„Anscheinend bin ich ein MCC-Angestellter, der MCC nicht mehr direkt kontaktieren kann. Alles muss über ein kompliziertes Komitee laufen. Aber das ist noch nicht das Schlimmste. ALM hat alle möglichen hochtrabenden Ideen über die Kontrolle und Behandlung von Lepra, die im paraguayischen Kontext unsinnig sind".

Clara tätschelte Johns Arm. „John, wir sprachen über plastische Chirurgie ..."

John hob die Hände und ratterte die Statistiken herunter, die er monatelang im Kopf durchgegangen war:

Etwa dreißig Prozent der Leprapatienten in Paraguay haben schwere Fußprobleme wie Geschwüre, Knocheninfektionen und Lähmungen.

Fünfzehn Prozent haben schwere Handverletzungen. Fast hundert Prozent haben kleine Wunden und Narben an den Händen. Dreißig Prozent brauchten eine Zahnbehandlung; neunzig Prozent hatten Hakenwürmer; zehn Prozent hatten andere Komplikationen der Lepra; und viele hatten gleichzeitig Herz-, Lungen-, Nieren- oder Lebererkrankungen.

"Nur etwa drei bis fünf Prozent können wirklich von plastischer Chirurgie profitieren", schloss er.

Clara beugte sich vor. „Der Grund also ..." Wieder unterbrach John sie. „Was ihr wissen müsst", sagte er zu Steve und Marlena gewandt, „ist, dass die Vorstellung von ALM, wir könnten die Lepra in Paraguay durch Massenuntersuchungen von Kontaktpersonen unter Kontrolle bringen, auf Unwissenheit und völliger Missachtung der Tatsachen hier in Paraguay beruht."

Nur etwa fünf Prozent seiner neuen Patienten hätten sich durch direkten Kontakt angesteckt. Fast keiner von ihnen kannte jemanden, der an der Krankheit litt, oder hatte eine Ahnung, woher sie kam.

„Ich bin sicher, dass es für den Rest der Welt ungewöhnlich ist, aber die Patienten kommen tatsächlich zu uns, weil sie wissen, dass wir uns um sie kümmern und sie nicht wegsperren."

Marlena klang verwirrt. „Was willst du damit sagen?"

„Nun, ich habe diese Pläne ausgearbeitet." John griff nach einem Notizbuch, das auf dem Regal neben seinem Stuhl lag. „Mama und ich nehmen uns eine Auszeit, um in Vietnam zu dienen. Wenn wir nächstes Jahr nach Paraguay zurückkehren, wollen wir in Tobatí ein neues Zuhause gründen. Hier sind die Pläne für das Haus. Wir wissen nur noch nicht, wer es bauen wird -"

„Das ist Gottes Wille", sagt Clara leise, als sie Marlenas schockierten Gesichtsausdruck sieht.

Nachdem sie weiter über ihre Reise- und Hausbaupläne gesprochen hatten, platzte John heraus: "Wir haben uns gefragt, ob ihr vielleicht in

Paraguay bleiben könntet, um den Bau unseres neuen Hauses zu überwachen und auf Chris und Josie aufzupassen."

Clara wünschte, sie hätten Marlena auf diesen Moment vorbereiten können.

*

Als sie und John nun nach Tobatí fuhren, lächelte Clara unter Tränen. Es war schwer, das Haus zu verlassen, in dem sie zwanzig Jahre lang gelebt hatten. Noch schwerer war die Art und Weise, wie das alles geschehen war. Aber Gott hatte sie gesegnet. Nachdem Marlena und Steve einige Tage darüber nachgedacht hatten, beschlossen sie, das neue Haus in Tobatí zu bauen und sich um ihre beiden jüngsten Kinder zu kümmern, während John und Clara in Vietnam waren. Und wenn sie zurückkehrten, könnten ihre medizinischen Dienste in Tobatí vielleicht eines Tages Teil der Arbeit auf Km. 81 werden.

Vor ihrer Abreise hatte Clara in dem Mitteilungsblatt der Station *Im Dienste der Liebe* eine Erklärung veröffentlicht, um den Samen für eine Zusammenarbeit mit Km. 81 zu säen.

Wir möchten unsere Pläne, die wir seit einiger Zeit haben, mit euch teilen. So Gott will, möchten wir für vier Monate in Vietnam dienen. Wir betrachten diese Reise als eine unverdiente Chance. Wir planen, Ende Juni 1972 an unseren geliebten Arbeitsplatz hier in Paraguay zurückzukehren. Während unserer Abwesenheit werden Dr. Franz Duerksen und unsere lieben Mitarbeiter die Arbeit hier weiterführen. Nach unserer Rückkehr werden wir mit ihm und dem Gemeindekomitee besprechen, wie die Arbeit weitergehen soll.

Clara erwähnte weder Wut noch Schmerz.

WIEDER AUFSTEHEN

1971-1983

„Ich bin ein wenig verwundet, aber nicht tot; ich werde mich eine Weile hinlegen und bluten. Dann werde ich wieder aufstehen und kämpfen."

- John Dryden

Achtundzwanzigstes Kapitel

Bill Snyder saß an seinem Schreibtisch und las noch einmal den Brief, den er gerade von Schmidt erhalten hatte. Der Adresse des Absenders war irgendwo in Vietnam.

Er schrieb, um sich nach dem Stand ihrer Beziehung zu MCC zu erkundigen, für den Fall, dass er und Clara nach Paraguay zurückkehren würden. Er erzählte von ihren Plänen, in der Gegend von Tobatí Leprakliniken und allgemeine medizinische Dienste für diese unterentwickelte Region aufzubauen. Er äußerte den Wunsch, mehr Siedlungen für Leprakranke zu errichten, in denen sie sich ein Haus bauen können.

Wie viel Hilfe für die Lepraarbeit können wir vom Gemeindekomitee über das Budget von Km. 81 bekommen?

Schmidt hatte Nerven. Snyder griff zum Telefon und wählte Hasselblads Nummer. Nach ein paar Höflichkeiten kam er zur Sache. „Wir haben ein Problem." Er erklärte, dass John und Clara Schmidt im Juli nach Paraguay zurückkehren würden und beschrieb ihre Pläne.

„Wusstest du davon, bevor die Schmidts letztes Jahr Paraguay verließen?", fragte Hasselblad schroff.

„Es gab Gerüchte", sagte Snyder. „Aber wir haben John klargemacht, dass er unter keinen Umständen die Siedlungen für seine Leprapatienten erweitern oder Einrichtungen und Dienste schaffen darf, die das duplizieren, was in Km. 81 getan wird."

Nach einer Pause sagte Hasselblad: „Wir werden kein Programm unterstützen, das parallel zu Km. 81 läuft oder dessen Bemühungen schwächt. Ich nehme an, dass euer paraguayisches Komitee viel zu tun hat".

*

Clara drehte sich auf den Rücken und schob ihre Decke beiseite. Trotz Valium, das sie ihren „Helfer" nannte, konnte sie nicht einschlafen.

Sie zog ihren Bademantel an und schlurfte ins Wohnzimmer. Nach einem gefährlichen Einsatz im kriegszerrütteten Vietnam waren sie vor einigen Monaten nach Tobatí zurückgekehrt. Obwohl sie großen Gefahren ausgesetzt gewesen waren, hatte Gott sie beschützt. Und jetzt waren sie zurück in dem schönen Haus, das Steve und Marlena für sie gebaut hatten. Sie und John hatten so viel, wofür sie dankbar sein konnten. Warum fühlte sich das alles so schwer an?

Seit sie in Tobatí angekommen waren, hatten sie sich stark in der Gemeinde und in der neuen florierenden Gesellschaft engagiert, die hauptsächlich vom Holzfällen und vom Sojaanbau lebte. Die Bevölkerung bestand aus Amischen, mexikanischen Mennoniten und Mennoniten, die aus den Chaco-Kolonien nach Tobatí gekommen waren. Auch viele Paraguayer und Brasilianer ließen sich hier nieder und kauften Land.

Clara und John richteten in einer baufälligen Hütte eine Klinik ein, um die verschiedenen Gruppen rund um Tobatí zu versorgen, die keine medizinische Versorgung hatten. Dreißig Patienten hatten sie bereits registriert. Erst kürzlich hatten sie das 35 Kilometer entfernte Gebiet, Santa Ana, entdeckt, wo sie mit Impfungen begannen. Mehr als hundert Kinder der ersten drei Klassen wurden in ein vierräumiges Schulhaus gepfercht, das die Bevölkerung auf eigene Faust gebaut hatte. Clara verteilte gebrauchte Bücher, die sie gekauft hatte. John half ihnen, ein lokales Komitee zu gründen, das den Bau einer Toilette für jede Familie überwachte - eigentlich kein Gebäude, sondern nur ein Loch, das immer mindestens einen Meter tief und weit genug von der Wasserquelle entfernt sein musste.

Alles lief nach Plan. Clara starrte durch das große Panoramafenster in die Dunkelheit. Warum war das nicht erfreulich? Manchmal kam sie morgens gar nicht aus dem Bett.

Sie hörte, wie John von hinten auf sie zukam. „John, mir ist zum Heulen."

„Ich weiß nicht, was es da zu weinen gibt", sagte John. Er ging in die Küche und schenkte sich ein Glas Wasser ein.

Clara wusste, dass auch John litt. In den Monaten, seit sie wieder in Paraguay waren, waren neun Kilo von seinem ohnehin schon knochigen Körper abgefallen. Er schien unter einer unerträglichen Last zusammenzubrechen. Clara hatte eine gute Vorstellung davon, was es war, aber John weigerte sich, darüber zu sprechen. Seit seiner Rückkehr aus Vietnam wirkte er deprimiert. Aber in der letzten Woche hatte sich seine Niedergeschlagenheit noch vertieft.

Konrad Wolf war zu Besuch gekommen. Er hatte ihnen eine kleine finanzielle Unterstützung vom MCC mitgebracht, die ihr Einkommen von ihrer Rinderfarm im Chaco und das Einkommen der wenigen Patienten, die Geld hatten, um Johns medizinische Versorgung zu bezahlen, ergänzte. Wolf überbrachte die Nachricht, dass MCC ihre Pläne, in Tobatí ein Krankenhaus zu bauen, nicht unterstützte und ihnen ausdrücklich verbot, neue Siedlungen für Leprakranke zu bauen.

John war außer sich. „Das neue Krankenhaus ist kein Projekt von MCC. Clara und ich finanzieren es persönlich und mit privaten Spenden, mit eventueller Unterstützung der örtlichen EMC-Gemeinde hier, die mich gebeten hat, den Bau zu planen und zu überwachen".

Überraschenderweise lächelte Wolf und äußerte seine Meinung, dass ein Krankenhaus in dieser Gegend notwendig sei. Das Gemeindekomitee sah kein Problem darin. Bevor Wolf ging, warf John ihm den Umschlag mit dem Geld von MCC zu. „Wir brauchen die Hilfe von MCC nicht."

Clara hatte schweigend zugesehen, wie John die Verbindung zu der Organisation abbrach, die seit seinem Abschluss an der medizinischen Fakultät ein wichtiger Teil seines Lebens gewesen war. In der vergangenen Woche hatte sie gebetet, dass die verzweifelte Not in der Region Tobatí Johns Dienst- und Abenteuergeist wieder wecken würde.

*

In den folgenden Jahren ermutigte und unterstützte die paraguayische Regierung die Menschen, sich in Entwicklungsgebieten wie Tobatí niederzulassen, und viele weitere Paraguayer und Brasilianer zogen in die Region. Durch die Nähe zu einem Wasserkraftwerk an der paraguayisch-brasilianischen Grenze wurde die Region immer attraktiver. Mehr als dreihundert brasilianische Familien hatten sich bereits angesiedelt, und täglich kauften mehr Menschen Land.

Wenn die Mennoniten und Amischen ihr Land und ihre Bräuche in Tobatí behalten wollten, mussten sie das Gebiet selbst organisieren und entwickeln. John leitete eine Kampagne, um Geld für den Kauf von mehr Land zu sammeln, und half bei der Entwicklung eines Plans für eine neue mennonitische Kolonie namens Tres Palmas mit einer zentralen Stadt namens Lucero. Lucero bedeutet „heller Stern". John hoffte, dass ihre Anwesenheit in dieser Gegend ein heller Stern der Hoffnung für die Bedürftigen sein würde.

Eines Nachmittags, nachdem er mehr als vierzig Patienten in seiner kleinen Klinik behandelt hatte, besuchte John einen Herrn Janzen, einen der Leiter der Tres Palmas Gemeinschaft.

„Wir haben so viele neue Siedler, die medizinische Hilfe brauchen", sagte er zu Janzen.

„Meine Klinik kann nicht alle versorgen. Wir müssen aktiver werden und Geld sammeln, um ein neues Krankenhaus zu bauen".

„John, unsere kleine Gemeinde hat kein Geld. Ich bin sicher, dass der Bedarf da ist, aber ich weiß nicht, wie wir das machen sollen."

„Nehmen wir nicht an, dass wir es nicht schaffen, bevor wir es nicht wissen." John griff nach seinem Hut und stand auf, um zu gehen. „Wo Glaube ist, da sorgt Gott für uns."

John stapfte nach Hause. Warum verstanden diese Menschen nicht? Es war nicht nur aus medizinischen Gründen wichtig, das neue Krankenhaus zu bauen. Die Mennoniten mussten einen Beitrag für die Region leisten, wenn sie weiterhin akzeptiert werden wollten.

John machte sich Sorgen über den revolutionären Geist in den umliegenden Ländern, besonders in Argentinien. Er hatte gelesen, dass die argentinische Wirtschaft 1973 zusammengebrochen war und die immer noch populäre Peronistische Partei die Unterstützung erhalten hatte, die sie brauchte, um Perón aus dem Exil zurückzuholen. Perón wurde in Argentinien mit großer Begeisterung empfangen, aber die Begeisterung währte nicht lange. Als der Terrorismus zunahm, begann Perón, Menschen ohne Gerichtsverfahren einzusperren. John fragte sich, ob Ana sich wieder gegen Perón gewandt hatte, wie sie es gegen Ende von Evitas Leben getan hatte. Er hatte schon lange nichts mehr von ihr gehört.

Die Armut und die Menschenrechtsverletzungen, die den revolutionären Geist in Argentinien angetrieben hatten, waren auch in Paraguay präsent. Präsident Stroessner hatte mehrere Aufstände niedergeschlagen. Irgendwann würde sein Regime zu Ende gehen. Es gab Gerüchte, dass er und seine engsten Freunde große Reichtümer in der Schweiz deponiert hatten. Es gab wohl keinen Grund zur Panik, aber es gab Grund zur Annahme, dass Paraguay auf einen Aufstand zusteuerte. Ein Spital zu bauen, um den Armen und Bedürftigen in der Region zu helfen, war nicht nur richtig, es war auch eine gute Möglichkeit, sich im Falle einer Revolution zu schützen, indem man der Region einen Mehrwert bot.

*

Im November 1974 schloss Wesley sein Medizinstudium in Asunción ab. Im folgenden Jahr bat das Gemeindekomitee Wesley, für drei Jahre die medizinische Verantwortung für Km. 81 zu übernehmen, während Dr. Duerksen sein Studium in Kanada fortsetzte.

Clara und John waren zusammen mit Wesley und seiner Frau Esther zum Abendessen eingeladen, um Dr. Duerksen zu verabschieden und den jungen Dr. Schmidt willkommen zu heißen. Clara hatte einen Kloß im Hals, als sie die Veranda des Hauses betrat, das sie und John vor so vielen Jahren zusammen gebaut hatten. Die Bougainvillea (Santa Rita Pflanze) am Eingang sah noch genauso aus wie damals. Auch die Weinreben, die sich hinter dem Torbogen zum Bach hinunterzogen, sahen noch genauso aus wie damals. Wie konnte alles so unverändert und normal aussehen, wenn doch alles so anders war?

Die sechs saßen um den Tisch auf der Veranda und unterhielten sich hauptsächlich über die medizinischen Probleme auf der Station.

„Du redest nicht viel", sagte Frau Duerksen zu Clara.

Clara lächelte. „Oh, ich genieße einfach das Gespräch und bin so froh, dass Wesley die Arbeit hier fortsetzen wird." Was sollte sie sonst sagen? Sie hatte Mühe, den Stolz auf ihren Sohn und den persönlichen Verlust der Arbeit, die ihr so viel bedeutet hatte, unter einen Hut zu bringen.

*

1976 wurden John und Clara erneut nach Km. 81 eingeladen, diesmal zur Feier des 25-jährigen Bestehens der Station.

Mehr als 300 Gäste aus ganz Paraguay, Brasilien, Kanada und den Vereinigten Staaten kamen zu einem zweistündigen Programm zusammen, darunter auch einige der über 500 Mitarbeiter, die in den letzten 25 Jahren dort gearbeitet hatten.

John beobachtete Wesley, der in der ersten Reihe saß, während ein Würdenträger nach dem anderen die Arbeit der Station lobte. John erinnerte sich an eine andere Zeremonie, die hier vor nur neun Jahren stattgefunden hatte, als Hasselblad bekannt gab, dass Km. 81 nicht mehr auf dem neuesten Stand der Leprabehandlung war. Das war der Anfang vom Ende seiner Zeit auf der Station gewesen.

Er sah, wie Wesley sich umdrehte und ihn lächelnd ansah. In diesem Moment verspürte John eine Welle des Stolzes für seinen Sohn, der die Arbeit, die er und Clara vor 25 Jahren begonnen hatten, so kompetent weiterführte. John empfand keinen Groll, aber auch keine Genugtuung, als Roger Ackley, der derzeitige Präsident von ALM, dem Vorsitzenden des Gemeindekomitees eine Gedenktafel überreichte, auf der er die hervorragende Lepraarbeit auf Km. 81 würdigte und seine Bereitschaft zur weiteren Zusammenarbeit zum Ausdruck brachte.

Knapp ein Jahr nach der 25-Jahr-Feier bei Km. 81 erhielten John und Clara einen Brief, in dem sie über den Tod von Orie Miller informiert wurden. John erinnerte sich an den Tag, an dem er Orie zum ersten Mal im Juni 1941 traf, bevor sie an Bord der *SS Argentina* gingen, um gemeinsam nach Paraguay zu reisen. Im Laufe der Jahre hatte Orie Johns Traum von den Chaco-Kolonien und Km. 81 geteilt. Oft war Orie an Johns Seite gewesen, wenn niemand sonst es getan hatte.

Gemeinsam hatten sie viel erreicht. Und jetzt war Orie weg. Taten er und Clara noch etwas Sinnvolles? John hatte viel Geld gesammelt, um Land in der Nähe von Tobatí zu kaufen, aber niemand schien bereit, ihm bei der Gründung einer Kolonie zu helfen.

Johns Lippen formten sich zu einem langsamen, traurigen Lächeln, als er hörte, wie Clara den Nachruf von Orie aus der Zeitung Lancaster New Era vorlas. Er endete mit:

Eine Bibel, das Mennonite Yearbook und eine Weltkarte, die drei Dinge, die Orie Miller immer in seiner Aktentasche bei sich trug, bildeten den Rahmen, in dem er sein Leben lebte.

„Du könntest derjenige sein, über den sie geschrieben haben, John", sagte Clara leise.

Neunundzwanzigstes Kapitel

Es war eine Woche vor Weihnachten. Clara starrte auf die schmutzigen Schneehaufen, die sich vor ihrem Haus aufgetürmt hatten. Sie waren seit September wieder in den USA, um John in der Mayo Clinic untersuchen zu lassen. Seit Jahren hatte er Ohnmachtsanfälle, aber in letzter Zeit waren sie so häufig geworden, dass er sie nicht mehr auf niedrigen Blutdruck schieben konnte. In letzter Zeit fühlten sich sein Mund und seine Zunge taub an und er hatte einen gewissen Hörverlust auf seinem rechten Ohr. Hinzu kamen häufige Kopfschmerzen.

In der vergangenen Woche hatten die Ärzte der Mayo Clinic Gehirnscans angeordnet, und nun warteten sie auf die neuesten Ergebnisse. Clara schüttelte den Kopf. Sie und John gehörten einfach nicht mehr in die USA. Neulich war sie wegen eines Zahnbefalls beim Zahnarzt gewesen. Nachdem er eine teure Behandlung vorgeschlagen hatte, gegen die Clara sich gewehrt hatte, war er sehr unhöflich geworden und hatte gesagt, ihre Zähne seien „Pferdescheiße". Sie schauderte bei der Erinnerung.

In diesem Moment kam John zur Tür herein. „Clara, setz dich bitte."

So schlimm war es also. Sie setzte sich auf die Kante des abgenutzten Sofas in ihrem gemieteten Zimmer. Leise betete sie: „Herr, gib mir Kraft."

„Gott hat es gut mit uns gemeint. Ich habe einen Gehirntumor."

Claras Augen wurden groß und ihr Mund öffnete sich. Sah John das wirklich so, dass Gott gut zu ihnen war? Sie wartete darauf, dass er mehr sagte.

„Der Chirurg der Mayo Clinic hat für den 28. Dezember einen Operationstermin vereinbart", fügte John sachlich hinzu. „Wir müssen am Weihnachtstag nach Rochester aufbrechen."

Clara saß während des Weihnachtsgottesdienstes in der Alexanderwohl-Kirche in Goessel, Kansas, neben John und wünschte, sie könnte ihre Traurigkeit abschütteln. Als seine kräftige Tenorstimme „It

Came Upon the Midnight Clear" über die Stimmen der Anwesenden erklang, beugte sich Clara nach vorne.

Sie erinnerte sich daran, wie John kurz nach seiner ersten Reise nach Paraguay in der Kirche ein Kirchenlied gesungen hatte. Sie streckte die Hand aus, um seine zu ergreifen, und erinnerte sich daran, wie seine echte, klare Stimme ihr das Vertrauen gegeben hatte, Ja zu sagen.

*

Am 27. Dezember kamen sie gegen Mittag in Rochester an. Nachdem John ins Krankenhaus eingeliefert worden war, fand Clara eine Unterkunft in einer Pension namens The Elms für 4,50 Dollar pro Nacht. Bevor sie ihre Koffer auspackte, ging sie zum Supermarkt Woolworth, um John einen Pyjama zu kaufen, da er keinen besaß und aber einen Mitbewohner hatte. Sie ging zu Fuß hin und zurück, obwohl die Temperatur weit unter null lag. Der Bus kostete 75 Cent pro Fahrt!

Am nächsten Tag war John um 9:00 Uhr im OP. Clara wartete. Und betete. Endlich, um 17:30 Uhr, teilte ihr der Chirurg mit, dass der Tumor groß, aber gutartig zu sein schien. Er war vollständig entfernt worden. Leider waren die Gesichtsnerven durchtrennt worden, so dass John auf der rechten Gesichtshälfte gelähmt war. Eine weitere Operation war notwendig, um die Funktion des Gesichtsnervs wiederherzustellen.

Johns zweite Operation wurde aufgrund von Gewichtsverlust, niedrigem Blutdruck und wiederholten Ohnmachtsanfällen mehrmals verschoben. Am 7. Januar sagte John schließlich: „Bringen wir es hinter uns". Sechseinhalb Stunden lang verpflanzten drei Chirurgen einen Teil seines Unter-zungen-nervs, um den durchtrennten Gesichtsnerv wieder funktionsfähig zu machen.

Clara stand auf, als der Chirurg den Warteraum betrat. „Du kannst jetzt zu ihm gehen. Aber ich muss dich warnen, er leidet noch unter geistiger Verwirrung."

Als sie sich Johns Bett näherte, sah Clara, dass er sich von einer Seite auf die andere wälzte und versuchte, seine Arme aus den Fesseln an den

Handgelenken zu befreien. „Vietnam ... da ist die Hand ... in Vietnam ... entscheide, ob ich leben soll ...“

„John, es ist okay. John.“ Clara eilte an seine Seite.

Leere Augen starrten sie an. „Vietnam ... entscheide jetzt, ob ich sterben soll.“

In den nächsten Tagen erlangte John seine geistige Klarheit zurück, aber er litt unter mehreren schweren Migräneanfällen, konnte sich nicht aufsetzen, ohne in Ohnmacht zu fallen, und verlor weiter an Gewicht. Die Tage vergingen wie in einem Nebel von Gebeten und Sorgen. Clara nahm fast jede Nacht einen „Helfer“, lag aber trotzdem die meiste Zeit wach. Sie hatte sich noch nie so einsam gefühlt.

Am 20. Januar bestellte Clara einen Fernseher, der in Johns Zimmer gebracht werden sollte, damit sie die Regierungszeremonie am Tag der Amtseinführung verfolgen konnten. Als sie in seinem Zimmer ankam, hielt er seinen Kopf in den Händen und stöhnte. Sie stornierte die Bestellung, aber die Schwester brachte den Fernseher trotzdem.

John stöhnte weiter, aber als Jimmy Carter die Worte sagte

"...und was verlangt der Herr von dir, als dass du gerecht handelst, Barmherzigkeit liebst und demütig wandelst mit deinem Gott", lächelte John sein erstes, jetzt schiefes Lächeln seit der Operation.

Am 29. Januar, mehr als einen Monat nach seiner Einweisung, durfte John das Krankenhaus verlassen. Clara sah ihn zusammengesunken in seinem Rollstuhl sitzen, Frischhaltefolie über dem rechten Auge, damit es nicht austrocknete. Die rechte Seite seines Mundes hing herunter. Sie dachte: "Er ging als lebhafter junger Mann hinein und kommt als müder alter Mann heraus".

*

Sie kehrten in ein Chaos in Tobatí zurück. In den Monaten ihrer Abwesenheit waren die meisten der Obstbäume, die John in der Nähe ihres Hauses gepflanzt hatte, eingegangen, und der Garten war von Unkraut überwuchert. Im Haus wimmelte es von Ameisen. In der

Waschmaschine befanden sich Wespennester. Der Brunnen war ausgetrocknet.

Eine einzige Krankenschwester, Leni, hatte die Lucero-Klinik in Johns Abwesenheit geleitet. Die Verhältnisse waren noch primitiver als in den ersten Jahren im Chaco. Leni benutzte einen Holzofen zum Sterilisieren, und es gab kaum Aufzeichnungen.

Johns Vorschlägen begegnete sie mit heftigem Widerstand.

„Dieser Ort ist jetzt genau das Richtige für mich", murmelte John leise, während er versuchte, die Gasmembran ihres Ofens zu reinigen, die nicht richtig funktionierte.

Was John am meisten beunruhigte, war nicht das heruntergekommene Haus, nicht einmal die primitive medizinische Einrichtung. Neulich hatte er in den Nachrichten gehört, dass sich in Argentinien die Mütter und Großmütter der Verschwundenen, die Madres de la Plaza, auf der Plaza de Mayo versammelten und Nachrichten über ihre vermissten Kinder und Enkel forderten. Die Bewegung wurde immer populärer, was zu wachsenden Spannungen führte. John runzelte die Stirn, als er sich an Anas Brief von vor über einem Jahr erinnerte. Er hatte mit Clara darüber sprechen wollen, aber während seiner gesundheitlichen Krise hatte er es nicht getan, weil er zu dem Schluss gekommen war, dass es der falsche Zeitpunkt war. Er wusste nicht einmal mehr, was er mit dem Brief gemacht hatte. Doch kürzlich fand er ihn zwischen den Seiten einer medizinischen Fachzeitschrift.

Der erste Teil des Briefes enthielt eine beunruhigende Nachricht. Sie schrieb, dass nach Peróns Tod 1974 politisches Engagement verboten worden sei. 1976 stellte die Junta die Regierung unter militärische Kontrolle. Tausende vermeintliche Regime-gegner wurden aus ihren Häusern geholt, mit verbundenen Augen in Gefängnisse gesteckt und wahrscheinlich nie wieder gesehen. Wenn die Gefangenen zu gebrochen waren, um als Arbeiter nützlich zu sein, wurden sie oft unter Drogen gesetzt, in ein Flugzeug verfrachtet und lebendig in den Atlantik geworfen, um keine Leichen als Beweise zu haben.

Diese Nachricht war schlimm genug, und John fürchtete um Anas Leben. Doch nachdem sie die Situation in Argentinien beschrieben hatte, änderte sich der Ton ihres Briefes und wurde persönlicher. Ana schrieb die Worte, die sich nun in Johns Gehirn eingebrannt hatten, Worte, die er lieber nie gesehen hätte:

Es ist nur eine Frage der Zeit, bis auch ich verhaftet und verschleppt werde. Ich habe meinen Kampf verloren - ich muss ihn aufgeben. Ich bezweifle, dass ich Dich jemals wiedersehen werde, Dr. John. Deshalb fühle ich mich verpflichtet, dir etwas zu sagen, von dem ich dachte, ich würde es dir nie sagen. Ich liebe dich. Ich liebe dich, seit wir uns in jener Nacht auf der SS Argentina begegnet sind. Meine Liebe zu dir wird mich durch die langen, dunklen Jahre bringen, die zweifellos vor mir liegen. Alles Gute, lieber Dr. John.

John legte den Schraubenschlüssel und die fettgetränkten Tücher, mit denen er den Herd putzte, auf den Tisch und stand auf. So hatte er ihre Beziehung noch gar nicht gesehen, und er wusste nicht, wie er darauf reagieren sollte. Eines war ihm klar. Er musste mit Clara darüber sprechen.

*

Clara versuchte ihr Lächeln zu verbergen. „John, Liebling, warum überrascht dich das?" Er sah verlegener und unbehaglicher aus als je zuvor. Und zerknirscht, als hätte er sich etwas zuschulden kommen lassen, was natürlich nicht der Fall war.

Ihr Mann, so stark, der Starrköpfigste der Welt, war völlig naiv, wenn es um Frauen ging. Natürlich liebte Ana ihn. Das hatten andere Frauen im Laufe der Zeit auch getan. Clara erinnerte sich daran, wie die jungen Krankenschwestern während ihrer Ausbildung im Chaco John mit offener Sehnsucht angestarrt hatten - trotz ihrer Angst vor ihm - immer dann, wenn sie glaubten, niemand würde zuschauen. Früher hatte sie das gestört. Aber nach all den Jahren störte es sie nicht mehr. Insgeheim genoss sie es sogar, dass er nicht wusste, wie er auf Frauen wirkte.

Aber Ana war anders. Es war keine Verliebtheit. Es war, als wären sie und John Spiegelbilder des anderen. Ana verstand Johns inneren Dämon, der ihn dazu trieb, immer mehr zu tun und nie zufrieden zu sein, denn in dieser Hinsicht waren sie und John sich seltsam ähnlich. Clara hatte dieses vertraute Funkeln in Anas Augen gesehen, als sie sie damals bei Km. 81 besuchte und mit ihr über ihre Arbeit sprach. Und sie erkannte bei beiden eine ähnliche Entschlossenheit, bis zum Tod für ihre Überzeugungen zu kämpfen.

Clara legte ihre Arme um John. „Sie ist eine starke und aufrichtige Frau. Wir werden für sie beten."

*

Während der nächsten fünf Jahre widmeten John und Clara weiterhin Zeit und Geld dem Aufbau der neuen Siedlung Tres Palmas.

John, inzwischen in den Siebzigern, war immer noch der Meinung, dass ein florierendes Krankenhaus für dieses wachsende Gebiet unerlässlich sei. Auf diese Weise konnten die Mennoniten als Dankeschön an Paraguay notwendige Dienste leisten, so wie sie es auf der Leprastation getan hatten.

Er versuchte, die medizinische Versorgung auf ein Mindeststandard zu bringen. Doch jedes Mal, wenn er eingriff, wuchs Lenis Unzufriedenheit. Vielleicht war es sinnlos, die Idee eines neuen Krankenhauses weiter zu verfolgen. Alle waren sich einig, dass es notwendig war. Die Menschen hier waren dankbar für all das Geld, das John und Clara selbst für das Krankenhausprojekt gespendet und bei nordamerikanischen Spendern gesammelt hatten. Aber es wurde noch viel mehr gebraucht. Und niemand sonst schien bereit, sich dafür einzusetzen.

An einem heißen Nachmittag Ende März 1980 saß John mit einem Stift in der Hand an seinem Schreibtisch. Bei der Feier zum 50-jährigen Bestehen der Kolonie Fernheim hatte der Oberschulze die Verdienste von

John und Clara in den Anfangsjahren öffentlich gewürdigt. Er hatte John gebeten, einen Artikel für das Menno-Blatt der Kolonie zu schreiben.

John hörte, wie Clara das Zimmer betrat. „Bisher habe ich nur die Überschrift geschrieben", sagte er und drehte sich zu ihr um. *„Was wir waren und was wir sein werden."*

Clara lächelte traurig.

„Was ist los?", fragte er.

„Dein Titel scheint mehr über uns als über die Kolonie zu sagen, John. Wir wissen, was wir waren, aber was hält der Herr für unsere Zukunft bereit?"

John verstand, was sie meinte. Er fühlte sich nutzlos, trotz der vielen Lobeshymnen und Anerkennungen, die er und Clara in den letzten Jahren für ihre verschiedenen Tätigkeiten erhalten hatten. So lautete die Schlagzeile eines kürzlich erschienenen Artikels in der *Mennonite Weekly Review*:

Dr. Oliver Hasselblad, weltweiter Lepra-Experte und bis vor kurzem Präsident der American Leprosy Mission, schreibt Km. 81 bahnbrechende Heimbehandlungen zu.

Kurz darauf erschien in derselben Zeitschrift ein weiterer Artikel:

John Bertsche, Präsident der Mennonite Medical Association, verliest hier die Auszeichnung für „herausragende Leistungen" von Dr. John R. Schmidt und seiner Frau Clara, die seit 1941 zu unterschiedlichen Zeiten den paraguayischen Mennoniten gedient haben.

Alles, was er und Clara taten, war das Werk des Herrn und nicht für persönliche Anerkennung. Aber ein langsames, schiefes Lächeln bildete sich auf Johns Gesicht, als er an einen kürzlichen Durchbruch dachte. Er hatte eine Kopie einer Mitteilung zwischen MCC und dem Gemeindekomitee erhalten, das wie folgt lautete:

Empfehlung: Das MCC soll dem Gemeindekomitee der Mennonitengemeinden von Paraguay das 888 Hektar große Grundstück auf Km. 81 zur Nutzung als große Vieh-Farm spenden, da der Boden für

Ackerbau zu steinig und karg ist. Es wird empfohlen, Vieh zu züchten und die Einnahmen für die medizinischen Programme von Km. 81 zu verwenden.

Niemand hat den „neuen" Plan für eine Vieh-Farm auf das zurückgeführt, was John von Anfang an als das richtige Modell für die Leprastation bezeichnet hatte. Egal. Zumindest taten sie endlich das einzig Richtige.

Johns Gedanken kehrten in die Gegenwart zurück. Die wirklich wichtige Frage war, was er und Clara jetzt taten. Nicht viel. Und es war peinlich, in der Öffentlichkeit zu stehen. Seine verletzten Gesichtsnerven hatten ihre Funktion nicht wieder aufgenommen. Er hasste das Mitleid in den Augen der Menschen. Es war an der Zeit, damit aufzuhören.

RUHELOSIGKEIT

1983-1993

„Meine Seele ist ungeduldig mit sich selbst, wie mit einem lästigen Kind; ihre Unruhe wächst und wächst und bleibt immer dieselbe. Alles interessiert mich, aber nichts ergreift mich."
- Fernando Pessoa

Dreißigstes Kapitel

Als 1983 die Nachricht kam, dass das Altenheim in Goessel einen Teilzeitarzt brauchte, betete Clara, dass dies die Aufgabe sei, die der Herr für ihre Ruhestandsjahre vorgesehen hatte. John schien bereit, kürzer zu treten. Clara hoffte, dass er sich seiner Gesichtslähmung weniger schämen würde, wenn er mit den alten Menschen im Heim zusammen war.

Sie kauften das Haus in Goessel, das Johns Mutter vor vielen Jahren gebaut hatte. Es war klein und kompakt, mit einem Garten, der Platz für einen Gemüsegarten und sogar für einige Obstbäume sowie Stachelbeer-, Rhabarber- und Erdbeerpflanzen bot. Sie kauften ein altes Auto mit 321.000 km auf dem Tacho für fast nichts. Und die gebrauchten Möbel, die sie kauften, waren genauso bequem wie neue.

Clara half John, seine eigene private Arztpraxis in einem Anbau des Bethesda Altersheims einzurichten. Ihr Einkommen von rund 15.000 Dollar berechtigte sie zur Sozial- und Krankenversicherung. Dieses Gehalt und das Geld aus ihren Investitionen in Paraguay reichten zum Leben. Sie waren gesegnet, dass sie nach wie vor viele Missionsstationen, an die sie glaubten, unterstützen konnten. Bis zum Ende des Jahres hatten sie 7.500 Dollar an verschiedene Organisationen gespendet, den größten Teil davon an MCC. Alles war so, wie es sein sollte.

*

Allmählich gewöhnten sie sich an ihr Leben als Halbrentner in Goessel. John verbrachte nur wenige Stunden am Tag im Büro, so dass viel Zeit blieb, um im Garten zu arbeiten, Basketballspiele auf dem kleinen Fernseher anzuschauen und Mary Lou und ihre Familie zu besuchen, die in der Nähe wohnten. Alle, die sie kannten, hielten das für den perfekten Ruhestand.

Auch John glaubte anfangs, den idealen Ort für seinen Lebensabend gefunden zu haben. Doch mit der Zeit wuchs in ihm ein nagendes Gefühl, der Wunsch, Teil von etwas Wertvollerem zu sein. Er blieb in engem

Kontakt mit den Leitern der Siedlung Tres Palmas. Die Siedlung überlebte, aber nur knapp. Viele Familien zogen weg, weil die Wirtschaft nicht mehr funktionierte und keine Besserung in Sicht war. Während John seine meist bedeutungslosen Tage verbrachte, wanderten seine Gedanken immer mehr zu der verfallenen kleinen Klinik, der unterversorgten Bevölkerung in der Umgebung und der verpassten Chance, aus der Siedlung Tres Palmas etwas zu machen.

An einem verschneiten Tag Mitte Januar, fast fünf Jahre nachdem er nach Goessel gekommen war, stapfte John nach ein paar Stunden im Büro nach Hause. Clara stand in der Küche und bereitete das Abendessen vor. „Clara, ich weiß, ich habe es schon oft gesagt, aber jetzt fühle ich es noch dringender. Wir sollten versuchen, nach Tres Palmas zurückzukehren. Ich werde den Gedanken nicht los, dass wir diesem Ort helfen können, zu überleben."

Als Clara nicht gleich antwortete, fügte er hinzu: „Und ich habe nachgedacht. Lass uns die Autofahrt in umgekehrter Reihenfolge wiederholen, von Kansas nach Paraguay, nur wir beide. Was meinst du?"

Warum starrte Clara ihn so an?

*

Es überraschte Clara nicht, dass John zurück nach Tres Palmas wollte. Es war ein gescheitertes Projekt, für das er immer noch schwärmte. Eigentlich hatte sie nichts dagegen. Aber seine verrückte Idee, zu zweit nach Paraguay zu fahren? Hatte er überhaupt begriffen, dass er 77 und sie 74 Jahre alt war?

Aber andererseits, wenn das Feuer in seinen Augen wieder aufflammte, war es das wert.

*

Clara beobachtete John von der anderen Seite ihres engen Hotelzimmers in Oaxaca, Mexiko, als er den Karton in den Mülleimer neben dem durchgelegenen Bett warf. Papier fiel auf den rauen Fliesenboden, ein Umschlag flog durch den Raum und landete neben ihren

Füßen. Darauf stand: *Einreisebestimmungen Nicaragua: Dokumente für Touristen.*

„Das ist die schlimmste Enttäuschung meines Lebens." John ließ sich aufs Bett fallen und hielt seinen Kopf in beiden Händen.

Clara sagte nichts. Sie hatten es bis nach Oaxaca geschafft, bevor endlich klar war, dass der VW-Bus nicht weiterfahren konnte. Bedauerlich, ja, aber die schlimmste Enttäuschung ihres Lebens? Sie dachte an den Alptraum, zu dem ihre Reise in den letzten Wochen geworden war, und atmete leise ein Dankgebet aus, dass es endlich vorbei war.

Vor einigen Monaten hatten sie einen alten VW-Bus gekauft. Sie hatten den Motor ausgetauscht und John hatte einen kleinen Herd, einen Kühlschrank und eine Matte zum Schlafen eingebaut. Im Mai (1989) waren sie fertig und machten sich auf den Weg von Kansas Richtung Süden nach Paraguay. John freute sich darauf, viele der Kontakte wieder zu treffen, die sie 1960 während ihrer dreimonatigen Familienreise in den Norden in ihrem Volvo geknüpft hatten. Sie fuhren jeden Tag viele Stunden, übernachteten mit Erlaubnis in fremden Vorgärten, an viel befahrenen Straßen, auf Parkplätzen von Restaurants und Einkaufszentren, an Raststätten und suchten überall nach Toiletten.

Nach weniger als einer Woche auf der Straße begann ihr alter VW-Bus Probleme zu bereiten. Schlechte elektrische Verbindungen und lose Schläuche sorgten dafür, dass der Motor manchmal plötzlich ausging. Dreimal blieb er so plötzlich stehen, dass die beiden aussteigen und das Fahrzeug von der viel befahrenen Autobahn schieben mussten. Clara schauderte, als sie sich an das eine Mal erinnerte, als sie den VW-Bus anschieben wollte, der aber so schnell rückwärts rollte, dass seine offene Tür sie zu Boden warf, bevor John einsteigen und bremsen konnte.

Nachdem sie die Grenze überquert hatten, stellten sie fest, dass das Benzin in Mexiko nicht mit der Einspritzanlage ihres VW-Busses funktionierte. Also reiste John illegal in die Vereinigten Staaten zurück, um einen neuen Vergaser zu kaufen, und ließ Clara bei einer freundlichen

Familie zurück, die sie kennengelernt hatten, als das Auto kaputt gegangen war. Nachdem John mit dem Vergaser zurückgekehrt war, suchte er drei verschiedene mexikanische Dörfer ab, bevor er einen Abschleppwagen und einen Mechaniker fand. Nach einigen weiteren teuren Reparaturstopps fuhren sie durch Mexiko-Stadt bis nach Oaxaca, wo sie erfuhren, dass das Fahrzeug endgültig nicht mehr zu reparieren war. Da sie den VW-Bus nicht verkaufen konnten, hatten sie ihn dem Roten Kreuz geschenkt und Flugtickets nach Asunción gekauft.

Clara blickte durch das Hotelzimmer zu John, der immer noch zusammengekauert auf der Bettkante saß. Was war die Ursache seines Leidens? Nach all den gemeinsamen Jahren war ihr ein Teil ihres Mannes ein Rätsel geblieben.

Aus Gründen, die Clara nicht verstehen konnte, erinnerte Johns gebeugte Gestalt an Worte aus Anas letztem Brief von 1976: *Ich habe meinen Kampf verloren - ich muss ihn aufgeben*. Natürlich. Das war es. Diese Reise war Johns allerletzter Versuch gewesen, nicht aufzugeben, sich noch einmal gegen eine scheinbar unüberwindliche Macht durchzusetzen. Und nun starrte ihm die Niederlage ins Gesicht. „Ich hole uns etwas zu essen", sagte Clara leise und ging zur Tür. Sie wollte John trösten, aber sein Schmerz war zu tief, als dass sie ihn hätte beruhigen können. Zumindest für den Moment.

*

John und Clara kehrten in ein verändertes Paraguay zurück. Nach fast 35 Jahren politischer Stabilität war Präsident Alfredo Stroessner im Februar 1989, nur wenige Monate vor ihrer Ankunft, durch einen blutigen Putsch gestürzt worden. Der stellvertretende Armeechef General Rodríguez befahl ihm, das Land zu verlassen. Die *Voice of America* blieb Johns bevorzugte Quelle für Nachrichten aus aller Welt. In John Russells Haus in Fernheim, wo sie lebten, hockte er stundenlang vor dem Radio und presste sein gutes Ohr an den Lautsprecher, um die Nachrichten zu hören.

Der Nachrichtensprecher sprach von den vielen Ähnlichkeiten zwischen Stroessner und dem Argentinier Juan Perón.

Wie Perón habe Stroessner sein Land in einem permanenten Belagerungszustand gehalten und politische Gegner regelmäßig gefoltert und ermordet. Die Mitgliedschaft in seiner Colorado-Partei war Voraussetzung für Beförderungen, kostenlose medizinische Versorgung und andere Vergünstigungen.

Beide Führer änderten die Verfassung, um ihre Wiederwahl zu legitimieren. Positiv war, dass beide Führer Projekte förderten, die die Infrastruktur ihres Landes verbesserten, wie den Ausbau von Autobahnen und die Entwicklung von Schulen in ländlichen Gebieten. Das war nicht so einfach, wie viele Menschen auf beiden Seiten glaubten.

Der Reporter behauptete auch, dass Stroessner wie Perón überwiegend gute Beziehungen zu den USA pflegten. Während sich im Zentrum von Asunción mehr als 5.000 Menschen unter der Führung von Domingo Laino, einem der bekanntesten Menschenrechtsaktivisten Paraguays, versammelten, um den Sturz Stroessners zu bejubeln, veröffentlichte das US-Außenministerium eine Erklärung, in der es hieß, es sei unwahrscheinlich, dass General Rodríguez eine treibende Kraft für die Demokratie sein werde, da er wiederholt von amerikanischen und internationalen Drogenorganisationen beschuldigt worden sei, der Drahtzieher des Drogenhandels in Paraguay zu sein.

John hatte schon seit Jahren vermutet, dass es zu einem solchen Putsch kommen würde.

Stroessner war ein überzeugter Anhänger der Mennoniten in Paraguay gewesen. Nun war ihre Zukunft ungewiss. John befürchtete, dass der relative Wohlstand der Kolonisten im Chaco ihre Beziehungen zu ihren verarmten paraguayischen Nachbarn gefährden könnte. Er fürchtete, die Mennoniten hätten nicht genug getan, um sich für die Privilegien zu revanchieren, die ihnen mit der Ansiedlung in Paraguay, der Selbstverwaltung ihrer Kolonien und der Befreiung vom Militärdienst gewährt worden waren. Dies war einer der Gründe, warum er sich so sehr für den Bau eines Krankenhauses einsetzte, das der Bevölkerung der Kolonie Tres Palmas zugute kommen sollte.

*

Tres Palmas. John spürte noch die Bitterkeit der letzten Ablehnung. Gleich nach ihrer Ankunft in Paraguay waren sie nach Tres Palmas gefahren. Es sah fast genauso aus wie vor fünf Jahren. Es gab viel zu tun. Doch als John der Oberschwester Leni von seinen Plänen erzählte, die Klinik zu erweitern, machte sie klar, dass sie seine Hilfe nicht willkommen hieß.

Das war der Tropfen, der das Fass zum Überlaufen brachte. Sie beschlossen, ihr Haus in Tres Palmas an die Familie zu verkaufen, die es gemietet hatte. Sie legten den Preis auf zehn Raten fest, basierend auf den schwankenden Kosten für 649,35 kg Fleisch, 2.066 Liter Milch, 1.893,9 kg Erdnüsse und 853 kg Baumwolle.

John und Clara lebten nun bei John Russell und seiner Familie in Fernheim. Mary Lou und ihr Mann Rusty waren in den Chaco gezogen, um dort zu arbeiten. Sie schienen zu denken, dass ihre Eltern sich in Fernheim zur Ruhe setzen sollten. John interessierte sich für nichts mehr. Er verbrachte die meiste Zeit damit, die Nachrichten auf Kurzwelle zu hören und über den Zustand der Welt nachzudenken.

*

Einige Wochen später, an einem kalten, regnerischen Nachmittag Mitte Juli (1989), öffnete Mary Lou die Tür zu ihrem winzigen Schlafzimmer in John Russells Haus. John saß in eine graue Wolldecke gehüllt vor dem Radio und hörte Jim Dobsons Sendung „Focus on the Family".

Dobson hatte einen jungen Mann zu Gast, der über die Beziehung zu seinen Eltern in einer schwierigen Phase seines Lebens sprach. Er sagte, dass es den entscheidenden Unterschied gemacht habe, dass sein Vater hinter ihm gestanden und an ihn geglaubt habe.

Mary Lou eilte zu John, als sie sah, wie ihm die Tränen über das Gesicht liefen. Sie hatte ihren Vater noch nie weinen sehen. Sie schaltete das Radio aus.

„Dad, was ist los?"

John begann offen zu schluchzen und drückte sich die Decke auf die Brust.

Zwischen heftigen Krämpfen schrie er: „... unwürdig... ich verdiene es nicht...".

Mary Lou versuchte, ihn zu umarmen, aber er stieß sie von sich und schrie weiter, größtenteils unverständlich. Seine Augen waren geschwollen und sein Gesicht rot.

Er beugte sich in seinem Stuhl vor und rief fieberhaft die Namen seiner Kinder, wobei er immer gequälter schrie: „Ich verdiene es nicht...".

„Papa, du bist so besonders. Wir sind so stolz auf dich."

Wieder weinend stammelte John: „Ich bin so gewöhnlich... ich verdiene es nicht... ihr Kinder... ich...". Wieder verzweifeltes Schluchzen.

Mary Lou holte tief Luft, legte ihre Hände auf seine Schultern und flüsterte: „Wir vergeben dir, Papa. Wir alle wissen, dass du getan hast, was du für das Beste gehalten hast. Wir lieben dich sehr."

John klammerte sich weiter an die Decke, und sein Weinen ging allmählich in ein leises Stöhnen über. Schließlich murmelte er und deutete auf das Radio: „Mama sagt immer, sie hört sich solche Sendungen nicht gern an, weil sie sich dann schrecklich fühlt, weil wir euch Kinder im Stich gelassen haben."

Mary Lou stand nur da, hielt sich an seinen Schultern fest und konnte kaum glauben, dass das alles wahr sein konnte.

*

Nach dieser emotionalen Krise sprach John nie wieder darüber. Er verschloss sich, als gäbe es sein Leben nicht mehr. Was war aus dem Feuer in seinen Augen geworden? Clara fragte sich, ob auch Ana ihren Kampf aufgegeben hatte. Oder vielleicht war sie gestorben.

Eines Tages, als John wie üblich vor dem Radio saß, unterbrach Clara den Reporter, der gerade über die Revolutionen berichtete, die den Ostblock in Europa erfasst hatten. „Was weißt du über Ana?"

„Häh?" John blickte auf, tiefe Furchen zogen sich über seine Stirn.

„Anastasia. Hat sie den Krieg in Argentinien überlebt?"

John schaltete das Funkgerät aus und wandte sich Clara zu. „Ich weiß es nicht. Der schmutzige Krieg ist seit sechs Jahren vorbei. Ich habe gehört, dass demokratische Wahlen und eine Zivilregierung unter einem gewissen Alfonsín den Opfern des Krieges Gerechtigkeit und Vergeltung gebracht haben."

„Dann wollen wir mal sehen, was Ana macht." Clara blätterte in ihrem zerfledderten schwarzen Adressbuch. „Wenn sie noch lebt, ist sie wahrscheinlich an ihrer alten Adresse in Buenos Aires - hier ist sie, Manuel Obarrio 2961. Ich bin sicher, sie hat die Kraft gefunden, für das zu kämpfen, woran sie glaubt."

Clara tat so, als bemerke sie Johns verwunderten Blick nicht.

*

Ein heißer Wind wehte von Norden her und wirbelte Staub auf. Clara bedeckte ihren Mund mit einem Taschentuch und beschleunigte ihre Schritte. Dieser Ort war ihr so vertraut, obwohl sich vieles verändert hatte, seit sie und John in den 1940er Jahren hier in Filadelfia gelebt hatten. Das Krankenhaus, das sie gegründet hatten, und das Krankenpflegeprogramm, das sie ins Leben gerufen hatten, florierten, aber wie viele Menschen erinnerten sich nach so vielen Jahrzehnten noch an diese Arbeit? Die unbefestigte Straße, die durch Filadelfia führte, war jetzt gesäumt von Backsteinhäusern mit Blechdächern statt der niedrigen Lehmbauten mit Strohdächern, an die sie sich erinnerte. Und jetzt gab es sogar Stromleitungen. Aber der vertraute Geruch von Rauch, vermischt mit dem Duft der Palo-Santo-Bäume, lag noch immer in der Luft, und die Kooperative ragte wie eh und je als Epizentrum der Kolonie empor.

Clara näherte sich dem Krankenhaus, das jetzt ein viel größeres und eleganteres Backsteingebäude war als die kleine Zweizimmerhütte, die in den 1940er Jahren als Klinik und Krankenhaus gedient hatte. Sie hielt inne, als sie sich an die lange Schlange von Pferdewagen erinnerte, die bei ihrer Ankunft auf den Arzt warteten.

Es wäre perfekt für sie, auf dem Gelände des Altenheims in Filadelfia zu leben. Es schien eine gute Möglichkeit zu sein, ihre letzten Jahre in der Nähe des Ortes zu verbringen, an dem sie ihr Eheleben begonnen hatten. Vor einigen Wochen schickten sie einen formellen Brief an den Oberschulzen, in dem sie um die Erlaubnis baten, ein Haus in Filadelfia kaufen zu dürfen, da das Koloniesystem den Besitz von Häusern eigentlich nur Koloniemitgliedern gestattete. Es gab keine offizielle Antwort, aber es gab Gerüchte, dass ihr Antrag abgelehnt werden würde.

John reagierte mit erhobenen Händen. „Wir sind immer noch Feinde!" Aber Clara konnte es nicht dabei belassen. Sie musste herausfinden, was los war. Und sie nahm an, dass Konrad Wolf es wusste. Sie klatschte vor dem Haus der Wolfs und betrachtete den weißen Lattenzaun und den malerischen Garten, der ein hübsches Backsteinhaus umgab, aus dessen Fenstern eine Klimaanlage ragte. Meine Güte, wie sich die Dinge verändert hatten.

„N'dach, Frau Dokta." Wolf nahm den Hut ab und streckte die Hand aus.

Sein Kopf war jetzt fast kahl, sein einst kräftiger Körper dünner und etwas gebeugt. Nur die Narbe, die sich von der linken Stirnseite über die Wange zog, sah unverändert aus.

„Ich bin hier, um herauszufinden ..."

„Ich weiß, warum du hier bist, Clara. Ich wünschte, ich könnte dir helfen. Wirklich. Ich bin nicht mehr im Vorstand, also habe ich nichts zu sagen."

„Aber warum ..."

Wieder unterbrach Wolf sie. „Die Kolonieleiter verraten ihre Gründe nicht. Aber die Antwort lautet nein. Es tut mir leid."

Wolf wirkte aufrichtig reumütig. Aber etwas tief in Claras Brust schmerzte. Warum waren die Kolonieleiter nicht christlich genug, ihnen von Anfang an die Wahrheit zu sagen?

*

In der folgenden Woche erhielten John und Clara Anas Antwort auf ihren Brief. John las ihn laut vor.

Lieber Dr. John und Clara, es war wunderbar, von euch zu hören ... Ich war fünf Jahre in einem Internierungslager mit extremen Foltermethoden ... solche Brutalität, solche Verschwendung.

„Sie wurde vor 6 Jahren entlassen", murmelte John leise und las weiter:

Ich habe viele dunkle Stunden und Tage und Monate und Jahre damit verbracht, über unsere Gespräche nachzudenken, wie wir in unserer ungerechten Welt am besten Gerechtigkeit schaffen können. Ich beginne zu zweifeln, ob mein Ansatz der Beste ist, um Veränderungen herbeizuführen.

Clara schlang ihm die Arme um die Taille. „Ich hätte nicht gedacht, dass Ana jemals Zweifel haben würde ..."

Johns Blick war abwesend. „Clara, ich finde, wir sollten das Angebot von der Menno Kolonie annehmen. Was meinst du?"

„Es ist gut, sich willkommen zu fühlen, auch wenn es nicht der Ort ist, an dem wir gedacht haben, zu leben", murmelte Clara.

Als ihr Plan, sich in Fernheim niederzulassen, scheiterte, hatten sie ihre Fühler nach den beiden anderen Mennonitenkolonien im Chaco ausgestreckt. Die Menno-Kolonie bot ihnen die Möglichkeit, auf dem Gelände des Altenheims ein Haus zu bauen und Teilzeit zu arbeiten, um die Bewohner zu betreuen. John war sich nicht sicher, warum Menno einen alten, behinderten Mann wie ihn wollte. Aber er hatte keine andere Wahl.

*

Ende Juli nahm John die Teilzeitstelle als Arzt im Altenheim an. Die Leitung von Menno bot ihm 600.000 Guaranies im Monat (etwa 500 Dollar). John sagte, das sei viel zu viel und akzeptierte nur einen Teil davon. Er entwarf ein kleines, aber helles und luftiges Haus, das nach seinen Vorstellungen gebaut wurde, sogar mit einem Shuffleboard-Platz neben dem Haus.

„Das ist unser Traumhaus", sagt Clara und räumt Geschirr in die neuen Schränke. „Wir werden hier so glücklich sein, John."

Erstaunlicherweise fühlte es sich echt an. Johns Patienten schienen aufrichtig dankbar für seine Fürsorge zu sein, und die Gemeinde akzeptierte sie als ihre eigenen. Clara war damit beschäftigt, Krankengymnastik, Beschäftigungstherapie und Massagen anzubieten. Die Kirche, die Menno-Kolonie-Kooperative und das Krankenhaus waren alle bequem zu Fuß zu erreichen. Und es gab viel Obst, vor allem so viel Papaya, wie John sich wünschte. Papaya war seine Lieblingsfrucht.

Im September schrieb John an seine Schwester Wilma:

Nach der großen Enttäuschung über die Reise und die Absage von Tres Palmas versuchten wir es mit Fernheim. Als wir in der Menno-Kolonie ankamen, war alles ganz anders. Wir wurden von allen herzlich aufgenommen.

John und Clara haben ihr Leben in Menno lieben gelernt. Die Arbeit war gerade so viel, dass sie sich gebraucht fühlten, aber nicht zu anstrengend.

Sie fanden Freunde in der Menno-Gemeinde. Die Gemeinschaft nahm sie gerne auf. Und als Bonus verbrachten sie gerne Zeit mit vielen ihrer Kinder und Enkelkinder, die sich im Chaco niedergelassen hatten.

DIE EINSÄTZE WACHSEN

1993-1995

„Nichts kann der Kraft des menschlichen Willens widerstehen, wenn er bereit ist, seine Existenz bis zum Äußersten aufs Spiel zu setzen".
- Benjamin Disraeli

Einunddreißigstes Kapitel

Clara saß in einem Schaukelstuhl auf ihrer großen Veranda. Sie blickte von ihrer Näharbeit auf und beobachtete, wie ein Kolibri auf das Futterhäuschen flog, das über ihr am Dachsparren hing, und dann aus ihrem Blickfeld verschwand. Sie atmete die Luft des Chaco ein, die nach feuchter Erde roch. Der Regensturm, der an diesem Nachmittag über die Region hinweggefegt war, hatte Hitze und Staub vertrieben, und nun flimmerte die Luft. Es war Februar 1993, und Clara flüsterte ein Dankgebet, wie sie es so oft in den letzten vier Jahren getan hatte, seit sie in ihr Altersheim in Menno gezogen waren. Es war ein wunderbarer Ort, um alt zu werden und sich endlich zur Ruhe zu setzen.

Clara sah John den Bürgersteig heraufkommen. Sie lächelte und war wieder dankbar dafür, wie sich die Dinge entwickelt hatten. John schien glücklicher zu sein, als er es nach seiner Gehirnoperation je gewesen war. Sie dankte ihrem Herrn jeden Tag dafür, dass er sie an diesen friedlichen Ort geführt hatte.

„Wir haben gerade einen Brief von Norbert Thiessen bekommen, dem neuen Oberschulzen von Tres Palmas", sagte John, setzte sich neben Clara auf einen Stuhl und riss den Umschlag auf.

„Warum schreibt er uns wohl?", fragte Clara.

John überflog den Brief. „Offenbar möchte er, dass wir nach Tres Palmas kommen. Er glaubt, dass es dort Arbeit für uns gibt."

Clara lachte. „Nun, zum Glück haben wir an diesem Ort, den wir lieben, schon genau die Arbeit, die Gott von uns will."

John wirkte nachdenklich, als er auf den Brief starrte.

„John, du glaubst doch nicht ..." Claras Stimme versagte.

John blickte mit einem schiefen Lächeln auf. „Nein, natürlich nicht. Aber es kann nicht schaden zu sehen, was dort los ist. Wir waren seit Jahren nicht mehr in Tres Palmas. Vielleicht haben sie es endlich geschafft, aus der kleinen Kolonie etwas Lebensfähiges zu machen."

*

Mehrere Verpflichtungen hielten sie davon ab, sofort aufzubrechen. Doch Anfang April hatte John ihr altes Fahrzeug repariert und für die lange Reise in den Osten Paraguays vorbereitet. Obwohl er auf der gesamten Trans-Chaco-Straße tiefen Schlaglöchern ausweichen musste, war er so froh und dankbar, dass es nun eine durchgehende Straße zwischen den Kolonien und Asunción gab.

Sie brauchten sieben Stunden nach Asunción (früher zehn Tage) und eine weitere Stunde bis Km. 81, wo sie übernachten wollten. John bog von der Ruta nach links auf die kurvenreiche Straße ab, die zur Station führte, und spürte eine Welle von Gefühlen, die er nicht benennen konnte.

Er griff nach Claras Hand. „Es wird sich hier immer wie zu Hause fühlen, oder?"

„Ja, das wird es. Aber ich bin dankbar für das schöne Zuhause, das wir jetzt in Menno haben. Der Herr war so gut zu uns."

Nach einer weiteren achtstündigen Fahrt erreichten John und Clara am nächsten Tag endlich die Stadt Lucero in Tres Palmas. John umklammerte das Lenkrad mit den Fingern und drehte den Kopf hin und her. Was war aus diesem Ort geworden? Warum waren hier so viele Häuser zugenagelt? Und die Klinik sah aus, als würde sie nicht einmal benutzt.

„John ...", begann Clara und schloss dann den Mund.

John biss die Zähne zusammen. Er sagte nichts.

Oberschulze Thiessen kam ihnen entgegen, als sie auf seinen Hof fuhren.

„N'dach", sagte er. „Schön, dass ihr gekommen seid."

John verlor kein Wort. „Was ist hier passiert?"

Thiessen lud sie in sein Haus ein und erklärte ihnen, dass die wenigen Investoren, die Geld in die Entwicklung von Tres Palmas gesteckt hatten, abgesprungen waren. Die Oberschwester Leni war gegangen und nur eine Teilzeitschwester war geblieben, die die Arbeit nicht mehr bewältigen konnte. Die Klinik und das ganze Kolonieprojekt drohten völlig zum Erliegen zu kommen.

John hörte schweigend zu. Er dachte darüber nach, warum er Anfang der siebziger Jahre so hartnäckig auf der Gründung der Kolonie Tres Palmas bestanden hatte. Nur eine koloniale Struktur würde es den hier lebenden Mennoniten ermöglichen, ihre Sprache und Kultur zu bewahren. Und nur eine blühende christliche Klinik, die nicht nur die Mennoniten, sondern auch die großen paraguayischen und brasilianischen Bevölkerungsgruppen der Region versorgte, würde die lokalen Mennoniten vor möglicher Verfolgung schützen. Das war vor zwanzig Jahren die Begründung. Angesichts der jüngsten Regierungsumwälzungen war sie heute noch wichtiger.

Schließlich fragte John: „Warum hast du uns nicht geschrieben, was hier vor sich geht?" Seine Stimme klang angespannt. Thiessen starrte zu Boden. „Ich wollte, dass du es selbst siehst."

*

In dieser Nacht lag Clara ganz still neben John. Sie spürte seinen angespannten Körper neben sich. „John, sprich mit mir."

„Wir müssen zurück nach Tres Palmas. Wir haben keine andere Wahl. Wenn wir es nicht tun, scheitert das ganze Projekt und die ganze Gegend bleibt ohne medizinische Versorgung."

Clara schloss die Augen und sah den Rosengarten in ihrem Garten in Menno. Sie sah ihre geliebten Kolibris umherflattern. Den Shuffleboard-Platz. Die Papayabäume hinterm Haus. Die Freunde, die ihr so ans Herz gewachsen waren. Und die Menschen, die sich auf ihre Pflege im Menno Alten- und Pflegeheim verließen.

„Ich dachte, wir hätten den perfekten Ort gefunden, um alt zu werden und in den Ruhestand zu gehen ..." Noch während Clara das sagte, wusste sie, dass Gott sie noch einmal in einen neuen Dienstbereich rief. Sie konnte nicht diejenige sein, die dem Willen des Herrn den Rücken kehrte.

*

Innerhalb weniger Tage waren sie wieder in Menno. Als John seine Abreise ankündigte, waren die Leute schockiert und drückten offen ihre Enttäuschung und Besorgnis aus. John und Clara packten so viel wie möglich in ihr Auto und machten sich eine Woche später auf den Weg nach Osten zu ihrer nächsten Berufung. Wieder vertrauten sie darauf, dass der Herr sie durch die scheinbar unüberwindbaren Herausforderungen führen würde, die vor ihnen lagen.

Bevor sie aufbrachen, drängte Clara John, Ana zu schreiben und sie über das nächste Kapitel ihres Dienstabenteuers zu informieren. „Sie würde es wissen wollen", sagte Clara. „Ich weiß, dass du dir gewünscht hast, dass sie wieder etwas findet, an das sie glauben kann. Das würde ihr helfen."

Das stimmte. John war enttäuscht über Anas mangelndes Engagement seit ihrer Freilassung nach dem schmutzigen Krieg. Sie hatten ein paar Mal geschrieben, und Anas größte Leistung schien darin zu bestehen, Frauen zu helfen, Arbeit zu finden.

Präsident Alfonsín hatte, wie versprochen, demokratische Reformen durchgeführt und das Militärbudget drastisch gekürzt. Doch wirtschaftliche Schwierigkeiten zwangen ihn zum Rücktritt und 1989 kam Carlos Menem an die Macht. Ein hoffnungsvolles Argentinien nannte Menems Politik *Nuevo Peronismo*. Doch innerhalb weniger Wochen kam der wahre rechte Präsident Menem zum Vorschein, der 1993 Alfonsíns Politik rückgängig machte und Mitglieder der Militärjunta begnadigte, die an den Gräueltaten des Schmutzigen Krieges beteiligt gewesen waren.

Machte Ana immer noch nichts anderes als ihre Arbeit für die Frauen? Hatte sie ihren leidenschaftlichen Gerechtigkeitssinn für die Armen und Unterprivilegierten verloren?

John schrieb in seinem Brief an Ana:

Euer Präsident hat etwas versprochen, was er nicht gehalten hat. Er hat nichts für die Armen getan. Außerdem war er in Waffenschmuggel verwickelt und ist ein giftiger, nichtsnutziger Weiberheld. Da darf man nicht tatenlos zusehen.

*

Es hatte den ganzen Tag geregnet und nieselte immer noch, so dass die kurvenreiche Straße von der Ruta nach Lucero aus glitschigem, lehmrotem Schlamm bestand. In der Dämmerung war es schwierig, entgegenkommende Fahrzeuge zu erkennen. Meistens handelte es sich dabei um Holztransporter, die versuchten, die vielen engen Kurven der Straße zu entlang zu kommen. John umklammerte das Lenkrad mit beiden Händen und hielt den Fuß fest auf dem Gaspedal, um nicht in die tiefen Gräben zu beiden Seiten der Straße zu rutschen. Trotz aller Bemühungen rutschte der Wagen, die Reifen drehten durch und plötzlich steckten sie im klebrigen Schlamm fest.

„Clara, hier ist die Taschenlampe. Du musst aussteigen und um die nächste Kurve die Straße hochlaufen, um jeden Ankommenden zu warnen, damit wir nicht angefahren werden." sagte John. "Ich werde sehen, ob ich etwas tun kann, um uns aus dem Graben herauszuholen.

Durch die schlammverschmierte Windschutzscheibe sah John, wie Clara durch den fast knöcheltiefen Schlamm stapfte. Kein Wunder, dass sie hier weder eine Krankenschwester noch einen Arzt finden konnten. Wegen der häufigen Regenfälle in diesem Teil des Landes war es oft fast unmöglich, nach Tres Palmas zu kommen.

John versuchte, mit dem Auto hin und her zu fahren. Im Dunkeln, ohne Taschenlampe, stapfte er durch den Schlamm, um Steine und Holzstücke zu sammeln, die er um die Reifen legen konnte. Alles vergeblich.

Es war weit nach 22 Uhr, als sich von hinten ein Holztransporter näherte. Zwei Männer in Arbeitsuniformen sprangen aus der Fahrerkabine. Nach einer kurzen Begrüßung befestigten sie jeweils ein Ende einer Kette an den beiden Fahrzeugen und zogen sie langsam aus dem Schlamm.

342

Nach einigen weiteren Beinahe-Unfällen erreichten John und Clara kurz vor Mitternacht den Hof der Klinik in Lucero. Die Scheinwerfer des Autos blitzten auf die Gestalt eines Mannes, der zur Tür stolperte, während Blut auf den Boden tropfte. Eine Frau kam aus der Klinik. Es war Annemarie, die Krankenschwester, von der alles abhing, nach dem Oberschwester Leni gegangen war.

„Sieht aus, als bräuchte jemand unsere Hilfe." John stieg steif aus dem Auto und schnappte sich seine schwarze Tasche vom Rücksitz.

Der Mann sagte, er habe sich mehrere schmerzhafte Stunden zur Klinik durchgekämpft. Er sei mit einer Machete angegriffen worden und habe tiefe Schnittwunden an beiden Armen.

„Annemarie, Clara, wir brauchen kochendes Wasser", sagte John. „Ich muss die Wunden nähen, bevor er noch mehr Blut verliert. Wir haben ihn fast verloren."

Etwas mehr als eine Stunde später waren die Wunden des Mannes genäht und verbunden, und er ruhte auf einer Matte auf dem Boden der Klinik. John ließ seine Instrumente in ein Waschbecken fallen und sah zu Clara, die ihren Patienten in eine Decke hüllte. „Deshalb sind wir hier", sagte er.

*

Vor der Tür ertönte ein lautes Klatschen. Clara stöhnte, als sie ihren schmerzenden Körper aus dem niedrigen, harten Bett hob. Draußen war es noch dunkel. Sie suchte ihre Brille und sah auf die Uhr. Es war erst halb vier Uhr morgens. Wer konnte das sein? Sie tippte John auf die Schulter.

„Was ist los?" John klang verwirrt. „Wo sind wir?"

„John, wir sind in Lucero. Wir haben nur ein paar Stunden geschlafen und schon steht jemand vor unserer Tür."

Nachdem sie sich am Abend zuvor um ihren Patienten gekümmert hatten, hatten John und Clara ihn bei Annemarie zurückgelassen und waren zu der Hütte im Hof der Klinik gegangen, die ihnen vorübergehend als Zuhause dienen sollte. Sie waren beide ins Bett gefallen, ohne sich auszuziehen.

Clara strich sich mühsam das Haar zurück und öffnete die Tür.

„Es hat sich schon herumgesprochen, dass ihr hier seid. Fünf Patienten warten auf den Arzt", sagte Annemarie und drehte sich um, um in die Klinik zurückzukehren.

Clara sah sich in dem schäbigen kleinen Raum um, den sie ihr Zuhause nannten, bis sie ein neues Haus gebaut hatten. In einer Ecke stand eine Schüssel mit einem Krug. In der anderen Ecke stand ein Eimer, den sie und John als Nachttopf benutzt hatten, bevor sie zu Bett gegangen waren. Neben ihrem Bett standen ein kleiner Holztisch, der ganz schräg stand, wegen dem unebenen Boden, und zwei wackelige Stühle. Clara schüttelte den Kopf. Das war noch primitiver als ihr erstes Zuhause in Filadelfia 1943.

Sie ging zum Waschbecken, um sich das Gesicht zu waschen. Der Krug war leer.

„Ich hole uns Wasser", sagte sie.

John saß auf der Bettkante und rieb sich mit beiden Händen die Seiten seines Kopfes. „Najo ..."

Clara nahm den schmutzigen Nachttopf-Eimer in die eine und den leeren Wasserkrug in die andere Hand und machte sich auf den Weg. Offenbar teilten sie sich ein Außenklo mit mehreren anderen Häusern, denn es war ziemlich weit weg. Gut, dass sie einen Eimer in ihrem Zimmer hatten. Zu einer Toilette, die so weit weg war, würde sie es nicht schaffen. Clara leerte den Eimer und ging noch ein Stück weiter zu etwas, das wie ein Gemeinschaftsbrunnen aussah. Sie spülte den Eimer aus und füllte den Krug.

Einen Moment lang stand sie da, sah sich um und atmete den schweren Geruch von feuchter Erde ein. Der Ort wirkte verlassen. Verwachsene Ranken und hohes Unkraut hatten das Gelände überwuchert. Spuren von einem Weg und einem Gartenzaun waren noch zu erkennen. Als sie und John in den siebziger Jahren in dem Haus gewohnt hatten, das Marlena und Steve ihnen ein paar Kilometer weiter oben auf dem Hügel gebaut hatten, hatten sie so große Träume für diese neue Siedlung gehabt. Wie traurig.

Auf dem Rückweg zu ihrer Hütte kam sie an einem kleinen, heruntergekommenen Gebäude ohne Dach vorbei. Die Tür stand einen Spalt offen. Clara sah einen Eimer an der Wand hängen. Das war also ihre Dusche.

Als Clara nach Hause kam, war John schon in der Klinik. Sie wusch sich schnell Gesicht und Hände und machte sich auf den Weg zu ihm. Als Clara die Klinik betrat, sah sie Annemarie, die Hände in die Hüften gestemmt, die John etwas erklärte. Den letzten Teil verstand sie. „Ihre Entwicklung macht nicht die gewünschten Fortschritte. Wir müssen sie ins Krankenhaus bringen."

Clara bemerkte Johns schmale Lippen. „Worum geht es?", fragte sie.

Keiner der beiden antwortete. John drehte sich um und verließ die Klinik. Clara beobachtete, wie Annemarie die Patientin für die Reise vorbereitete, als wäre der Fall abgeschlossen. „Annemarie?"

In verzweifeltem Ton erklärte Annemarie, dass die Schwangere trotz Johns Protesten ins Krankenhaus gebracht werden müsse. Sie sollte nach Coronel Oviedo gebracht werden, der nächsten Stadt mit Krankenhaus und Ärzten, 135 Kilometer entfernt. Leise fügte sie hinzu: „Es ist gut, dass hier jemand weiß, was zu tun ist".

*

In den nächsten Wochen, wenn er keine Patienten hatte, zeichnete John die Pläne für das neue Haus, das sie gegenüber der Klinik bauen wollten. Er dachte, dass das Haus als Anreiz dienen könnte, einen fest angestellten Arzt zu finden. Ende Juni war das Fundament gelegt und John fand einen Zimmermann, der die Wände hochzog. Es war kein Vergleich zu dem großen Haus auf dem Hügel, in dem sie gewohnt hatten, als sie in den Osten Paraguays gezogen waren. Aber es würde komfortabel sein und Wasserleitungen haben.

John lehnte sich in dem wackeligen Stuhl neben dem Bett zurück und dachte an das Gelübde, das er sich erst gestern Abend gegeben hatte. Es war eine kühle, regnerische Nacht gewesen. John hatte zufällig aus dem Fenster geschaut und gesehen, wie Clara in Regenmantel und Stiefeln, mit einer Taschenlampe und einem Eimer warmen Wassers in der Hand über den Hof zur Duschhütte ging. Sie beschwerte sich selten. Aber er würde dafür sorgen, dass sie irgendwann eine richtige Dusche und Toilette bekam.

In diesem Moment kam Clara ins Zimmer. „Der Schreiner sagt, wir müssen uns entscheiden, wo die Regale in der Küche hinkommen sollen. Das ist so aufregend."

John reichte ihr den Küchenentwurf, an dem er gearbeitet hatte. „Was hältst du davon?"

Clara setzte sich neben ihn. „Oh, das gefällt mir. Fühlt sich an, als wären wir wieder frisch verheiratet und würden unser neues Heim planen."

Ein Klopfen an der Tür und das Eintreffen eines Patienten mit einer Schusswunde am Kopf unterbrach ihre Träume als frisch vermählte. In dieser Nacht nahmen beide eine „Helferin".

*

Clara fand, dass sie sich gut in die Arbeit in der Klinik einfügte. Sie kümmerte sich oft allein um die Geburten, auch wenn sie mitten in der Nacht kamen, und sie überwachte alle Patientenakten. Aber sie fühlte sich einsam.

„Wir sind seit über einem Monat hier und haben noch keinen Brief von irgendjemandem erhalten. Ich fühle mich von der Welt abgeschnitten. Es scheint, als hätten wir nur Kontakt mit Mücken, Schlangen, Eidechsen und neuerdings auch mit Sandfliegen ..." Claras Stimme verstummte.

Vor ein paar Wochen hatten sie beide am ganzen Körper zu jucken begonnen und wussten nicht, woher es kam. John hatte vorgeschlagen, ihre Füße mit Benzin zu waschen, falls es Sandmückenstiche waren.

Tatsächlich stellten sie bald fest, dass ihre Körper mit Sandmückenstichen übersät waren. Neben dem anhaltenden Juckreiz war die Leishmaniose, eine parasitäre Krankheit, die man sich durch den Stich einer infizierten Sandmücke zuzieht, die größte Sorge.

„Ich wünschte, das wäre das Schlimmste hier", sagte John.

Sie machten sich bettfertig. Es war ein langer Tag gewesen, der um 2 Uhr morgens begonnen hatte, als John in die Klinik gerufen wurde, um einen Patienten mit einer akuten Blinddarmentzündung zu untersuchen. Es war sofort klar, dass der Mann dringend operiert werden musste, und so brachte ihn Annemaries Mann ins Krankenhaus von Coronel Oviedo. Einige Stunden später traf eine Frau ein. John diagnostizierte eine Eileiterschwangerschaft, was wiederum bedeutete, dass die Patientin in ein Krankenhaus mit einem Chirurgen gebracht werden musste.

Clara wusste, wie schwer es für John war, Fälle zu Operationen weg zu schicken, die er schon oft gemacht hatte und die er gut selbst machen konnte. Sie sprachen oft darüber. John war in Paraguay nicht als Arzt zugelassen, und wenn mit seinen 83 Jahren etwas schief ging, machten die Leute sein Alter dafür verantwortlich.

„Ich fühle mich so nutzlos." John ließ sich auf das harte Bett fallen.

Es hatte keinen Sinn, ihn daran zu erinnern, dass das Krankenhaus geschlossen würde, wenn er nicht hier wäre, und dass ein Gebiet mit fast 40.000 Menschen ohne medizinische Versorgung bliebe. Und was von der Mennonitenkolonie Tres Palmas noch übrig war, würde auch bald verschwinden. Das alles zu wissen, würde Johns Qualen nicht lindern, weil er aus seiner Sicht nur halbe Arbeit leistete.

Clara legte sich neben ihn und spürte seine Unruhe. Im Stillen hauchte sie ein weiteres Gebet, dass der Herr ihnen seinen Weg zeigen möge.

Sie waren kaum eingeschlafen, als es im Hof klatschte. Clara stolperte zur Tür.

„Der Doktor wird gebraucht." Annemarie wandte sich wieder der Klinik zu.

Clara sah, dass John sich nicht von der Stelle gerührt hatte. Sie klopfte ihm auf die Schulter. Immer noch keine Reaktion. „John, in der Klinik ist ein Patient." Sie schüttelte ihn. „John."

„Was ist los?", murmelte John und stemmte sich schließlich aus dem Bett. Clara beobachtete, wie er stolpernd versuchte, seine Hose anzuziehen, sich schließlich einen Moment auf das Bett setzte und sich dann wieder hinlegte.

„Ist es wieder der Schwindel?" Clara legte John die Hand auf die Stirn.

In den letzten Wochen hatte John unter Schwindelanfällen gelitten, die ihn manchmal völlig lähmten. Einmal hatte er sogar um eine kurze Pause gebeten, bevor er einen Patienten behandelte. Er war außer sich gewesen, als er später erfahren hatte, dass Annemarie den Patienten sofort nach Coronel Oviedo geschickt hatte.

John setzte sich auf. „Ach, dot ess nuscht", sagte er, erhob sich auf wackeligen Beinen und ging unsicher zur Tür. Clara eilte neben ihm her.

Der Patient hatte eine Platzwunde quer über der Stirn, die mit zehn Stichen genäht werden musste. Von einem Unfall mit einem geplatzten Reifen. Als sie zu ihrer Hütte zurückkehrten, war John wieder sicher auf den Beinen.

Zweiunddreißigstes Kapitel

John saß Norbert Thiessen im Büro des Oberschulzen gegenüber, dass nur eine Ecke des kleinen Wohnzimmers einnahm. Seit fast einem Jahr waren er und Clara in Tres Palmas. Das neue Haus, das als Anreiz für einen fest angestellten Arzt dienen sollte, war fertig. Nicht nur, dass es noch immer keine Nachricht über die Einstellung eines Arztes als Ersatz für John gab, auch das Überleben der Kolonie selbst war noch immer in Gefahr.

Was John gerade gehört hatte, war zutiefst beunruhigend, und er musste Thiessen damit konfrontieren.

„Du sagtest, es sei ernst, John. Was ist los?" Thiessen lehnte sich in seinem Sessel zurück.

„Warum reden wir nicht über den wahren Grund für das Scheitern des Milchgeschäfts?"

John sah, wie Thiessen unruhig wurde. Er fragte sich, ob der Mann ihm jemals die Wahrheit gesagt hätte, wenn John sie nicht anderswo gehört und ihn damit konfrontiert hätte.

Seit der Gründung von Tres Palmas in den 1970er Jahren fehlten der Kolonie die notwendigen Investitionen in Land, Infrastruktur wie Straßen und Brücken sowie in lebensfähige Industrien. Anfangs spendeten John und Clara viel Geld aus eigener Tasche und sammelten in Nordamerika Spenden, vor allem für das Lucero Hospital.

Als sie 1983 abreisten, waren sie entmutigt von der allgemein mangelnden Unterstützung für das Projekt.

Die Siedlung hatte das letzte Jahrzehnt kaum überlebt. Jetzt, 1994, stand sie an einem entscheidenden Wendepunkt. Paraguayer, Brasilianer und Mennoniten siedelten sich erneut in der Region an, die nun bezahlbaren Strom aus dem Wasserkraftwerk Itaipú an der paraguayisch-brasilianischen Grenze erhielt. Holzwirtschaft, Sojaanbau und Milchwirtschaft waren potenziell lebensfähige Wirtschaftszweige. Aber es fehlte an ausreichender Finanzierung.

Als er und Clara vor fast einem Jahr ankamen, war John entschlossener denn je, dass Tres Palmas überleben musste, nicht nur für seine Mitglieder, sondern auch, um friedliche Beziehungen mit der paraguayischen Regierung aufrechtzuerhalten. Die Mennoniten konnten ihre Privilegien in diesem Land einfach nicht als selbstverständlich betrachten. Die Dienste des Lucero-Hospitals und das christliche Zeugnis der Kolonisten waren wichtige Möglichkeiten für die Mennoniten, etwas zurückzugeben.

John hatte Thiessen ermutigt, eine Käse- und Joghurtfabrik zu gründen, um so die die lokale Milchproduktion zu nutzen. Damals spendete John persönlich 1.000 Dollar und versprach, nach dem Verkauf ihres Hauses in Menno mehr zu investieren. Die Molkerei scheiterte, angeblich weil es nicht genug Milch gab. Aber John hörte kürzlich eine andere Geschichte.

Als Thiessen schwieg, brach es aus John heraus: „Du hast mein Geld benutzt, um Schulden der Kolonie zu bezahlen, anstatt es zu investieren, wie wir es vereinbart hatten."

Thiessen starrte auf seinen Schoß.

John fuhr fort. „Hör zu, Norbert, ich weiß, wie verzwickt die Lage ist. Und ich weiß, dass du dein Bestes versuchst. Aber wir müssen uns verstehen. Clara und ich haben unser Haus in Menno verkauft und sind bereit, die Hälfte davon für den dringend benötigten Straßen- und Brückenbau hier zu spenden. Aber die Frage ist: Arbeiten wir beide zusammen?"

Thiessen blickte auf und seine Augen weiteten sich. John wartete seine Antwort nicht ab. „Wir wollen, dass ein beträchtlicher Teil des restlichen Geldes aus dem Hausverkauf in den Bau eines ordentlichen Krankenhauses hier fließt. Ich habe die Pläne schon ausgearbeitet. Kein Wunder, dass wir keinen Vollzeitarzt finden. Die Einrichtung ist miserabel. Weißt du, dass wir neulich Teile des Daches über dem Schornstein des Krankenhauses abreißen mussten, um die Termiten loszuwerden, die dort seit Jahren leben und Löcher in die Decke gebohrt haben?"

„John, ich ... ich bin ..." Thiessen hielt inne und schüttelte den Kopf.

„Lassen wir die Vergangenheit ruhen. Aber für die Zukunft möchte ich eine klare Abrechnung über die Verwendung der Gelder." John stand auf, um zu gehen, drehte sich aber um. „Wir haben doch gerade erst angefangen, Norbert. Ich werde mein Land hier verkaufen und die Hälfte des Erlöses in den Aufbau einer Sojaproduktion stecken. Ich denke, das sollte bei diesem Klima wirklich gut funktionieren." Er ging zur Tür. „Und ich habe bei der Showalter Foundation 10.000 Dollar für das Krankenhausprojekt in Lucero beantragt."

*

Clara freute sich über Johns wachsenden Enthusiasmus für die Entwicklung der Siedlung. Es half ihm, sein Gefühl der Nutzlosigkeit als Arzt zu kompensieren. Aber sie fürchtete, dass er sich wieder einmal überanstrengen würde. Erst heute Morgen, nachdem er fast die ganze Nacht wach gewesen war und einen Mann mit Wunden am ganzen Körper behandelt hatte, klagte John über Taubheit und Kribbeln in den Beinen. Aber anstatt sich hinzulegen, bestand er darauf, einen Artikel fertigzustellen, den er für das Menno Blatt, eine Zeitschrift der Chaco-Kolonien, geschrieben hatte. Der Artikel trug den Titel „Die Pioniere des Chaco". Er lobte die Chaco-Mennoniten für ihre Unterstützung von Km. 81 in den frühen Tagen der Entwicklung der Leprastation. Er beendete den Artikel mit:

Wir brauchen jetzt diese Art von Unterstützung für Tres Palmas. Ich glaube, dass Tres Palmas für die Mennoniten genauso wichtig werden kann wie Km. 81.

Als sie den Artikel für ihn Korrektur las, was sie immer tat, weil er ein schrecklicher Rechtschreiber war, staunte Clara über Johns Hartnäckigkeit. Sie wusste, dass seine neue Entschlossenheit zum Teil aus seiner Enttäuschung über Anas verlorene Leidenschaft für Gerechtigkeit gespeist zu sein schien. Aus ihrem letzten Brief ging hervor, dass Ana sich wieder den berühmten Müttern der argentinischen *Desaparecidos* angeschlossen

351

hatte, aber ansonsten nichts unternahm, um aktiv gegen Menems korruptes Regime zu protestieren.

Clara beendete die Korrektur des Artikels und blickte zu John auf der anderen Seite des Zimmers hinüber, der jetzt ausgestreckt auf dem Bett lag, noch angezogen, aber schon tief schlafend, den offenen Mund nach rechts gesenkt. Der Herr hatte sie berufen, diese Arbeit zu tun, bis ein geeigneter Arzt gefunden war. Aber wie lange noch?

Es war nicht nur Johns Schwindel, der sie beunruhigte, oder sein vermehrter Speichelfluss. Sie selbst hatte in letzter Zeit häufig Durchfall und Bauchschmerzen, und letzte Nacht war ihr Urin blutig und enthielt Eiterklumpen. John verschrieb ihr Antibiotika und überprüfte ihren Blutdruck, der bei 150 zu 90 lag. Clara war von Johns Besorgnis überrascht. Sollte sie ihm sagen, dass ihr Blutdruck schon länger in diesem Bereich lag? War das ein Zeichen dafür, dass sie kürzer treten sollte?

*

Anfang November kam eine Frau mit einer zurückgehaltenen Plazenta in die Klinik. Sie war stundenlang auf der Ladefläche eines Geländewagens unterwegs gewesen, nachdem sich die Plazenta bei der Geburt nicht gelöst hatte. Jetzt, fast acht Stunden später, war ihre Gebärmutter so weit zusammengezogen, dass John sie nicht manuell entfernen konnte. Annemarie musste sie nach Coronel Oviedo bringen. In dieser Nacht schrieb John einen Brief an Marlena:

Diese Arbeit hier ist so verwirrend. Manchmal denke ich, ich könnte einer Patientin helfen, und dann stelle ich fest, dass sie ohne meine Erlaubnis nach Hause geschickt wurde. Manchmal kommen sie und ich kann ihnen nicht helfen. Alles in allem denke ich, dass es höchste Zeit ist, aufzuhören. Wir haben das Haus, in dem wir leben, bezahlt und nie auch nur einen Guaranie Gehalt bekommen. Ich denke, es wäre ziemlich schwierig für sie, uns loszuwerden, wenn sie es wollten, oder? Wir haben vor, Mitte Dezember abzureisen, ob sie nun einen anderen Arzt gefunden haben oder nicht.

Nur eine Woche, nachdem John diesen Brief geschrieben hatte, erfuhren sie, dass ein Dr. Reyes, ein junger Arzt mit Frau und zwei Kindern, an der Stelle im Lucero Hospital interessiert war. Reyes hatte vor, Tres Palmas zu besuchen, sobald die Straßen nach einer Woche heftiger Regenfälle wieder befahrbar waren.

John feilte an seinen Plänen für die Erweiterung des Krankenhauses. Er war mit dem Entwurf zufrieden, besonders mit dem Bereich, den er für die Operationen vorgesehen hatte. Mit dem Geld, das er und Clara gespendet hatten, und den Geldern, die sie im Norden und in den Chaco-Kolonien gesammelt hatten, konnte nun der neue Teil des Krankenhauses gebaut werden. Endlich würde Tres Palmas ein richtiges Krankenhaus haben und jemanden, der Notoperationen durchführen konnte, anstatt Menschen wegschicken zu müssen.

An einem heißen und schwülen Samstag, dem 3. Dezember, kamen Dr. Reyes und seine Frau in Tres Palmas an. John zeigte ihnen die Klinik, das Haus, das ihr Zuhause werden sollte, und seine Zeichnungen für die Erweiterung des Krankenhauses. Erst nachdem Reyes den Vertrag unterschrieben hatte, wurde John klar, dass er den Atem angehalten hatte, als hinge sein Leben davon ab, dass dieser Mann den Job annahm. Irgendwie glaubte er, dass sein Leben tatsächlich davon abhing.

*

Nun, da dieses Kapitel zu Ende ging, wollte John sich auf ihre Pläne konzentrieren, in ihr kleines Haus in Goessel, Kansas, zurückzukehren. Er und Clara hatten vor, all ihre südamerikanischen Besitztümer bis auf ein paar kleine Taschen mit Kleidung zu verschenken. Es war eine große Befreiung. Aber John bemerkte, dass es Clara schwerer fiel, loszulassen.

„Weißt du noch, John, als wir diesen Tisch in Mt. Lake gekauft haben, bevor wir in die Lepraarbeit gerufen wurden?" Clara strich mit den Händen über die abgeblätterte blaue Formica-Tischplatte und dachte an die vielen Gäste, die mit ihnen an diesem Tisch auf der Veranda ihres Hauses in Km. 81 gegessen hatten.

„Ziemlich dumm, dass wir einen Tisch nach Paraguay verschifft haben", sagte John. Als er die Tränen in Claras Augen sah, kam er zu ihr und legte seine Arme um sie.

„Es wird alles gut, Schatz".

EXODOS

2001

„Der vernünftige Mensch passt sich der Welt an, der unvernünftige versucht beharrlich, die Welt an sich anzupassen. Deshalb hängt aller Fortschritt vom unvernünftigen Menschen ab."
- George Bernard Shaw

Dreiunddreißigstes Kapitel

11. Mai 2001. Sie waren auf dem Weg zur Leprastation, Wesley am Steuer. Clara saß neben John auf dem Rücksitz. Es war seltsam, wieder in Paraguay zu sein, nachdem sie die letzten sechs Jahre in Goessel gelebt hatten. Gleichzeitig kam es ihnen seltsam vertraut vor, wie Wesley ständig hupend zwischen Autos, Bussen, Motorrädern und Ochsenkarren hindurchfuhr.

Bei Km. 81 bogen sie links auf den schmalen Feldweg ab, der zur Station führte. Er schlängelte sich einen sanften Hügel hinauf, und die tiefen Furchen machten es immer noch einfacher, zu Fuß zu gehen als mit dem Auto zu fahren. Clara drehte sich zu John um, in der Hoffnung, dass die vertraute Szene sein Gedächtnis auffrischen und ihn aus seinem Schneckenhaus locken würde. Er saß mit gesenktem Kopf da, die Hände im Schoß gefaltet, die Knie berührten sich, und ein wenig Speichel lief ihm über die rechte Seite seines Kinns. Clara streckte die Hand aus und legte sie auf seine.

Sie waren gekommen, um den fünfzigsten Jahrestag von Km. 81 zu feiern. Es war ein riesiges Ereignis, das schon im Voraus angekündigt worden war, mit über 700 Freunden, Kollegen, Würdenträgern und Regierungsvertretern aus der ganzen Welt. Alle ihre acht Kinder waren anwesend. Clara hatte gebetet, dass John gerade lange genug wieder der Alte sein würde, um die vielen Anerkennungen seiner Beiträge im Laufe der Jahre miterleben und genießen zu können.

Erst vor wenigen Wochen hatte John mehrere kleine Schlaganfälle erlitten. Obwohl er den Zweck der Veranstaltung bei Km. 81 zu verstehen schien, interessierte er sich nicht dafür. Er wusste, wer Clara und jedes seiner Kinder war, aber er konnte kaum sprechen und hatte sich in sich selbst zurückgezogen, mit einem leeren Gesichtsausdruck, als wolle er sichergehen, dass während dieser Veranstaltung keine Anerkennung seine Schale durchbrechen würde.

Sie überquerten eine kleine Brücke, die über den Bach führte, der den Teich speiste, den sie Paso Malo nannten und in dem sie ihre bekehrten Leprakranken getauft hatten. Der Bach war fast ausgetrocknet, die Brückenbretter lose. Der Wagen rumpelte darüber und fuhr den Hügel hinauf. Links standen Reihen von blühenden Orangenbäumen und Maulbeersträuchern, die voll purpurroter Früchte hingen. Clara erinnerte sich, wie John die Maulbeersamen aus Kansas mitgebracht und die ganze Fahrt über in seiner Manteltasche getragen hatte. Sie umklammerte seine Finger.

*

Konrad Wolf stand am Eingang des großen Auditoriums, das die Mitarbeiter der Station für das Jubiläumsprogramm vorbereitet hatten. Aufgrund seines langjährigen Engagements in der Lepraarbeit hatten ihn die Leiter der mennonitischen Kolonien gebeten, im Namen der Mennoniten in Paraguay einen offiziellen Vortrag zu halten.

Konrad sah zwei Männer auf das Gebäude zukommen und erkannte sie als Dr. Franz Duerksen, den Arzt, den MCC und ALM 1971 für die Lepraarbeit eingestellt hatten, und Edgar Stoesz, den heutigen Vorstandsvorsitzenden von ALM. Konrad dachte an den Tag Mitte November 1971, an dem er Stoesz zur Station gefahren hatte, in der Annahme, dass es zu einem großen Streit kommen würde und Schmidt sich weigern würde, Km. 81 zu verlassen. Konrad schüttelte den Kopf, als er sich an die große Überraschung erinnerte, als sie erfuhren, dass die Schmidts bereits abgereist waren.

Er wünschte, er könnte den tiefen Schmerz etwas lindern, den der angeordnete Führungswechsel bei Km. 81 bei den Schmidts ausgelöst hatte. Anfangs hatten sie ihre Differenzen gehabt, aber mit der Zeit hatte Konrad gelernt, Schmidts Integrität zu respektieren und zu bewundern.

Konrad hoffte, dass er ihm auch in seinem heutigen Vortrag gerecht werden würde.

„N'dach." Konrad schüttelte Dr. Duerksen die Hand. „Das wird eine ziemlich große Sache."

„Wir feiern eine ziemlich große Leistung", sagte Duerksen. „Viele von uns haben dazu beigetragen, aber John und Clara waren die Pioniere, die alles ins Rollen gebracht haben. Ohne sie gäbe es das alles nicht."

Konrad entdeckte Norbert Thiessen, den ehemaligen Oberschulzen von Tres Palmas, der auf sie zukam. „Ich habe dich lange nicht gesehen, Norbert. Wie läuft es in Tres Palmas?"

„Besser als je zuvor. Wir haben ein florierendes Krankenhaus, eine erstklassige Schule, und unsere Kolonie kann sich endlich wirtschaftlich selbst tragen. Das haben wir den Schmidts zu verdanken", sagt Thiessen. „Ich kann es kaum erwarten, John zu sagen, dass sein Traum wahr geworden ist. Tres Palmas ist so geworden, wie er es sich immer vorgestellt hat. Wo sind die Schmidts? Ich habe sie nicht gesehen."

„Sie sind gerade angekommen", sagte Konrad. „Aber John geht es nicht gut. Er hatte einen Schlaganfall."

„Das tut mir sehr leid", sagte Thiessen.

„Heute muss Schmidt nicht mit uns darüber reden, was richtig ist. Heute sind wir endlich hier, um für ihn zu sprechen", sagte Konrad, und die Narbe an der Seite seines Gesichts pulsierte.

*

Clara sah sich um. Die Vorbereitungen für dieses große Ereignis liefen offensichtlich schon sehr lange. Km. 81 sah aus wie ein Ferienort, mit frisch weiß gestrichenen Gebäuden, gepflegten Rasenflächen, Büschen und bunten Blumen. Brasilianische *Portulacas* mit ihren röhrenförmigen Blättern ließen an den Enden ihrer ausladenden Stängel große, auffällige Blüten sprießen. *Pentas*, in den USA Sternblumen genannt, zeigten ihr behaartes Laub und ihre sternförmigen Blütenbüschel in leuchtenden Lavendel-, Rot-, Weiß- und Rosatönen. Überall blühten Hahnenkämme. Die Sträucher mit ihrer weichen Struktur waren voller Blüten in lila, gelb, orange und rosa.

„Ich erkenne diesen Ort kaum wieder", sagte Clara und spürte Johns Gewicht, als er neben ihr her stolperte und sich an ihrem Arm festhielt.

„*Dot ess veschwenderisch*", sagte John und formte die Worte mit Nachdruck, wenn auch mit einiger Mühe.

„Ich gebe zu, es ist ein bisschen verschwenderisch, aber es ist auf jeden Fall hübsch", sagte Clara. Sie drückte seinen Arm fest an ihre Seite. Hatte sie einen Anflug von Groll in seinen Worten gehört? War John beleidigt, dass dieser Ort, *seine* Leprastation, kaum noch dem ähnelte, was sie gebaut hatten? Vor fünfzig Jahren hatte er praktisch im Alleingang die Bäume gepflanzt, den Bau der Gebäude geplant und das Stationsgelände organisiert. Die Bäume waren noch da. Die Gebäude standen noch. Aber der Ort sah überhaupt nicht mehr so aus wie damals, als sie hier gewohnt hatten.

Sie gingen an der Weinlaube vorbei, die jetzt dicht mit Weinreben bewachsen war. Clara erinnerte sich an den Tag, an dem sie und John den perfekten Platz für die Laube gefunden hatten, mitten auf der Station. Ein trauriges Lächeln huschte über ihr Gesicht, als sie an den Kuss dachte, den sie sich an genau dieser Stelle gegeben hatten.

*

Das offizielle Programm begann. Konrad stand hinten im Saal und überprüfte seine Notizen. Dr. Carlos Wiens, der derzeitige medizinische Direktor von Km. 81, begann mit einem Gebet, dann hielten verschiedene prominente Funktionäre ihre Reden. Km. 81 wurde als revolutionärer Lichtstrahl gepriesen, der Heilung und Mitgefühl in eine einst dunkle Welt der Scham und Stigmatisierung bringt. Edgar Stoesz überreichte eine Gedenktafel zur Feier der fünfzigjährigen Partnerschaft zwischen Km. 81 und der ALM.

„Und nun wird Konrad Wolf ein paar Worte sagen", kündigte der Moderator an.

Bevor Konrad das Podium betrat, blieb er vor den Schmidts stehen, die in der ersten Reihe saßen. Er beugte sich vor und legte seine Hände auf die Schultern des alten Mannes.

„John."

Schmidts Augen blieben nur einen Moment auf seinen gerichtet, bevor das Licht wieder ausging. Es war die Vergebung, die Konrad von diesem Mann brauchte, den er in den ersten Tagen im Chaco so sehr verachtet hatte, den er durch sein eigenes Fehlverhalten und das von MCC und ALM beim Übergang auf Km. 81 zutiefst verletzt hatte und der der prinzipientreueste und kompromissloseste Mensch war, den er je kennengelernt hatte.

„Liebe Brüder und Schwestern", begann Konrad. „Ich habe John Schmidt 1941 kennengelernt." Er drehte sich zu Clara um und lächelte. „Noch bevor er dich geheiratet hat, Frau Dokta. Es war eine dunkle Zeit in der Geschichte der Mennoniten in Paraguay ..." Er beschrieb die ersten Jahre im Chaco. Den Bund. Die Dürren. Der Mangel an Straßen. Die Heuschrecken. Verzweiflung und Armut.

„Schmidt hatte einen Traum von dem, was für die Mennoniten im Chaco möglich war. Er und Frau Dokta haben persönlich alles gegeben, was sie hatten, und heute ist ihr Traum wahr geworden."

Konrad senkte den Blick und schwieg einen Moment. „Für John Schmidt ging es immer darum, was das Beste für die Mennoniten in Paraguay ist. Auch dieser Ort, dieser außergewöhnliche Ort der Heilung für die Ausgestoßenen, die an Lepra erkrankt waren, war ein Geschenk für die Mennoniten. Wir müssen etwas zurückgeben, war sein Motto. Diese Station ist ein Ort, an dem wir etwas zurückgeben können. Und Tres Palmas ist nicht anders. Es ist eine blühende Siedlung, die zum großen Teil der Pionierarbeit der Schmidts zu verdanken ist. Aber auch hier entspringt die Arbeit dem Motto von John Schmidt: ‚Wir müssen etwas zurückgeben'".

Konrad schloss seine Rede mit einer persönlichen Bemerkung. „Viele von uns haben John Schmidt als unerträglich empfunden. Ich auf jeden Fall." Konrad warf John einen Blick zu, aber es gab keine Anzeichen einer Reaktion oder Anerkennung. „Ich frage mich, ob große und revolutionäre Veränderungen nur mit seiner Art von hartnäckiger Beharrlichkeit geschehen können, angetrieben von einer tiefen Liebe zu Gott und dem leidenschaftlichen Wunsch, die Welt zu einem besseren Ort zu machen. Ich verabschiede mich mit dem Bibelvers aus Micha 6,8, von dem mir Frau Clara erzählt hat, dass es John Schmidts Lieblingsstelle in der Bibel ist. Dieser Vers ist eine Herausforderung an uns alle: Er fordert von euch Menschen nur eines: *"Haltet euch an das Recht, seid freundlich zueinander und lebt in Ehrfurcht vor eurem Gott!"*

*

Dann war es Zeit für John, sich an die Menge zu wenden.

Clara hatte das Skript für ihn geschrieben, und John Russell sollte seinen Vater zum Podium begleiten und es vorlesen. Clara sah zu, wie ihr „Sonny" aufstand und sich zu seinem Vater umdrehte, um ihm seinen Arm als Stütze anzubieten. Sie erinnerte sich an die harten Auseinandersetzungen, die John mit seinem Erstgeborenen gehabt hatte, wenn ihre Gemüter erhitzt waren. Jetzt klammerte sich John an den Arm seines Sohnes wie ein kleines Kind, das gerade laufen lernt. Alle sahen schweigend zu, wie sie langsam gemeinsam die Bühne betraten.

„Unser Vater heißt euch alle willkommen und dankt euch, dass ihr hier seid. Er wünschte, er könnte zu euch sprechen, aber im Moment fällt es ihm schwer."

John sah verwirrt aus.

Als Clara zu ihnen auf die Bühne kam, hielt sie eine fröhliche Rede darüber, wie wichtig diese Arbeit für sie sei. Dann rief sie ihre Kinder auf. Sie bat sie, stehen zu bleiben, bis sie alle vorgestellt hatte. Sie lächelte, als alle acht Kinder in Applaus ausbrachen. Trotz ihrer vielen Fehler als Eltern hatte Gott sie mit einer liebevollen Familie gesegnet.

*

Clara warf einen Blick ins Publikum, bevor sie die Bühne verließ. Ihr Blick fiel auf eine gebeugte, weißhaarige Frau, die hinten im Saal stand. Irgendetwas an ihr kam ihr bekannt vor. Dann erkannte Clara auch aus dieser Entfernung die durchdringenden grünen Augen.

Als das Programm zu Ende war, sah Clara Ana auf sich zukommen.

„Dr. John und Doña Clara, ich freue mich sehr, an dieser Feier teilnehmen zu können, die eure vielen Beiträge würdigt." Ana streckte beiden die Arme entgegen. „Und es tut mir leid, von Dr. Johns nachlassender Gesundheit zu hören", flüsterte sie Clara zu.

„Er kann es nicht ausdrücken, aber ich weiß, dass er froh ist, dass du hier bist", sagte Clara.

„Können wir ein Stück zusammen gehen, Doña Clara?"

Clara überließ John der Obhut von John Russell. Die beiden Frauen entfernten sich von der Menge.

Ana, die gebeugter war als Clara, legte eine Hand auf Claras Arm, um sich abzustützen.

„Bringst du mich zu dem Haus, das ihr für Josefina und Amalia gebaut habt?"

Schweigend gingen sie. Als sie das kleine Haus erreichten, das einst der Zwergin und ihrer Mutter gehört hatte, sagte Ana: „Sie strahlte."

Clara zog die Augenbrauen hoch und Ana fuhr fort. „Amalia. Die Zwergin. Ihr Gesicht strahlte, als ich sie hier vor diesem Haus traf. In den wenigen Augenblicken, die wir zusammen verbrachten, lehrte sie mich etwas, worüber ich in all den Jahren, in denen ich eingesperrt und gefoltert wurde, nachgedacht habe." Ana schlang die Arme um ihren Körper, und Clara bemerkte, wie zerbrechlich sie war.

„Der Dienst aus der Quelle liebevoller Freude ist erhebender als der Dienst aus der Quelle zorniger Gerechtigkeit." Anas Stimme war gedämpft und sie sprach die Worte wie einen auswendig gelernten Vers. „Das hat mich Amalias strahlendes Gesicht gelehrt. Und schließlich habe ich die Wahrheit darin erkannt ..."

Clara starrte zu Boden. Was sollte sie dazu sagen?

Ana fuhr fort. „Ich bin jetzt eine alte Frau. Ich habe zu viel Zeit meines Lebens damit verbracht, von Wut zerfressen zu werden. Ich weiß jetzt, wie zermürbend es für mich war, zu glauben, ich sei wertlos, wenn ich mich nicht bemühe, die Welt zu retten. Und Dr. John ... nun, ich bin hergekommen, weil ich ihm sagen wollte ..."

Clara sah auf. „Warum glaubst du, die Welt retten zu müssen?"

Ana zögerte nicht. „Als ich ein Kind war, stellten meine Eltern unrealistische Erwartungen an mich, die ich nie erfüllen konnte. Ich habe gelernt, dass ich nichts wert bin, wenn ich das Unerreichbare nicht schaffe. Ich glaube, dein John und ich teilten diese Erfahrung. Aber ich weiß nicht, welche Dämonen ihn dazu trieben, immer wieder nach dem Unmöglichen zu streben."

„Es ist ganz einfach. Gott hat ihn dazu getrieben", sagte Clara.

Das stimmte. Und doch ... aus den Tiefen ihres Geistes stieg in Clara eine Erinnerung an Johns Worte in der Nacht ihrer Verlobung auf, etwas darüber, dass sein Vater ihn regelmäßig schlug, wenn er sich nicht mehr anstrengte.

„Danke, dass du gekommen bist, Ana", sagte Clara. „Ich wünschte, John hätte ..." Ihre Stimme ging im Lärm der sich nähernden Stimmen unter. „Ich glaube, wir sollten wieder an der Feier teilnehmen."

Epilog

Meine Eltern, John und Clara, blieben nach dem Km. 81-Ereignis in Paraguay, weil mein Vater zu schwach war, um in die USA zurückzureisen. Er war nur noch ein Schatten des Mannes, der er einmal gewesen war. Sein Körper, der immer schlank und stark gewesen war, war jetzt kraftlos. Seine dunklen Augen hatten ihre durchdringende Schärfe verloren.

John Russell, jetzt Teil der Leitung der Fernheim Kolonie, traf besondere Vorkehrungen, damit unsere Eltern in das Altenheim in Fernheim ziehen konnten, nur ein paar Blocks von der kleinen Hütte im Chaco entfernt, die ihr erstes Zuhause gewesen war.

Anfang November 2003 erlitt mein Vater einen schweren Schlaganfall. Er starb eine Woche später, am 7. November. Meine Mutter lebte weiterhin in dem Heim, bis sie sieben Jahre später starb.

- Marlena Fiol

EINLADUNG AN DIE LESER

Vielen Dank, lieber Leser, dass Sie mit uns das Leben und Werk von John und Clara Schmidt feiern. Ihr kraftvolles Erbe lebt in den drei Regionen Paraguays weiter, in denen sie Gemeinschaften aufbauten und Krankenhäuser errichteten. Wir haben zwei ihrer Söhne und einen Enkel gebeten, uns Einblicke in die Chaco-Kolonien, Km. 81 und Tres Palmas im Jahr 2021 zu geben. Diese Updates finden Sie auf den folgenden Seiten.

Wir laden Sie ein, **CalledASaga.com** zu besuchen, um Fotos, Originaldokumente, Fragen zum Buchclub und Verweise auf alle Quellenmaterialien zu sehen, die zum Schreiben dieser Geschichte verwendet wurden. Es handelt sich um eine interaktive Website, die Kommentare und Reaktionen anderer Leser auf das Buch enthält. Bitte teilen Sie Ihre eigenen Überlegungen oder Erfahrungen in Bezug auf die Schmidts und ihre Arbeit im dafür vorgesehenen Bereich der Website mit.

Wenn diese Geschichte Sie berührt hat, könnten Ihnen auch Marlena Fiols Memoiren „Nothing Bad Between Us: A Mennonite Missionary's Daughter Finds Healing in Her Brokenness" gefallen, eine ganz andere Version der Geschichte von John und Clara, erzählt durch die Augen ihrer Tochter.

Und schließlich würden wir uns freuen, wenn Sie eine Bewertung und Rezension dieses Buches auf Amazon und Goodreads abgeben würden.

UPDATES 2021

Chaco-Update von Dr. Wesley Schmidt – Sohn von John und Clara

Wenn Sie einen Paraguayer nach dem Chaco fragen, wird er Ihnen zwei wichtige Ereignisse nennen: 1) den Chaco-Krieg mit Bolivien von 1932 bis 1935 und 2) die Mennoniten, die sich in der Mitte dieser Region niederließen. Der Chaco umfasst fast sechzig Prozent der Fläche des Landes und nur vier Prozent seiner Bevölkerung. Die meisten Paraguayer würden zugeben, dass die Anwesenheit der Einwanderer in dieser „grünen Hölle" sie in eine wohlhabende Achse im westlichen Teil des Landes verwandelt hat.

Kommunikation

In den 1950er und 1960er Jahren leitete mein Vater die Rekrutierung von Ingenieuren und Bauarbeitern und koordinierte die finanzielle Unterstützung für den Bau der Trans-Chaco-Straße, die eine wichtige 450-Kilometer-Verbindung von den Kolonien zu den Märkten in Asunción herstellte. Diese Straße ist inzwischen asphaltiert worden und 2020 sogar von der Regierung in eine breitere Autobahn umgewandelt worden, die die Kolonien mit den benachbarten Ländern Argentinien, Bolivien und Brasilien verbinden soll.

Die Kommunikation im Chaco wurde auch durch ein modernes Glasfaser-Internet revolutioniert, das die Kolonien mit Asunción und der Welt verbindet. Telefontürme in der Gegend ermöglichen Telefonverbindungen im gesamten Zentralchaco. Das archaische Telefon und die Schalttafeln sind im Koloniehaus Museum beim Menno Simons Hof ausgestellt. Eines der ursprünglichen Geräte und Schalttafeln. Vater hatte damals MCC überzeugt, diese den Pionieren im Chaco zu spenden.

Bildung

Von Anfang an war Bildung von entscheidender Bedeutung, wegen der intellektuellen Entwicklung und um sowohl die deutsche Sprache als auch die mennonitischen Werte zu bewahren. In den ersten Jahren wurde der Unterricht ausschließlich auf Deutsch abgehalten. Mennonitische Kinder beginnen ihre Schulbildung immer noch auf Deutsch, aber jetzt haben alle einfachen Zugang zu spanischen weiterführenden Schulen und mehreren lokalen Universitäten. Beispielsweise ist die Krankenpflegeschule, die Mutter und Vater 1943 gründeten, Teil einer Universität mit einer voll akkreditierten Fakultät für Krankenpflege, in welcher jedes Jahr mehr als fünfzig Krankenschwestern abschließen.

Gesundheitswesen

Die Hütte, die Vater 1941 als Krankenhaus diente, wurde durch drei moderne Krankenhäuser ersetzt. Ursprünglich war medizinische Versorgung für Mitglieder der Kolonien und benachbarter indigener Stämme kostenlos, doch da die medizinische Versorgung immer ausgefeilter wurde und die Investitionen in Krankenhäuser immer größer wurden, wurde dies unhaltbar. Heute können die Steuerzahler der Kolonien ihren Anteil an den medizinischen Kosten problemlos decken, und über die Kooperative gibt es ein Vorauszahlungsprogramm für Arbeitnehmer, das der ständig wachsenden indigenen Bevölkerung hilft, ihre Versorgung zu bezahlen.

Wirtschaft

Die Chaco-Mennonitenkolonien, die sich zu einer blühenden Wirtschaftskraft in Paraguay entwickelt haben, sind stark im Kooperativssystem verankert, das die mennonitischen Einwanderer vor fast einem Jahrhundert eingeführt haben. Die Wirtschaft basiert auf Produktion von Rindfleisch, das aus drei modernen Schlachtbetrieben in alle Teile der Welt exportiert wird, einer Milchindustrie, die über fünfzig Prozent des Milchkonsums des Landes deckt, und der Landwirtschaft.

Die Bevölkerung im Chaco-Gebiet ist heute eine einzigartige Kombination aus 1) verschiedenen indigenen Gruppen, die fünf verschiedene Sprachkulturen bilden und die stark im Arbeitsmarkt integriert sind 2) den sogenannten Latinos, hauptsächlich paraguayischen Bürgern, die aus Ostparaguay in den Chaco gezogen sind, sowie einigen Brasilianern, und 3) einer Minderheitsgruppe meist wohlhabender Mennoniten, Nachkommen der ursprünglichen Einwanderer. Obwohl sie heute die Minderheitskultur im Chaco sind, pflegen sie weiterhin stolz eine enge Verbundenheit innerhalb des Koloniesystems und eine germanische Kultur, die alle Bereiche des Handels dominiert.

Die heutigen Einkaufszentren, die Industrie und die schönen Häuser in den Städten erwecken den Eindruck, dies sei eine Oase, in der alle Schwierigkeiten überwunden wurden. Aber die Ungleichheiten sind heute bedrohlicher als damals, als Einwanderer und Ureinwohner alle die gleiche Armut teilten. Wie ein Pionier sagte: „Wir haben es geschafft, die Überlebensschwierigkeiten der ersten fünfzig Jahre zu überwinden. Jetzt stehen wir vor der gewaltigeren Herausforderung, die Schwierigkeiten zu überwinden, die mit der klugen Verwaltung des Wohlstands verbunden sind."

Persönliche Bindungen

Irgendwann in den frühen 1950er Jahren, als unsere Familie aus Mt. Lake entwurzelt wurde, um das Lepraprojekt bei Km. 81 zu starten, investierte Vater Geld in ein Stück Land, das damals unzugängliches Chaco-Buschland war. Er lag richtig mit der Annahme, dass der Wert erheblich steigen würde, und dachte, dass seine Söhne vielleicht eines Tages daran interessiert sein würden, das Land zu bebauen. Meine Brüder John Russell und David und ich haben diese Herausforderung angenommen.

Seit mehr als dreißig Jahren stehe ich mit einem Fuß voller Enthusiasmus auf meiner Chaco-Ranch und mit dem anderen nicht ganz so enthusiastisch als Hausarzt in Asunción. Anfangs hatte ich viel Unterstützung von Vater und genoss es, Schulter an Schulter mit ihm zu arbeiten. Glücklicherweise teilte meine Frau meinen Traum. Unsere Söhne haben sich jetzt mit ihren Familien im Chaco niedergelassen, einer ist Agraringenieur, ein anderer Tierarzt und ein dritter Arzt für die Ureinwohner. Mein blinder Enthusiasmus wurde durch die sachkundige Anwendung der Wissenschaft ersetzt, auf einem Land, das meine Söhne lieben und respektieren gelernt haben.

Es ist nicht alles Sonnenschein. Während ich dieses im Jahr 2021 schreibe, erleben wir die schlimmste Dürre seit Beginn der Klimaregistrierung in Filadelfia im Jahr 1932. Wir blicken zum Horizont und hoffen, dass Wolken auftauchen. Und dann, genau wie die frühen Chaco-Pioniere es immer wieder taten, blicken wir höher in den Himmel, wo wir die notwendige Grundlage finden, um weiterzumachen, in dem Wissen, dass diese Schwierigkeiten irgendwann vielleicht vorübergehen. Letztendlich sind wir Pilger, die auf Gottes Barmherzigkeit angewiesen sind. Aber während wir hier sind, können wir genauso gut die große Fülle genießen, die dieser Teil der Welt bietet.

KM. 81 UPDATE von Dr. Wesley Schmidt – Sohn von John und Clara

Ich habe viele schöne Erinnerungen an Km. 81, wie es in den 1950er Jahren war. Vater und Mutter arbeiteten als Team und deckten medizinische Aufgaben, Verwaltungsaufgaben, Seelsorge und alles andere ab. Heute ist die vielseitige Initiative dieser beiden Pioniere in viele verschiedene Abteilungen aufgeteilt, wobei den Leuten für jeden Bereich exklusive und spezifische Aufgaben zugewiesen wurden. Von 1975 bis 1978 hatte ich als frischgebackener Medizinabsolvent hatte das Glück, drei Jahre lang in Vaters Fußstapfen treten zu dürfen und die Rolle des medizinischen Direktors bei Km 81 zu übernehmen. Erst vor ein paar Monaten begleitete ich den derzeitigen paraguayischen Gesundheitsminister Julio Mazzoleni bei einem offiziellen Besuch der Station. Ich war beeindruckt von den wunderschönen Gärten, Teichen und gepflasterten Gehwegen, die die neuen Gebäude miteinander verbinden. Mehrere schicke Fahrzeuge tragen stolz das Logo von Km 81 und die moderne Einrichtung bildet einen scharfen Kontrast zu den armen umliegenden Ortschaften.

Ich erinnere mich an Vaters Kommentar, als er und Mutter ihr Testament schrieben und einen großen Teil ihres Besitzes verschiedenen Wohltätigkeitsorganisationen spendeten, dass „Km 81 mehr Geld hat, als sie brauchen". Trotzdem spendeten sie beträchtliche Mittel für die medizinischen Aktivitäten von Km 81. In den 1950er und 1960er Jahren waren die Sponsoren von Km 81 die in den USA ansässigen MCC und ALM. Vater und Mutter erhielten auch finanzielle Unterstützung von ihren Familien und von nordamerikanischen Gemeinden. Die mennonitischen Kolonien boten freiwillige Arbeitskraft an. Der größte Teil der finanziellen Unterstützung kommt heute von 32 Mennonitengemeinden in Paraguay, die im Gemeindekomitee zusammengeschlossen sind.

Die frühen Verbindungen zu den mennonitischen Kirchen des Chaco wurden unter Vaters Führung klugerweise aufgebaut, indem er den Geist aufgriff, dass wir viele und unterschiedliche Mitglieder einer Gemeinschaft sind, die alle danach streben, einen Dienst der Liebe zu leisten. Vater zitierte in seinen Berichten an die unterstützenden Gemeinden und Institutionen häufig Menno Simons: Unser Hauptmotiv ist, dass „die Liebe Christi uns drängt." Vater glaubte auch, dass es für die Mennoniten wichtig sei, etwas an Paraguay zurückzugeben, weil es ihnen erlaubte, sich dort niederzulassen, ihre Kultur zu bewahren und vom Militärdienst befreit zu sein.

Die medizinische Arbeit bei Km. 81 kann in mehrere Bereiche unterteilt werden. Der erste ist das Leprabehandlungs- und Ausbildungszentrum. Die Behandlung hat sich inzwischen von Dapson zu einer Polychemotherapie mit drei kurativen Medikamenten für einen Zeitraum von maximal zwölf Monaten entwickelt. Km 81 verfügt über mehr als 10.000 verschiedene Krankenakten von Patienten, die im Laufe der Jahre gegen Lepra behandelt wurden. Derzeit werden jährlich etwa 200 Patienten stationär behandelt, um die durch Lepra verursachten Behinderungen zu rehabilitieren. Alle Patienten kehren dann in ihre Häuser und zu ihren Familien zurück.

Die Patienten erhalten außerdem Rehabilitationsleistungen, darunter Physiotherapie, Beschäftigungstherapie und Rehabilitationsoperationen, die ursprünglich unter der Leitung von Dr. Franz Duerksen entwickelt wurden, der Vater in den 1970er und 1980er Jahren als Direktor von Km 81 ablöste. Heute gibt es ein Bildungszentrum, das Hunderte von Studenten und Beamten aus ganz Süd- und Mittelamerika sowie aus Mexiko betreut.

Zu den weiteren Dienstleistungsbereichen gehören Programme für Patienten mit Pathologien, die mit stigmatisierenden Erkrankungen einhergehen, wie Tuberkulose, Pemphigus, Klumpfuß, diabetischer Fuß, AIDS und Leishmaniose. Diese Erkrankungen haben gewisse Elemente mit Lepra gemeinsam, und die Erkenntnisse, die aus der Lepra gewonnen werden, werden genutzt, um Patienten mit diesen Pathologien zu helfen.

Schließlich gibt es in Km 81 eine Klinik und ein Krankenhaus für Nicht-Lepra-Erkrankungen, die Vater ursprünglich gegründet hatte, um das Vertrauen der Nachbargemeinden zu gewinnen. Die Nicht-Lepra-Klinik verfügt heute über mehr als 232.000 Krankenakten von Patienten, die im Laufe der Jahre behandelt wurden.

Als Arzt kann ich kaum glauben, was aus der kleinen Station geworden ist, die Vater aufgebaut hat – die das extreme Misstrauen von Nachbarn, Behörden und Patienten überwinden musste und einfache Verfahren mit wenig verfügbaren wissenschaftlichen Beweisen anwandte.

Dr. Carlos Wiens, der derzeitige medizinische Direktor von Km. 81, ist eine moderne Version von meinem Vater und hat die Leprastation zu seinem Lebensprojekt gemacht. Heute ist sie ein großes Lepra-Überweisungszentrum, das vom paraguayischen Gesundheitsministerium, der Panamerikanischen Gesundheitsorganisation und der Weltgesundheitsorganisation anerkannt ist.

TRES PALMAS UPDATE von David Schmidt – Sohn von John und Clara

Wenn ich hier auf meiner Veranda sitze und auf das Tal, den See und die Gemeinde auf der anderen Seite blicke, kann ich das Haus auf dem Hügel sehen, dass Mama und Papa gehörte, und werde an ihren Einfluss auf mein Leben und das Leben anderer Menschen in und um die Kolonie Tres Palmas erinnert.

Ihr Einfluss auf diese Gemeinde begann lange vor der tatsächlichen Existenz von Tres Palmas. Während sie in Km. 81 waren, planten meine Eltern lange Reisen in diese abgelegene Region im Osten Paraguays, um Leprakranke zu finden und zu behandeln. Sie lernten die dort lebenden Mennoniten kennen und schlossen eine Bindung, die für den Rest ihres Lebens bestehen sollte.

Nachdem sie Km. 81 verlassen hatten, beschlossen Mama und Papa, sich in dieser Gemeinde niederzulassen. Und vor allem dank ihrer Investitionen an Zeit und Geld begann Tres Palmas Gestalt anzunehmen. Die Wirtschaft drehte sich damals um die Holzwirtschaft, aber Papa sah voraus, dass eine Kolonie zum Überleben mehr brauchte als Sägewerksarbeiter. Er bot Land, das er gekauft hatte, anderen zu angemessenen Preisen und mit langfristigen Zahlungen an, um Menschen in die Gegend zu locken.

Als das Holzgeschäft ins Stocken geriet, waren viele gezwungen, sich andere Lebensgrundlagen zu suchen. Es entstanden Bauernhöfe, aber das Leben war schwierig und viele verließen den Ort und die Gemeinschaft. Wieder einmal engagierten sich meine Eltern leidenschaftlich dafür, Menschen zu helfen, zu bleiben und an der Gründung der Kolonie teilzunehmen. Im Laufe der Jahre beteiligten sie sich aktiv an der örtlichen Kirchengemeinden, wo sie ihren üblichen Platz auf der linken Seite neben dem Fenster hatten.

372

Meine Frau Judy und ich kamen 1974 als selbstversorgende Missionare zu den in der Gegend lebenden indigenen Guaraní nach Tres Palmas. Als unser ältester Sohn Anton, damals fünf Jahre alt, sah, wie sein Großvater Menschen in seiner kleinen Klinik behandelte, erklärte er: „Das möchte ich werden, wenn ich groß bin!"

Anton ist heute ein sehr beliebter Arzt in der Gegend von Tres Palmas. Derzeit hat die Kolonie 87 Mitglieder, insgesamt leben 184 Menschen in der Gegend. Tres Palmas ist ethnisch vielfältig, mit deutschsprachigen Mennoniten, Brasilianern und Paraguayern, die oft in ethnisch gemischten Ehen leben. Von den 8.900 Hektar werden 5.700 Hektar für Ackerbau genutzt, wobei Soja, Mais und Weizen die Hauptfrüchte sind. Die Landwirtschaft erfolgt größtenteils ohne Bodenbearbeitung, und mit modernen Geräten werden durchschnittlich zwei oder drei Ernten pro Jahr erzielt. Die Einheimischen züchten auch Rinder für Rindfleisch und Milchprodukte und produzieren 12.000 Liter Milch pro Tag.

Da in der Gesellschaft sowohl die spanische als auch die deutsche Sprache vorherrschend sind, gibt es für beide eine funktionierende Kirchengemeinde. Die deutsche Gemeinde unterstützt die indigene Gemeinde in der Nähe und das Krankenhaus mit einem ansässigen Arzt und fünf Teilzeitspezialisten. Sie betreiben eine Schule für die Klassen 1 bis 12, die derzeit 136 Schüler hat, von denen etwa die Hälfte aus benachbarten Gemeinden kommt. Die unteren Klassen beginnen hauptsächlich auf Deutsch, wechseln aber später zu einem vollständigen Spanischprogramm, das vom Bildungsministerium anerkannt ist.

Was meine Eltern am meisten auszeichnete, waren 1) ihr Glaube an einen Gott, der immer in ihrem Leben aktiv war, und 2) die Beharrlichkeit, die sie beim Überwinden scheinbar unüberwindbarer Hindernisse zeigten. Obwohl sie inzwischen verstorben sind, blüht Tres Palmas auf und ich lebe hier dank ihres Glaubens und ihrer Beharrlichkeit.

LUCERO-KRANKENHAUS UPDATE von Dr. Anton Schmidt – Enkel von John und Clara

Seit Großpa das Lucero-Krankenhaus gegründet hat, wo ich derzeit als Hausarzt arbeite, hat sich einiges geändert. Wir bieten Beratungen zur Vorbeugung und fortlaufende medizinische Versorgung für jedes Alter an. Wir bieten gynäkologische und geburtshilfliche Leistungen sowie Zahnmedizin und Kieferorthopädie an. Darüber hinaus haben wir einen Allgemeinchirurgen im Personal, der alle allgemeinen Operationen durchführt. Wir haben auch einen Kreißsaal und einen Neugeborenen Raum sowie ein Pflegepersonal, das rund um die Uhr abrufbereit steht. Das Krankenhaus verfügt über mehr als zwanzig Betten in Einzelzimmern sowie ein Gemeinschaftszimmer für Patienten. Wir haben eine gut ausgestattete Apotheke.

Das Krankenhaus verfügt über neue Ultraschall- und 3D/4D-Bildgebungsgeräte, die wir aus Deutschland erworben haben. Wir haben auch ein Röntgengerät und ein Labor, das einfache Blut- und Urinanalysen durchführt. Für komplexere Analysen entnehmen wir die Proben im Krankenhaus und schicken sie nach Asunción.

Wir bieten Dienstleistungen für vier verschiedene demografische Gruppen an. Die größte Gruppe besteht aus Paraguayern aus unserer Gegend. Die zweite sind Brasilianer aus mehreren Dörfern um Lucero. Drittens versorgen wir die Mennoniten in Tres Palmas. Schließlich versorgen wir indigene Gruppen aus mehreren Gemeinden um uns herum. Unser geografisches Versorgungsgebiet erstreckt sich über einen Radius von mehr als siebzig Kilometern um das Krankenhaus.

Es war Großpas Traum, dass Mennoniten dieser schnell wachsenden und unterversorgten Gemeinde medizinische Dienste anbieten würden. Dank der beharrlichen Pionierarbeit meiner Großeltern ist dieser Traum Wirklichkeit geworden.

DANKSAGUNG

Wir sind den vielen Mitwirkenden dankbar, die zur sorgfältigen Dokumentation des Lebens und der Arbeit von John und Clara Schmidt beigetragen haben, wodurch wir ihre Geschichte mit Zuversicht niederschreiben konnten. Wir danken Gundolf Niebuhr (Historiker und Archivar in Fernheim), Frank Peachy (Archiv- und Bibliotheksleiter am MCC in Akron, PA), Joe Springer (Bibliothekar am Goshen College) und Jon Isaak (Direktor des Centre for Mennonite Brethren Studies), die uns einen Großteil dieser Dokumentation zur Verfügung gestellt haben. Drei Ärzte, die nach dem Weggang der Schmidts im Jahr 1971 als medizinische Leiter der Lepraarbeit bei Km. 81 fungierten, Dr. Franz Duerksen, Dr. Wesley Schmidt und Dr. Carlos Wiens, lieferten hilfreiche Informationen über die Arbeit bei Km. 81. Wir danken Edgar Stoesz, dem ehemaligen MCC-Vertreter in Paraguay und ehemaligen Vorsitzenden des ALM-Vorstands, für seine Überlegungen. „John machte sich viele Feinde ... und Clara kam hinter ihm her und beruhigte die Lage", erinnert er sich.

Zahlreiche frühe Leser halfen uns, den Text zu verfeinern und zu straffen, darunter Jeniffer Thompson, Terri Griffith, Goldie Nijensohn und unsere beiden Söhne Brad O'Connor und Stefan Fiol.

Wir sind besonders unserer Schwester Mary Lou und unserem Schwager Rusty Bonham dankbar für ihre bedeutende Rolle bei der Gestaltung dieser Erzählung. Und für ihre Hilfe bei der Gestaltung der Geschichte danken wir unseren Lehrern und Redakteuren Lisa Ohlen Harris, Tom Jenks und Eric Witchey.

Und schließlich wäre die Übersetzung dieses Buches ins Deutsche ohne das kluge und gewissenhafte Lektorat von Annegret Horsch nicht möglich gewesen.

ÜBER DIE AUTOREN

Marlena Fiol, PhD und Ed O'Connor, PhD sind spirituelle Sucher, deren Schriften die Tiefen dessen erforschen, wer wir sind und was in unserem Leben möglich ist. Sie haben sich der Aufgabe verschrieben, andere dabei zu unterstützen, die Hindernisse auf dem Weg zur Verwirklichung ihrer Träume zu erkennen und zu beseitigen. Sie betrachten jeden Blog, jeden Aufsatz, jedes Video, jedes Buch oder jeden Workshop als eine Gelegenheit, ihre Erkenntnisse mit anderen zu teilen und mehr über ihre eigene transformierende Reise zu erfahren.

Um mehr zu erfahren, besuchen Sie **MarlenaFiol.com.**

Km 145 - Chaco

Hauptstraße in Filadelfia 1940

Bund Treffen 1940

"Dokta Hüs" 1941

"Dokta Hüs" 1941

Am Tag nach der Hochzeit: Start der Reise nach Paraguay

John und Clara Hochzeit 1943

Clara beim Unterrichten in der Krankenschwesterschule

Rechts: Margarete und Fritz Kliewer

1945

1951

1952 beim Bau von ihrem Haus auf Km. 81

Ihr Haus auf Km. 81

1960

Reise 1960 Auto - Zelt

Reise 1960

Reise 1960

Hochzeit von Amalia und Nicasio 1962

Amalia in ihrer Küche

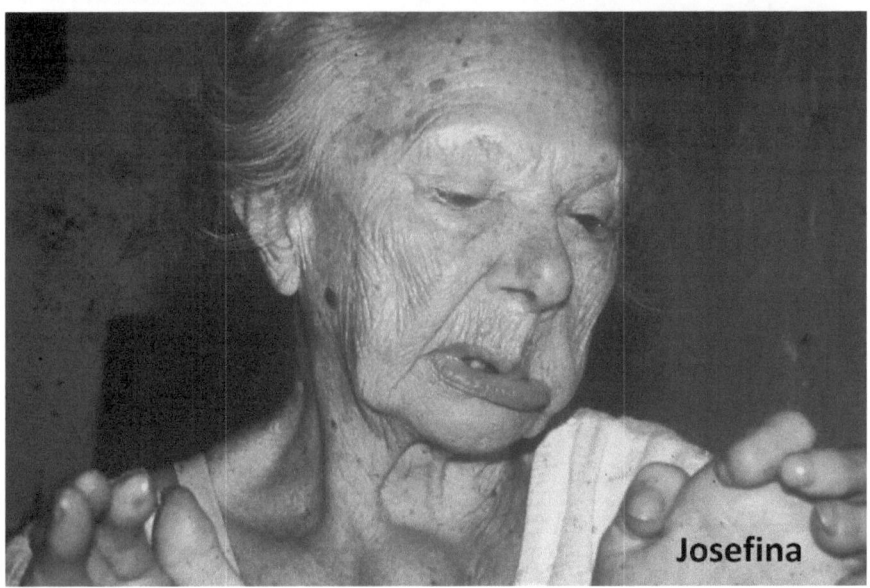

Josefina

1970

Haus in Goessel (Kansas) 1988

Haus in Menno 1990

Auf dem 50 jährigen Jubiläum von Km. 81 (2001)

Auf dem 50 jährigen Jubiläum von Km. 81 (2001)

2003

Johns Begräbnis 2003

Claras Begräbnis 2010